Handbuchreihe Ländliche Entwicklung

Landwirtschaftliche Beratung
Band 2: Arbeitsunterlagen

Cip Kurztitelaufnahme der Deutschen Bibliothek

Handbuchreihe Ländliche Entwicklung / [Hrsg.: Bundesministerium für wirtschaftliche Zusammenarbeit (BMZ) und Deutsche Gesellschaft für Technische Zusammenarbeit (GTZ) GmbH]. – Rossdorf: TZ-Verlagsgesellschaft

Teilw. verl. vom Bundesministerium für wirtschaftliche Zusammenarbeit, Bonn und der Deutschen Gesellschaft für Technische Zusammenarbeit, Eschborn. – Engl. Ausg. u.d.T.: Handbooks rural development. – Franz. Ausg. u.d.T.: Manuels développement rural

NE: Deutschland <Bundesrepublik>/Bundesministerium für wirtschaftliche Zusammenarbeit

Landwirtschaftliche Beratung.
Bd. 2. Arbeitsunterlagen. – 2., vollst. neu bearb. Aufl. – 1988

Landwirtschaftliche Beratung / [Hrsg.: Bundesministerium für wirtschaftliche Zusammenarbeit (BMZ) und Deutsche Gesellschaft für Technische Zusammenarbeit (GTZ) GmbH]. – Rossdorf: TZ-Verlagsgesellschaft

(Handbuchreihe Ländliche Entwicklung)
Franz. Ausg. u.d.T.: Vulgarisation agricole

Bd. 2. Arbeitsunterlagen/H. Albrecht. – 2., vollst. neu bearb. Aufl. – 1988
(Sonderpublikation der GTZ; Nr. 227)
ISBN 3-88085-377-0 (GTZ)

NE: Albrecht, Hartmut [Mitverf.]; Deutsche Gesellschaft für Technische Zusammenarbeit <Eschborn>: Sonderpublikation der GTZ

Handbuchreihe Ländliche Entwicklung

Landwirtschaftliche Beratung

Band 2: Arbeitsunterlagen

H. Albrecht, H. Bergmann, G. Diederich,
E. Großer, V. Hoffmann, P. Keller,
G. Payr, R. Sülzer

2., vollständig neu bearbeitete Auflage

Eschborn, 1988

Herausgeber:
Bundesministerium für wirtschaftliche Zusammenarbeit (BMZ)
Karl-Marx-Str. 4−6, D 5300 Bonn 1

Deutsche Gesellschaft für Technische Zusammenarbeit (GTZ) GmbH
Dag-Hammarskjöld-Weg 1+2, D 6236 Eschborn 1

Autoren:
Prof. Dr. Hartmut Albrecht, Dr. Herbert Bergmann, Dr. Georg Diederich, Eberhard Großer, Dr. Volker Hoffmann, Peter Keller, Dr. Gerhard Payr, Dr. Rolf Sülzer

Redaktion:
Volker Hoffmann, Waltraud Hoffmann

Titelfoto:
Walther Haug

Zeichnungen:
Volker Hoffmann

Druck:
typo-druck-rossdorf gmbh, Bruchwiesenweg 19, D 6101 Rossdorf

Vertrieb:
TZ-Verlagsgesellschaft mbH, Postfach 1164, D 6101 Rossdorf

ISBN 3-88085-377-0

Alle Rechte der Verbreitung einschließlich Film, Funk und Fernsehen sowie der Fotokopie und des auszugsweisen Nachdrucks vorbehalten.

INHALTSÜBERSICHT

BAND 1 - GRUNDLAGEN UND METHODEN -

		Seite
I	Bedeutung und Rolle der landwirtschaftlichen Beratung in Entwicklungsländern	21
II	Beratungsansätze	45
III	Grundlagen der Beratung	61
IV	Erfahrungen mit Beratungsvorhaben	115
V	Verfahrensweisen der Beratung	123
VI	Situationsanalyse	181
VII	Planung der Beratung	201
VIII	Organisation und Führung in der Beratung	229
IX	Aus- und Fortbildung der Berater	253
X	Die Bewertung landwirtschaftlicher Beratung	263

BAND 2 - ARBEITSUNTERLAGEN -

A	Fallbeschreibungen zu Beratungsansätzen	17
B	Ausgewählte Projektbeschreibungen	79
C	Beschreibung wiederkehrender Probleme	135
D	Fälle und Beispiele zu Vorgehensweisen	203
E	Verfahrensanleitungen	277
F	Prüflisten	361
G	Darstellungsbeispiele und Gestaltungsvorschläge	405

INHALTSVERZEICHNIS BAND 2
- ARBEITSUNTERLAGEN -

Seite

Inhaltsübersicht und -verzeichnisse 5

A Fallbeschreibungen zu Beratungsansätzen

A 1 Produktionstechnische Orientierung: „Opération Riz" in Madagaskar 17

A 2 Verbesserung der Betriebssysteme: „Fortschrittsleiter-Ansatz" in Salima, Seeuferregion, Malawi 21

A 3 Sozio-ökonomischer Förderansatz: „Community Development" in Indien 27

A 4 Sozio-ökonomischer Förderansatz: „Animation Rurale" im frankophonen Afrika 35

A 5 Aktionsforschung und Volksbildung: „Comilla-Ansatz" in Bangladesh 41

A 6 Förderung der Grundbildung: „Farmer Training Centres" in Kenya und im Senegal 47

A 7 Dezentrale partizipatorische Förderung: „DESEC" in Bolivien 51

A 8 Das „CFSME"-Beratungs-System 55

A 9 Das „Training & Visit System" der Weltbank 65

A 10 Forschung und Entwicklung: Verbesserung landwirtschaftlicher Nutzungssysteme durch „Farming Systems Research" 71

B Ausgewählte Projektbeschreibungen

B 1 Landwirtschaftliche Beratung in der Zentralregion Togos — Strategie, Inhalte, Methoden, Mittel 79

B 2 Beratung und Kredit im Rahmen von Betriebssystemen im Projekt Kericho-Distrikt, Kenya 89

B 3 Beratung zur Verbesserung der Ernährungslage im Projekt Paktia Provinz, Afghanistan 91

B 4 Selbsthilfe-Gruppen und -Vereinigungen bei den TIV in Nigeria 93

B 5 Die Reorganisation der landwirtschaftlichen Beratung in der Atlantik-Provinz der Volksrepublik Benin 95

B 6 MINKA, eine peruanische Bauernzeitung im Wandel 113

Seite

C Beschreibung wiederkehrender Probleme

C 1 „Die Kuh" als Beispiel mißlungener interkultureller Kommunikation 135

C 2 Traditioneller Wissensstand bei den Zielgruppen und die Vermittlung neuer landwirtschaftlicher Informationen 145

C 3 Hinweise zur Wirksamkeit und Gestaltung bildlicher Darstellungen 149

C 4 Fiktive Kommunikation zwischen Projekten und ihren Zielgruppen: ein Lehrstück aus Nigeria 167

C 5 Erfahrungen mit Demonstrationen in landwirtschaftlichen Entwicklungsvorhaben 185

C 6 Probleme der Arbeit mit Kontaktbauern 189

C 7 Probleme des Führungsstils in Organisationen 193

C 8 „Beratung", ein internationales Begriffsproblem 199

D Fälle und Beispiele zu Vorgehensweisen

D 1 Problemlösungsverfahren des RIP in Botswana 203

D 2 Problemlösungsansatz im „Tetu Extension Project" in Kenya 205

D 3 Bestimmung der Beratungsverfahren im „Kawinga RDP" in Malawi 207

D 4 Komitees als Mittler zwischen Zielgruppen und Förderungsorganisationen in Malawi 213

D 5 Die Rolle der Stimulation im CFSME-Beratungs-System in Kibuye, Rwanda 219

D 6 Bewußtseinsbildung und Ausbildung im Rahmen des CFSME-Beratungs-Systems in Kibuye, Rwanda 231

D 7 Majeutik — die Pädagogik der Selbsthilfe von GRAAP 251

D 8 Ein Gliederungsbeispiel für die Darstellung eines Beratungsprogramms aus dem „Ziegenprojekt" in Ngozi, Burundi 263

D 9 Abschlußfest und landwirtschaftliche Ausstellung bei den Beratungszentren im CARDER Atlantique, Benin 267

Seite

E Verfahrensanleitungen

E 1 Zielgruppenermittlung und die Differenzierung von Teilgruppen 277

E 2 Beteiligung der Zielgruppen 283

E 3 Die Identifizierung von Zielgruppen und von Fördermaßnahmen 287

E 4 Hinweise für die Auswahl von Kontaktbauern 289

E 5 Zur Methodik des Beratungsgesprächs 295

E 6 Anlage und Nutzung von Fruchtfolgedemonstrationsflächen 305

E 7 Demonstration der Anwendung von Rückenspritzen zur Schädlingskontrolle 311

E 8 Programmierung von Feldtagen 315

E 9 Beispiel für die Beratung an Aufkaufmärkten 319

E 10 Vorbereitung und Durchführung lokaler landwirtschaftlicher Ausstellungen 321

E 11 Einrichtung eines Schulgartens 325

E 12 Hinweise zur Evaluierung von Ausbildungsveranstaltungen 327

E 13 Vortesten von Bildmaterial 337

E 14 Rundbriefe für Berater 343

E 15 Hinweise für Gestaltung und Vortrag einer Rede im Rahmen massenwirksamer Beratungsverfahren 345

E 16 Die Gestaltung von Arbeitsbesprechungen zur Ermittlung von Problemen 347

E 17 Verbesserte Kommunikation in Gruppen durch Visualisierung 349

E 18 Vorschläge für die Gestaltung partizipativer externer Evaluierungs-Missionen 355

E 19 Hinweise für die Nutzung von Fahrzeugen bei Beratungsorganisationen 359

Seite

F Prüflisten

F 1	Prüfliste zu begrenzenden Faktoren für die Partizipation der Zielgruppen	361
F 2	Prüfliste zu Schwachstellen in der Beratungsarbeit	363
F 3	Prüfliste zu Merkmalen erfolgreicher Förderung und Beratung	367
F 4	Prüfliste zur Informationsbeschaffung in der Situationsanalyse	371
F 5	Prüfliste zu Annahmen über Ausmaß und Geschwindigkeit der Verbreitung von Neuerungen	377
F 6	Prüfliste zur Bewertung von Innovationen	379
F 7	Prüfliste für die Auswahl von Kontaktbauern	381
F 8	Merkpunkte für den Feldberater bei der Bildung von Dorfkomitees	385
F 9	Merkpunkte zur Vorbereitung und Durchführung von Gesprächen in der Einzelberatung	389
F 10	Leitfaden für den Beratungsvorgang	393
F 11	Prüfliste für die Vorbereitung und Durchführung einer Versammlung im Rahmen einer Kampagne	395
F 12	Prüfliste für den Medieneinsatz	399

G Darstellungsbeispiele und Gestaltungsvorschläge

G 1	Datenplan zur Situationsanalyse – Teilbereich Beratung	405
G 2	Gliederungsvorschlag für Durchführbarkeitsstudien zur Beratung	407
G 3	Ausschnitt aus einer Begriffskartei	409
G 4	Beispiel für ein Routine-Berichtsblatt einer Zielgruppenorganisation	411
G 5	Beispiel eines Beratungsrundbriefs zur Einführung einer verbesserten Unkrauthacke	413

Seite

G 6 Beispiel für die Kalkulation des Zeitaufwandes für die
Demonstration einer Rückenspritze 417

G 7 Beispiel für den Personalbedarf einer regionalen Agrarverwaltung in Malawi 419

G 8 Drei Beispiele für die Gestaltung von Arbeitsprogrammen für Feldberater 421

G 9 Didaktisches Material zur Bewußtseinsbildung und Ausbildung in der Zentralregion Togos 425

G 10 Didaktisches Material zur Bewußtseinsbildung und Ausbildung aus dem landwirtschaftlichen Beratungsvorhaben Nyabisindu, Rwanda 437

G 11 Didaktisches Material zur Bewußtseinsbildung und Ausbildung von GRAAP, Burkina Faso 455

INHALTSVERZEICHNIS BAND 1
- GRUNDLAGEN UND METHODEN -

	Seite
Geleitwort	3
Inhaltsübersicht und -verzeichnisse	5
Verzeichnis der Schaubilder	17
Verzeichnis der Übersichten	18
Vorbemerkungen	19

I. Bedeutung und Rolle der landwirtschaftlichen Beratung in Entwicklungsländern   21

1. Rahmenbedingungen und Ansatzpunkte für die Förderung von Kleinbauern   22

    1.1 Typische Merkmale der Situation von Kleinbauern   22

    1.2 Ländliche Armut und ihre Hauptursachen   25

    1.3 Ansatzstellen für die Förderung der Kleinbauern   31

2. Funktionen, Ziele und Aufgaben der landwirtschaftlichen Beratung   36

    2.1 Allgemeine Charakteristik von Beratung   36

    2.2 Spezielle Charakteristik landwirtschaftlicher Beratung   39

II. Beratungsansätze   45

1. Der produktionstechnische Ansatz   45

2. Der Problemlösungsansatz und seine Konsequenzen   46

    2.1 Zielgruppenorientierung   51

    2.2 Partizipation   54

    2.3 Schrittweise Projektplanung und Durchführung   57

Seite

III. Grundlagen der Beratung 61

1. Erläuterung zur Auswahl und zum Gebrauch von Konzepten 61
2. Rahmenmodell der Beratung 64
3. Vier Beispiele aus der Beratungspraxis 66
4. Verhalten und Verhaltensänderung 69
5. Wahrnehmung 73
6. Abwehrmechanismen 76
7. Problemlösen und Entscheiden 77
8. Gruppen und Gruppenprozesse 82
9. Sozialstruktur und gesellschaftliche Institutionen 86
10. Kultur 87
11. Kommunikation 88
12. Gestaltung von Lernvorgängen 96
13. Organisation und Führung 99
14. Die Verbreitung von Neuerungen 103
    14.1 Der Innovator als Störenfried 106
    14.2 Die kritische Phase 107
    14.3 Der Übergang zum sich selbst tragenden Prozeß 108
    14.4 Das Auslaufen der Welle 109
    14.5 Die situationsfunktionale Betrachtungsweise 110
    14.6 Schlußfolgerungen für die Methodik der Beratung 112

IV. Erfahrungen mit Beratungsvorhaben 115

1. Rolle der Beratung in verschiedenen Förderungsansätzen 115
2. Situation der Zielgruppen 118
3. Situation der Berater 119
4. Bedingungen erfolgreicher Beratung 120

Seite

V. Verfahrensweisen der Beratung 123

1. Einzelberatung 123
   - 1.1 Einzelberatung im Feld 125
   - 1.2 Einzelberatung im Büro oder Haus des Feldberaters 125
2. Gruppenberatung 126
   - 2.1 Gruppengespräch 126
   - 2.2 Demonstration 128
   - 2.3 Feldtag 131
   - 2.4 Beratung in Ausbildungszentren 135
3. Massenwirksame Beratung 138
   - 3.1 Kampagne 142
   - 3.2 Landwirtschaftsschau 146
4. Beratung in ländlichen Schulen 150
5. Einsatz von Beratungshilfsmitteln 154
   - 5.1 Arten von Beratungshilfsmitteln 155
     - 5.1.1 Gesprochenes und geschriebenes Wort 157
     - 5.1.2 Bildliche Darstellungen 159
     - 5.1.3 Dias und Filme 164
     - 5.1.4 Video-Aufzeichnungen 165
     - 5.1.5 Fernsehen 167
     - 5.1.6 Dreidimensionale Darstellungen 167
     - 5.1.7 Lebendige Darstellungen und Methoden 168
   - 5.2 Wirkungsmöglichkeiten von Medien 169
   - 5.3 Einsatzbedingungen für Beratungshilfsmittel 175

VI. Situationsanalyse 181

1. Situationsanalyse als Planungsinstrument 182
   - 1.1 Anwendungsbereiche der Situationsanalyse 183
   - 1.2 Aufstellung eines Untersuchungsplans 185
   - 1.3 Bedeutung der Analyse des Sozialsystems 188

		Seite
2. Instrumente der Informationsbeschaffung		189
2.1 Beschaffung und Auswertung vorhandener Daten zur Vorinformation		190
2.2 Erhebungen im Einsatzland		192
2.2.1 Beobachtung und Beschreibung		193
2.2.2 Befragungsmethoden		194
2.2.3 Direktes Messen		198
2.2.4 Erprobende Aktion		199

VII. Planung der Beratung   201

1. Festlegung der Beratungskonzeption   201
2. Festlegung der Beratungsinhalte   206
   2.1 Beteiligung der Zielgruppen   207
   2.2 Beteiligung der Feldberater   208
   2.3 Beitrag der übergeordneten Ebenen   209
3. Verknüpfung mit komplementären Maßnahmebereichen   209
   3.1 Forschung   210
   3.2 Infrastruktur   212
   3.3 Bereitstellung von Produktionsmitteln   212
   3.4 Kreditwesen   213
   3.5 Vermarktung   215
4. Gebietseinteilung und Beraterdichte   216
5. Materielle Ausstattung der Beratung   219
   5.1 Wohn- und Büroräume   219
   5.2 Transport   220
   5.3 Beratungshilfsmittel   221
   5.4 Budget   224
6. Programmierung der Beratung   225

VIII. Organisation und Führung in der Beratung   229

1. Grundlagen der Organisation und Führung   229

Seite

2. Organisationsformen der Beratung 232
   2.1 Staatliche Beratungsdienste 235
   2.2 Kommerzielle Beratungsdienste 235
   2.3 Projekteigene Beratungsdienste 236
   2.4 Selbsthilfeorganisationen 237

3. Personelle Aspekte der Beratungsarbeit 238
   3.1 Aufgaben des Beratungspersonals 238
   3.2 Fachliche Qualifikation 243
   3.3 Persönliche Eignung 245
   3.4 Lebens- und Arbeitsbedingungen 246
   3.5 Beurteilung der Berater 248

4. Vorschläge für ein verbessertes Berichtswesen 250

IX. Aus- und Fortbildung der Berater 253

1. Aus- und Fortbildung leitender Berater 253
2. Aus- und Fortbildung von Feldberatern 258
3. Auswahl und Einsatz von Lehrkräften für die Aus- und Fortbildung von Beratern 260
4. Einsatz von Hilfsmitteln 262

X. Die Bewertung landwirtschaftlicher Beratung 263

1. Kriterien und Indikatoren für eine Evaluierung der Beratung 265
2. Verfahren der Evaluierung 269
   2.1 Begleitende Evaluierung 270
   2.2 Abschlußevaluierung 273
3. Durchführung der Evaluierung 274
   3.1 Auswahl der Evaluierer 275
   3.2 Darstellung der Ergebnisse 277
4. Aufwand der Evaluierung 280

Quellenverzeichnis 283

Register 297

A 1

Produktionstechnische Orientierung: „Opération Riz" in Madagaskar

1966 begann in Madagaskar ein Reisanbauprogramm, die „Opération Riz". Die landbautechnischen Möglichkeiten ließen es im Hochland von Madagaskar zu, die vorhandene **Reisproduktion zu steigern.** Dazu mußten **neue Produktionsverfahren** eingeführt werden: Pflanzenanzucht, Reihenpflanzung, Unkrauthacke und Bewässerung.

Da der staatliche Beratungsdienst nicht schlagkräftig genug war, wurde die Betreuung der 158 000 Betriebe mit 111 100 ha Reisfläche (durchschnittlich 0,71 ha/Betrieb) einer **autonomen Körperschaft** übertragen — dem „Groupement Opération Productivité Rizicole" (GOPR). Drei europäische Firmen stellten das Führungspersonal (1966 = 34 Personen). Auf Provinzebene gab es einen Direktor und Spezialisten für den landwirtschaftlichen Betrieb, Bewässerung, Produktionsmittelversorgung, Kredit und Beraterausbildung. Die Distriktebene war besetzt mit je einem Agronomen, Beratungs-, Kredit- und Produktionsmittel-Fachmann. Auf der Gemeindeebene schließlich arbeiteten ein „Sektorchef", ein für die Versorgung zuständiger Mann und fünf bis sieben Berater (encadreurs), von denen jeder eine „Zelle" (vorgenossenschaftlicher Zusammenschluß) von ca. 250 Betrieben zu betreuen hatte. Die Kampagne begann 1966 mit 601 Personen, 1969/70 waren 1.027 Personen angestellt.

Die GOPR wurde von der Europäischen Gemeinschaft über die Regierung Madagaskars finanziert.

Die Abwicklung und Steuerung des Projekts lag bei der französischen SATEC (Société d'Aide Technique et de Coopération — etwa vergleichbar der GTZ).

Die GOPR setzte **eindeutige Rahmenbedingungen:**

(1) Unabhängigkeit von der Finanzordnung der Verwaltung

(2) Kommerzielle Transaktionen nach eigenem Ermessen

(3) Personalhoheit

Die notwendigen Massenaktionen wurden unter strikter Beschränkung auf ein begrenztes Bündel von Neuerungen durchgeführt.

Um die Berater in die Arbeit voll zu integrieren, arbeitete man eine straffe Management-Konzeption aus. **Hauptziele** waren:

A 1

- Die Landwirte sollen **ohne Zwang** angeleitet werden. Sie müssen von den **Vorteilen** der Neuerung **überzeugt** sein.
- Jeder Mitarbeiter trägt für sein Aufgabengebiet **selbst** die **Verantwortung**.
- Jeder Feldberater hat für die Jahresarbeit **operationale Ziele**, an deren Formulierung er beteiligt ist.
- Die Arbeit der Feldberater wird genau **beaufsichtigt**.
- Die Feldberater werden **ständig** weiter **ausgebildet**.

Um diese Ziele in der Beratung auch methodisch umzusetzen, erarbeitete man ein Einsatzschema, in dem sich **Ausbildung** und **Arbeit** abwechselten:

(1) Die Feldberater werden mit einem **Kurzlehrgang** eingeführt.

(2) Alle 14 Tage werden die Feldberater vom „chef de secteur" zu einem **zweitägigen Ausbildungskurs** zusammengeholt.

(3) Auch die „chefs de secteur" erhalten solche Ausbildung in etwas größeren Abständen durch die „chefs de zone".

(4) Während der begleitenden Ausbildung lernen die Feldberater, sich operationale Ziele zu setzen: z.B. Zahl der zu betreuenden Landwirte, Zahl der verbesserten Pflanzbeete usw. und genaue **Pläne** für die **Zeitverwendung** auszuarbeiten.

(5) Die **Zeitpläne** werden nach Absprache mit den Vorgesetzten zur Pflicht.

(6) Die Arbeit der Feldberater und der „chefs de secteur" wird regelmäßig **kontrolliert**, da man anhand der Zeitpläne weiß, **wo** sich ein Berater **mit welcher Aufgabe** aufhalten soll.

Dieses Schema hat eindeutig zu einer realistischen Aufgabenstellung für die Feldberater geführt. Viele Parallelen zum „Training Visit System", springen ins Auge (→ A 9).

Der Lösungsversuch der GOPR beruht auf der Management-Konzeption, daß **klare Zielsetzung**, laufende **Betreuung** und **Beteiligung** der Mitarbeiter bei der Aufgabenfestlegung die Effizienz erhöhen.

Aus der Sicht der Beratung können auf Dorfebene folgende Wirkungszusammenhänge für die Arbeit der Berater der GOPR herausgestellt werden:

A 1

- Die GOPR beginnt ihre Beratungsarbeit mit dem Aufbau von Vorgenossenschaften oder Genossenschaften und der Konzentration auf wenige Anbaufrüchte. Durch die Genossenschaften werden die Innovationen eingeführt, Produktionsmittel an die Mitglieder verteilt und Kredite ausgegeben (erleichterte Prüfung der Kreditwürdigkeit).

- Das Netzwerk der Beratungsdienste ist um den lokalen Berater gruppiert. Er ist verantwortlich für die notwendigen Maßnahmen: von der Feldarbeit bis hin zur Rekrutierung von Genossenschaften nach der Ernte.

- Der lokale Berater konzentriert sich in seiner Arbeit auf Genossenschaftsmitglieder.

- Die Zielsetzungen sind eindeutig: Produktionssteigerung, Ausweitung der Anbaufläche und Erhöhung der Erträge pro Flächeneinheit.

- Die lokalen Berater werden gut entlohnt, ausreichend mit Sachmitteln und fachlichen Spezialkenntnissen ausgestattet.

- Die SATEC produziert für den Bedarf der Feldberater Broschüren, Anschauungsmaterial usw., die sämtliche Details enthalten, z.B. konkrete Anweisungen und Abbildungen: „Wie zeigt man das Säen entlang einer Linie?"

- Jeder Berater ist für mehrere Dörfer (bis zu 20) zuständig und somit weniger in mögliche Konfliktsituationen in den Dörfern einbezogen.

- Ihr Aufgabenbereich betrifft jeweils einzelne Landwirte — greift also nicht in vorhandene Machtstrukturen ein.

Die **Beratungsmethode** war von einem Psychologen (C. MAGUEREZ) ausgearbeitet und bereits von der SATEC mit Erfolg erprobt worden. Sie besteht aus detailliert ausgearbeitetem Schulungsmaterial für Beraterausbildung (manuel de moniteur) und Beraterleitfäden (fiche de vulgarisation), die — angepaßt an den Kulturkalender — das jeweils notwendige Wissen enthielten.

Das Projekt zeigte schnelle Erfolge, die in → Tabelle 1 zusammengefaßt dargestellt sind. Anfang der siebziger Jahre fiel der Reispreis, und das „Paket" war nicht länger attraktiv. Zudem senkten schlechte Wetterbedingungen die Erträge. Im Beratungsprogramm selbst wurden bis 1970 die Frauen nicht angesprochen, wenngleich sie in der madegassischen Gesellschaft eine wichtige Rolle spielen: Verwaltung des Geldes, Verantwortung für Nahrungsmittel im Regenfeldbau und Pflegearbeiten im Bewässerungsreis. Dennoch haben sie sich — so lange die finanzielle Attraktivität gewährleistet war — am Programm beteiligt, zumal das Programm unbeabsichtigt auch Erleichterungen für sie enthielt: u.a. beim Mine-

A 1

Tabelle 1:

Bilanz der Jahre 1966 - 1971 bei der GOPR			
	1966-67	1968-69	1970-71
Erreichte Betriebe	28.000	130.000	169.000
Verbesserte Anbaufläche in ha	4.500	45.000	86.000[1]
⌀ Fläche je Betrieb in ha	0,16	0,35	0,50
Mehrerträge in t	7.000[2]	83.000	121.000[3]
⌀ Erträge in t/ha	1,55	1,85	1,41
1) ca. 9,1 % der gesamten Reisfläche des Landes 2) ca. 0,4 % der Gesamtproduktion 3) ca. 6,5 % der Gesamtproduktion			

raldüngertransport zum Feld und in der Arbeit mit der Rollhacke durch die Männer.

Die „Opération Riz" kann als typisches Beispiel für einen auf Produktionstechnik beschränkten Förderungsansatz mit Beratungsschwerpunkt gelten.

Literatur

E.M. KULP: Designing and managing basic agricultural programs. Bloomington, Indiana University, Intern. Development Institute, 1977, S. 40-42.

J.O. MÜLLER: Die Förderung der Reisproduktion in Madagaskar. In: Intern. Africa-Forum, München, 4, 1968, S. 620-627.

R. OLDENBURG: Das Konzept der Massenberatung bei der Steigerung der Reisproduktion im Hochland von Madagaskar. Unveröffentl. Diplomarbeit, Göttingen, 1977.

H. RUTHENBERG: Landwirtschaftliche Entwicklungspolitik. Frankfurt: DLG-Verlag, 1972, besonders S. 125-136.

Bearbeitung

Rolf SÜLZER, Gerhard PAYR

A 2

Verbesserung der Betriebssysteme: „Fortschrittsleiter-Ansatz" in Salima, Seeuferregion, Malawi

Im Gebiet entlang des Malawi-Sees (ca. 3.600 km², etwa 32.000 Betriebe mit durchschnittlich 5,0 Personen) wurde seit 1966 ein integriertes Vorhaben mit den Komponenten landwirtschaftliche Beratung und Ausbildung, Kredit, Vermarktung, Infrastruktur, Landentwicklung, Versuchswesen und Dorfhandwerkerschule durchgeführt. In der Aufbauphase begann man mit einer einseitigen Förderung des Baumwollanbaus und ansatzweise der Ermittlung von Fruchtfolgesystemen.

Der geringe Erfolg dieser Maßnahmen führte zu einer Neuorientierung, die zusätzlich Beratung im Nahrungsmittelanbau, in der tierischen Produktion und im Reisanbau vorsah. Zur Programmierung der Beratung und zur Aufstellung der den Betriebssituationen angepaßten Innovationspakete wurden **sechs Farmkategorien** (→ Übersicht 1) aus einer Kombination von Fläche, Frucht, Marktintegrationsgrad und dem Vorhandensein von Betriebsplanung gebildet.

Der Beratungsansatz ging von einem stufenförmigen Mobilisierungseffekt aus, der „**Fortschrittsleiter**" genannt wurde. Die Betriebe sollten so beraten werden, daß sie sich mit dem vom Projekt angebotenen Innovationspaket vom Subsistenzbetrieb zum marktintegrierten Betrieb entwickeln. Beratung war mithin der organisatorische Kern des Projekts. Die Mobilisierung sollte über eine straff organisierte Beratungsarbeit erreicht werden. Dabei stand die Hoffnung auf autonome Neuerungsausbreitung Pate bei der Formulierung des selektiven Förderungs- und Beratungskonzepts:

- Die Beraterdichte reichte nicht aus, um die etwa 30.000 Bauernfamilien individuell zu beraten. Der mangelhafte Ausbildungsstand der Berater beschränkte zudem die Anwendung von Gruppen- und Massenverfahren.

- Zunächst wurde die Bevölkerung entsprechend ihrer Bereitschaft, angebotene Neuerungen zu übernehmen, in sechs Kategorien unterteilt, wobei die niedrigste Kategorie I die Subsistenzbetriebe und die Kategorie VI die am meisten entwickelten Betriebe mit Betriebsplanung, Fruchtfolge und integrierter Viehhaltung umfaßte. Mit ansteigender Kategorie wurden mehr und komplexere Neuerungen angeboten. Entsprechend stieg die Beratungsintensität. Während die Kategorien V und VI intensive Einzelberatung erhielten, sollten die übrigen Kategorien vor allem über Gruppen- und Massenberatung erreicht werden (→ Übersicht 1).

A 2

- Jeder Bauer hatte grundsätzlich die Möglichkeit, bei Bewährung nach einem Jahr in die nächsthöhere Kategorie aufzusteigen, und damit das Recht, zusätzliche Förderhilfen in Anspruch zu nehmen (Fortschrittsleiter). Ziel der Förderungsbemühungen war es, die Mehrheit der Bauern in Kategorie VI zu bringen.

- Dieses Konzept zielte ganz bewußt auf die Schaffung von Ungleichheiten. Man hoffte, die rückständigeren Bauern durch das Beispiel der fortschrittlicheren zu größeren Anstrengungen motivieren zu können. Eventuell auftretender Neid sollte so in Fortschrittswillen verwandelt werden. Durch die grundsätzlich bestehende Aufstiegsmöglichkeit sollte aber die Chancengleichheit für alle gewährleistet werden.

Diese ungleichgewichtige Beratung führte zwangsläufig zu einer Konzentration auf die kleine Gruppe von Bauern der „höchsten" Betriebskategorie. Farmplanung wurde für ca. 260 Betriebe durchgeführt. In der „untersten" Kategorie gab

Übersicht 1:

Farm-Kategorien und Förderungsangebote						
Kategorie	I	II	III	IV	V	VI
Betriebstyp	Subsistenz und Nebenerwerbsfarmer	Verkaufsfruchtfarmer auf niedriger Ebene	Verbesserter Verkaufsfruchtfarmer	Fortgeschrittener Verkaufsfruchtfarmer	Betriebsplanungsfarmer	Betriebsplanungsfarmer mit Rinderhaltung
Betriebssystem	Lokaler Mais, Erdnüsse, Reis, etwas Baumwolle ohne Schädlingsbekämpfung	Lokaler Mais + Mani Pintar oder lokaler Mais + Baumwolle oder verbesserter Reisanbau	gedüngter Mais + Baumwolle, oder gedüngter Reis	gedüngter Mais + Baumwolle + Mani Pintar oder gedüngter Reis + Wasserkontrolle in Gruppen	Fruchtfolge von Mais + Baumwolle + Erdnüsse	wie Kat. V + Weidewirtschaft
Beratung	Gruppen- + Massenberatung (Feldtage, Demonstrationen, Meetings, Kinoshows, Kampagnen etc.)	Eizelberatung bei Bestellung, Schädlingserkennung und -kontrolle, sonst Gruppenberatung	wie Kat.II + Düngeberatung + Beratung zur Lagerhaltung	Wie Kat. III + Vorbereitung für Betriebsplanung im Farminstitut	ständige Einzelberatung in Managementfragen, Spezialseminare	wie Kat. V + Spezialberatung zur Tierhaltung
Kredit	kein Anspruch	Insektizide, Rückenspritzen, Mani-Pintar Saatgut	wie Kat. II + Maissaatgut und Düngemittel für 1 acre	wie Kat. III, aber wahlweise für 1,5 acres Mais	alle Produktionsmittel nach Fläche, bei Bewährung nach 2 Jahren auch Zugochsen + Geräte	wie Kat V + Zuchtvieh

22

A 2

es ca. 16.000 Subsistenzbetriebe. Von der kleinen Gruppe der hochentwickelten Betriebe ging der erhoffte Demonstrationseffekt jedoch nicht aus. Zu groß war der Unterschied in

- der Bauausstattung der Betriebe,

- der Tatsache, daß fast 1/3 der Betriebe der untersten Kategorie von Frauen geführt wurden,

- der Einkommensentstehung im nicht-landwirtschaftlichen Bereich (Wanderarbeit, Fischfang, Flechten) und

- der Einbindung in die traditionelle Sozialstruktur.

Der erwartete Übergang von Kategorie zu Kategorie fand in den ersten drei Jahren der Laufzeit des Vorhabens nicht statt. Der Anteil an Kategorie -II- Bauern stieg nur von 2.5 % auf 18.9 %, der Anteil der Kategorien III, IV, V und VI erreichte zusammen lediglich 2.2 %. Eine Analyse der Ursachen für den weitgehenden Fehlschlag der selektiven Förderung zeigte eine extrem ungleiche Beratungsintensität:

Tabelle 1:

Beratungsintensität je Farm-Kategorie		
Kategorie	Zahl der Bauern	Beratungsstunden pro Bauer und Jahr (1973)
I	22.082	0,48
II	5.858	1,39
III/IV	2.158	2,26
V/VI	182	28,30

- Die **Einteilung** der Zielbevölkerung nach sechs Kategorien erwies sich als **willkürlich**. Die sozioökonomische Analyse erbrachte das Vorhandensein von nur drei in sich homogenen Zielgruppen: Subsistenz- und Teilzeitbauern, Verkaufsfruchtbauern mit Hackbau und eine kleine Zahl größerer Bauern mit Ochsenanspannung und Viehhaltung.

- Die Berater neigten dazu, die **fortschrittlichsten Bauern intensiver zu beraten**, weil diese die Neuerungen am raschesten übernehmen bzw. Beratung von sich aus anfordern.

A 2

- Fortschrittliche Bauern wohnen und arbeiten meist betont individuell. Sie können dadurch praktisch **nur durch Einzelberatung** erreicht werden. Einzelberatung privilegierter Bauern kann für den Berater persönliche Vorteile bringen (Status, Beziehungen, Geschenke).

- Eine **Beispielswirkung konnte** von diesen Bauern schon deshalb **nicht ausgehen**, weil die Faktorausstattung der traditionellen Hackbauern nicht ausreichte, Neuerungen analog zu übernehmen. Zudem unterbanden Sanktionen der Nachbarn die Anstrengungen besonders fortschrittswilliger Hackbauern (Ansprüche durch Verwandte, Brandlegung, Bedrohung durch Zauberei etc.).

- Weder bei den Bauern noch bei den Beratern gelang es, das komplizierte und aufgefächerte Kategoriensystem populär und einsichtig zu machen. Auch erforderte es einen großen administrativen Aufwand, die **Kategorienzugehörigkeit** der Bauern zu **erfassen** und zu überwachen.

- Eine wesentliche Ursache für die ungenügende Anwendung von Gruppen- und Massenverfahren war der **unzureichende Ausbildungsstand der Berater**.

- Eine weitere Ursache war die **unzulängliche Programmierung** der Beratungsarbeit. Dabei wurden zwar Inhalte und Zielgruppen recht genau beschrieben, die verfahrensmäßige Durchführung aber weitgehend den Beratern selbst überlassen.

Erst als man aufgrund begleitender Evaluierung die Förder- und Beratungsangebote an den tatsächlich vorhandenen drei Zielgruppen orientierte, die Fortschrittsleiter auf zwei Stufen reduzierte, die Gruppen- und Massenberatung betonte, durch die Schaffung von Dorfkomitees die Zielgruppen bei der Planung und Durchführung von Maßnahmen stärker beteiligte und das Schwergewicht der Förderung von den besonders fortschrittlichen und entwickelten Bauern auf die Masse der Hackbaubetriebe verlagerte, zeigten sich Erfolge.

Beratungsmethodisch konzentrierte man sich in der zweiten Phase des Projekts nicht mehr auf Einzelberatung, sondern auf die **partizipatorische Gruppenberatung**. Das begann mit dem Aufbau von etwa 500 **Dorfkomitees**, (→ D 4), in die jeweils bis zu 14 Personen von der Dorfbevölkerung hineingewählt wurden (Oberhäupter der Großfamilien, Vertreter der Frauenliga, Geschäftsleute). Diese Dorfkomitees dienten als Aktionsplattform für die Beratung, sollten aber auch die Zielsetzungen der Bevölkerung an das Projekt vermitteln (Informationsfluß nach oben und nach unten). Die Dorfkomitees tagten monatlich, Vorschläge und Kritik wurden dann von den Beratern in die Projektgremien weitergegeben — etwa im wöchentlichen Beratertreffen zur Programmierung der kommenden Arbeitswoche oder in den monatlichen Treffen auf Projekt- bzw. Gebietsebene.

A 2

Diese konsequente Einrichtung eines zweiseitigen Informationsflusses wurde mit intensiven Beraterkontakten zu den Bauern verbunden (jährlich 2.400 Einzelbesuche je Berater zuzüglich Demonstrationen).

Die Anpassung der Fortschrittsleiter an das Leistungsvermögen der Teilgruppen und die gezielte Bereitstellung eines Innovationsangebots aus Nahrungs- und Verkaufsfrüchten steigerten die Leistungsfähigkeit der Berater und die Resonanz in der Bevölkerung.

Bis zur Übergabe des Vorhabens im Jahre 1977 konnten über 80 % der Betriebe in das Förderungsprogramm einbezogen werden.

Literatur

W. KOCK: Beratung in Regionalprojekten — Erfahrungen aus dem Regionalprojekt Salima in Malawi. In: Zeitschrift f. Ausl. Landw., 10, Heft 2, 1971.

G. PAYR: Förderung und Beratung traditioneller Kleinbauern in Salima/Malawi. München: Weltforum Verl. 1977.

M. RÜCKER: Vergleich des Beratungsansatzes in ausgewählten ostafrikanischen Entwicklungsprojekten. Unveröffentl. Diplomarbeit, Hohenheim 1976.

Bearbeitung

Gerhard PAYR, Rolf SÜLZER

A 3

Sozioökonomischer Förderansatz: „Community Development" in Indien

Hinter dem integrierten Ansatz des Community Development steht die Entwicklungshypothese, daß die gesamtgesellschaftliche Entwicklung vorteilhaft durch die Entwicklung der einzelnen, kleinen Einheiten beeinflußt wird und daß nur eine gemeinsame Anstrengung aller öffentlichen Institutionen (auch der Gemeinden) und der Individuen die wirtschaftliche und soziale Lage der Nation anheben kann.

Die Grundüberlegungen sind:

- Die **Aktivitäten** müssen **freiwillig** sein. Sie müssen den Willen und die Bedürfnisse der Gemeinde ausdrücken.

- Die Aktivitäten sollen als „**konzertierte Aktionen**" ausgeführt werden (Förderung **aller** Bereiche).

- In der Planung und Durchführung sollen die Mitglieder der Gemeinde an **Partizipation und Selbstverwaltung** herangeführt werden.

- Die lokalen „Führer" und Einflußpersonen sollen im Zuge des Programms **geschult** werden.

Zwei erfolgreiche Projekte haben im Zusammenhang mit GHANDIs und TAGOREs Arbeiten die rasche Entwicklung des CD in Indien und seine Übernahme in die staatliche Trägerschaft gefördert.

Im Jahre 1946 war in Madras das „Firka Development Scheme" (FDS) eingerichtet worden. Eine Firka ist eine steuerbezogene, geographische Einheit (etwa die Hälfte der heutigen „Blocks", mit ca. 150.000 Einwohnern). Die 34 FDS arbeiteten nach den Devisen GHANDIs: kooperativ und selbstversorgend, d.h. unabhängig von Außenbeziehungen. Auf der Dorfebene wurde das Programm von Gram Savaks (Diener des Dorfes) bzw. Gram Savikas (Dienerin des Dorfes) verantwortlich geleitet. Sie setzten den Schwerpunkt auf Anbau- und Selbstverwaltungsmaßnahmen. Die notwendige Unterstützung bekamen Gram Savaks und Gram Savikas vom Firka Development Officer, der mit einem Stab von Spezialisten ausgestattet war. Damit waren das Grundrezept und zugleich das Grunddilemma des CD entwickelt: Ein „Vielzweck-Dorf-Arbeiter" (multi-purpose village level worker), abhängig von der Unterstützung durch Spezialisten, sollte ein ländliches Entwicklungsprogramm koordinieren.

Parallel dazu entwickelte und organisierte der amerikanische Städteplaner Albert MAYER das Pilotvorhaben „Etawah" District (Uttar Pradesh). Auch in diesem Pro-

A 3

jekt mit ersten Anfängen 1946 hatte der Gram Savak (später VLW - village level worker genannt) die Schlüsselstellung. MAYER ging von der Beobachtung aus, daß die vorhandenen Dienste der Ministerien keinen Kontakt zur Dorfbevölkerung hatten und selbst dort, wo es dringend geboten war, nicht miteinander kooperierten. Fachministerielle Trennung siegte über problembezogene Aufgabenerfüllung.

Von Anfang an war den Beteiligten klar, daß die fachliche Leistungsfähigkeit der VLWs gering sein würde. Durch Koordination und Unterstützung sollten jedoch Fachwissen ebenso wie Selbstvertrauen gesteigert werden. Regelmäßige Besprechungen der Berater untereinander und persönliche Betreuung durch „Fachberater" (subject matter specialist) sowie die Konzentration auf wenige, wichtige Vorhaben sollten die Arbeit erleichtern.

Formal sah die **Organisation des CD** im Etawah-Projekt folgendermaßen aus:

Bild 1:

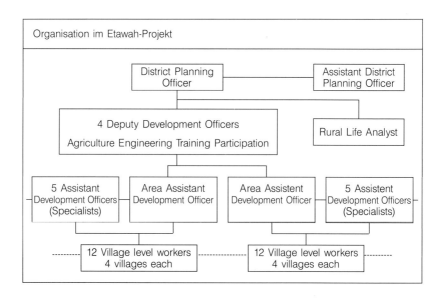

Die Grundgedanken beider Projekte griff 1950 die Planungskommission des ersten 5-Jahres-Planes auf:

„Community Development ist die Methode und der ländliche Entwicklungsdienst (National Extension Service) die Institution, durch die der 5-Jahres-Plan einen

A 3

Prozeß einzuleiten sucht, um das soziale und wirtschaftliche Leben der Dorfbewohner umzuformen" (KANTOWSKY, 1970, S. 9).

1952 begann das Programm. Es wurde enthusiastisch begrüßt und führte zu einem sprunghaften Erfolg. Im Oktober 1953 gab es 220 Blocks, 1965 waren es 5.238 Blocks. (Jeder Bundesstaat in Indien ist in Distrikte eingeteilt, insgesamt 320. Diese wiederum in ca. 10 — 20 Blocks. Das sind die grundlegenden geographischen Einheiten: jeweils ca. 100 Dörfer mit bis zu 150.000 Einwohnern; im Mittel 60 — 70 Tausend.)

In der Praxis zeigte sich bald, daß der Dorfberater nicht denselben Enthusiasmus wie seine vorgesetzten Dienststellen aufbringen konnte. Gerade wegen der raschen Verbreitung des Programms konnten die VLW, die heute eine gründliche zweijährige Ausbildung erhalten, nur schlecht auf ihre Aufgaben vorbereitet werden. Bald gerieten sie **zwischen die Fronten**: Auf der einen Seite die nationalen Pläne und die Aufsicht des BDO (Block Development Officer) sowie die unzureichende Unterstützung durch den „subject matter specialist" (ca. 1 SMS für 100 Dörfer) — auf der anderen Seite die Dorfbevölkerung mit ihren ganz konkreten Anforderungen an den Gram Savak bzw. die Gram Savika.

Gerade die schnelle Aufbauphase bewirkte, daß die landwirtschaftliche Produktion nach der ersten 5-Jahres-Phase bei den vielfältigen Aufgaben kaum gesteigert worden war. Darüber hinaus war der VLW nicht in der Lage gewesen, die Zusammenarbeit des Dorfes zu fördern. Er war vielmehr häufig den Wünschen und Einflüssen der besitzenden Landwirte erlegen.

Erst 1954/55 begann man, die Frauen und Kinder gezielt in das CD-Programm einzubeziehen. Da CD ja ein ländliches Programm war, wurde das Frauenprogramm auch sehr viel mehr auf die Aufgabenbereiche Familie, Haushalt, Hygiene und Gesundheit ausgerichtet.

Die Förderung im landwirtschaftlichen und wirtschaftlichen Arbeitsbereich der Frauen wurde mäßig betrieben. Es wurde angestrebt, in den CD-Blöcken neben zwei weiblichen VLW auch weibliches Personal für den sozialen Bereich und den Gesundheitsbereich einzustellen. Man konzentrierte sich besonders auf die Ausbildung im sozialen Bereich. Durch die Aufhebung der anfänglich gemeinsamen Ausbildung ist die Bedeutung der weiblichen VLW noch geringer geworden.

Die **erste Evaluierung** (METHA-Report 1957) führte zu zwei **Revisionen**:

(1) Konzentration auf landwirtschaftliche Förderung (75 % der Zeit des VLW für diesen Sektor)

(2) Einführung von Selbstverwaltungskörperschaften auf allen Ebenen (Dorf, Block, Distrikt = Panchajati Raj).

A 3

Die Auswertung des **METHA-Reports** führt darüber hinaus zu einer Verbesserung der Personalausbildung und der Programmplanung. Aber auch eine verbesserte Personalausbildung konnte nicht verhindern, daß sich die beiden Grundgedanken des CD nicht durchsetzten. Kooperative Arbeit paßt nicht in die Tradition des hierarchisch orientierten Verwaltungsapparates, und die VLW arbeiteten lieber mit den besitzenden Landwirten zusammen.

Da auch formal die Ausbildungsmöglichkeiten säuberlich getrennt waren (100 VLW training centres, 20 female VLW training centres, 3 extension training institutes, 45 Abteilungen an Colleges und 15 Graduate Departments für die SMS' und BDO's und ein National Institute of Community Development für die hohen Funktionäre) und in den Dorf-, Block- und Bezirksräten nur die Besitzenden vertreten waren, ist das CD-Programm in Indien unter scharfe Kritik geraten.

Das indische Dorf war von Anfang an keine einheitliche Gemeinde, keine harmonische und „klassenlose" Gemeinschaft. Hier liegt vermutlich der Grundfehler im Denkansatz: Statt real existierende Interessen und Interessengegensätze unterschiedlicher Gruppierungen einzubeziehen, wurde das Dorf als eine Einheit beschworen. Dies war aber nur „fiktiv", nämlich so lange die verschiedenen Gruppen arbeitsteilig und sozial aufeinander angewiesen waren.

Die **Aufgabenstellung der Mitarbeiter im CD** sah im einzelnen folgendermaßen aus:

Der **Village Level Worker (VLW)** war zuständig:

- für die Ausführung aller technischen Operationen auf den Feldern,

- für die Aufklärungs- und Öffentlichkeitsarbeit in Gruppen und mit Einzelnen (Saatgut, Anbauverfahren usw.),

- für die Verbindung zu allen anderen Dienstleistungseinrichtungen (Vermarktung, Kredit, Produktionsmittel usw.),

- für Unterstützung außerlandwirtschaftlicher Aktivitäten (Brunnenbau, Biogas usw.) und

- für die Förderung der Arbeit der Panchajati Raj auf Dorfebene.

Theoretisch hatten die weiblichen VLW auch die genannten Aufgaben zu erfüllen, doch bei ihnen kommt den drei letztgenannten Aufgaben nur marginale Bedeutung zu. Das Rollenverständnis der Vorgesetzten verschloß den weiblichen VLW diese Tätigkeit.

Der **Subjekt Matter Specialist (SMS)** war im Hauptquartier des „Blocks" statio-

A 3

niert und arbeitete als Extension Officer (EO oder BEO) hauptsächlich mit den VLW, den traditionellen Dorfführern, den Vorsitzenden der Genossenschaften und den Vorsitzenden des Dorfrates zusammen. Die Gruppe der Dorf- und Fachberater wurde durch den **Block Development Officer (BDO)** und den **DPO**, den **District Planning Officer**, angeleitet.

Das Programm, das auf die Herstellung einer Einheit zielte, führte zu weiterer Ungleichheit:

„Die ungleiche ländliche Wirtschaft hat es den wohlhabenden Bauern ermöglicht, die Institutionen zu monopolisieren und sie in geschlossene Reservate für die politisch und sozial einflußreichen Gruppen der oberen Kasten umzuformen." (Aus einem Bericht der Zeitung „Northern India Patrika" vom 4.8.1965; zit. bei KANTOWSKY, 1970, S. 11.) Die Kaste der Unberührbaren (Harijans) wurde vom Programm nicht erreicht.

Versucht man, das Gesamtprogramm zu bewerten, so lassen sich folgende Vorteile dieses integrierten Ansatzes erkennen:

- Die Schaffung neuer Dorfeinrichtungen gab Entwicklungsimpulse.

- Es wurden Ansätze sichtbar und Hoffnungen geweckt, die alte Ordnung zu verändern.

- Eine einheitliche Entwicklungsverwaltung beschleunigte die Innovationsprozesse.

Nach dem **METHA-Report** sind Konsequenzen in der Produktionsmittelversorgung gezogen worden; danach hat sich auch die agrarische Produktion wesentlich steigern lassen.

Dem müssen eindeutige **Nachteile** gegenübergestellt werden:

- Die ökonomische Entwicklung hat zu starken Diskrepanzen zwischen den Wohlhabenden und den Kleinbauern geführt.

- Die Expansion des Programms ist viel zu schnell vorgenommen worden. Bevor die Auswirkungen geprüft werden konnten, hatte sich das Modell schon „verselbständigt", hatten die „Geschäftstüchtigen" unter den Landwirten ihre Chancen erkannt.

- Es gab keine wirkliche Partizipation der Bevölkerung im Programm.

- Die ärmere Bevölkerung wurde zu stark zu manueller Arbeit (Straßenbau usw.) herangezogen.

A 3

- Es fehlte eine eindeutige, praktische Zielsetzung, so daß die VLW oft auf sich gestellt waren und mit den Dorfräten, nicht mit der Bevölkerung kooperierten.

- Es fehlte am Durchsetzungsvermögen der VLW, da ihr Status in der Dorfhierarchie gering war und ihnen somit die für die Arbeit nötige Achtung kaum entgegengebracht wurde.

- Die hierarchische Administration führte zu „Papier-Planung" und zu „Schreibtisch-Arbeit".

- Eine zentrale Entwicklungsaufgabe wurde einem status-niedrigen Beamten aufgetragen, Beratung wurde auf jemanden delegiert, der kein Ansehen und keinen Einfluß im Dorf besaß. Es wurden Aufgaben zugeteilt, die sich nicht in präzise Anweisungen fassen ließen, so daß die Mittlerperson überlastet war.

Für die **Beratungsarbeit** und den **Beratungsansatz** über den Dorfberater ergeben sich darüber hinaus grundsätzlich **Konfliktsituationen**:

(1) Konflikt zwischen **sachorientierter** Ausbildung und **kollegialer** Aufgabenstellung (Kooperation usw.) bei hierarchischer Vorgesetztenbeziehung.

(2) Konflikt zwischen den **Normen** des Plans und den **Wünschen** der Dorfbevölkerung bzw. einflußreicher Gruppen.

(3) Konflikt durch die **Vielzahl der Aufgaben**: landwirtschaftliche Beratung, Straßenbau, Produktionsmittelbeschaffung, Aufbau von Genossenschaften, Statistik, Kreditabrechnung.

Literatur

H. ALBRECHT: Community Development — Kritik des Förderungsansatzes auf der Basis der Erfahrungen in Indien. In: Zeitschrift für Ausl. Landwirtschaft. Frankfurt/Main 1969, S. 20-38.

D.C. DUBEY, W. SUTTON: A Rural »Man in the Middle«, Community Development. In: Human Organization 24, 1965, S. 148-151.

A.M. HANSON: The process of planning. A study of India's five-year-plans. 1950 - 1964. London: Oxford University Press, 1966.

D. KANTOWSKY: Dorfentwicklung und Dorfdemokratie in Indien. Formen und Wirkungen von Community Development und Panchajati Raj detailliert dargestellt am Beispiel eines Entwicklungsblocks und dreier Dörfer im östlichen Uttar Pradesh. Bielefeld 1970.

A 3

F. KUHNEN: Community Development. Folgerungen aus den Aktivitäten in Indien, Pakistan und Südkorea. In: Strukturwandel und Strukturpolitik im ländlichen Raum. Festschrift zum 65. Geburtstag vom HELMUT RÖHM (Hrsg.) von J. STARK und M. DOLL, Stuttgart 1978, S. 104-122.

A. MAYER u.a.: Etawah, pilot project, India: The story of rural development at Etawah, Uttar Pradesh. Berkeley: University of California Press, 1959.

Bearbeitung

Rolf SÜLZER, Gerhard PAYR

A 4

Sozioökonomischer Förderansatz: „Animation Rurale" im frankophonen Afrika

Die Methode der „Animation Rurale" ist von einer privaten französischen Entwicklungsgesellschaft erarbeitet worden: IRAM = Institut de Recherches et d'Application des Méthodes de Développement. Die Konzeption des IRAM beruht auf der Analyse der nachkolonialen Gesellschaften Afrikas. Ihre ursprüngliche Einheit ist wirtschaftlich, sozial und kulturell gespalten. Eine ländliche Masse und eine städtische Funktionärsschicht bestehen ohne Austausch nebeneinander. Die Hauptzielsetzung der AR ist daher die Eingliederung der ländlichen Gebiete in das nationale, wirtschaftliche und soziale System. Die ländlichen Gemeinden werden dabei nicht als konfliktfreie Einheiten gesehen wie etwa im Community Development, sondern als Einheit, die aus Gruppierungen mit unterschiedlichen und auch gegensätzlichen Interessen und Machtansprüchen zusammengesetzt sind.

Mit Hilfe der Animation Rurale wurde angestrebt, die ländlichen Gemeinden zu selbstbewußten, entwicklungsorientierten Partnern und Gegenspielern der Entwicklungsverwaltungen im ländlichen Raum zu machen und sie aus der kolonialen Rolle der passiven Weisungsempfänger herauszuholen. Die Gemeinden sollten im Rahmen der nationalen Diskussion um den Entwicklungsplan ihre eigenen Bedürfnisse artikulieren und in der Form von Projekten vorstellen. (Vergl. die Parallelen zur Majeutik von GRAAP, → D 7). Auf dieser Grundlage sollten Leistungsverträge mit der Entwicklungsverwaltung abgeschlossen werden.

Die Aktion der Animation Rurale setzte an **zwei Schwachstellen** an:

- Bedingt durch die Kolonialverwaltung war die Landbevölkerung nicht gewohnt, ihre Bedürfnisse zu artikulieren und **politisch** selbstbewußt und **selbstverantwortlich** zu handeln. Entsprechende Einstellungen und Fähigkeiten mußten erst geschaffen oder aktiviert werden.

- Es fehlte in der Landbevölkerung an **technischem Wissen**, um über die Artikulation von Grundbedürfnissen hinaus Entwicklungsprojekte zu definieren und in Selbsthilfe durchzuführen.

Bei den Mängeln sollte durch die Ausbildung von „**Animateuren**" abgeholfen werden. Jede Gemeinde sollte mindestens einen Animateur haben. Er sollte von der Gemeinde delegiert werden und sie repräsentieren können. Aufgrund seiner Ausbildung sollte er in der Lage sein, den Diskussionsprozeß und die daraus folgenden eigenen Entwicklungsanstrengungen anzuregen, in Gang zu halten und die Verbindung zu den Entwicklungsverwaltungen herzustellen. Der Animateur sollte eine Führungsrolle im Dorf übernehmen, ohne den traditionellen Führungsrollen im Dorf Konkurrenz zu machen. Der Animateur blieb Bestandteil sei-

A 4

ner Gemeinde und wurde nicht bezahlt. Seine Motivation zur Weiterarbeit mußte aus der Gemeinde kommen.

Dieses Konzept wurde zunächst mit Erfolg in Marokko angewandt und 1959 auf den Senegal übertragen. Dabei ging man wie folgt vor:

1. **Etappe:** Aufbau eines Animationsdienstes im Ministerium für ländliche Entwicklung

   – Aufbau einer zentralen Behörde

   – Auswahl von Programmregionen

   – Aufbau von „Centres d'Animation" auf Regional- und Departmentebene

   – Vorbereitung von Kursprogrammen.

2. **Etappe:** Vorbereitung ausgewählter Landwirte auf ihre Rolle als „Animateurs Ruraux" (AR)

   – Rekrutierung der zukünftigen Animateure

   – Durchführung von Kursen der 1. Stufe.

3. **Etappe:** Mobilisierung der Gemeinden

   – Betreuung, Kontrolle, Weiterbildung der Animateure im Milieu

   – Durchführung von Kursen; 2. Stufe = technisches, organisatorisches Wissen

   – Neustrukturierung der ländlichen Gemeinden über größere Projekte zu „Cellules de Développement".

4. **Etappe:** Aufbau neuer administrativer, sozialer Strukturen und Eingliederung in das nationale politische System.

Entscheidender Schritt im Programm war die **Auswahl** der Animateure, ihre **Ausbildung** und ihre **Aktivierung** im Milieu. Ziel mußte es sein, im Prinzip „selbstlose" Mitarbeiter zu gewinnen. Dazu sollten die Dörfer die AR nach folgenden Kriterien auswählen:

– 25-45 Jahre alt; sie sollten zu den **Erwachsenen** gehören, wenn eine Gesellschaft nach Altersklassen organisiert ist.

A 4

- Anerkannte **Leistung als Bauer**.
- Gute soziale Stellung im Dorf (kein „Führer").
- Das Dorf muß die AR **uneingeschränkt** als Repräsentanten **anerkennen**.

Der 3-wöchige Kurs der 1. Stufe gliedert sich in die allgemeine Orientierung über die politische Situation, den wirtschaftlich-fachlichen Teil und die konkrete Vorbereitung auf die ersten Projektaktivitäten im Dorf.

Dieses Programm ist nur mit offener Unterstützung der Regierungen durchführbar. Wenn sie die Grundgedanken nicht teilen, kann die IRAM ihre Arbeit nicht aufnehmen. Hier wird der direkte politische Bezug jeder Entwicklungsarbeit deutlicher erkennbar als in anderen Programmen, in denen er oft die gleiche Rolle spielt.

Die Regierung des **Senegal** stellte als erste die Mittel zur Verfügung, dieses Programm auszuführen (1959), und 1967 arbeiteten 7.000 Animateure. Formal wurde die Animation Rurale vom Ministerium für ländliche Entwicklung durchgeführt. Kurz nach Einrichtung der Animation Rurale wurden in den untersten Verwaltungseinheiten sogenannte „Centres d'Expansion Rurale" (CER) eingerichtet, in denen die verschiedenen Entwicklungsverwaltungen zusammengefaßt und zu gemeinsamen Programmen koordiniert werden sollten. Hier hätten die durch die Animation Rurale sensibilisierten Gemeinden ideale Gesprächspartner gefunden, bei denen der genannte verfügbare technische Sachverstand konzentriert war. Aus verwaltungsinternen Gründen wurde diese Idealkonzeption der CER aber lediglich in ganz wenigen Fällen verwirklicht.

Parallel dazu und weitgehend unabhängig agierten die Landwirtschaftsberater der privaten französischen Gesellschaft SATEC (Société d'Aide Technique et de Coopération, vergleichbar der GTZ) mit einem klaren Beratungsauftrag und der nötigen fachlichen und materiellen Unterstützung. Diese Berater wurden wie die Animateure aus der ländlichen Bevölkerung rekrutiert. Die Beamten der in der CER zusammengefaßten ländlichen Dienste lehnten die Grundidee der Animation, die begrenzte Selbstbestimmung ländlicher Gemeinden, in ihrer Mehrheit ab. Da die Animateure aus der Gruppe der von den besser ausgebildeten Funktionären „verachteten" Bauernschaft kamen, prägte diese Einstellung die Kooperation. Sie wurden als unbezahlte Hilfskräfte angesehen, die Verwaltungsanordnungen auf Dorfebene ausführen konnten.

Die politische Arbeit der AR wurde in den späteren Jahren im Senegal — aber auch in anderen Ländern — wenig anerkannt. Die **Animateure** selbst waren **in einer Zwitterposition**. Im fachlichen Bereich waren ihnen die Berater der spezialisierten Interventionsgesellschaften überlegen. Die Arbeit mit den Bauern führte zur Identifizierung von Projekten — in der konkreten Durchführung wurden die

A 4

AR und ihr Personal dann jedoch nicht mehr erwähnt. Und schließlich setzte sich die Behauptung durch, daß die Bauern spezialisierte Dienste benötigten. Diese Entwicklung hängt dabei mit innenpolitischen Machtkämpfen, Umstrukturierung von ländlichen Diensten, aber auch mit allgemeinen wirtschaftlichen Schwierigkeiten zusammen, die sich aus dem langjährigen Preisverfall für Erdnüsse, der Hauptexportfrucht Senegals, ergaben.

Eine „Animation Rurale Féminine" (ARF) gibt es in allen frankophonen afrikanischen Ländern. Die ARF hat oft das europäische Frauenbild übernommen. Dort, wo Frauen gefördert werden sollten, wurden deshalb auch selten die Belange der afrikanischen Frau angesprochen, sondern europäische Ziele verfolgt wie Kinderpflege, Hygiene, Hauswirtschaft und Ernährung. Dieser Ansatz mußte deshalb zwangsläufig zu Mißerfolgen führen, da die zum Teil sehr unabhängige Stellung der Frau nicht berücksichtigt worden ist.

Zusammenfassung

(1) Die Animateure sollten eine soziale Position im Dorf einnehmen. Relativ kurzfristig kann eine solche neue Rolle jedoch nicht verankert werden. Niemand, nicht einmal der Animateur selbst, weiß, wo im traditionellen Gefüge eigentlich seine Position ist.

(2) Die Statusunsicherheit wird durch unklare Kompetenz, gerade im Gegensatz zum landwirtschaftlichen Berater, und durch mangelnde politische Unterstützung der „unteren" Beamten verschärft.

(3) Bei der Auswahl der Animateure wurden häufig Personen ausgewählt, die dem städtischen „Standard" (= dem Entwicklungsziel) entsprachen, aber nicht Repräsentant des Dorfes waren.

(4) Als Innovatoren wurden sie auf diese Weise in eine Randposition gedrängt, während ihre „Kollegen" von der SATEC als Innovatoren begrüßt wurden.

(5) Die Beraterinnen wurden nach dem europäischen Frauenbild geschult. Im Rückzug auf diese marginale Rolle trafen die Beraterinnen nicht die in der Landwirtschaft einflußreiche und unabhängige Position der Afrikanerin.

Wie andere der hier beschriebenen Ansätze ist auch die Animation Rurale nicht als Beratungskonzept gescheitert, sondern hat an verschiedenen Plätzen mit jeweils unterschiedlichen Problemen ringen müssen. Ein großer Durchbruch auf nationalstaatlicher Ebene ist ihr nicht gelungen. Dafür waren Gegenkräfte zu stark und haben sich die Rahmenbedingungen für sie ungünstig entwickelt. Im regionalen Kontext und an einzelnen Plätzen hat es vielfältige und ermutigende Erfolge gegeben. Wesentliche Grundideen und methodische Arbeitsprinzipien finden auch heute noch Anwendung und erfolgreiche Nachahmung, die inzwischen nicht mehr auf das frankophone Afrika alleine begrenzt sind.

Zwar sind die meisten der frühen IRAM-Mitglieder heute zu französischen Universitätslehrern aufgestiegen, das Institut als solches gibt es jedoch weiter, die Arbeit ist noch nicht überflüssig geworden. Weitergehende Information gibt IRAM, 49 Rue de la Glacière, F 75013 Paris, Frankreich.

Literatur

Y. GOUSSAULT: Rural „Animation" and Popular Participation in French-Speaking Black Africa. In: Intern. Labour Review, 1968, S. 525-550.

Y. GOUSSAULT: Interventions éducatives et animation dans les développements agraires (Afrique et Amérique Latine). Paris: Presses Universitaires de France, 1970, S. 257.

L.B. ILLY, H.F. ILLY: Mobilisierung der ländlichen Bevölkerung im frankophonen Afrika. Eine Kritik der „Animation Rurale" als Partizipationsmodell. Bonn: Deutsche Vereinigung für Polit. Wiss. 1977.

B. JOERGES: Animation Rurale in Afrika. Die Methoden der IRAM. In: Zeitschrift für Ausl. Landwirtschaft, Frankfurt/Main, 6, 1967, S. 293-309.

A. MOLLET: L'animation rurale à Madagascar. In: Developpement et Civilisation (21) 1965.

Bearbeitung

Rolf SÜLZER, Gerhard PAYR

A 5

Aktionsforschung und Volksbildung: „Comilla-Ansatz" in Bangladesh

Im Jahre 1959 wurde in Ost-Pakistan (heute Bangladesh) die „Academy for Rural Development" (BARD) gegründet (zunächst PARD = Pakistan Academy for Rural Development, die heute mit BARD abgekürzt wird). Es ist eine Nachfolgeeinrichtung der „Village Aid Academy", die für Pakistan die führende Rolle im Community-Development-Programm spielen sollte, das von den Amerikanern finanziert wurde. Sie war und ist eine Ausbildungseinrichtung mit Forschungsaufgaben für ländliche Sozialwissenschaftler, Psychologen, Verwaltungsfachleute, Agrarökonomen, Agrarproduzenten und Erzieher.

Das Grundkonzept ihres Programms ist **Aktionsforschung**, d.h. die Anwendung von Erkenntnissen aus Beobachtungen (observational research) und systematischen Untersuchungen (survey research) in konkreten Projekten: Der Wissenschaftler soll verantwortlicher Anwender und Umsetzer von Forschungsergebnissen sein.

Die BARD liegt im Distrikt Comilla mit 260 km^2 und ca. 200.000 Einwohnern. Hauptziel war es, Verwaltungsfachleute mit Kenntnissen in ländlicher Entwicklung auszustatten. Die BARD ging einen ungewöhnlichen Weg: Zunächst wurden nach ersten sozioökonomischen Erhebungen Pilot-Projekte in der Nähe der Akademie gestartet und getestet. Dazu gehörten neue Produktionsverfahren, lokale Selbstverwaltung und auch Infrastrukturprogramme.

Aus den ersten Reaktionen auf dieses Programm und mit Bezug auf indische Erfahrungen wurden dann zwei zentrale Projekte gefördert:

(1) Das „Thana Training and Development Centre" (TTDC). Der erste Direktor der BARD, A.H. KHAN, war in seinen Überlegungen beeinflußt von den Erfahrungen der dänischen Erwachsenenbildung, die auf dem Lande neue Einrichtungen und Treffpunkte angeregt hatte. An die Stelle der Polizeistation (als das zentrale öffentliche Gebäude) versuchte man die TTDCs zu setzen. Die öffentliche Verwaltung wurde in einem Gebäude zusammengefaßt: Landwirtschaft, Tierzucht, Fischereiwirtschaft, Gesundheit, Erziehung. Das waren spezialisierte Abteilungen des „National Extension Service". Zusätzlich wurde eine Selbstverwaltungseinrichtung geschaffen (local government council), die ebenfalls im TTDC untergebracht war.

(2) In Ergänzung zur neuen administrativen Einheit des TTDC wurden auf der Ebene der Dörfer Genossenschaften (KSS = Krishi Sambaya Samit) angeregt, die gleichzeitig die Beratungsfunktion für ihre Mitglieder (und für Nicht-Mitglieder) übernehmen sollten. Die „Kotwali Thana Central Co-

A 5

operative Association" (KTCCA) hatte mehrere Funktionen: Wareneinkauf und Vermarktung, Spar- und Kreditfunktion, Maschinenausleihe, Wasserbau, landwirtschaftliche Ausbildung und Koordination der Entwicklungsanstrengungen und der verfügbaren Dienste in den Dörfern.
Mit Hilfe des „Thana Training Centre" und der Dorfgenossenschaften konnte schließlich ein neuer Beratungsansatz durchgesetzt werden. Jede Dorfgenossenschaft wählte aus ihren Mitgliedern einen „Model Farmer" (im nicht-landwirtschaftlichen Bereich einen „Local Leader") aus, der jede Woche für einen Tag in das TTDC kommt, dort unterrichtet wird und mit einfachen Instruktionsblättern und -zeichnungen wieder ins Dorf zurückgeht.
Diese „Model Farmer" müssen sich vertraglich verpflichten, ihr Wissen weiterzugeben, die Methoden zu erproben und im Dorftreffen auch den Kontakt zu den Fachberatern des „National Extension Service" herzustellen.
Anstelle einer „entmutigten Armee schlecht bezahlter, wenig ausgebildeter und wenig motivierter Dorfberater wurden jetzt lokale Führungspersonen (aufgeschlossene Landwirte) von geschulten Beratern trainiert. Diese Führungspersonen wurden von Gruppen innerhalb des Dorfes für die Ausbildung im Thana Trainingszentrum ausgewählt." (KHAN/HUSSAIN 1963, S. 14)
Der Zusammenschluß von allgemeinen Beratungsdiensten, Vertretern der dörflichen Genossenschaften, der Regierung und der BARD im „Local Government Council" des „Thana Training Centre" verhinderte, daß sich die Einrichtungen in ihren Zielsetzungen verselbständigten.

Zur Erhöhung der Wirksamkeit im landwirtschaftlichen Produktionsbereich wurden zwei weitere Projekte angeschlossen:

(3) Das „Rural Works Programme" (RWP) mit den Funktionen Straßenbau, Drainage-, Kanal- und Dammbau sowie Beschäftigung für die landlosen Arbeiter außerhalb der Saison. Ingenieure vom Straßenbau-Department und der „Water and Power Development Authority" (WAPDA) unterstützten dieses Programm mit technischen Ratschlägen, so daß man ohne Hilfe von Baufirmen vorgehen konnte.

(4) Das „Thana Irrigation Programme" (TIP). Auch hier war ein Nebeneffekt die Beschäftigung von landlosen Arbeitern, aber auch die Ausbildung in technischen Berufen.

Aus den Prinzipien des Comilla-Ansatzes in der ländlichen Entwicklung werden charakteristische Unterschiede zum indischen Community-Development-Programm (→ A 4) deutlich:

A 5

- Die Dorfgenossenschaften (KSS) bildeten das Kernstück des Förderungsprogramms. Sie stellen keine Zwangsgenossenschaft dar, um zu Krediten und Produktionsmitteln zu kommen (wie das z.b. in der Praxis des IRDP-Programms in Bangladesh beobachtbar war), sondern sind ein **aktiver Zusammenschluß** von Landwirten und Nicht-Landwirten zur eigenen Information.

- Das Programm verfolgte nicht die Absicht, die gesamte Bevölkerung eines Dorfes anzusprechen. Gerade die Genossenschaften mit ihren Beiträgen und Spareinlagen kamen nur für Landwirte in Frage, die über mehrere Acres Land verfügten. Unter einem „Kleinbauern" verstand man damals jemanden, der etwa 5 — 15 Acres Land in mehreren Teilstücken besaß. Diese Gruppe wollte man erreichen und mobilisieren, nicht primär den Landwirt mit 0,8 Acres. Damit waren mehr als zwei Drittel der Landbevölkerung nicht berücksichtigt. Das Ziel war, möglichst schnell die erforderliche Größeneinheit in der Kooperative zu erreichen, um — vergleichbar einem großen Betrieb von 50 acres — Brunnen bauen, Traktoren einsetzen und Kredit vergeben zu können.

- Die Kooperativen sollten demokratisch geleitet werden und im Laufe der Zeit soviel Kapital akkumulieren, daß auch zentrale Verarbeitungsbetriebe in eigener Regie der Genossenschaften geführt werden können.
Die Grundlage bildete die Erarbeitung von **Dorfentwicklungsplänen**. Aus diesen wurde erkennbar, welche Unternehmung nicht von einem Dorf bzw. einer Kooperative allein ausgeführt werden konnte, so daß es zu dorfübergreifenden Plänen und schließlich zu einem Thana-Entwicklungs-Plan kam. Dieser Plan war eine Zusammenfassung von Vorstellungen und Diskussionen, die auf der untersten Ebene angefangen hatten.

- Integraler Bestandteil war das kontinuierliche Ausbildungs-Programm. Während das CD mit dem Village Level Worker über eine Person verfügte, die für alles zuständig war, gab es im Comilla-Ansatz keinen berufsmäßigen Berater, der ein Programm von seiten der Regierung verwirklichen sollte. Ausbildung und Beratung wurden nicht von Außenstehenden übernommen, sondern durch die Mitglieder der Genossenschaft selbst. Es wurde versucht, Hilfe von außen möglichst immer zur Verfügung zu stellen: sei es durch die BARD, sei es durch ausländische Experten, Mitglieder des „Peace Corps" usw.. Diese Hilfe von außen war jedoch **nachgefragte** Unterstützung und nicht verordnet.

Aus dem Gesamtprogramm des Comilla-Ansatzes ist eindeutig hervorzuheben, daß hier lokale Ressourcen (materiell und immateriell) mobilisiert werden sollten. Es gab kein vorgezeichnetes Entwicklungsziel (Anzahl der Genossenschaften, Produktionssteigerung), sondern einen Weg. Vereinfacht ausgedrückt: **Der Weg war das Ziel.**

A 5

Seit 1961/62 bezieht man Frauen aus den streng moslemisch geprägten bengalischen Dörfern in das Programm der Akademie mit ein. Es besteht dasselbe Prinzip wie bei den Männern. Frauen, die sich gegen ein kleines monatliches Entgelt freiwillig bereit erklärt haben, übernehmen die Mittlerfunktion zwischen Ausbildungsstätte und Nachbarsfrauen. Die Tätigkeitsbereiche sind ähnlich vielseitig wie im CD-Programm, wobei landwirtschaftliche Arbeiten außerhalb des Hauses völlig ausgeschlossen sind.

Eine Zusammenarbeit zwischen den Geschlechtern war und ist aufgrund der bestehenden strikten Geschlechtertrennung nicht möglich. Trotzdem durfte nur dort eine Frauengruppe gebildet werden, wo bereits eine Genossenschaft mit Männern vorhanden war. Dieses bedeutete nicht nur eine örtliche Begrenzung, sondern auch eine Abhängigkeit. Die Männergruppen trafen allein die Entscheidungen, die die gesamte Genossenschaft betrafen (z.T. wurden bei finanziellen Schwierigkeiten die Spareinlagen der Frauen zum Ausgleich benutzt und nicht wieder zurückgegeben).

Der Erfolg der Frauengruppen war noch mehr als bei den Männern von den weiblichen Beratern und dem Lehrpersonal in dem Ausbildungszentrum abhängig. Die Möglichkeiten für eine Beraterin, in den Dörfern zu arbeiten, waren sehr begrenzt, sowohl hinsichtlich der zur Verfügung stehenden Mittel als auch hinsichtlich der Restriktionen im Dorf.

Aufgrund der ungenügenden Beratung und Betreuung konnte eine große Fluktuation bei den neugegründeten und den sich auflösenden Gruppen beobachtet werden. Das Programm war auch dadurch gehemmt, daß die Dorffrauen keinerlei Erfahrungen in der Gruppenarbeit hatten und somit ausgesprochen schwer ansprechbar waren.

Das seit 1976 in einigen Teilen Bangladeshs durchgeführte Frauenprogramm von **IRDP** (Integrated Rural Development Programme) baut auf den „Comilla-Erfahrungen" auf. Es ist jedoch möglich, eigene Gruppen zu bilden, ohne einen Anschluß an eine Männergruppe. Neben der größeren Eigenständigkeit versucht man auch, mehr den wirtschaftlichen Bereich zu fördern.

Die ersten Erfahrungen zeigen, daß eine überraschend große Teilnahme am Programm vorhanden ist. Besonders hinderlich für eine erfolgreiche Arbeit ist die unzureichende Kreditvergabe. Die Erfahrung lehrt zwar, daß die Rückzahlmoral der Frauen höher ist als die der Männer, doch gelten die Frauen bei den üblichen Kreditvergabebedingungen als nicht kreditwürdig, da es ihnen an Sicherheit fehlt.

Die landesweite Ausbreitung des Comilla-Ansatzes hat vor allem aus politischen Gründen nicht lange Bestand gehabt. Beginnend mit dem Grenzkrieg mit Indien (1965), setzten sich in Regierung und Verwaltung Kräfte durch, die gegen die

A 5

ländlichen Entwicklungsprogramme votierten. Nach A.H. KHAN ist die „Awami-Liga" eine städtische, industrieabhängige Partei, die die Grundelemente der ländlichen Entwicklung zerstören will.

Mit Hilfe ausländischer Geldgeber ist das Modell „Comilla" 1978 unter der Bezeichnung „Intensive Multi-Sectoral Area Development Projects of IRDP" auf das ganze Land übertragen worden. Was als eine Entwicklung über 30 Jahre hin gedacht war - von Dorf zu Dorf und von Thana zu Thana übergreifend — ist jetzt in staatlicher Regie. Die „International Agency for Development", die dänische, schwedische und andere Entwicklungsorganisationen finanzieren, führt umfassende Regionalprojekte und ein Programm für „überwachte Kredite" und „Vermarktung" durch. Die Genossenschaften auf Dorfebene (KSS) bilden weiterhin die Grundlage — allerdings weniger aus eigenem Antrieb. Sie stellen die **Voraussetzung** dar, um am Mittelfluß aus der Generaldirektion für „Integrated Rural Development" und an „Coop Societies" teilhaben zu können.

Der Name ist geblieben. Die Funktionen haben sich geändert. Wie im Community Development in Indien (→ A 4) haben die Hierarchisierung und nationale Planung bewirkt, daß die Selbsthilfefähigkeit nicht weiter angeregt, sondern eher gemindert wurde.

Literatur

M.N. HAQ: Entwicklungsprojekte in Ost-Pakistan. In: Offene Welt, Nr. 91, 1966, S. 70-81.

A.H. KHAN, M.Z. HUSSAIN: A new rural cooperative system for Comilla Thana, Pakistan Academy for Rural Development. Comilla, East-Pakistan, Third Annual Report 1963.

M.A. RAHMAN: The Comilla Program in East Pakistan. In: WHARTON, (Ed.): Subsistence Agriculture and Economic Development. Chicago, Aldine Publishing Co. 1966, p. 415 — 424.

E.A. SCHULER: The origin and nature of the Pakistan Academies for Village Development. In: Rural Sociology, 29, 1964, S. 304-312.

Quelle

H. SCHUMAN: Economic Development and Individual Change: A Social-Psychological Study of the Comilla Experiment in Pakistan. Harvard Univ., Center for Intern. Affairs, Unpubl. Paper, 1967.

Bearbeitung

Rolf SÜLZER, Gerhard PAYR

A 6
Förderung der Grundbildung:
„Farmer Training Centres" in Kenya und im Senegal

Die Ausbildung von Landwirten — nicht nur in Europa — wurde frühzeitig als ein integraler Baustein einer Förderung der ländlichen Entwicklung angesehen. Dahinter steht die Hypothese, daß eine Grundausbildung den Landwirt befähigt, sich späterhin selbsttätig veränderten Bedingungen anzupassen, neue Informationen anzunehmen und Betriebsumstellungen vorzunehmen.

In **Kenya** begann diese Ausbildung 1934 außerhalb von Nairobi. Sie hatte damals schon und hat bis heute zum **Ziel**, über eine zunächst zwei-, dann einjährige Grundausbildung Landwirte bzw. Subsistenzlandwirtinnen zum marktorientierten „commercial farmer" auszubilden. Die Frauen sind so wichtig, weil 45 % der Haushalte in Kenya von Frauen geleitet werden.

Diese Zielsetzung wurde in Kenya zunächst vom British Colonial Government, dann vom Ministerium für Landwirtschaft durch Begleitmaßnahmen unterstützt.

Unter der Trägerschaft des Ministeriums (Farmer Training Section) sind die FTCs dem jeweiligen District Agricultural Officer (DAO) unterstellt. Damit ist eine nominal enge Verbindung zum staatlichen Beratungsdienst sichergestellt. Diese Zuordnung gilt auch für diejenigen sechs der insgesamt 27 FTCs, die vom National Christian Council of Kenya getragen werden.

Die FTCs haben — auch aufgrund der Verpflichtungen gegenüber ausländischen Geldgebern — stets **Frauen** in Ausbildungskurse einbezogen. Diese Kurse waren jedoch von vornherein immer kürzer als die für Männer und nur wenig auf die Belange der Landfrauen ausgerichtet. Die Ausbildung als Führungskräfte in der Beratung steht den Frauen nur theoretisch offen, da eine Teilnahme meist an „Kleinigkeiten" scheitert. Es gibt z.B. nur Internate für Männer.

Von Anfang an waren die FTCs in Kenya wie auch in anderen Ländern (z.B. Senegal, Tanzania, Uganda, Lesotho, Korea usw.) in der Nähe der Forschungs- und Ausbildungsinstitute konzentriert und in besonders fruchtbaren Regionen, die eine schnelle Produktionssteigerung zuließen und bereits Marktanschluß besaßen. Die **Zielsetzung** hat auch in charakteristischer Weise die Ausbildungsprogramme selbst beeinflußt. Von der zweijährigen über die einjährige Grundausbildung hat man heute die Kurse auf die Dauer von **einer Woche** reduziert. Das bedeutet, daß an die Stelle integrierter Programme die **Kurzausbildung** für ganz bestimmte Techniken bei der Produktion von Marktfrüchten getreten ist.

Damit wurden sowohl in der zwei- und einjährigen Ausbildungsphase wie auch in den Kurzkursen wesentlich nur die „fortgeschrittenen" männlichen und weiblichen Landwirte erreicht. Die Trainingsprogramme (ca. 40 % der Teilnehmer sind

A 6

Frauen) umfassen Kurse in Allgemeiner Landwirtschaft, Tierzucht, Tee- und Kaffeeanbau, Baumwoll- und Pyrethrum-Anbau sowie Hauswirtschaft. Bei dieser Spezialisierung auf Marktorientierung hin bleibt wenig Raum für problemorientierte Kurse aus der Sicht der Landwirte. Die deutliche Interessenverschiebung in den letzten Jahren läßt sich an einer Reihe von Indikatoren ablesen:

(1) Wenngleich die Unkostenbeiträge relativ gering sind (US $ 2 = 15 Kshs pro Woche), waren 1971 40 % der insgesamt 1.500 Plätze unbesetzt, und 30 % der Kurse wurden abgesagt.

(2) Diese Unterbrechung konnte auch nicht dadurch aufgefangen werden, daß man bereits vor 1971 verstärkt andere Kurse in die FTCs verlagert hatte:
 – Kurse für lokale „Führer",
 – Aus- und Fortbildungsprogramme für Berater,
 – Weiterbildung für Angehörige des Ministeriums,
 – spezielle Frauen- und Jugendprogramme.

(3) Der Besuch von Landwirten und Landwirtinnen sank zwischen 1966 und 1971 um 45 %.

(4) Ein ständiger Wechsel beim Ausbildungspersonal der FTCs und geringes Interesse des Personals an den Problemen der Landwirte verschärft diese Situation zunehmend.

Erfolg und **Mißerfolg** der FTCs halten sich nicht die Waage. Die Gründe für den beständigen Rückgang an Kursen und Teilnehmern sind durch viele Faktoren gleichzeitig beeinflußt:

(1) Die Leiter von FTCs und die Vertreter der Ministerien haben stillschweigend **unterstellt**, daß diese Einrichtungen **öffentlich bekannt** seien; in der Tat zeigen jedoch Evaluierungen, daß selbst in der näheren Umgebung der FTCs bei den Bauern nur vage Vorstellungen bestehen.

(2) Landwirte (Männer wie Frauen) haben eine Scheu davor, für eine Woche oder länger ihre **gewohnte Umgebung** zu **verlassen**; auf diese Weise wurden wiederum diejenigen „angezogen", die bereits höhere Mobilität besaßen.

(3) Die FTCs haben sich über lange Zeit ausschließlich auf die **Klassenraum-Arbeit** konzentriert und erst spät die praktische Arbeit einbezogen.

(4) Die **Programmplanung** der Kurse fand regelmäßig **ohne Teilnahme** von Vertretern der Landwirte, der Frauen und der Berater statt. Die Praxis der Kurse sah häufig so aus, daß der DAO oder ein Mitglied des FTC den

„front line extension worker" beauftragte: „You are to recruit a course on such a date, on such a subject" (BARWELL, 1975).

(5) Die Klassen waren sehr häufig aus Teilnehmern zusammengesetzt, die in Alter, Ausbildung, landwirtschaftlichen Kenntnissen, Geschlecht, Betriebssystemen usw. differierten. Ein **Kursprogramm**, das oftmals vom „junior extension staff" **lediglich vorgetragen** wurde, hat selten einen positiven Eindruck bei den Teilnehmern hinterlassen.

(6) Zusammenfassend lassen sich zwei Faktorengruppen bilden, die die Arbeit der FTCs wesentlich beeinflußt haben:

Einflüsse teilweise unter der Kontrolle der FTC-Leiter:

- schlechter Unterricht,
- schlechtes Prestige der Lehrer,
- unzureichende Programmplanung,
- fehlende Beteiligung der Betroffenen,
- geringe Öffentlichkeitsarbeit,
- unzureichende Stellenbeschreibung für das Personal,
- geringe Koordination zwischen Beratung vor Ort und den FTCs,
- nachlässige Rekrutierung der Teilnehmer,
- schlechte Transportmöglichkeiten,
- unzureichendes oder nicht vorhandenes „follow-up".

Einflüsse teilweise außerhalb der Kontrolle der FTC-Leiter:

- geringe Geldmittel für die Jahresprogramme,
- unzureichende Ausrüstung mit Lehr- und Lernmitteln, vor allem praktischem Gerät,
- kein „Fond" zum Ersetzen veralteter oder unbrauchbar gewordener Materialien,
- schlechtes Transportsystem (öffentlich/FTC-eigenes),
- Organisationsmängel (Zeitplanung, Programmplanung, Personaleinsatz ohne Koordination usw.),
- Verzicht auf Auswertung von Erfolg und Mißerfolg (Anlegen von Fehlerlisten usw.),
- keine Rücksichtnahme auf besondere Ereignisse (Dürren, Epidemien bei Tieren oder Pflanzenkrankheiten usw.),
- unzureichende Unterbringungsmöglichkeiten im FTC,
- keine Telefonverbindung zum DAO, den lokalen Behörden und dem Ministerium.

Dieser Ausbildungs-/Beratungsansatz, der im **Senegal** unter der Bezeichnung Rural Training Centre (RTC) geführt wird, hat bei größeren Betrieben und marktorientierten Landwirten zunächst eindeutige Erfolge gehabt. Im Senegal hatte

A 6

man als **Zielgruppe** nur solche Landwirte ausgewählt, die verheiratet waren und mehr als 2 ha Land besaßen. Von ihnen versprach man sich — ebenso wie in Kenya — **einen Demonstrations-** oder **Piloteffekt** nach Rückkehr aus der Ausbildung. Wie in Kenya haben jedoch auch im Senegal soziale und technische Randbedingungen diese Wirkung vereitelt.

Zunächst war der Kreis der Teilnehmer geringer als erwartet. In der ersten Phase waren es 382 statt der vorgesehenen 700 Personen: Folge unzureichender Öffentlichkeitsarbeit. Bei denjenigen, die teilnahmen, ergab eine Evaluierung schließlich eine kurzfristige Ertragssteigerung von ca. 50 % pro Hektar, aber keine Demonstrationswirkung. Die Teilnehmer am Trainingskurs sollten eine neue „Elite" sein, wurden aber von den Nachbarn eher zurückgewiesen. Dies galt auch für die eingebrachten Innovationen. Infolge unzureichender Nachbetreuung durch die FTCs und Mangel an technischen Diensten, Vermarktung und Kredit gingen die anfänglichen positiven Effekte wieder zurück.

Eine zusammenfassende Bewertung der FTC-Bemühungen läßt erkennen, daß dort, wo wenig ausgebildetes Beratungspersonal vorhanden ist, die Konzentration auf eine Frucht und die systematische Schulung in bestimmten Anbaupraktiken für einzelne Landwirte ein erfolgreiches Programm darstellen kann. Auf Dauer läßt sich ein FTC-Programm jedoch nur aufrechterhalten, wenn alle Einflußfaktoren tatsächlich kontrolliert werden können. Der Demonstrationseffekt in bezug auf die kleinbäuerliche Bevölkerung ist nur dann zu erwarten, wenn das Programm auch tatsächlich die Arbeits- und Problemsituation der Kleinbauern trifft.

Die FTCs in West- und Ostafrika haben in ihren Programmen die **Frauen** weitgehend außer acht gelassen, obwohl gerade in diesen Ländern Frauen fast ausschließlich für die Nahrungsfrüchte verantwortlich sind. Die Beraterinnen, die auf dem Lande tätig sind, können nur den Bereich Hauswirtschaft vertreten. Für Anbau- und Tierhaltungsfragen, aber auch Vermarktungs- und Kreditfragen sind sie nicht kompetent. Das wären aber Voraussetzungen für eine sinnvolle Beratung in der Hauswirtschaft, da die Frauen ja für die Ernährung der Familie von der Produktion bis zur Verarbeitung verantwortlich sind. Wenn darüber hinaus die gesamte Versorgung im vor- und nachgelagerten Produktionsbereich (von den Produktionsmitteln bis hin zu Vermarktung) nicht koordiniert werden kann, ist langfristig mit dem Zusammenbruch der FTC-Bemühung für Kleinbauern zu rechnen.

Literatur

C. BARWELL: Farmer Training in East-Central and Southern Africa. Rome: FAO, 1975, S. 115.

Bearbeitung

Gerhard PAYR, Rolf SÜLZER

A 7

Dezentrale und partizipatorische Förderung: „DESEC" in Bolivien

Ein Beratungs- und Förderungsprogramm, das mit vergleichsweise geringem Mitteleinsatz begann und sich schrittweise entwickelte, soll als Beispiel für eine dezentrale und partizipatorische Förderungs- und Projektpolitik dargestellt werden.

Die **Bezeichnung** „DESEC" (Zentrum für soziale und ökonomische Entwicklung = Centro para el Desarrollo Social y Económico) steht für ein privates Programm zur Förderung bolivianischer Kleinbauern. Seit 1963 hat DESEC 200 Gruppen organisiert, die etwa 3.000 Familien erreichen. Die Arbeit begann durch einen bolivianischen Berater (DEMEURE), der im Auftrag des latein-amerikanischen Instituts für sozioökonomische Entwicklung die Möglichkeiten ländlicher Projekte prüfte. Er startete seine praktische Arbeit mit vorhandenen katholischen Aktionsgruppen im Hochland Boliviens.

Seine **Entwicklungshypothese** hieß: Es sind genügend finanzielle Mittel und genügend Institutionen vorhanden. Aber es fehlen die Verbindungswege zu diesen Mitteln und Einrichtungen sowie die Fähigkeit der kleinen Landbewirtschafter, sich zu artikulieren. Das Mißtrauen der kleinbäuerlichen Familien gegenüber Förderung kann nur abgebaut werden, wenn man offen miteinander spricht. Vor allem Frauen sind hier die Ansprechpartner. Mit ihnen gemeinsam besprechen Männer (traditionelle Ansprechpartner der Beratung) ohnehin alle notwendigen Schritte. Und dort, wo es um soziale und landwirtschaftliche Programme sowie solidarische Aktionen geht, müssen die Frauen dringend zur Mitarbeit angeregt werden.

Als **Zielgruppen** einer ersten Ansprache wurden Frauen und Kleinbauern definiert, deren Betriebsgröße unterhalb des nationalen Durchschnitts von etwa 2.5 ha liegen sollte. Die Zielsetzungen des Programms waren nicht inhaltlich vorgegeben. Vorgegeben war der methodische Weg: Entwicklungsgruppen sollten ihre eigenen Interessen formulieren und für ihre Gruppe einen Entwicklungsplan ausarbeiten. Die **Organisationsform** bestand aus Versammlungen in Schulhäusern, auf Marktplätzen und bei Festen. Dort verbreiteten Mitarbeiter von DESEC den Gedanken, ein eigenes Hilfsprogramm, eine Satzung und einen Entwicklungsplan auszuarbeiten. Daraus leitet sich folgende Aktionsform ab:

- Lokale Gruppierungen formulieren ihre Interessen; regional/fachlich gegliederte Komitees verwirklichen programmbezogene Arbeit (z.B. Reis, Zuckerrohr, Genossenschaften, Hausbau);

- unter den vorhandenen Möglichkeiten werden mit Unterstützung von DESEC Mittel beschafft;

A 7

- technische Unterstützung erhalten die selbständig arbeitenden Gruppen von den vier Verbindungsinstitutionen der Dachorganisation des DESEC. Ihr Aufbau erwies sich nach einiger Zeit als notwendig, da der „fachliche Rückhalt" fehlte. Die vier **„Zentren"** hatten folgende Schwerpunkte:
  - ASAR für Landwirtschaft, Tierhaltung, Handwerk und ländliche Dienste,
  - VIPO für den Hausbau,
  - SEPSA für Gesundheitsmaßnahmen und
  - ICE für die Ausbildung von Kleinbauern;

- das Zentrum führt mit drei Mitarbeitern Grundkurse zu allen Fragen der ländlichen Wirtschaft in der lokalen Sprache durch;

- die Teilnahme an allen Programmen ist grundsätzlich freiwillig. Die Mitarbeit in einer lokalen Gruppe ist ebenso „persönlich" wie die in der Dachorganisation. Es gibt keine kollektive Mitgliedschaft und damit auch keine „automatische" Vertretung einer lokalen Gruppe in höher organisierten Einheiten.

Die Formulierung von **Beratungsinhalten** und **Maßnahmen** in einem Entwicklungsplan obliegt den lokalen Gruppen. Die Zentren fungieren lediglich als Lobbyisten für die Landwirte und ihre Familien. Sie versuchen herauszufinden, wo Mittel verfügbar sind, und was die Familien in eigener Regie durchführen können. Die Beratungsarbeit bestand hauptsächlich darin,

Übersicht 1:

Finanzierung und Kosten des Programms von DESEC für 1973/74 in US $	
Bruttosozialprodukt (BSP) pro Kopf	190 $
Wachstumsrate des BSP pro Kopf in %	2,2 %
Ertrags-/Kostenrelation	1,75
Langfristige Erträge	2.392.000 $
Langfristige Kosten	1.363.000 $
Durchschnittliche Betriebsgröße in acres	5,0
Anteil der Betriebe im Programm mit Betriebsgrößen unter dem nationalen Durchschnitt	100,0 %
Wachstum des jährlichen Betriebseinkommens	11,1 %
Rückzahlungsrate für Kurzkredite	96,0 %
Erwirtschaftete Projektkosten	70,0 %
Inflationsbereinigter jährlicher Zinsfuß	6,9 %
Durchschnittliches Familieneinkommen	300 $
Zahl der Betriebe im Programm	3000

A 7

- Gruppen in der Erörterung ihrer Probleme zu unterstützen und dann, wenn die Lösungsansätze herausgearbeitet waren, diesen Gruppen

- bei der Realisierung durch Ausbildungsmaßnahmen, Entwurf von Kreditanträgen, Beschaffung von Geldmitteln zu helfen.

Die Anlaufphase des Programms dauerte von 1963 bis 1966. Es gab vor allem politischen Widerstand auf seiten des Klerus. Erst als das Hilfswerk Misereor die Finanzierung (→ Übersicht 1) übernahm, beteiligte sich auch die bolivianische Regierung.

Literatur

E. R. MORSS u.a.: Strategies for small farmer development. Bd. 1. 2. Boulder/Col. 1976. Bd. 1, Seiten 15, 109,175, 249 und Bd. 2, Seiten 250 und 254.

Bearbeitung

Rolf SÜLZER, Gerhard PAYR

A 8

Das „CFSME" -Beratungs-System

Im Schweizer Landwirtschaftsprojekt in der Präfektur Kibuye in Rwanda wurde Ende der 70er Jahre ein systematischer Beratungsansatz entwickelt, der 1979 offiziell in der landwirtschaftlichen Monatszeitschrift Rwandas vorgestellt wurde und den die rwandische Regierung anschließend zum „Nationalen Beratungssystem (SNV)" erhob.

Hier eine freie Übersetzung der Veröffentlichung von 1979:

CFSME = C — Conscientisation = Bewußtseinsbildung
F — Formation = Ausbildung
S — Stimulation = Stimulierung, Motivierung
M — Moyens = Mittel
E — Evaluation = Evaluierung

Einführung

Die obenstehend benannten verschiedenen Teilschritte und Elemente sollen in einer für die landwirtschaftliche Beratung optimalen Weise kombiniert werden. Sie sind komplementär und werden nur dann wirksam, wenn sie ein Ganzes bilden.

Das System muß an die besonderen Bedingungen so angepaßt werden, daß es ein integrierender Faktor wird, d.h. daß die Art und Weise, Bewußtsein zu bilden, auszubilden, zu stimulieren und die den Bauern zum Einsatz vorgeschlagenen Mittel eine optimale Integration in den sozioökonomischen und kulturellen Kontext begünstigen (beratbar und verbreitbar sind). Diese Anpassung erfordert einen intensiven und regelmäßigen Kontakt mit dem Milieu, damit das System nicht als etwas von den Autoritäten Auferlegtes, sondern vielmehr als eine wirkliche Hilfe im Entwicklungs- und Emanzipationsprozeß dieser Bevölkerung erlebt wird.

Die beste Beratungsmethode ist diejenige, die von der Bevölkerung, an die sie sich wendet, anerkannt wird und nicht diejenige, die technisch besonders perfekt ist. Beratung nach dem CFSME-System braucht sich nicht unbedingt auf den landwirtschaftlichen Bereich zu beschränken. Es ist durchaus möglich, mit dem gleichen System auch Gesundheitsberatung (Präventivmedizin und Ernährung) oder Handwerksberatung oder auch eine multisektorielle Beratung durchzufüh-

A 8

ren, d.h., die verschiedenen Themen zu kombinieren, z.B. Landwirtschaft und Ernährung und Handwerk, um so untereinander verbundene Problembereiche anzugehen.

Eine Beratung nach CFSME organisiert sich im Bereich einer geographischen Einheit, die auch eine soziale Gemeinschaft darstellt. Die von einem solchen System erreichte Bevölkerung soll sich kennen, um bereit zu sein, an der Lösung eines gemeinsamen Problems zusammenzuarbeiten. Hier in Rwanda ist der Gemeinde-Sektor dazu besonders geeignet.

Das zentrale Gremium in einer Beratung nach CFSME ist die **Beratungskommission**. Sie ist zusammengesetzt aus:

- dem Gemeindeverantwortlichen für den Sektor,
- den Vertretern der Zellen,
- dem landwirtschaftlichen Feldberater, dem Veterinär-Assistenten und der Sozialarbeiterin, die in diesem Sektor arbeiten.

Die Beratungskommission wird von einer polyvalenten **Gruppe von Gemeindebediensteten** ausgebildet, beraten, betreut und unterstützt. Diese ist zusammengesetzt aus:

- einem Agronomen,
- einem Veterinär,
- einem medizinischen Assistenten,
- einer sozialen Assistentin,
- dem Bürgermeister, etc.

Diese polyvalente Gruppe auf Gemeindeebene soll von einem zentralen Dienst innerhalb der Präfektur ausgebildet werden. Ein solcher Dienst ist beispielsweise das präfektorale Ausbildungs- und Entwicklungszentrum (CPFDP), das gleichzeitig die Aufgabe hat, didaktisches Material für die Beratungsinhalte zu entwickeln und herzustellen. Dieses didaktische Material sollte gleichermaßen zur Ausbildung der Beratungskräfte und der Bevölkerung dienen. Es sollte den Bauern erlauben, ihre Probleme und ihre eigene Situation wiederzuerkennen, und ihnen Lösungsmöglichkeiten aufzeigen. Es sollte in dem Sinne attraktiv sein, daß es das Interesse der Bevölkerung weckt.

Der Ablauf der Beratung nach CFSME

Einen Überblick über den Gesamtablauf der sechs Phasen im Verlauf eines Beratungsjahres gibt Übersicht 1. Dort finden sich auch Erklärungen zu den häufigsten Abkürzungen.

A 8

Erste Phase

Kontaktaufnahme mit dem Milieu durch die Bediensteten der Gemeinde und Präfektur. Ziel dieser Kontaktaufnahme ist es, die von der Bevölkerung wahrgenommenen sowie die nicht wahrgenommenen Probleme zu studieren, den sozio-ökonomischen und kulturellen Kontext, in dem die Probleme sich stellen, zu erfassen, die Probleme zu analysieren und ihre Ursachen zu ermitteln, festzustellen wie sie strukturiert sind usw.. Die so gefundenen Informationen dienen als Kriterien für die Auswahl von Beratungsinhalten und -Themen sowie für die Entwicklung von didaktischem Material. Nach der ersten Kontaktaufnahme ergeben sich auch schon Gelegenheiten, um mit Vertretern der Bevölkerung Lösungsmöglichkeiten und ihre Erfolgswahrscheinlichkeiten zu diskutieren und zu prüfen.

Es ist nicht empfehlenswert, die Bauern mit zu vielen verschiedenen Problemen gleichzeitig zu konfrontieren, da dies die Gefahr der Entmutigung, einer Desorientierung und eines Ausstiegs sowie einer völligen Resignation gegenüber den Entwicklungsanstrengungen erhöht. Deshalb ist es wichtig, die kurz-, mittel- und langfristigen Prioritäten klar und systematisch zu definieren.

Zweite Phase

Entwicklung von didaktischem Material für die Sensibilisierung und Bewußtseinsbildung, das an das Milieu angepaßt ist und sich auf die Erhebungen im Feld bezieht. Dieses didaktische Material soll der Bevölkerung als eine Art „Spiegel" dienen, in dem sie einige der eigenen Probleme, deren Ursachen und Interdependenzen wiedererkennen kann. Das Ziel dieser zweiten Phase ist es, die Bevölkerung dazu hinzuführen, sich folgende Frage zu stellen: „Wie können wir dieses Problem lösen?"

Die Sensibilisierung und Bewußtseinsbildung muß sich zwangsläufig auf den Hügeln abspielen, man muß also zur Bevölkerung hingehen, denn eine Bevölkerung, die sich der Probleme nicht bewußt ist, sieht auch keine Notwendigkeit, sich zu Versammlungen in größerer Entfernung zu begeben. Das didaktische Material für die Sensibilisierung und Bewußtseinsbildung muß besonders attraktiv gestaltet werden. Die Bewußtseinsbildung ist dann im Team, zellenweise oder sektorweise als Schwerpunktaktion durchzuführen (Bewußtseinsbildungs-Kampagne). Ein interessanter Rahmen für die Bewußtseinsbildung ist das Umuganda der Männer, Frauen und Jugendlichen (freiwillige Gemeinschaftsarbeit, an einem Halbtag jede Woche). Statt der Ausführung einer körperlichen Arbeit wird eine gemeinsame Anstrengung in Bewußtseinsbildung und Ausbildung unternommen. Die Mitglieder einer Zelle kommen regelmäßig während mehrerer Wochen zur Ausbildung und Bewußtseinsbildung zusammen, anstatt im Gelände zu arbeiten.

Am Ende dieser zweiten Phase sollten zwischen drei und fünf Beratungsthemen

A 8

Übersicht 1:

Das komplete CFSME-Beratungs-System. Sein Ablauf in einem Sektor über die Dauer eines Jahres.

C= Conscientisation (Bewußtseinsbildung) F = Formation (Ausbildung) S = Stimulation (Stimulierung) M = Moyens (Mittel) E = Evaluation (Evaluierung)

Abfolge	Was?	Wie?	Wer?
1. Phase C	1. Kontaktaufnahme mit dem Milieu 2. Analyse der akuten und latenten Bedürfnisse der Bevölkerung 3. Erarbeiten von Prioritäten des Eingreifens	1. Besuche im Feld 2. Gespräche und Befragungen mit Bauern 3. Synthese aus Bedürfnisanalyse und technischen Gegebenheiten	Bevölkerung, technisches Personal der Präfektur und der Gemeinden, SAF Technisches Personal der Präfektur und der Gemeinden, SAF
2. Phase C,M	1. Festlegung von drei bis fünf Beratungsthemen 2. Ausarbeitung der diktatischen Hilfsmittel für die Sensibilisierung und Ausbildung der Berater und der Bevölkerung 3. Errichtung der notwendigen Infrastruktureinrichtungen	1. Versammlung des gesamten technischen Personals mit Vertretern der Bevölkerung 2. Pädagogische Werkstatt des SAF 3. Felder zur Saatgutvermehrung, Baumschulen, Organisation der Saatgutverteilung	Zellenvertreter und Bauern mit beratender Stimme, technisches Personal der Präfektur und der Gemeinden, SAF SAF Personal der Präfektur und der Gemeinden
3. Phase C,F	1. Bildung einer Beratungskommission (CV) 2. Ausbildung der Baratungskommission (CV) 3. Festlegung der Regeln für den Landwirtschaftlichen Wettbewerb (CA)	1. Benennung und Wahl der Kommissionsmitglieder 2. Ausbildung an 5 - 10 Tagen zu den gewählten Beratungsthemen 3. In Anlehnung an die von der Beratungskommission der Präfektur erarbeiteten Musterregeln	Bürgermeister, technisches Personal der Gemeinde, SAF SAF, CCDFP, technisches Personal der Gemeinden CV, SAF, technisches Personal der Gemeinden
4. Phase F,S,M	1. Sensibilisierung und Ausbildung der Bevölkerung 2. Besuche bei Bauern, die Beratungsthemen übernehmen	1. Regelmäßige Sitzungen mit der Bevölkerung (Umuganda, CSD, CN) Ausbildung zu den Beratungsthemen 2. Besuche alle 2 - 3 Monate, jeder Besuch mit Schwerpunkt auf einem Thema	CCDFP, technisches Personal der Gemeinden, SAF CV, technisches Personal, SAF
5. Phase S,M,E	1. Letzter Besuch der Beratungskommission 2. Bewertung der Maßnahmen-Verwirklichung bei den Bauern 3. Preisverleihung, Abschlußfest der Bevölkerung im Sektor	1. Besuch aller Bauern, die Beratungsthemen umgesetzt haben 2. Vergleich der Ergebnisse in verschiedenen Gemeinden nach einem Präfektureinheitlichen Bewertungsschema 3. Preise in Form von Arbeitsmaterial, und weitere Stimulation (Veröffentlichung der Namen der Preisträger, etc.)	CV, technisches Personal der Gemeinden, SAF CV, technisches Personal der Gemeinden, SAF Bürgermeister, CV, technisches Personal der Präfektur und Gemeinden
6. Phase E,C	1. Neufestlegung der Beratungsthemen anhand der Evaluierungsergebnisse 2. Anpassung der Sensibilisierungs- und Ausbildungsprogramme an die neuen Themen 3. Weiterbildung der Beratungskommission (CV) 4. Information der Bevölkerung zur Organisation des landw. Wettbewerbs (CA) im kommenden Jahr	1. Streichung der Themen, deren Ziele erreicht wurden, durch Themen nächsthöherer Priorität 2. Verbindung der Sensibilisierungs- und Ausbildungsprogramme mit den neuen Beratungsthemen 3. Vorbereitung der Beratungskommission auf die neuen Beratungsthemen 4. Informationsversammlung auf Zellen-Ebene	CV, technisches Personal der Gemeinden, SAF Technisches Personal der Gemeinden, SAF Technisches Personal der Gemeinden, SAF CV, technisches Personal der Gemeinde, SAF

Erklärung der Abkürzungen
CA = Concours Agricole   CCDFP = Centre Communal de Développement et de Formation Permanente
C,F,S,M,E   siehe oberer Tabellenrand   CN = Centres Nurtitionnels
CSD = Centres Sociaux de Développement   CV = Commission de Vulgarisation
SAF = Service Animation/Formation
Umuganda = „freiwillige", von den Gemeinden organisierte Gemeinschaftsarbeit, an der jedermann einen halben Tag pro Woche teilnehmen muß

festgelegt werden. Die Zusammensetzung der Themen soll möglichst ausgeglichen sein. Folgende Kriterien sind dabei zu berücksichtigen:

- für die Bevölkerung attraktive Themen, d.h. solche, die in kurzer Zeit Resultate versprechen,

- für die Bevölkerung weniger attraktive Themen, d.h. solche, die erst auf längere Sicht hin Ergebnisse versprechen,

- Themen, deren Umsetzung Arbeit in verschiedenen Jahreszeiten verlangt, d.h. z.B.: zwei Themen für die Trockenzeit, drei Themen für die Regenzeit.

Einige zur Bewußtseinsbildung geeignete didaktische Instrumente:

- Theater
- Flanell-Wand-Bildserien
- Betriebsbesuche und Diskussion der auf dem Betrieb anzutreffenden Probleme
- Demonstrationsparzelle
- Lieder und Gedichte
- Beobachtungen im Feld:
  ein erodiertes Gelände besichtigen,
  einen fortschrittlichen Bauern besuchen,
  gut gedüngte Felder besichtigen, usw.

Dritte Phase

Die Bildung der Beratungskomission

Eine Woche bis zehn Tage lang organisiert die polyvalente Gruppe der Gemeindebediensteten eine technische Ausbildung der Beratungskommission, entsprechend den festgelegten Beratungsthemen. Diese Ausbildungsveranstaltung hat zum Ziel, die Beratungskommission auf ihre Aufgaben vorzubereiten. Es handelt sich also darum, eine Grundausbildung zu vermitteln, um damit die Lösungsmöglichkeiten angehen zu können, die sich im Bereich der verschiedenen Themen eröffnen (Erosionsschutz anlegen, einen Stall bauen, usw.).

Im Verlauf dieser Woche werden **die Bedingungen und Regeln des landwirtschaftlichen Wettbewerbs mit der Beratungskommission festgelegt.** Der landwirtschaftliche Wettbewerb ist ein Instrument zur Stimulierung und Motivierung im CFSME-Beratungssystem. Während der Bewußtseinsbildungs- und Sensibilisierungsversammlungen wird die Bevölkerung auch über den Ablauf und die Regeln des landwirtschaftlichen Wettbewerbs informiert.

A 8

Vierte Phase

Die Beratungskommission besucht die Bauern, die etwas im Rahmen des landwirtschaftlichen Wettbewerbs verwirklicht haben, alle zwei bis drei Monate mehrere Male. Anläßlich dieser Besuche wird mit dem Bauern diskutiert, er wird beraten und ermutigt, seine Realisierungen zu verbessern oder auch neue zu beginnen. Diese Besuche sind gleichzeitig ein Instrument zur Sensibilisierung, zur Ausbildung, zur Stimulierung und zur Evaluierung. Die Beratungskommission soll nicht vorrangig das kritisieren, was schlecht gemacht wurde, sondern sie soll vor allem das, was gut gemacht worden ist, anerkennen, bewundern und loben, so daß sich der Bauer ermutigt fühlt.

Im gleichen Zeitraum führt das multidisziplinäre Team der Gemeindebediensteten eine systematische Ausbildung der Bevölkerung zu den verschiedenen Themen durch, wobei sie gut angepaßtes und geeignetes didaktisches Material einsetzt.

Diese Ausbildung kann im Rahmen des Umuganda (ein bis zwei Zellen über mehrere Wochen) stattfinden. Es ist vorteilhaft, wenn die in der Ausbildung angesprochenen Themen zur Jahreszeit passen (z.B. Stallbau in der Trockenzeit, Aufforstung im November, Erosionsschutz im März, usw.). Die Ausbildung kann in irgendeinem Zentrum stattfinden, z.B. Sozial- und Entwicklungszentrum oder Ernährungszentrum oder auch irgendwo im Freien auf dem Hügel, ganz nach den gegebenen Möglichkeiten.

Zur Ausbildung geeignete didaktische Instrumente:

- Flanell-Wand-Bildserie
- Plakate, Kalender, etc.
- Diskussionen, Gespräche, Erfahrungsaustausch, (Besuch der Beratungskommission)
- Besuch von Modellbetrieben
- Besuch von Demonstrationsfeldern etc.

Die Ausbildungs- und Evaluierungsarbeit der Beratungskommission erstreckt sich über ein ganzes Jahr. Während dieser Zeit ist es unabdingbar, daß die Gemeindebediensteten **die erforderlichen Infrastrukturen unterhalten**, um die Nachfrage der Bauern nach Erosionsschutzgras, nach Fruchtbäumen, nach Forstbäumen, nach Futterpflanzen und Gemüsesamen befriedigen zu können, stets entsprechend den Themen, die in der Beratung behandelt werden (Pflanzenvermehrungsfelder, Saatgutverkauf, Baumschulen, usw.).

Für die Durchführung der Evaluierung kann man Betriebshefte einrichten. In einem solchen Heft werden die durchgeführten Verbesserungen notiert, ein Betriebsplan angelegt, der die verschiedenen Parzellen und ihre Lage darstellt, die auf jeder Parzelle erzielten Ernteergebnisse eingetragen, usw.. Dieses

A 8

Betriebsheft wird, wenn möglich, von dem Bauern selbst mit Unterstützung eines Beraters geführt. Die Berater können daraus wichtige Informationen entnehmen, die ihnen dabei helfen, weitere Bauern zu ermutigen und zu beraten.

Die Beratungskommission führt ebenfalls ein Berichtsheft, in dem sie die Namen der besuchten Bauern, die anerkannten Realisierungen und einige Stichworte über die mit dem Bauern geführte Diskussion einträgt. Dies erlaubt, die Entwicklung von Realisationen über ein Jahr hinweg zu verfolgen. Die Informationen aus dem Heft liefern die notwendigen Daten, um die Realisierungen eines Betriebes am Ende des Jahres für den landwirtschaftlichen Wettbewerb anzuerkennen.

Es versteht sich, daß die Glaubwürdigkeit einer Beratungskommission dann größer ist, wenn ihre Mitglieder selbst ein gutes Beispiel geben und die Verbesserungen auf ihren eigenen Betrieben vormachen. Dazu ist es möglich, zwischen den Mitgliedern der Beratungskommission ein oder zwei Gruppen zur gegenseitigen Hilfe zu bilden, die sich wochenweise rollierend bei einem der Mitglieder einfinden, um Verbesserungen auf den Betrieben einzurichten (Erosionsschutz, Stallbau, Aufforstung usw.). Dies ist gleichzeitig eine ausgezeichnete Gelegenheit für die polyvalente Gruppe der Gemeindebediensteten, die mit der Beratungskommission begonnene Ausbildung zu erweitern und zu vertiefen.

Fünfte Phase

Ein Jahr nach Beginn des landwirtschaftlichen Wettbewerbs findet sich die Beratungskommission erneut zusammen für einen abschließenden Besuch bei allen Bauern, die eine oder mehrere Verbesserungen im Rahmen des landwirtschaftlichen Wettbewerbs vorgenommen haben. Die Beratungskommission gibt dieses Mal eine Beurteilung der Realisation und ihrer Unterhaltung während des ganzen Jahres ab. Das Urteil wird in Punkten ausgedrückt. Die Bauern, die die höchste Punktzahl erreichen, erhalten Preise (künstliche Stimulierung, → D 5) in Form von Arbeitsgeräten.

Zur Preisverteilung wird ein Fest organisiert, an dem die ganze Bevölkerung teilnimmt, und dort werden die fortschrittlichen Bauern jedermann vorgestellt. Im Verlauf dieses Festes kann man die Bevölkerung auf weitere Problembereiche mit Hilfe von Theater, Liedern, Gedichten und Tänzen aufmerksam machen. (Beispielsweise mit einem Lied- und Gedichtwettbewerb, der sich auf eines der für das zweite Jahr des landwirtschaftlichen Wettbewerbs vorgesehenen Themen bezieht).

Einige mögliche Preise

- Hacken, Buschmesser, Pickel, Schaufeln, Rechen, Gabeln, leere Benzinkanister, Dachrinnen, Baumaterial für einen Stall;

A 8

- Dachziegel für das Haus, Sack Zement, Sprühgerät für eine Zelle, Schubkarren für eine Zelle;
- Werkzeug für das Umuganda in einer Zelle;
- Kalkdünger zur Bodenverbesserung;
- verbessertes Saatgut;
- Gemüsesaatgut und Mineraldünger.

Das CFSME-System versucht auf systematische Weise, das Prestige von fortschrittlichen Bauern zu erhöhen, so daß es zu einem allgemein erstrebenswerten Ziel der Bevölkerung wird, solches Prestige zu erlangen. Dazu spielen die Stimulierung und die Bewußtseinsbildung und Ausbildung eine vorrangige Rolle.

Einige mögliche Mittel zur Stimulierung:

- Besuch von Autoritäten bei fortschrittlichen Bauern;
- eine Urkunde von der Gemeinde für fortschrittliche Bauern;
- die Veröffentlichung von Namen und Fotos von fortschrittlichen Bauern in der Zeitung;
- die Nennung der Namen im Radio;
- die Überreichung von Orden an fortschrittliche Bauern;
- Hinweistafeln bei Modellbetrieben;
- der Besuch der Beratungskommission bei fortschrittlichen Bauern.

Am Ende eines Jahres des landwirtschaftlichen Wettbewerbs gibt es auch Gelegenheit, der Bevölkerung einige Ergebnisse im Detail zu vermitteln, z.B.:

- die Ertragserhöhung auf der Parzelle eines Bauern, seitdem er Dünger einsetzt;
- der Wertzuwachs einer Aufforstung im Verlauf eines Jahres;
- der Wert des Mistes von fünf Ziegen von diesem oder jenem Bauern, im Verlauf eines Jahres, usw.

Im Bericht einer Beratungskommission lassen sich alle Evaluierungsergebnisse des vergangenen Jahres zusammenfassend darstellen.

Einige mögliche Evaluierungsinstrumente

- Betriebsheft (von einem Bauern oder einem Funktionär zu führen);
- Berichtsheft der Beratungskomission;
- Untersuchung mit vorgefertigtem Fragebogen;
- von den Beratern geführte Betriebsspiegel;
- Ausgabebuch für Pflanzen in Baumschulen und auf Pflanzen-Multiplikations-Feldern, das von dem jeweiligen Verantwortlichen geführt wird;

A 8

- Deckbuch, das der Verantwortliche in der Deckstation führt;
- Tagebuchaufzeichnungen des Landwirts und des Veterinärs der Gemeinde;
- Verzeichnis der in der Region übernommenen modernen Techniken nach einem landwirtschaftlichen Wettbewerbsjahr.

Sechste Phase

Der landwirtschaftliche Wettbewerb für das kommende Jahr ist entsprechend den Evaluierungsergebnissen zu berichtigen. Die Themen können nach den gemachten Erfahrungen geändert werden. Die Preise sollten angepaßt werden entsprechend der Bedeutung, die der künstlichen Stimulierung bei den neuen Beratungsthemen zukommt. Gleichermaßen muß auch das Bewußtseinsbildungs- und Ausbildungsprogramm in bezug auf die damit gemachten Erfahrungen und die neuen Prioritäten überdacht werden. Diese Arbeit wird von der Beratungskommission gemeinsam mit der polyvalenten Gruppe der Gemeindebediensteten und dem präfektoralen Zentrum für die Entwicklung und Ausbildung vorgenommen. Wenn das neue Programm definiert ist, wird die Bevölkerung informiert und alles beginnt von vorne.

Abschließende Bemerkungen

Die Beratung nach dem CFSME-System wurde im landwirtschaftlichen Projekt von Kibuye entwickelt und ausgiebig über viele Jahre getestet und in der gesamten Präfektur eingesetzt. Ein Dienst für Animation und Ausbildung hat die Entwicklung des didaktischen Materials und die Ausbildung der Gemeindebediensteten im Gebrauch dieses Materials und in der Organisation und Durchführung der Beratung übernommen.

Wesentliche Elemente dieses Beratungsansatzes wurden in den folgenden Jahren vom rwandischen Landwirtschaftsministerium in ein „Nationales Beratungs-System" übernommen. Es hat allerdings den Anschein, daß die partizipatorische Grundidee und die emanzipatorische Entwicklungsphilosophie, die dem Ansatz zugrunde liegen, innerhalb der staatlichen Administration Rwandas, mit ihren eher gegensätzlichen Traditionen und Verfahrensweisen, keine echte Chance fand. Gegenwärtig ist die Diskussion um ein neues Nationales Beratungssystem für Rwanda in vollem Gang.

Das CFSME-Beratungs-System kann nicht einfach landesweit verordnet werden. Wie alle Beratungs-Systeme kann man es nicht einfach schematisch anwenden, unverändert an andere Plätze transferieren. Nur wer die Grundsätze, die Prinzipien, die wesentlichen grundlegenden Zusammenhänge verstanden hat, und gleichzeitig von der Richtigkeit der damit verbundenen „Beratungsphilosophie"

A 8

überzeugt ist, kann einen Transfer mit Aussicht auf Erfolg versuchen. Ein solches Beispiel für die Anwendung von CFSME in einem völlig andersartigen afrikanischen Kontext gibt → B 1. Weitere Einzelheiten aus dem CFSME-System werden in → E 12, → D 5 und → D 6 dargestellt. Eine sehr ähnliche Pädagogik verfolgt GRAAP, → D 7.

Literatur

Ernst GABATHULER: Résumé du cours de formation sur le Système National de Vulgarisation (SNV) du Rwanda, donné aux Agronomes et Vétérinaires des Communes, appuyé par le Projet Agro-Pastoral de Nyabisindu. Projet Agro-Pastoral de Nyabisindu, 8, 1982, 26 p.

Quelle

Ernst GABATHULER: Le système de vulgarisation CFSME/AE. In: Bulletin agricole du Rwanda, 12. 10. 1979, p. 188 — 199.

Bearbeitung

Volker HOFFMANN

A 9

Das „Training & Visit System" der Weltbank

Mit ähnlichen Überlegungen wie bei der SATEC (→ A 1) begann man — allerdings ohne das Element **Beteiligung** der Mitarbeiter — in der unteren Seyhanebene in der Türkei mit der Beratung für bewässerten Baumwollanbau.

Der **Dienst für Bauernerziehung** (CES = Ciftci Egitim Servisi) wurde von der Weltbank (IBRD) finanziert. Die Organisationsform wurde von einer israelischen Consulting-Firma entwickelt. Der Einsatzplan für die Berater enthielt folgende Elemente:
- Ausarbeitung wöchentlicher Programme,
- Kontaktpflege zu den Bauern,
- Weiterleitung von Problemen an die „Spezialisten" der nächsthöheren Ebene,
- Erhebung von Daten über Erträge, Pachtland usw. für den Jahresbericht der CES,
- Übermittlung von Namen kreditberechtigter Landwirte an die Agrarbank,
- eineinhalbmonatige Fortbildungskurse während der Winterzeit.

Die Erfolge der CES im Baumwollanbau werden unterschiedlich beurteilt. Mit Unterstützung der Weltbank wurde die Organisationsform für den Einsatz in anderen Ländern, insbesondere für Asien, revidiert und unter der Bezeichnung „T & V", „Training and Visit System" eingeführt.

Die **Voraussetzungen** zur Einführung effizienter Beratung sehen die Autoren des „T & V" u.a. darin, daß eine eindeutige politische Bereitschaft vorhanden ist, **den bestehenden Beratungsdienst zu reformieren.** Nach den Prinzipien **Konzentration, Vereinfachung** und **Prioritätensetzung** sollen **Organisation, Beratungsinhalte** und die **Auswahl** der **Landwirte** gänzlich **neu** geregelt werden.

(1) Das Nebeneinander von ländlichen Diensten wird beseitigt. Vom Ministerium bis hinunter auf Dorfebene wird ein **einheitlicher Beratungsdienst** aufgebaut. Bestehende Dienste werden z. T. eingegliedert.

(2) Der Beratungsdienst macht **ausschließlich Beratung**, keine beratungsfremden Aufgaben wie z.B. Kontrollen, Statistiken, Kreditvergabe o.ä.

(3) Nach der Revision des Beratungsdienstes wird ein **straffer Arbeitsplan** ausgearbeitet:

    a) Anzahl von Kontaktbauern-Betrieben je Berater,
    b) Besuchsplan für die Kontaktbauern-Betriebe,
    c) wöchentlich oder vierzehntägig Fortbildung der Berater,
    d) wöchentliche Besuche des „Supervisors" mit dem Berater auf den Feldern der Landwirte.

A 9

(4) Konzentration auf **schnelle Erfolge**, und dafür geeignete Technologien und Empfehlungen.

(5) Sorgfältige Auswahl der **Kontaktbauern** und anfängliche Konzentration der Arbeit auf diese.

(6) Ausnutzung vorhandener Ressourcen und Ausarbeitung von Empfehlungen, **angepaßt** an die **Fähigkeiten** der Bauern.

(7) **Direkte Verbindung** zur Agrarforschung, die auf die **Situation** der Landwirte zugeschnitten wird (Angewandte Forschung und Spezialisten auf dem Regionalniveau des Beratungsdienstes).

(8) Direkte **Verbindung** zur Anlieferung von Produktionsmitteln und Kredit.

(9) Ständige Verbesserung und Veränderung des Programms durch Selbst- und Fremdevaluierung (**Monitoring** and **Evaluation**).

Dieser Beratungsansatz der Weltbank erfordert politisch-administrative Voraussetzungen, die oft nicht leicht zu schaffen sind, und dann ein sehr straffes Projektmanagement. Im Gegensatz zur GOPR (→ A 1) sind die Feldberater hier nicht an der Setzung von Zielen beteiligt. Auch die Landwirte werden von der Beratungsorganisation ausgewählt, dann allerdings intensiv betreut.

Im „T & V-System" sind somit Erfahrungen aus den „Package-Programmen", den Programmen des „Integrated Rural Development" und den französischen Interventionsgesellschaften verschmolzen. Keinen Eingang in das produktionsorientierte Programm haben „soziale" Förderungsaspekte gefunden, die für die Ansätze des „Community Development" oder des „Group Farming" so bedeutsam waren.

Neben dem unbestreitbaren Nutzen und der Zweckmäßigkeit eines revidierten, politisch unterstützten Beratungsdienstes sind jedoch auch nachteilige Entwicklungen zu beobachten.

Die Übertragung des Systems, das ursprünglich für Bewässerungsprojekte entwickelt wurde, in „rain-fed-agriculture" im großen Stil hat in der Praxis eine Reihe von Schwierigkeiten erkennbar werden lassen. Danach erscheinen als kritische Bereiche:

— die Auswahl der Kontakt-Farmer. Erfahrungen zeigen, daß hier der Informationsfluß nicht selten endet, nur ein kleiner Teil von Landwirtsfamilien profitiert, Ungleichheiten erwachsen;

— die Zielgruppen-Problematik. Landwirtsfamilien leben in unterschiedlichen Situationen. Der zentrale Ansatz zeigt Schwierigkeiten, diese Differenzierung zureichend zu berücksichtigen;

- die Ausbildung der Feldberater ist meist auf Produktionstechnik begrenzt. Einsicht in den Farm-family-Zusammenhang fehlt und wird von den Subject-Matter-Specialists selbst selten zureichend vermittelt;

- das vorgeschriebene Besuchssystem wird von Feldberatern z.T. als ungenügend begründete Bevormundung durch Vorgesetzte erlebt;

- die Feldberater verfügen oft nicht über genügend Transportmöglichkeiten für die vorgeschriebenen Dorfbesuche;

- Personalvermehrung und laufende Kosten des Systems belasten den öffentlichen Haushalt. Es ist fraglich, ob nach Beendigung der Finanzierung durch die Weltbank oder andere Geber die Finanzierung aus Landesmitteln aufrechterhalten werden kann. (In der Arabischen Republik Jemen z.B. hat sich der Beratungsdienst der Weltbank im Blick auf den schnellen Erfolg völlig verselbständigt. Er blieb ohne Auswirkungen auf den Aufbau des staatlichen Dienstes.)

Andere Autoren resumieren die vorliegende Erfahrung noch kritischer. In einem **relativ engen Bewertungsrahmen** werden dabei die oben bereits genannten Schwierigkeiten als gewichtig und wenig modifizierbar angesehen oder spezifischer kritisiert. So habe sich das 14tägige Besuchssystem über weite Zeiträume des Jahres als absolut unpraktisch und irrelevant erwiesen, die Organisation werde den unterschiedlichen räumlichen, verkehrstechnischen und sozioökonomischen Bedingungen nicht genügend gerecht, die wirklich hilfsbedürftigen ländlichen Armen würden nicht erreicht, die Kosten der Reorganisation der staatlichen Dienste zahlen sich nicht aus.

Die Pro- und auch die Contra-Positionen zum T & V-System werden von qualifizierten und erfahrenen Kennern der Probleme vertreten. Eine provisorische Erklärung dieses Phänomens läßt folgendes vermuten:

- Die Autoren gehen von unterschiedlichen Wertprämissen und unterschiedlichem Verständnis von „Entwicklung" aus;

- Training & Visit wird nicht gleichartig verstanden und abgegrenzt (wann hört ein modifiziertes System auf, ein T & V-System zu sein?);

- die beobachteten Fälle beziehen sich auf wesentlich unterschiedliche Situationen.

Insoweit diese Annahmen zutreffen, ergeben sich vermittelnde Positionen, d.h.

A 9

eine Einschätzung der Eignung des jeweiligen Ansatzes in bezug auf die je vorliegenden Bedingungen (situationsfunktionale Betrachtung, → Kap. III.14.5).

Die Bezeichnung „Beratungs-System" verspricht eigentlich mehr als der tatsächlich empfohlene Beratungsansatz halten kann. Notwendige Erfolgsbedingungen kommen undifferenziert zwischen wünschenswerten glücklichen Umständen einher, althergebrachte Arbeitsprinzipien, die von niemandem bestritten werden, mischen sich mit sehr detaillierten neuen Handlungsanweisungen. Die Zusammenhänge der Elemente zum ganzen „System" werden meist nicht näher aufgehellt.

Daraus ergibt sich unseres Erachtens als Fragestellung, ob und auf welche Weise der ursprüngliche Ansatz des T & V-Systems an je vorliegende Bedingungen angepaßt, mit Elementen und Strategien eines partizipatorischen Mobilisierungs-Ansatzes verbunden werden kann. Dies wird unter anderem auch daran deutlich, daß beide Ansätze auf die Ermittlung der Situation der Zielgruppen, der Interaktionen aus Aktivitäten, der Beobachtung und Bewertung von Ergebnissen angewiesen sind, d.h. hierfür geeignete Verfahrensweisen aufnehmen müssen. Es ist leicht erkennbar, daß z.B. Fragestellungen des Farming-Systems-Research, des Adaptive Research (nicht nur standortkundlich, sondern auch sozioökonomisch), des Monitoring, der Evaluierung, der Aus- und Weiterbildung von Feldberatern und Vorgesetzten, der Kooperation mit anderen Institutionen, der Berücksichtigung anderer hemmender oder hindernder Faktoren allgemein bedeutsam, jedoch nur begrenzt ansatzspezifisch zu beurteilen sind.

Besonders bedauerlich ist daher, daß trotz der raschen Verbreitung des T & V-Ansatzes und der unterschiedlichen Bewertung dieses Ansatzes kaum einschlägige empirische Untersuchungen vorliegen.

Daß man viele Elemente aus dem Empfehlungskatalog des T & V erfolgreich einsetzen kann, soweit man die besondere Angemessenheit vorher kritisch geprüft und unter den vorliegenden Situationsbedingungen erprobt hat, zeigen inzwischen auch einige Projektbeispiele aus der GTZ-Arbeit. In diesem Handbuch z.B. → B 1 und → B 5.

Literatur:

Y. AKTAS: Landwirtschaftliche Beratung in einem Bewässerungsprojekt der Südtürkei. Sozialökonom. Schriften zur Agrarentwicklung, Band 18, Saarbrücken: Breitenbach 1976, 243 S.

D. BENOR, J.Q: HARRISON: Agricultural extension. The Training and Visit System. Washington, D:C: World Bank 1977.

D. BENOR, J.Q. HARRISON, M. BAXTER: Agricultural Extension: The Training and Visit System. Washington, D.C. The World Bank 1984.

A 9

P. VON BLANCKENBURG: The Training and Visit System in Agricultural Extension. A Review of First Experiences. In: Quarterly Journ. of Agriculture, Vol. 21, No. 1, Jan. - March 1982, p. 6 - 25.

M.M. CERNEA, J.K. COULTER, J.F.A. RUSSEL, 1984: Strengthening Extension for Development: Some Current Issues. Seminar Strategies for Agric. Extension in the Third World, IAC, Wageningen, The Netherlands.

M.M. CERNEA, B.J. TEPPING: A System for Monitoring and Evaluating Agricultural Extension Projects. World Bank Staff Working Paper. No. 272, December 1977. Washington, D.C. 20433.

G. COCHRANE: Social Inputs for Project Appraisal. Intern. Dev. Review, 1977/2, Focus p. 9-12.

GTZ (Hrsg.): The Training and Visit Extension System in India. Report of the familiarization trip by a GTZ study group to India. Eschborn: GTZ 1980

J. HOWELL: Issues, non-issues and lessons of the T and V Extension System. Seminar Strategies for Agric. Extension in the Third World, Jan. 18-20, 1984. Intern. Agric. Centre, Wageningen, The Netherlands.

U.J. NAGEL: The modified training and visit system in the Philippines. A study on the Extension Delivery System in Region III. TU Berlin, FB Intern. Agrarentwicklung (FIA) Seminar f. Landw. Entwicklung (SLE), Reihe Studien Nr. IV/43, 1983.

Bearbeitung

Hartmut ALBRECHT, Volker HOFFMANN, Gerhard PAYR, Rolf SÜLZER

A 10

Forschung und Entwicklung:
Verbesserung landwirtschaftlicher Nutzungssysteme durch „Farming Systems Research"

Farming Systems Research (FSR) oder französisch „Recherche des Systèmes d'Exploitation Agricole" (RSEA) nimmt heute einen vorrangigen Platz ein, wenn es um die Entwicklung neuer landwirtschaftlicher Techniken oder um die Weiterentwicklung landwirtschaftlicher Produktionssysteme geht. Die wichtigen Grundsätze der Interdisziplinarität und der Zusammenarbeit zwischen Forschung und Praxis bringen FSR auch in die Nähe von Beratungsansätzen.

1. Vorgeschichte

Die neuen landwirtschaftlichen Techniken, die in den Kolonien eingeführt wurden, dienten vorwiegend der Produktion von Exportgütern. Vorherrschend waren Großgrundbesitze mit Plantagenbewirtschaftung in Monokultur. Nach mehreren Jahrzehnten, einer beträchtlichen Zunahme der Bevölkerung und einer wachsenden Landflucht und gleichzeitigen Verstädterung reichten die vermarkteten Grundnahrungsmittel nicht mehr aus. Damit richtete sich das Interesse vermehrt auf die Kleinbauern, die bislang die Nahrungsmittelversorgung sichergestellt hatten.

Mit der grünen Revolution wurden neue Technologien für eine Intensivierung der Grundnahrungsmittelproduktion verfügbar. Die größten Ertragszunahmen zeigten sich in fruchtbaren Gebieten und bei intensiver Anwendung von Hilfsstoffen. Das heißt, die meisten Kleinbauern konnten nur beschränkten Nutzen aus der grünen Revolution ziehen, da sie entweder gar keinen Zugang zu den erforderlichen Betriebsmitteln hatten oder aber das erhöhte Risiko scheuten. Erst in der folgenden Generation wurden robuste, leistungsfähigere Sorten für schwierige Produktionsbedingungen entwickelt.

Vielerorts entstanden nun anfangs der siebziger Jahre regionale ländliche Entwicklungsprojekte, die eine ganzheitlichere, über die rein produktionsfördernde Form hinausgehende Entwicklung anstrebten. Dieses Umdenken in der Entwicklungspolitik erfolgte nicht zufällig und isoliert. Gleichzeitig wurde auch mehr und mehr ein ganzheitlicheres Denken in den Industrieländern fühlbar. Der Club of Rome veröffentlichte seine Modelle des begrenzten Wachstums, und allenthalben stellte man gegenseitige Abhängigkeiten von Düngung und Trinkwasserversorgung, Abwässern und Seenverschmutzung fest. Auf schmerzliche Weise wurde es uns bewußt, daß wir alle in einem System leben und daß wir alle irgendwie miteinander verbunden sind.

A 10

Ein Ausdruck dieser Erkenntnis ist die Feststellung, daß jedes Feld, jeder Acker, daß jeder Bauernbetrieb, jede Dorfgemeinschaft ein System darstellen, in welchem die Bestandteile nicht beliebig ausgetauscht oder verändert werden können, wenn man nicht Gefahr laufen will, daß das Gesamtsystem aus dem Gleichgewicht gerät.

2. Womit befaßt sich nun FSR innerhalb dieser Vielzahl von Systemen?

Die Antwort darauf ist nicht leicht zu geben, weil alle Systeme auch miteinander vernetzt sind und teilweise ineinanderfließen. Daher kommt wohl auch die wachsende Zahl von Schulen, die alle ein etwas anderes Verständnis von FSR vertreten. Übersicht 1 mag mehr aussagen als viele Worte.

Das Farming-System ist ein lebender Organismus, und je nach Entwicklung, Präferenz oder sonstigem Einfluß kann er sich anpassen und verändern, aber jede

Übersicht 1:

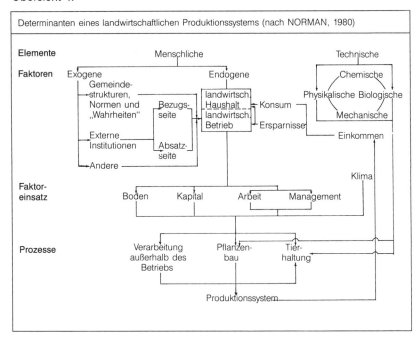

A 10

Veränderung hat Rückwirkungen auf das ganze System. Dieses System kann (auch wieder je nach Schule) auf verschiedenen Ebenen angegangen werden. Nehmen wir als Beispiel ein einzelnes Feld. Ziel ist es in der Landwirtschaft, dieses Feld produktionsfähig zu erhalten und langfristig die Ertragsfähigkeit zu optimieren. Ein FSR-Programm würde sich in dieser Systemanalyse mit dem Einfluß von Mischkulturen und Fruchtfolgen, mit der Bodenfruchtbarkeit und Bodenstrukturveränderungen, mit Düngerfixierung und Wasserhaushalt befassen.

Auf einer andern Stufe, da wo das System des ganzen Betriebs in Betracht gezogen wird, gehört zum Forschungsinhalt, welchen Einfluß Pflanzenbau und Tierhaltung haben, ob die Futterbasis genügt, oder welchen Einfluß die Düngung mit organischem Dünger haben wird. Wichtig ist auch die Frage nach der saisonalen Arbeitsbelastung, oder ob zusätzliche Hilfen erforderlich sind. Es muß untersucht werden, welche gegenseitigen Beeinflussungen durch die einzelnen Betriebszweige entstehen.

Der Begriff von FSR (so wie er hauptsächlich gehandhabt wird) schließt zusätzlich auch noch soziale und marktwirtschaftliche Faktoren ein. Die einzelnen Bauernfamilien haben unterschiedliche Präferenzen in der Wahl ihrer Betriebsform oder in den Vorlieben auf ihrem Speisezettel. Es kommen hinzu die kulturellen und religiösen Hintergründe der verschiedenen Volksgruppen (Rinderhaltung bei Hindus, Schweinehaltung bei Moslems etc.).

NORMAN und COLLINSON, zwei FSR-Forscher nennen folgendes Ziel (1986):

Das vordringliche Ziel von FSR ist es, das Wohlergehen von einzelnen Bauernfamilien zu verbessern, indem der Ertrag auf ihrem Betrieb gesteigert wird unter Berücksichtigung ihrer begrenzten Mittel und den Normen ihrer Umgebung.

Aus dem bis hierher Dargestellten wird klar: FSR befaßt sich nicht mit der Behebung von Ungerechtigkeiten wie Landverteilung und Weltwirtschaftsordnung, obwohl gerade davon ein beträchtlicher Anteil der Unterentwicklung ausgeht.

3. Wie wird FSR in der Praxis eingesetzt?

NORMAN und COLLINS unterscheiden vier Schritte:

a) **Eine beschreibende, untersuchende Phase**
   Ein interdisziplinäres Team von Sachverständigen (Agronom, Soziologe, Ökonom, Ethnologe) versucht in möglichst kurzer Zeit abzuklären, welche Bedürfnisse die Bauernfamilien äußern, welchen Grenzen und Zwängen sie ausgesetzt sind und welche Beweglichkeit das vorhandene System zuläßt.

A 10

b) **Eine Planungsphase**
Die Sachverständigen arbeiten Lösungsvorschläge für die anstehenden Probleme aus. Die Lösungsvorschläge können den Erkenntnissen entstammen, die auf Forschungsstationen gewonnen wurden, sie können das Ergebnis von Feldversuchen sein oder dem Wissens- und Erfahrungsschatz der Bauern entspringen.

c) **Eine Testphase**
Es werden die vielversprechendsten Alternativen ausgewählt und hierauf unter den Bedingungen der interessierten Bauern erprobt. In diese Phase gehört der ganze Komplex von On-Farm-Research (OFR).

d) **Verbreitungsphase**
Auch die Verbreitungsphase enthält noch eine Forschungskomponente. Darin werden die Auswirkungen der angewandten Neuerungen verfolgt und analysiert.

Selbstverständlich können die vier Phasen für verschiedene Fragen nebeneinander und zeitlich verschoben ablaufen, und in der Planungsphase können neue Fragen auftauchen, die abgeklärt werden müssen.

4. Was hat der FSR-Ansatz gebracht?

Aus dem Vorhergesagten ist sichtbar geworden, daß es äußerst schwierig ist, alle bestimmenden Komponenten eines solchen Systems zu erkennen und für eine weitere Bearbeitung zu gewichten.

Die wichtigste Neuerung besteht darin, daß der Kleinbauer im Mittelpunkt steht. Das heißt, die Forschung ist zielgruppenorientiert. Ausschlaggebend für die Forschung sind nicht mehr ausschließlich die Forschungsprogramme der Versuchsstationen, sondern die Bedürfnisse der Bauern und ihre Art der Bodennutzung. Dies setzt voraus, daß vor dem Auftrag an die Forschungsstation sehr genau abgeklärt werden muß, unter welchen Verhältnissen der Bauer wirtschaftet (Klima, Boden, Bewässerung, Arbeitskräfte, Maschinen, Dünger, Pestizideinsatz etc.) und welches seine Präferenzen sind. Das herrschende Betriebssystem des Bauern wird als ein Ganzes gesehen, in das nicht beliebig neue Technologien eingepflanzt werden können.

Das heißt, die Techniker müssen zuerst vom Bauern lernen, müssen sein Betriebssystem verstehen, bevor sie Alternativen vorschlagen. Entscheidend wird, ob sie zu den wichtigsten Problemen angepaßte Lösungen vorschlagen können.

5. Wie wird FSR von On-Farm-Research (OFR) abgegrenzt?

Ein häufiges Mißverständnis besteht darin, daß angenommen wird, OFR und FSR seien austauschbare Begriffe. Nur weil ein Experte seine Versuche auf dem Betrieb des Bauern und mit dem Bauern durchführt, handelt es sich bei seinem Vorgehen noch nicht um FSR. OFR ist vielmehr ein wichtiger Bestandteil von FSR, vor allem in der Testphase. OFR beschränkt sich auch innerhalb von FSR auf die Land-Wirtschaft und die Land-Technik. Mittels OFR können wir den Ertrag feststellen, die Wirtschaftlichkeit einer Kultur und die verschiedenen Anbautechniken oder Fruchtfolgen vergleichen. Auch diese Schritte lassen sich in unterschiedlicher Bauernbezogenheit durchführen. So kann der Forscher selbst eine neue Kultur oder Technik auf dem Land des Bauern einsetzen, er kann sie überwachen, oder er kann die ganze Durchführung dem Bauern überlassen. Über Annahme oder Ablehnung befindet aber letztlich stets der Bauer, und er entscheidet schließlich darüber, ob sich die Neuerung mit seinem bisherigen System verträgt. OFR hat seinen Platz innerhalb von FSR da, wo das Kernproblem aufgedeckt ist, Lösungsvorschläge für dieses Problem gefunden sind und diese Lösungsvorschläge nun unter bäuerlichen Verhältnissen getestet werden müssen. FSR geht über OFR hinaus, indem dort die Präferenzen der Bauernfamilien und deren Verhalten berücksichtigt, das soziale Umfeld mit eingeschlossen, die Verfügbarkeit von Inputquellen und Vermarktungskanälen in Betracht gezogen sowie ökologische und ertragserhaltende Maßnahmen mit einbezogen werden.

6. Welches sind die Fortschritte, die bereits erzielt wurden?

Dazu gehört die Einsicht, daß die Bauern nicht aus irrationalen Gründen handeln, sondern stets bestrebt sind, unter allen Umständen ihr Betriebssystem im Gleichgewicht zu halten. Von daher ist unter den Experten eine größere Bescheidenheit festzustellen, eine erhöhte Bereitschaft, sich vom Wissen der Bevölkerung belehren zu lassen. Wichtig war auch die Erkenntnis, daß ein großer Teil der Entscheidungen innerhalb des bäuerlichen Wirtschaftssystems von Frauen getroffen wird, und daß es sich aufdrängt, deren Erfahrungen mit anzuhören und sie in den Entscheidungsprozeß mit einzubeziehen.

Zahlreiche Nutzungssysteme sind eingehend erforscht worden, so etwa die semiariden und die feuchtheißen Tropen. Dabei zeigten sich die Zusammenhänge und die Anfälligkeit ihres Gleichgewichtes.

Für gewisse Bedingungen sind ganze neue Systeme entwickelt worden. Andernorts hat man gemischte Nutzungsformen näher beobachtet und weiterentwickelt, so etwa die Strauch- und Baumwirtschaft in Forschungsprogramme aufgenommen und ganz allgemein die Forschungsprogramme vermehrt auf dem Wissen der Bauern aufgebaut und weitergeführt.

Das Umweltbewußtsein und das vernetzte Denken haben weitere Kreise erobert.

A 10

7. FSR ist mancherorts auf Kritik gestoßen, woher rührt dies?

Innerhalb des Forschungsbereichs bestehen zahlreiche Spannungsfelder. Einige sollen hier genannt werden:

– Systemforschung ist eine langwierige Angelegenheit und dadurch sowohl dem Erfolgsdruck von seiten der Bauern als auch den Erwartungen der Geldgeber ausgesetzt. Die Bauern sind es müde, stets nur ausgefragt zu werden, und sie möchten endlich Resultate sehen.

– Unsere Ausbildung geht dahin, daß Komponenten beliebig austauschbar sind, und unsere Technik befaßt sich mit Einzelbestandteilen der Technik. Es fehlt an der Ausbildung zum ganzheitlichen Denken und an der Schulung, in interdisziplinären Teams zusammenzuarbeiten.

– Im Bestreben, stets noch genauere Unterlagen und Analysen vorzuweisen, erschöpften sich viele Systemforscher in der Systembeschreibung, ohne je zu konkreten Vorschlägen zu kommen. Es wurde sehr viel Aufwand betrieben, ohne je zu handfesten Ergebnissen zu gelangen.

– Eine institutionelle Basis für das interdisziplinäre Vorgehen ist nicht vorhanden. Agrarwirtschaftler, Ethnologen, Ökologen, Land- und Wassertechniker, Tier- und Pflanzensachverständige sind in verschiedenen Instituten tätig und womöglich von verschiedenen Ministerien abhängig.

– Die Zusammenarbeit zwischen Forschung und Beratung funktioniert nur selten. Lange haben die Berater, die sich von der Forschung verlassen fühlten, ihre kleinen Forschungs- und Versuchsprogramme selbst durchgeführt, und heute, nachdem die Forschung den Bauern als wichtigen Informanden entdeckt hat, zieht diese es vor, sich bei ihrer Arbeit direkt an die Bauern zu wenden.

– Die Berater werden dadurch zu Vermittlern von Lösungen, ohne daß sie vorher die Beratungsinhalte selbst überprüfen konnten. Ihre Kenntnisse und ihre günstigen Kontaktvoraussetzungen werden von der Forschung nicht genutzt.

– Die kurzfristigen Interessen der Bauern, die aus ihren Präferenzen oder aus ihren Notlagen herrühren, sind nicht im Einklang mit einer längerfristigen Ertragssicherung (Brandrodung – Erosion, Abholzung – Klimaveränderung), ganz analog unseren eigenen Verhaltensweisen in den Industrieländern (jeder sein eigenes Auto – Luftverschmutzung – Waldsterben).

Diese Beispiele zeigen, wie wenig unser Denken in Systemen und Zusammenhängen geschult ist und wie sehr kurzfristige Vorteile und Bequemlichkeiten unser Verhalten bestimmen.

8. Welche Folgerungen ergeben sich für das weitere Vorgehen?

Der Systemansatz ist wichtig und darf weder im Kleinen, Detailreichen, noch in der globalen Gesamtsicht unbeachtet bleiben. Selbst wenn der Bauer sein eigenes System nur schrittweise verändern kann/will, so muß dennoch bei der Einführung jeder Neuerung auf die enge Verflochtenheit im System geachtet werden. Außerdem muß für den Bauern jeder einzelne Schritt hin auf eine Neuorientierung interessant sein, sonst wird er sich nicht zum Mitmachen bewegen lassen. Wichtigste Voraussetzung ist die Bildung von Vertrauen und die Zusammenarbeit zwischen Beratern, Forschern und Bauern. Dazu gehört vor allen Dingen, daß Forscher und Berater Verständnis aufbringen für das bisherige Betriebssystem, es als Frucht einer langen Tradition und Anpassung an die herrschenden Verhältnisse anerkennen und erst nach eingehender Kenntnis dieses Systems überprüfte Änderungen vorschlagen.

Die notwendige Zusammenarbeit zwischen Forschung und Beratung könnte durch FSR den längst überfälligen Impuls erhalten.

Literatur

D. BYERLEE, L. HARRINGTON, D. L. WINKELMANN: Farming Systems Research: Issues in Research Strategy and Technology Design. In: American Journal of Agricultural Economics, vol 64, No 5, 1982, 5 S.

R. CHAMBERS, B. P. GHILDYAL: Agricultural Research for Resource-Poor Farmers: the Farmer-First-and-Last Model. IDS Discussion Paper, April 1985, 30 S.

M. COLLINSON: Farming Systems Research: Diagnosing the Problem. A Paper for the 1984 Annual Agricultural Symposium. The World Bank, Washington, Jan. 913 1983, 22 S.

R. H. HARWOOD: An Overview of Farming Sytems Research Methodology. Presented at the Symposium on Farming Systems Research, Jefferson Auditorium, USDA South Building, Washington, DC, December 8-9, 1980. 12 S.

P. E. HILDEBRAND, S. RUANO: El Sondeo. Una metodologia multidisciplinaria de caracterizacion de sistemas de cultivo desarrollada por el ICTA. Instituto de Ciencia y Tecnologia Agricolas, Guatemala. Folleto Tecnico 21, 1982, 15 S.

J. V. REMENYI,(Ed.): Agricultural Systems Research for Developing Countries. Proceedings of an international workshop held at Hawkesbury College Richmond, N.S.W.,Australia, 12. - 15. 5. 1985.

A 10

R. E. RHOADES: Understanding small-scale farmers in developing countries: Sociocultural perspectives on agronomic farm trials. In: Journal of Agronomic Education, vol 13, 1984, S. 64-68

N. W. SIMMONDS: The State of The Art of Farming Systems Research. World Bank Technical Paper Number 43. 100 S.

Quelle

T. ZELLWEGER: Verbesserung landwirtschaftlicher Nutzungssysteme. Eine Einführung in Farming-System-Research (FSR). In: Berater-News, LBL, Lindau, 2/86, S. 6-13

Bearbeitung

Volker HOFFMANN, Tonino ZELLWEGER

B 1

Landwirtschaftliche Beratung in der Zentralregion Togos - Strategie, Inhalte, Methoden, Mittel

1. Grundproblematik

Das traditionelle Anbausystem in der Zentralregion ist gekennzeichnet durch Wanderhackbau und Brandrodung. Die Ackerflächen werden für 4 Jahre bebaut und dann in Brache gelassen. Dieses System ist nur dann stabil, wenn die Bevölkerungsdichte 15 — 20 Personen/km^2 nicht übersteigt.

In einigen Zonen der Zentralregion, in denen neben dem normalen Bevölkerungswachstum noch eine hohe Immigration herrscht, vor allem von Kabyés aus dem Norden, gibt es bis zu 13 % jährliches Bevölkerungswachstum. Die Bevölkerungsdichte erreicht dort 90 Personen/km^2. Nach den Berechnungen des Planungsministeriums wird im Jahr 1995 die gesamte Ackerfläche der Zentralregion genutzt sein. Eine Modellrechnung hat gezeigt, daß bei einer abnehmenden Bodenfruchtbarkeit von 1 % pro Jahr (das ist eine sehr niedrig angesetzte Schätzung) das Betriebseinkommen bis zum Jahr 2000 um 25 % sinken wird.

Die Infrastruktur wird durch die Nord-Süd-Achse Lomé-Dapaong geprägt. An dieser Achse liegen die wichtigsten Märkte, Transportwege, Rot-Kreuz-Stationen und Schulen. Diese Infrastruktur hat eine hohe Attraktivität. Dadurch nimmt die Bereitschaft der Bevölkerung zum Ortswechsel ab, und es kommt zu großen Entfernungen Feld — Wohnort. 12 km sind keine Seltenheit.

Der größte Teil der ländlichen Bevölkerung kann nicht lesen und schreiben. Alphabetisierungen in lokalen Sprachen werden erst begonnen. Schriftsprache ist Französisch, das aber nur von einigen jungen Leuten verstanden wird. Die Masse der Bevölkerung und traditionellen Entscheidungsträger kann durch Französisch nicht erreicht werden.

2. Lösungsansätze

In Feldstudien mit Prof. Egger für die Entwicklung von Beratungsinhalten auf ökologischer Grundlage, mit E. Gabathuler für das Beratungssystem, Dr. Werth für die Zielgruppen und Zielzonenidentifikation und Dr. Zeuner für die Gesamtprojektkonzeption haben wir versucht, langfristige Ansätze zu finden. Daraus entwickelte sich dann das langjährige Versuchsprogramm Kazaboua, der Aufbau des CFSME-Beratungssystems (→ A 8, → D 5, → D 6) und der Medienwerkstatt sowie die Auswahl der 4 Intensivzonen, in denen der gesamte Ansatz begonnen wurde.

B 1

Die logische Kette zur Bestimmung des Beratungsinhaltes:

3. Forschung

Zur Bestimmung der Beratungsinhalte haben wir ein kleines, auf die wichtigsten Landbauprobleme zugeschnittenes Versuchsprogramm entwickelt, um Beratungsinhalte zu erarbeiten.

Ausgehend von wichtigsten Problemen der Zentralregion hat diese Forschungsaktivität zum Ziel:

- Ausarbeitung von Maßnahmen zur kurz- und langfristigen Bodenfruchtbarkeitserhaltung (Gründüngung, verbesserte Brache, Fruchtfolge. bodenbedeckende Pflanzen, Mischkulturanbau),

- Ausarbeitung eines stabilen, permanenten Anbausystems mit Baumintegration in die Felder (Agro-Forst-System),

- Einführung neuer Leguminosen (Soja, Straucherbse),

- Verbesserung des Yams- und Maniokanbaus.

Das Versuchsprogramm beinhaltet deshalb folgende Versuche:

- Auswahl und optimale Saatmenge und Bestimmung des optimalen Aussaatzeitpunktes von Pflanzen, die zum Aufbau einer Intensivbrache geeignet sind. Hier haben bereits Crotalaria r., Cajanus c., Mucuna und Canavalia e. ihre Eignung bewiesen.

- Auswahl von Bäumen, die für ein Agro-Forst-System geeignet sind und den Bedürfnissen der Bevölkerung entsprechen. Hier haben sich bis jetzt 20 Arten als geeignet erwiesen. Es handelt sich um schnell- und langsamwachsende Bäume zur Holzgewinnung (z.B. Cassia, Albizzia, Khaya), traditionelle Sammelbäume, von denen Früchte, Blätter und Rinde in der

B 1

Küche und Pharmazie verwandt werden (z.B. Parkia, Butyrospermum), sowie Fruchtbäume (Mango, Orangen).

- Auswahl von Sorten und Anbausystemen von Soja.
- Auswahl von Yamssorten und Techniken zur Anwendung der von IITA entwickelten Miniset-Methode. Dadurch sollen die Produktionskosten vermindert werden.
- Auswahl von produktiven Manioksorten.

Die erfolgversprechendsten Ansätze werden anschließen im bäuerlichen Milieu unter semi-kontrollierten Bedingungen getestet.

Als **Beratungsinhalte** standen so für 1986 bereit:

1. Agro-Forst-System
2. Mischkultur Cajanus-Mais oder Sorgho
3. Sojaanbau
4. angepaßte Landrodung
5. verbesserte Lagerung.

4. Ablauf einer Kampagne

4.1 Ausbildung

Nach abgeschlossener Jahresplanung und Herstellung des didaktischen Materials erfolgt die Ausbildung des Beratungspersonales.

Jedes Beratungsjahr beginnt mit dem Thema „Bewußtseinsbildung", danach „Nährstoffkreislauf" und „Bodenfruchtbarkeit". Anschließend wird das Jahresprogramm - ebenfalls auf Bildern — vorgestellt und Einschreiblisten für die angebotenen technischen Themen werden ausgelegt.

Die Ausbildung von Beratungspersonal und Bauern erfolgt anschließend kurz vor dem richtigen Realisierungszeitpunkt. Vier Wochen zwischen Ausbildung des Beratungspersonals und Beginn der Realisierung werden nicht überschritten.

Ablauf eines Ausbildungszyklus

Das Beratungspersonal wird in zwei- bis dreitägigen Kursen über Inhalt und Weitervermittlung des jeweiligen Beratungsthemas ausgebildet.

B 1

Dazu wird als erstes das „Warum" des Themas zusammen erarbeitet (an Hand von Kärtchen und Steckwänden). Bei der Ausbildung zur verbesserten Lagerung hieß die Frage z.B. „Traditionelle Lagerungsmethoden und ihre Probleme", um, von dem bestehenden System ausgehend, Einsatzmöglichkeiten einer verbesserten Lagerung genau abzugrenzen.

Anschließend wird das didaktische Material, Bildserie mit schriftlichem Leitfaden, genau studiert, und in Rollenspielen (Bauer — Berater) muß jeder Berater die Bildserie einmal selbst vorstellen. Wenn möglich, werden dann einzelne Elemente der Ausbildung praktisch durchgeführt (z.B. Höhenlinien aussstecken für den Aufbau eines Agro-Forst-Systems). Als letzter Punkt wird dann das Vorgehen im Dorf besprochen (Zielgruppe des Themas, Kontaktpersonen, bei wem ist mit der Vorstellung zu beginnen).

Der Berater geht dann in sein Dorf zurück und informiert das Dorfkomitee und den Dorfchef über das Erlernte. Er macht mit ihnen Vorstellungstermine für die Serie aus.

Die Vorstellung des Beratungsthemas an Hand einer Bildserie beginnt immer mit der Frage: „Was sehen Sie auf dem Bild"? Dadurch wird über die einzelnen Elemente der Gesamtzusammenhang erarbeitet. Zwischenfragen wie: „Kennen Sie dieses Problem in Ihrem Dorf?" erhöhen die Beteiligung der Zielgruppe an der Erarbeitung des Themas. Zum Schluß wird der Inhalt der Serie von einem oder auch mehreren Teilnehmern zusammengefaßt.

Bei ersten Vorstellungen der Serie durch einen Berater sollte ein Ausbilder anwesend sein bzw. danach Kurzinterviews mit Teilnehmern machen, um festzustellen, ob der Inhalt des Themas „angekommen" ist.

Bei der Realisierung des Themas ist eine enge Zusammenarbeit von Bauer und Berater notwendig, ebenso wie die Betreuung des Beraters durch Vorgesetzte, um Fehler zu vermeiden.

4.2 Evaluierung / Abschlußfest

Die Evaluierung ist eine Gemeinschaftsarbeit von Bauern und Beratern. Evaluiert werden alle Realisierungen der Beratungsthemen. Die Evaluierung geschieht zweimal im Jahr: am Ende der Regenzeit für die Feldbauthemen und in der Trockenzeit für die Lagerung.

Ziele der Evaluierung sind:

- Gedankenaustausch über landwirtschaftliche Probleme und Beratungsthemen zwischen Bauern und zwischen Bauern und Beratern;

B 1

- Aufgreifen von Verbesserungen der Beratungsthemen, die von den Bauern gemacht wurden;

- den Bauern Verbesserungsvorschläge für ihr Feld zu machen, soweit dies nötig ist;

- den Bauern durch den Feldbesuch zu ihrer Realisierung zu gratulieren und sie damit im Weitermachen zu bestärken;

- Lücken in der Beratertätigkeit zu erkennen (ist die Nachricht richtig und zur Zeit angekommen?).

Das Evaluierungskomitee setzt sich aus Bauern des betreffenden Dorfes und Beratungspersonal zusammen. Der Ablauf einer Evaluierung gestaltet sich folgendermaßen:

1. Ausarbeitung des Evaluierungsbogens nach den Erfolgskriterien, die bereits bei der Planung festgelegt wurden und die Inhalt der Ausbildung waren;

2. theoretische und praktische Ausbildung der Berater;

3. Ausbildung der an der Evaluierung beteiligten Bauern in den Dörfern;

4. alle Beteiligten legen gemeinsam den Evaluierungstermin fest;

5. am Tag der Evaluierung werden nochmals gemeinsam die Evaluierungskriterien durchgesprochen;

6. vor dem zu evaluierenden Feld werden die Kriterien vorgelesen und von Komiteemitgliedern überprüft;

7. weicht die Anlage des Feldes von den Vorschlägen des Beratungthemas ab, wird mit den Bauern darüber diskutiert:
   - hat er eine bessere Lösung gefunden?
   - sind die Informationen falsch bei ihm angekommen?
   - gab es noch andere Gründe?

8. das Komitee rechnet das Ergebnis der Evaluierung aus. Dem Bauern wird bei positiver Evaluierung zu seinem Feld gratuliert und die Stimuli für Bauer und Dorf werden bekanntgegeben.

9. Am Abend werden die Ergebnisse bei einer Kalebasse Hirsebier kommentiert.

B 1

Am Ende der Kampagne organisieren die Dörfer pro Kanton ein Abschlußfest. Bei Essen, Trinken, Musik und Tanz werden vom Dorf die Aktivitäten des vergangenen Jahres vorgestellt. Verschiedene Rezepte aus der Sojaküche werden vorgestellt und von jedem probiert.

Alle erfolgreichen Bauern erhalten eine Urkunde. Präfekt und DRDR-Direktor nehmen an dem Fest teil und gratulieren den Bauern zu ihrem Erfolg. Dadurch erhält nicht nur der einzelne Bauer eine Bestärkung seiner Arbeit, sondern das ganze Dorf (das Fest ist jeweils im erfolgreichsten Dorf des Kantons).

4.3 Zielgruppenbeteiligung / Dorfkomitees

Die Bauern waren von Anfang an in die Diskussion der Lösungsmöglichkeiten einbezogen. Das Dorfkomitee repräsentiert alle Bauern eines Dorfes. Gebildet ist es aus den verschiedenen Ethnien, den verschiedenen Altersgruppen, Frauen und Männern, Vertretern der Dorfviertel und dem Dorfchef. Mit dem Komitee wird diskutiert:

- wie es zu den Problemen im Dorf gekommen ist;

- wie sie in Zukunft zu vermeiden sind;

- Lösungsvorschläge von seiten der Bauern;

- welche Arbeiten übernehmen Bauern, Dorfkomitee und Berater bei der Realisierung der Lösungen.

4.4 Stimulierung

Durch kleine materielle und immaterielle Anreize wird den Bauern die Beteiligung an Beratungsthemen erleichtert. Dabei handelt es sich um einen Handrebler, einen Jutesack, veredelte Mango oder im besten Fall um ein Buschmesser. Der Gesamtwert pro Bauer übersteigt nie 6 DM. Das Anreizsystem wird zu Beginn der Kampagne bekanntgegeben. Die Verteilung hängt von dem Resultat der Evaluierung ab.

Für das Dorf gibt es einen kollektiven Anreiz, der sich z.B. aus der Anzahl der gepflanzten Bäume berechnet. Sind im Dorf 2.000 Bäume gepflanzt worden, so erhält es umgerechnet 120,-- DM. Damit kann das Dorf nach eigenem Wunsch etwas finanzieren, z.B. Zement für die Reparatur der Schule, einen Fußball, Beteiligung am Bau eines Brunnens usw..

Die immateriellen Anreize spielen ebenfalls eine sehr gewichtige Rolle. Das sind z.B. Urkunden für die erfolgreichen Bauern, die Auswahl des erfolgreichsten Dorfes, in dem dann das Abschlußfest stattfindet, Gratulationen von hohen Politikern, usw..

4.5 Material — Bäume — Baumschulen

Zur Realisierung der Beratungsthemen muß rechtzeitig mit der Herstellung und Beschaffung der benötigten Materialien begonnen werden. Insbesondere die Anzucht von Bäumen für das Agro-Forst-System und den Obstgarten um das Haus benötigen mehr als ein Jahr Anlaufphase.

Das Pflanzmaterial wird zum größten Teil in bäuerlichen, privaten Baumschulen angezogen. In Dörfern, in denen keine Wasserknappheit während der Trockenheit herrscht, läßt sich schnell jemand finden, der Bäume für das Dorf und eventuell für Nachbardörfer anzieht. Besonders die Aussicht auf billige Obstbäume läßt dem ganzen Dorf eine eigene Baumschule als sehr willkommen erscheinen.

Die Dorfbaumschulen erhalten vom Projekt Pflanzsäcke, Gießkanne, Saatgut, soweit nötig, und eine geringe Kostenerstattung. Sie verkaufen die Bäume selbst. Langfristig soll auch die Planung der Baumproduktion für das eigene und die Nachbardörfer von den Baumschulen übernommen werden.

Die Vorteile für das Projekt liegen in geringen Produktionskosten im Vergleich zur Baumproduktion in staatlichen Baumschulen und in den nicht anfallenden Verteilungskosten (LKW, Treibstoff,Management). Die Kenntnisse über Baumanzucht, Pflege und Veredlung finden eine Verbreitung und bleiben in den Dörfern. Dadurch wird die Wahrscheinlichkeit einer Fortführung dieser Aktion ohne Unterstützung des Projektes wesentlich erhöht.

4.6 Datenerhebung

In der Abteilung Monitoring und Evaluierung werden laufend Daten über die Betriebe, Anbausysteme, Fruchtfolgen, Erträge von Kulturen und Sorten etc. erhoben. Die Daten liefern Entscheidungskriterien für Beratungsthemen und andere Aktionen im Rahmen eines ländlichen Entwicklungsprojektes.

4.7 Jahresplanung

Eine exakte Vorbestimmung aller Daten für das kommende Jahr hat sich als sehr hilfreich erwiesen. Zum einen erlaubt es, die Arbeit innerhalb einer größeren Abteilung abzustimmen:

B 1

- Wer macht was und wann?
- Welches Material muß vorbereitet werden?
- Wann muß mit der Baumanzucht für die folgende Kampagne begonnen werden?

Zum anderen ist die exakte Planung zur Abstimmung zwischen Abteilungen notwendig:

- Wann sind Feldberaterkapazitäten frei?
- Wann ist das Ausbildungszentrum besetzt?

Als Planungsinstrument hat sich die zielorientierte Projektplanung (ZOPP) mit Operationsplan bewährt.

5. CFSME plus T & V

Durch die Implementierung der „Nouvelle Stratégie" des „Ministère du Développement Rural" kommt es seit 1986 zur Verknüpfung der CFSME-Beratungsmethode und des „Training and Visit"-Systems. (→ A 9)

Aus dem T & V wurde übernommen:

1. Die straffe Organisation der sich 14-tägig wiederholenden Besuche des Beraters beim Bauern und der feststehenden Ausbildungs- und Versammlungstage für die Berater.

2. Die stufenweise Ausbildung des Beratungspersonals (von der Fachabteilung über regional zuständige Berater bis zu den Beratern im Dorf). Dabei müssen die Ausbildungsinhalte so aufgestückelt werden, daß sie sich in den Besuchsrhythmus einpassen.

Aus dem CFSME (→ A 8) wurde die sinnvolle pädagogisch-partizipatorische Struktur beibehalten:

Bewußtseinsbildung → Ausbildung mit didaktischem Material → Stimulierung → gemeinsame Evaluierung → Abschlußfest.

6. Didaktisches Material

Liegt das Ergebnis aus der Versuchstätigkeit bzw. aus anderen Quellen (z.B. bei der verbesserten Lagerung vom Pflanzenschutzdienst) vor, wird ein Leitfaden (aide mémoire) für die Bildserie entwickelt. Dieser Leitfaden enthält alle Aussagen, die später gegenüber der Zielgruppe gemacht werden sollen. Zugleich

B 1

erfolgt eine erste Aufteilung in Bildern. Zu jedem Bild werden bereits Anmerkungen zu den Bildelementen gemacht (z.b. Perspektive, welche Kultur, wieviel Menschen, welche Kleidung).

Skizzen zum Leitfaden werden erstellt. Diese enthalten die wichtigsten Bildelemente. Zu diesem Zeitpunkt erfolgt eine erste Diskussion des Ergebnisses in einem größeren Kreis.

Die erste Bildserie, so wie sie letztlich sein soll, wird ausgearbeitet. Die Bilder werden wiederum im größeren Kreis diskutiert. Die Serie wird getestet (→ E 13). Änderungen aus dem Testergebnis werden vorgenommen, und die Serie wird zum zweiten Mal getestet.

Anschließend Multiplizierung der Serie entweder von Hand (Konturen durchzeichnen auf einem Leuchttisch und späteres Kolorieren) oder maschinell durch Photokopieren, Siebdruck oder Offsetdruck.

Im Verlauf der Ausbildung und beim Einsatz der Serien erscheinende Mängel oder neue Informationen gehen in die weitere Überarbeitung der Serie mit ein.

Vom Versuchsergebnis zur Ausbildung:

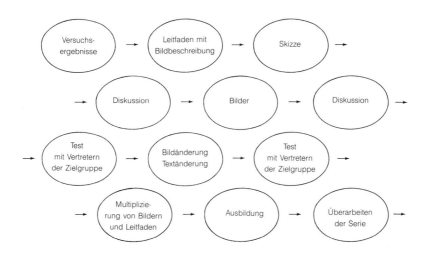

Je ein Beispiel für eine Serie zur Bewußtseinsbildung und zur Ausbildung findet sich in → G 9.

B 1

Quelle

I. BINNEWERG: Landwirtschaftliche Beratung, Strategie, Inhalt, Methode, Mittel. Zentralregion Togo, Sokodé, 1986

Bearbeitung

Ingo BINNEWERG

B 2

Beratung und Kredit im Rahmen von Betriebssystemen im Projekt Kericho Distrikt, Kenya

Die Beratung und Kreditvergabe im Kleinbauerngebiet Kericho (ca. 5.000 km, 479.000 Personen, 31 % der Betriebe unter 2 ha) begann 1963 und erfolgte im Rahmen eines überwachten Kreditprogramms.

Sorgfältige Erstellung von Betriebsplänen, Kontrolle und Nachbetreuung, laufende Datensammlung sowie Einzel- und Gruppenberatung auf Beispielbetrieben führten zu einer intensiven Nachfrage seitens der früher nomadischen Bevölkerung.

Die systematische Erstellung von **Betriebsplänen** für **sieben Betriebstypen** hatte einen indirekten Effekt auf die Berater: Im Projekt erlernten sie, schrittweise einen Betrieb zu planen. Über die Anfertigung von Schaubildern, Flanelltafeln sowie Maßstabsmodellen von Betrieben konnte die Beratungsarbeit planmäßig verbessert werden. Die Programmierung der Beratung erfolgte über ein „Farm Management Bureau" mit einem Stab von 25 Beratern und 74 Beraterassistenten, d.h. etwa ein Berater auf 1.200 Betriebe.

Alle Informationen und alle Entscheidungen liefen über die Berater; das ausländische Projektpersonal und die vorgesetzten kenyanischen Berater beschränkten sich auf Kontakt, Schulung und die Herausgabe von betriebswirtschaftlichen Handbüchern und Broschüren sowie die Durchführung von Kurz-Kursen im Trainingszentrum und die Ausarbeitung der Betriebspläne.

Die Berater machten zunächst ein bis zwei **Erstkontaktbesuche** und gingen dann zur **Gruppenberatung** und zur Anlage von **Demonstrationen** über. Demonstrationsfelder wurden bevorzugt bei „einfacheren" Bauern angelegt. Diese wurden gegenüber den „chiefs" bevorzugt, da sie ohne weitreichende soziale Funktionen waren und ihren Betrieb weitgehend selbständig bewirtschafteten. Bei Demonstrationen kamen häufig 500 bis 1.000 Personen zusammen.

Wesentlicher Beratungszugang war der **regelmäßige Besuch** der betreuten Betriebe durch die Berater. Afrikaner und ausländische Experten fuhren darüber hinaus mindestens zweimal pro Woche zu Gesprächen durch das Projektgebiet. Am Abschluß einer Arbeitswoche stand jeweils die gemeinsame Besprechung der aufgetretenen Probleme und Erfolge. Dabei wurden auch persönliche Schwierigkeiten einzelner Berater besprochen.

Formal war die Beratung und Kreditvergabe so organisiert, daß eine Grundbucheintragung als Sicherheit diente. Das Programm war auf etwa 50 % der Betriebe begrenzt. Der Kredit wurde als Güterkredit (vier Teile produktiv, ein Teil unproduktiv — z.B. Zäune) mit einer Regellaufzeit von fünf Jahren gegeben: Zinssatz 9 %, Inflationsrate ca. 20 %.

In den Betriebssystemen erfolgte eine Umstellung auf etwas Maisanbau mit Tee, Grünland/Viehhaltung und Pyrethrumanbau. Drei wesentliche Begrenzungen haben das Programm beschränkt:

- Die fehlenden Grundbucheintragungen trafen insbesondere die Kleinbetriebe bis 1,9 ha,

- die Barüberschüsse waren in den kleinen Betrieben (bis 1,7 ha) z.T. unattraktiv gering (ohne Kredit 111 Schillings bei 500 AKh; mit Kredit 176 Shillings bei 668 AKh) gegenüber denen in großen Betrieben (z.B. 500 Schillings ohne und 1.800 Schillings mit Kredit);

- die Beratungsdichte war unzureichend, um die Nachfrage in der geforderten Beratungsintensität (ein Kontrollbesuch je Betrieb und Woche) erfüllen zu können.

Literatur

Extension Services, Ministry of Agriculture, Kenya: Farm Management Information, Kericho-District. Nairobi 1973

Ministry of Agriculture: Labour requirements, availability and economics of mechanization. Farm management handbook of Kenya, Vol. 1, Nairobi 1979

H. STRÖBEL, et al.: An economic analysis of smallholder agriculture in the Kericho-District, Berlin 1973

H. STRÖBEL: Entwicklungsmöglichkeiten landw. Kleinbetriebe, Kericho. District, Kenya, unter besonderer Berücksichtigung des Einsatzes von Kleinkrediten mit Beratung. München 1976.

Bearbeitung

Gerhard PAYR, Rolf SÜLZER

B 3

Beratung zur Verbesserung der Ernährungslage im Projekt Paktia-Provinz, Afghanistan

Im Rahmen dieses Regionalvorhabens wurde ab 1965 in der Beratungsarbeit der Schwerpunkt auf eine konsequente Durchdringung des Gebiets mit Dorfberatern gelegt. Das ca. 18.000 km^2 mit etwa 2.500 km^2 landwirtschaftlicher Nutzfläche umfassende Gebiet produzierte abzüglich der Lagerverluste etwa 2,5 Millionen dt Getreide, d.h. ca 180 kg pro Kopf der Bevölkerung im Jahr. Die Beratergruppe konzipierte daher zur Verbesserung der Ernährungssituation eine Direktberatung aller Bauern; dazu wurden Teile der Region in acht Beratungsgebiete mit je 2.500 Großgehöften (ca. 20-80 Personen) eingeteilt. Jedes Beratungsgebiet wurde in 12-15 Dorfberatungsbezirke untergliedert (je 4.500 Einwohner), die jeweils von einem Dorfberater betreut werden sollten. Vier bis fünf solcher Dorfberatungsbezirke wurden zu einem Beratungsdistrikt zusammengefaßt.

Im Beratungsgebiet rekrutierte man die Dorfberater. Vorbedingung für eine Bewerbung waren Kenntnisse im Lesen, Schreiben, Rechnen und schriftliche Befürwortung der Mehrheit der Dorfbürgermeister der vorgesehenen Dorfberatungsbezirke. Als Anreiz wurde ein monatliches Gehalt vergleichbar dem eines Volksschullehrers und eine zusätzliche Entlohnung in Naturalien angeboten. Die ausgewählten Kandidaten wurden dann in der arbeitsarmen Zeit zunächst sechs Wochen lang geschult (Winterkurse). Diese Kurse wurden jährlich zur Auffrischung wiederholt.

Die Beratungsarbeit (u.a. Saatgut, Düngung, Demonstrationen, Flußverbau, Bearbeitung von Anträgen auf Dienstleistungen des Projekts) erfolgte im Sechs-Tage-Rhythmus: nach fünf Tagen Dorfarbeit wurde am sechsten Tag im zuständigen Beratungszentrum des Gebiets abgerechnet, ein schriftlicher Wochenbericht und ein Arbeitsplan für die kommende Woche abgeliefert, der mit dem vorgesetzten Beratungspersonal (deutscher Landwirtschaftsexperte und afghanischer Kollege) durchgesprochen wurde.

Der Aufbau dieses Dorfberaternetzes aus Personen, die mit den regionalen Besonderheiten aufgewachsen waren, hat sich ebenso wie die planmäßige Aufgliederung der Region als ein tragfähiges Konzept erwiesen. Schwierigkeiten in der Verfolgung dieses Konzepts traten vor allem aufgrund folgender Bedingungen auf:

— Es gab keine gesicherten Informationen über Ertragsverhältnisse und weitere wichtige Größen der Ausgangssituation;

— die Dorfberater mußten aus Gründen der Sozialstruktur den Kontakt zu einflußreichen Personen suchen. Die gezielte Förderung von Kleinbauern wurde da durch eher an den Rand gedrängt;

B 3

- das Projekt übernahm weitgehende Exekutivbefugnisse, durch die die afghanischen Befugnisse beschnitten wurden.

- die Adoptionsrate für die Einführung hochertragreicher Weizensorten hat sich aufgrund finanzieller, sozialer und vermutlich auch kultureller Einflüsse verlangsamt und ist schließlich zum Stillstand gekommen;

- die Produktionsmittel- und Kreditversorgung war nur in den Anfängen des Projekts gewährleistet; bezogen auf die erzeugte Gesamtnachfrage mußte sie etwa ab 1970 als quantitativ und qualitativ unzureichend betrachtet werden. Ohne Mineraldüngung blieben die neuen Sorten im Ertrag hinter den Lokalsorten zurück.

- Schließlich wurde seitens der afghanischen Regierung die Beratungsarbeit übernommen, das Dorfberaternetz wurde aufgelöst, und die Dorfberater wurden durch College-Absolventen ersetzt, die nur geringe praktische Erfahrung und wenig fachliche Qualifikation mitbrachten.

Inzwischen hat der seit Jahren andauernde Krieg alle Förderungsbemühungen unterbrochen und vermutlich auch die letzten Spuren vergangener Projektarbeit getilgt.

Literatur

A. G. LAKANWAL: Situationsanalyse landw. Beratungsprogramme in Entwicklungsländern. Sozialökonomische Schriften zur Agrarentwicklung, Band 30, Saarbrücken, 1978, vor allem S. 106 - 194.

Quelle

A. G. LAKANWAL: Das Übernahmeverhalten paschtunischer Landwirte in bezug auf produktionstechnische Neuerungen (Saatgut und Düngemittel). Eine empirische Untersuchung in drei Dörfern des östlichen Beckens von Khost/Afghanistan. Unveröffentlichte Diplomarbeit, Hohenheim, 1974

Bearbeitung

Rolf SÜLZER, Volker HOFFMANN

B 4

Selbsthilfe-Gruppen und -Vereinigungen bei den TIV in Nigeria

In Nigeria (Benue Plateau State, Stamm der TIV) sind seit 1950 auf Stammesebene Genossenschaften und Kreditvereine gegründet worden, die auf dem Prinzip der traditionellen Selbsthilfegruppen beruhen. Solche freiwilligen Zusammenschlüsse für bestimmte Aufgaben gibt es tradtionellerweise unter Jugendlichen, unter Frauen und Männern (Gruppen von Jugendlichen sind etwa die „ton" in Mali, die Gemeinwesen-Arbeiten ausführen. Frauen und Männer organisieren sich häufig in Spargruppen zu 10 - 20 Personen).

Bei den TIV heißen diese Spar- und Kreditgruppen „Bams"; sie sind geprägt durch eine starke Stellung der Frauen im Wirtschaftssystem. Die Mehrzahl der Gruppen wird auch von Frauen geleitet. TIV-Frauen legen Yams-Überschüsse zurück, um sie bei Knappheit zu verkaufen und das Geld zu verleihen. Die „Bams" haben einen demokratischen Aufbau. Dies drückt sich u.a. in jährlichen Neuwahlen aus. Zwischen 1950 und 1974 hat sich auf dem Plateau-Gebiet aus einer Subsistenz- eine Marktwirtschaft entwickelt, die die nigerianischen Märkte mit Yams und Reis beliefert: gefördert durch 5.000 „Bams" mit ca. 300.000 Mitgliedern, einer eigenen Beratung und Genossenschaft.

Die Keimzelle dieser Entwicklung lag wie bei den Kakaoanbauern in Ghana bei den örtlichen Führern selbst. Einer von ihnen hatte sich auf Reisen über Banken und Kreditsysteme informiert und deren Grundzüge in die traditionelle Sozialstruktur übertragen. Eine „Bam" (Kreditgruppe) wurde in einer Reihe von Treffen der örtlichen Führer mit folgenden Überlegungen gegründet:

(1) Auf der Grundlage des bisher praktizierten Sparens der Frauen über Yams sollte die Sparkomponente erhalten bleiben.

(2) die Tradition, die örtlichen Führer zu **wählen**, sollte auch für die „Bam" gelten;

(3) die hohe Disziplin und strenge Sozialstruktur schien ausreichende Garantie für Rückzahlungen zu sein;

(4) die „Bam" sollte nur auf die Dauer eines Jahres gebildet werden, damit keine Familie abhängig wird. Im neuen Jahr kann sie sich für eine andere „Bam" entscheiden.

Die Gruppe wird jährlich konstituiert (etwa 60 - 100 Mitglieder). In der ersten Sitzung bestimmt sie ihre jeweilige innere Struktur. Normalerweise: Vorsitzender, Sekretär, Schatzmeister, Finanzkomitee und Schiedsstelle. Alle Positionen werden durch Wahlen besetzt. Die Mitglieder entscheiden über die Häufigkeit der Sitzungen (zumeist 14-tägig) und die Höhe der Einlagen (zwischen 0,60 und 60,-DM). Auf jeder Sitzung werden zunächst die Einlagen gesammelt, die am Jahres-

B 4

ende wieder ausgezahlt werden. Dabei werden Projekte entwickelt, Anleihen ausgegeben und Zahlungsschwierigkeiten erörtert. Der durchschnittliche Betrag, der innerhalb eines Jahres eine „Bam" durchläuft, beträgt etwa 30 - 40 Tausend DM.

In diesen „Bams" wurde dann von einem TIV-Berater angeregt, eine dauerhafte Einrichtung zu schaffen, durch die die Produktion nachhaltig gesteigert werden sollte. Der Rat der TIV stimmte einem solchen Vorschlag zu und gründete 1966 eine „Farmers Association" mit 60 Mitgliedern (1968: 1.000 Mitglieder, 1974: 33.000 Mitglieder, monatlicher Beitrag: 0,30 DM).

Diese „Farmers Association" übernahm vor allem Beratungsaufgaben, die der nationale Beratungsdienst nicht erfüllen konnte (1.650 Betriebe je staatlichem Berater).

Zunächst wurde die Einführung von Dünger für Reis und Yams empfohlen. Der TIV-Berater holte die Vorsitzenden der „Farmers Association" für eine Demonstration zusammen und legte bei ihnen Versuche an.

Die erfolgreichen Versuche veranlaßten die Vorsitzenden, ein Verteilungssystem für Dünger zu entwicklen, mit den Mitgliedern Verteilungsorte und dafür verantwortliche Landwirte festzulegen.

Nach dieser ersten Aktion entschloß man sich, die „Farmers Association" auf die Dorfebene zu verlegen. Die Dorfgenossenschaften nahmen einen intensiven Kontakt mit den Beratern auf: wöchentliche Treffen und Diskussionen neuer Verfahren, mehrmals im Jahr eine Evaluierung von Versuchen zusammen mit den Spezialisten des staatlichen Beratungsdienstes.

Wesentliche Wirkungsbedingungen sind augenscheinlich:

- Eine funktionierende Sozialstruktur, die den einzelnen verpflichtet.
- Das Bewußtsein, eigenständige Lösungen ohne Vorschriften der Regierung zu verwirklichen.
- Ein dichtes Kommunikationsnetz („Bams", Dorfgenossenschaften, Dorfräte usw.), über das eine Innovation schnell verbreitet wird.
- Die Fähigkeit, eine effektive Infrastruktur aufzubauen.
- Die Kontrolle der Genossenschaftsarbeit durch die Landwirte bzw. deren Frauen auf direktem Wege.
- Das aktive Anfordern des Beratungsdienstes. Die Überwachung, aber auch die Erleichterung seiner Arbeit und schließlich
- die mindestens jährliche gemeinsame Aussprache und Evaluierung des Programms.

Bearbeitung

Gerhard PAYR, Rolf SÜLZER

B 5

Die Reorganisation der landwirtschaftlichen Beratung in der Atlantik-Provinz der Volksrepublik Benin

Die Volksrepublik Benin hat regionale Entwicklungsbehörden geschaffen (CARDER = Centre d'Action Régional pour le Développement Rural), die in den einzelnen Provinzen integrierte ländliche Entwicklung fördern sollen. Der CARDER de l'Atlantique wird dabei durch ein GTZ-Projekt unterstützt.

1983 wurde erkannt, daß die Probleme im Bereich der landwirtschaftlichen Beratung so schwer wiegen, daß eine grundlegende Organisationsänderung unaufschiebbar erschien. In die inzwischen erfolgreich vollendete Reorganisation sind einige Elemente des „Training and Visit"-Systems (→ A 9) eingegangen. Der Erfolg der Maßnahmen liefert unseres Erachtens wichtige Hinweise für die Lösung vergleichbarer Probleme.

1. Probleme der alten Beratungsorganisation

A. Zielgruppen
- Durch nationale Politik begrenzt auf Produktionsgenossenschaften.

- Kompromittierung der Beratung durch beratungsfremde Aufgaben.

- Die Gründung neuer Genossenschaften verläuft nur langsam, viele Gründungen nach der Revolution waren vorrangig politisch motiviert, aber wirtschaftlich nicht existenzfähig.

B. Feldberater
- Dem CARDER werden laufend neue Leute zugewiesen,
  a) von der Universität
  b) von aufgelösten Staatsgesellschaften

- Im Dez. 1983 gibt es 200 Feldberater, gegenüber 175 Genossenschaften

- Zu viele Beratungsaufgaben und zu viele beratungsfremde Aufgaben (9 Divisionen wollen für ihre Interventionen alle den einen Feldberater einschalten)

- viele z.T. widersprüchliche Aufgaben

- das Arbeitsprogramm ist nicht strukturiert und daher auch nicht kontrollierbar.

B 5

C. Beratungsinhalte
   - Zu komplex und zu allgemein für eine landwirtschaftliche Beratung und oft unverständlich für die Feldberater.

D. Ungleichverteilung der Aktivitäten
   - Zahlreiche „Sous-Secteurs" ohne Zielgruppen (Genossenschaften),

   - Konzentration der meisten ad-hoc-Aktivitäten auf wenige „Sous-Secteurs".

E. Geringe Motivation der Beratungskräfte
   - ungenügende Gehälter

   - unzureichende Transport- und Arbeitshilfsmittel

   - mangelhafte Unterstützung, fehlende Betreuung, Kontrolle und Anerkennung

F. Miserables Verhältnis zwischen Ausgaben und Ergebnissen
   - 200 Feldberater betreuen 175 Genossenschaften
     = ca. 2000 Betriebe
     = ca. 1000 ha

   - 560.000 DM Kosten stehen einem feststellbaren Anstieg der Maisproduktion um ca. 1000 t = ca. 420.000 DM gegenüber.

2. Ziele der Reorganisation

1. Erleichterung der täglichen Arbeit auf allen Ebenen

2. Ermutigung der Feldberater zu effizienterer Arbeit

3. Für jedermann klare Definition seiner
   - Verantwortungsbereiche
   - Arbeitsgebiete
   - Aufgaben
   - Supervisions-Strukturen
   - Beratungs- und Kontaktpartner

Als Beitrag zum **Oberziel:**
Produktionssteigerung, vor allem bei Klein- und Mittelbetrieben.

3. Prinzipien der neuen Beratungsorganisation

A. In den „Sous-Secteurs" werden „Landwirtschaftliche Beratungszentren" (CVA) eingerichtet, die alle Leistungen des CARDER anbieten oder vermitteln und die so dicht wie möglich beim Bauern sind;
→ durchschnittliche Entfernung CVA : Bauer = 6,5 km

B. Trennung von landwirtschaftlicher Beratung und Genossenschaftsberatung.
→ Begrenzung der Aufgaben der Feldberater auf Pflanzenbau und Erhöhung der Zahl der Genossenschaftsberater. Die Verantwortung für alle übrigen Beratungsbereiche bleibt bei Spezialisten auf Sektor-Ebene.

C. Erreichen von etwa 15 % der Ziel-Bevölkerung.
→ Die Beratung von Individual-Bauern wird in Gruppen organisiert (Beratungskontaktgruppen).

D. Strukturierung des Arbeitsverlaufs auf allen Ebenen, um die Durchführung und Überwachung der Aufgaben zu erleichtern.
→ Fester wöchentlicher Arbeitsplan.

E. Dem Bauern die Übernahme der Beratungsinhalte erleichtern.
→ Die Beratungsinhalte in Teilschritte zerlegen, die für den Bauern attraktiv sind und die schlüssig aufeinanderfolgen.

F. Die Verbreitung und Übermittlung der Beratungsthemen durch die Feldberater sicherstellen.
→ Die Themen in wöchentliche Aufgabenstellungen für die Feldberater übersetzen.
→ Wöchentliche Fort- und Weiterbildung vorsehen.

4. Organigramm und Aufgabenverteilung in der neuen Beratungsstruktur

Das neue Organigramm zeigt → Bild 1, danach folgt die Beschreibung der wesentlichen Aufgaben, angefangen bei den Beratungskontaktgruppen und dann im Organigramm entsprechend aufwärts.

A. Beratungskontaktgruppen

In der neuen Beratungsstruktur gibt es 522 Gruppen, von denen 174 Genossenschaften schon existierten. Nach der Einteilung des CVA-Gebiets in 3 Zonen (1 pro Feldberater), wird die Bevölkerung über den neuen Beratungsansatz informiert, und bei Versammlungen in den Dörfern oder Weilern werden die Auswahlkriterien erklärt. Der Feldberater ermittelt die Interessenten, und die Auswahl der Gruppenmitglieder erfolgt dann durch das CVA-Team nach folgenden Kriterien:

B 5

Bild 1:

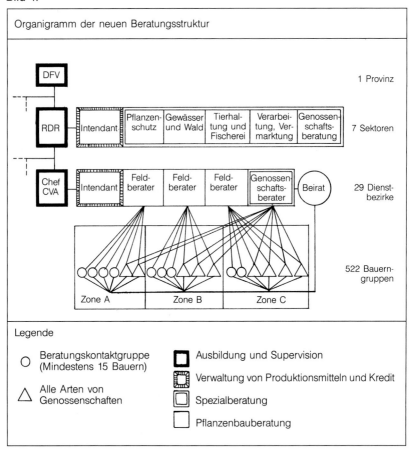

1. **Obligatorische Kriterien**
   a) Beruf: Die Kandidaten müssen Landwirt sein
   b) Boden: Die Kandidaten müssen Boden besitzen, sei es als Nutzungsrecht oder im Familieneigentum
   c) Motivation: Die Kandidaten müssen insoweit Interesse an einer Zusammenarbeit mit dem Feldberater zeigen, daß sie sich bereiterklären, einmal wöchentlich mit ihm zusammenzukommen.

B 5

2. Erwünschte Kriterien
   a) Organisation: Die Zusammenstellung der Gruppen kann schon bestehende Zusammenschlüsse bevorzugen, wie: tontines (Sparverein), adjolu (Gemeinsame Arbeit), tam-tam (Folklore), hameau (Weiler) etc. ...

   b) Homogenität: Die Gruppenwahl sollte auf größtmögliche ökonomische und soziale Homogenität abzielen

B. Conseil Consultatif = Beirat

Der Beirat B besteht aus je 1 gewählten Vertreter der 6 g.c.e. pro Feldberater und den Funktionären des CVA = 24 Mitglieder.
Er tritt alle 3 Monate zusammen und befaßt sich mit:
– Analyse und Evaluierung
– Planung
– der Vorbereitung der nächsten Saison und von wichtigen Aktionen, z.B. Maisvermarktung, Impfkampagnen, Alphabetisierung, „Journée CVA" = Fest des Beratungszentrums mit Ausstellung und Wettbewerb (→ D 9)

C. A.V.A. = Agent de Vulgarisation Agricole = Landwirtschaftlicher Feldberater

– Übermittlung der technischen Empfehlungen zur Pflanzenproduktion entsprechend seinem Wochenprogramm

– Anforderung der Spezialisten des Sektors für alle anderen Probleme und deren Einführung bei den Beratungskontaktgruppen (g.c.e.)

– Nachrichtenübermittlung zwischen den Kontaktgruppen und dem Lagerverwalter im CVA

– Teilnahme an der wöchentlichen Besprechung im CVA zur Auswertung und Vorbereitung der Arbeit und zur aufgabenbezogenen Weiterbildung

– Schreiben von Arbeitsberichten

D. C.C. = Conseiller Coopératif = Genossenschaftsberater

– Ermittlung des Bedarfs an Krediten und Subventionen beim Dorfentwicklungsfonds und Meldung beim Dienststellenleiter

B 5

- Betreuung aller Genossenschaften im Einzugsbereich des CVA in allen Fragen außer der Pflanzenproduktion; Schwerpunkt: Management

- Technische Beratung der Verarbeitungsgenossenschaften

E. Intendant = Kassen- und Lagerverwalter

- Durchführung aller Arbeiten, im Zusammenhang mit Subventionen und Krediten des Dorfentwicklungsfonds

- Lagerverwaltung der Produktionsmittel im CVA

- Ermittlung der Bedarfsmengen an Produktionsmitteln im Bereich des CVA, Bestellung beim Sektor und Verteilung und Abrechnung mit den Beziehern

- Informationsvermittlung. Er ist stets anwesend und weiß über die Aufenthalte aller CVA-Mitglieder Bescheid, gibt alle Nachrichten weiter.

F. Chef C.V.A. = Dienststellenleiter

- Überwachung der Aufgabenerledigung seiner Leute im CVA

- Wöchentliche Weiterbildung des CVA-Personals

- Teilnahme an der wöchentlichen Dienstbesprechung beim Sektor

- Erstellung von Arbeitsberichten

G. Spécialistes/Chefs sections = Spezialberater

- Erledigung von Hoheitsaufgaben, Spezialaktionen und Durchführung von Spezialberatung bei den Kontaktgruppen

- Anwesenheit und Unterstützung des RDR bei den wöchentlichen Besprechungen mit den Dienststellenleitern

- Vorschlag und Vorbereitung von speziellen Aktionen auf Dienststellenebene gegenüber dem RDR

B 5

H. Intendant = Kassen- und Lagerverwaltung im Sektor

- Sicherstellung der Versorgung mit Produktionsmitteln in seinem Sektor
- Lagerverwaltung auf Sektor-Ebene
- Ermittlung und Zusammenfassung des Bedarfs an Produktionsmitteln
- Kassenführung
- Mitwirkung bei der Vermarktungs-Kampagne
- Erstellung von Arbeitsberichten

I. RDR = Responsable pour le Développement Rural = Ressortleiter Landwirtschaft und ländliche Entwicklung im Sektor

- Überwachung der Ausführung von Aufgaben der Spezialberater und der Dienststellenleiter im Feld
- Sicherstellung der Weiterbildung der Dienststellenleiter
- Festlegung der Beratungsaufgaben für die nächste Woche zusammen mit den Dienststellenleitern
- Kontrolle der Produktionsmittelversorgung
- Begutachtung der Kredit- und Subventionsanträge
- Überwachung der Vergabe und Rückzahlung der Kredite
- Erstellung von Arbeitsberichten
- Unterstützung des Präfekten und der politischen Einrichtungen
- Teilnahme an den monatlichen Besprechungen in der Direktion

J. DFV = Division Formation et Vulgarisation du CARDER = Abteilung für Ausbildung und Beratung in der Direktion

- Aus- und Fortbildung der Beratungskräfte in der Provinz
- Supervision der Beratungsarbeit

B 5

- Festlegung der Beratungsinhalte und Beratungsmethoden

- Bereitstellung der Beratungshilfsmittel (technische Broschüren, didaktisches Material, Demonstrationsmittel)

- Betreuung der zentralen Demonstrationen

- Koordination der Aktivitäten mit den übrigen Abteilungen des CARDER

5. Regelmäßiger wöchentlicher Arbeitsplan

Das Programm-Schema, das → Übersicht 1 wiedergibt, gilt über das ganze Jahr. Ausnahmen sollen nur in dringendsten Fällen gemacht werden. Bei solchen Ausnahmen wissen die Intendanten Bescheid. Somit ist von jedem

Übersicht 1:

Festes Programmschema für die wöchentliche Arbeitsplanung					
	Montag	Dienstag	Mittwoch	Donnerstag	Freitag
RDR	Büro	Büro	Büro	Büro	Büro
	Gremien Politik	Supervision der Chefs CVA	Gremien Versammlungen	Supervision der Chefs CVA	Sektorbesprechung
Spezialberater	Büro oder Besprechungen	Feldbesuche auf Anfrage oder nach dem eigenen Monatsprogramm			Sektorbesprechung
Chef CVA	CVA-Besprechung Beraterfortbildung	Supervision der Berater im Feld			Sektorbesprechung
	Büro			Büro	
Geno.-berater	CVA-Besprechung Fortbildung Besprechung im Sektor	Genossenschaft 1,2	Genossenschaft 3,4	Genossenschaft 5	Genossenschaft 6 Reservetermin
				Büro	
Feld-Berater	CVA-Besprechung Fortbildung	Besuche bei Gruppen 1,2	Besuche bei Gruppen 3,4	Besuch bei Gruppe 5	Besuch bei Gruppe 6 Reservetermin
	Büro			Büro	

B 5

Organisationsmitglied bekannt, was er wo tut. Stichprobenkontrollen sind für jedermann einfach durchführbar. Durch die Supervisionsaufgaben haben die Vorgesetzten regelmäßige Feldkontakte.

6. Kontinuierlicher zweiseitiger Informationsfluß (mündlich und schriftlich)

Kein Problem braucht länger als eine Woche unbekannt zu bleiben. Dafür sorgt ein organisatorisch garantierter regelmäßiger Informationsfluß, der in — ▸ Bild 2 gezeigt wird. Funktionierende Rückinformation ist die Voraussetzung für Effizienz in der Direktion.

Bild 2:

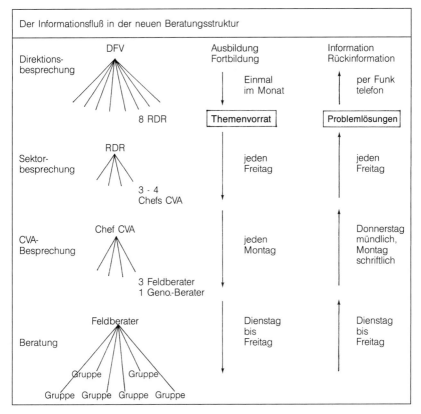

B 5

7. Vorgesehene Themenfolge für die Pflanzenproduktion

Für die Pflanzenproduktion ist eine über drei Jahre aufeinander aufbauende Folge von Themen vorgesehen, die auf größtmöglichen Diffusionserfolg zielt. Sie wird in → Übersicht 2 dargestellt.

Übersicht 2:

Die vorgesehene Themenfolge für die Pflanzenproduktion		
Jahr	Thema	Ziel
1	Mineraldünger, Insektizidspritzung bei Bohnen, verbessertes Saatgut für Mais und Bohnen, ...	Das Vertrauen der Bauern durch wenige Themen gewinnen, die deutliche Mehrerträge bringen und in ihrer Wirkung unmittelbar sichtbar sind. Die Übernahme wird zusätzlich durch Produktionsmittelkredite erleichtert, um den Diffusionsprozeß zu beschleunigen.
2	(Mineraldünger, Saatgut ...) Fruchtfolge, Gründüngung, Bracheverbesserung, Yamsanbau, ...	Die Beratungsthemen diversifizieren und komplexere Themen einführen
3a	(Mineraldünger, Saatgut ...) Anbaudiversifizierung, Gründüngung, Bracheverbesserung, Baumreihen und Hecken, ...	Intensivierung der ökologischen Themen, die die Erhaltung der Bodenfruchtbarkeit und der weiteren Produktionsgrundlagen hervorheben.
3b	Ochsenanspannung, begasungsfähiger Getreidespeicher, ...	Einführung von Themen, die große Investitionen und damit hohe Kredite erfordern, aber auch große Rationalisierungsgewinne versprechen, als zusätzlicher Anreiz für die Übernahme der vorlaufenden Neuerungen.

8. Die Entwicklung neuer Beratungsinhalte

Für die Entwicklung neuer Beratungsinhalte wurden Im CARDER de l'Atlantique schrittweise eine ganze Reihe von Verfahren und Einrichtungen geschaffen, weil sich bald herausstellte, daß von den nationalen und internationalen Agrarforschungszentren die notwendige Arbeit nicht geleistet werden konnte. Überlegungen zum „Farming Systems Research" und zum „On-Farm-Research" haben für den Aufbau des Forschungs- und Entwicklungsprozesses wesentlich Pate gestanden (→ A 10). → Übersicht 3 zeigt den Ausbaustand im Jahr 1986.

B 5

Übersicht 3:

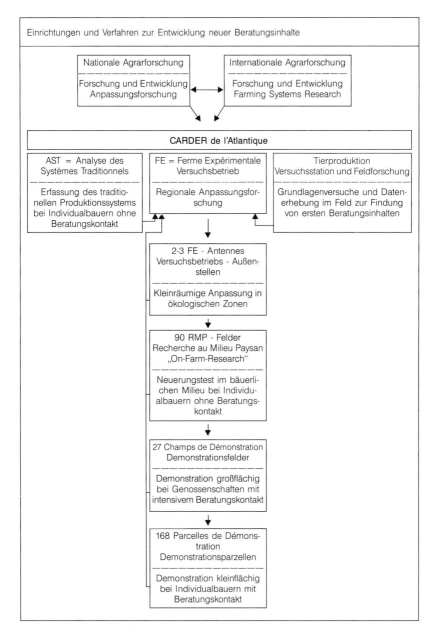

B 5

9. Die Weiterentwicklung der Beratungsmethoden

So wie die Themen für die Bauern sich von einfachen und schnell profitablen Ratschlägen zu komplexen Fragestellungen hin entwickeln sollen, so sind auch die Beratungsmethoden einem Wandel ausgesetzt.

Anfangs genügt die klare technische Information und die einfache wöchentliche Arbeitsanweisung. Dieses Vorgehen ist für die Erreichung der Beratungsziele im ersten Jahr ausreichend und trägt dem Ausbildungsstand der Feldberater Rechnung. Mit fortschreitendem Veränderungsprozeß bei den Zielgruppen wird dieses Verfahren jedoch zunehmend untauglich. Intensive Schulungsarbeit und sorgfältige Methodenentwicklung sind Voraussetzungen für die erforderliche Weiterentwicklung der Beratungsmethoden, deren Schwerpunkte in → Übersicht 4 dargestellt werden.

Übersicht 4:

Die Weiterentwicklung der Beratungsmethoden	
Von ──────────► Zu	
Einfachen, in kleine Portionen zerlegten Themen zur schnellen Ertragssteigerung	Ganzheitlicher Betrachtung komplexer Probleme zur Erhaltung von Bodenfruchtbarkeit und ökologischem Gleichgewicht
Von ──────────► Zu	
Einfachen Rezepten und direktiven Anweisungen („Tu dies! Laß das!")	Bewußtseinsbildung, gemeinsamer Problemanalyse und fachlicher Grundausbildung zur tieferen Einsicht in Probleme und Lösungen
Von ──────────► Zu	
„Fiches techniques" = technischen Merkblättern für die Berater und der mündlichen Weitergabe dieser Inhalte an die Bauern	Flanellbildserien, die direkt für Bauern gestaltet wurden zur Dialogförderung und Stärkung der funktionalen Partizipation
Von ──────────► Zu	
Conseils Consultatifs = Beiräten mit sehr eingegrenzten Entscheidungsbefugnissen	Aufbau weiterer Formalpartizipation und zur fortschreitenden Dezentralisierung der CARDER-Hierarchie.

B 5

10. Material- und Infrastrukturerfordernisse

1. Gebäude

   a) Erforderlich: 29 Lagerräume
                     29 CVA-Gebäude mit 2 Büros, 1 Versammlungsraum
   b) Vorhanden: 16
   c) Neubau: 13
   d) Umbau: 6

2. Mobiliar

   a) Erforderlich: 5 Tische, 10 Stühle, 10 Bänke (pro CVA)
   b) Neukauf: 145 Tische, 290 Stühle, 190 Bänke

3. Material

   a) Erforderlich pro CVA: 1 Waage (300 kg), 1 Waage (20 kg), 3 ULV-Spritzen, 1 Rückenspritze, 1 Tafel mit Flanellrückseite, 1 Beiztrommel
   b) Neukauf: große Waagen, 24 kleine Waagen, 77 ULV-Spritzen, 29 Rückenspritzen, 29 Tafeln, 29 Beiztrommeln

4. Fahrzeuge

   a) Erforderlich: RDR: 7 Autos, 7 Mobylettes
                     Spezialberater: 35 Motorräder
                     Intendants im Sektor und in den CVAs: 36 Mobylettes
                     Chefs CVA: 29 Motorräder
                     CC, CVA: 29 Mobylettes
                     AVA, CVA: 87 Mobylettes
   b) Neukauf: 86 Mobylettes (+ regelmäßige Ersatzbeschaffung für alle Fahrzeuge)

5. Einführung von Primes/Indemnités

   = Prämiensystem + Aufwandsentschädigung (v. a. Wohngeld, Benzingeld)

11. Personaleinsatz

Aus der Planung des Personaleinsatzes, → Übersicht 5, ergibt sich die Perspektive einer Auslese, und der Rücknahme bzw. Versetzung von 50 Beamten durch das Ministerium.

B 5

Übersicht 5:

Die Personalplanung für die neue Beratungsstruktur

1. Bedarf
 	
    a) in den 7 Sektoren
 	
        51   7 RDR, 7 Intendants, 35 Spezialberater
 	
    b) in den 29 Dienststellen
 	
       174   29 Dienststellenleiter, 29 Intendants, 87 Feldberater, 29 Geno.-Berater
      ―――
      225
      ===

2. Bestand
 	
    a) in den 7 Sektoren
 	
        7 RDR
        7 Intendants
       24 Spezialberater
 	
    b) in 35 Untersektoren
 	
        35 Chefs Sous-Secteur
      117 Chefs Centre (Darunter 30 weibliche Berater)
 	
    c) Sonstige
 	
        70 Frühere Mitarbeiter von aufgelösten Staatsgesellschaften
           (SOBEPALH, SONIAH)
        15 in der Direktion verfügbar
      ―――
      275
      ===

3. Bilanz
 	
      Verfügbar   ▽   gebraucht
         275   225
 	
             „abzugeben"
                 50

Tabelle 1:

Gesamtkosten des neuen Beratungssystems für 26 Monate (Von 10/1983 bis 12/1985 in DM)			
Geldgeber	Investitionen	Betriebskosten	Insgesamt
RPB		994.800	994.800
BRD	343.000	84.500	358.500
Insgesamt	343.000	1.010.500	1.353.500

12. Kosten des neuen Beratungssystems

Bezogen auf die ersten 26 Monate des Betriebs des neuen Beratungssystems sind jährliche Kosten von 625.000 DM verbucht worden, → Tabelle 1. Ohne Bezugsmaßstab sagen die Zahlen allerdings wenig aus.

Interessanter ist vielleicht der „Stückpreis" für einen Kontakt zwischen Feldberater und einem Gruppenmitglied, dargestellt in → Tabelle 2. Organisationen, deren Buchhaltung die Errechnung einer solchen Zahl erlaubt, haben hier eine interessante Vergleichsmöglichkeit. Daß sich der Preis für einen solchen Beratungskontakt von 1984 auf 1985 um etwa ein Drittel vermindert hat, erklärt sich aus der Erhöhung der Zahl der Beratungskontaktgruppen pro Feldberater von 4 auf 6, nachdem das System eingeführt war, und die Startschwierigkeiten überwunden waren.

Tabelle 2:

„Stückkosten" jährlich in DM		
	1984	1985
Betrieb einer Dienststelle CVA	20.356	23.205
1 Kontakt zwischen Feldberater und Gruppenmitglied	2,70	1,84

13. Beratungserfolg: Hauptaktion Mais

Ergebnisse einer Studie der Direktion Suivi-Evaluation ein Jahr nach der vollen Inbetriebnahme des neuen Beratungssystems bei einer repräsentativen Stichprobe von 624 Betrieben, davon 234 Mitglieder in Beratungsgruppen und 390 Nichtmitglieder, zeigen sowohl die Attraktivität der angebotenen

B 5

Neuerungen, sobald verbessertes Saatgut übernommen wird, dargestellt in → Tabelle 3, als auch die Rentabilität des Beratungsaufwandes schon im ersten Jahr, wenn man nur die Hauptfrucht Mais berücksichtigt, die etwa 90 % der Ackerfläche in der AtlantikProvinz belegt, gezeigt in → Tabelle 4.

Tabelle 3:

Das auf Bauernfeldern gemessene Ertragspotential der Neuerungen		
Methode	⌀ Ertrag in kg/ha	⌀ Mehrertrag in kg/ha
1. Traditioneller Anbau Breitsaat und ungebeiztes Lokalsaatgut	1.115	
2. Liniensaat, zweifache Unkrauthacke und ungebeiztes Lokalsaatgut	1.280	165 = 15 %
3. Verbessertes Saatgut, gebeizt + 2	1.629	514 = 46 %
4. Verbessertes Saatgut, gebeizt, Mineraldünger + 2	2.916	1.287 = 115 %

Tabelle 4:

Die durch Neuerungsübernahme erzielte Mehrproduktion							
Neuerung, Methode:	Direkter Effekt bei beratenen Bauern			Indirekter Effekt bei nicht beratenen Bauern			Gesamteffekt in t
	Fläche	Adoptionsrate	Mehrproduktion	Fläche	Adoptionsrate	Mehrproduktion	
2.	11.500 ha	13,5 %	256 t	66.650 ha	-	-	256 t
3.	11.500 ha	19,0 %	1.647 t	66.650 ha	7 %	2.398 t	4.045 t
4.	11.500 ha	6,25 %	925 t	66.650 ha	0,5 %	429 t	1.354 t
Insgesamt	-	-	2.828 t	-	-	2.827 t	5.655 t

B 5

5.655 t x 60 FCFA = 339.300.000 FCFA Mehrerlös in Bauernhand. Das entspricht 380 % der jährlichen Kosten des Beratungssystems (892.408.000 FCFA) ohne die Effekte der kleinen Saison! Und das schon nach 1 Jahr in der neuen Organisationsstruktur. Durch die Ausweitung der beratenen Gruppen um 50 % im Folgejahr (von 4 auf 6 Gruppen je Feldberater) kommt ein nochmals wesentlich besseres Kosten-Ertragsverhältnis zustande.

Durch die Übernahme weiterer Beratungsempfehlungen verbessert sich diese Bilanz noch geringfügig. Für die Folgejahre ist mit einer ständig zunehmenden Rentabilität des Beratungsaufwandes zu rechnen, da sich der Übernahmeprozeß bei Mais zunehmend selbsttätig weiterentwickeln dürfte, ohne daß der dafür erforderliche Beratungsaufwand ebenfalls steigt. Nur die Serviceleistungen für die Beschaffung und den Vertrieb von Saatgut und Mineraldünger sowie für die Vermarktung von Mais steigen etwa proportional zur Übernahme.

Quellen

CARDER Atlantique, DFV: L'organisation de la vulgarisation agricole dans la province de l'Atlantique. Cotonou, 1985

CARDER Atlantique, DSEI: Enquête rendement mais, grande saison 1985. Enquête spécifique No. 3. Cotonou 1985

A. CORREZE, V. HOFFMANN, J. LAGEMANN, R.P. MACK, I. NEUMANN, C. YEBE: Evaluation du Projet CARDER de l'Atlantique, République Populaire de Bénin. Unveröffentlichtes Gutachten für die GTZ, Eschborn, 1986

Bearbeitung

Volker HOFFMANN

B 6

Minka — eine peruanische Bauernzeitung im Wandel

Anhand der Darstellung des eigenen Lernprozesses bei der Herstellung einer Bauernzeitschrift, die zur Unterstützung verbesserter landwirtschaftlicher Beratung im peruanischen Andenhochland gedacht war, soll aufgezeigt werden, welche Vorgehensweisen nützlich sind und welche Fehler gemacht wurden, die der Leser nicht unbedingt wiederholen muß.

A. Vorgeschichte und Ziele

Seit 1979 veröffentlicht die Gruppe „Talpuy" vierteljährlich die Zeitung „Minka" für die Bauern des Mantaro-Tales der zentralen Hochlandregion Perus. „Talpuy", was in der Huanka-Sprache „Aussäen" bedeutet, ist eine der regionalen „Nicht-Regierungs-Organisationen", die in den 70er Jahren gegründet wurde, um den Mangel an staatlicher Förderung der Bauern zu überbrücken. Eigentümlichkeiten der „Talpuy"-Gruppe sind ihre kritische Einstellung zur konventionellen Entwicklungspolitik und ihre Suche nach Alternativen, die in folgendem Zusammenhang stehen:

— 25 Jahre lang zeigte der offizielle peruanische Beratungsdienst sehr wenig Erfolg bei der Verbreitung und Umsetzung von weltweit angewandten Entwicklungsmodellen und Beratungsmethoden in der bäuerlichen Realität.

— Zwischen 1968 und 1975 wurde der Beratungsdienst durch einen ideologischen Staatsapparat ersetzt, um die Bauern in einen nationalen Modernisierungsprozeß zu integrieren und sie zu mobilisieren.

— Seit Ende der 70er Jahre wurden wieder ausländische Beratungsmodelle angewandt.

Trotz dreier Dekaden intensiver Beratungsarbeit blieb die ländliche Bevölkerung praktisch unberührt von den angebotenen Neuerungen. Gleichzeitig nahmen Armut und soziale Desintegration zu.

Aufgrund dieser Situation setzte sich „Talpuy", ein eingetragener Verein von Ethnologen und Kunstlehrern, das Ziel, die Bauernentwicklung durch Forschung und Beratung zu unterstützen und die Initiative und Kreativität der bäuerlichen Bevölkerung zu verstärken. Diese Zielsetzung entstand aus der Polemik über die Rolle von Technologie in der ländlichen Entwicklungsförderung, die im ersten „Minka" - Heft zusammengefaßt ist.

„Das technologische Angebot, das noch heute im ländlichen Raum verbreitet wird, ignoriert die kollektiven Bemühungen der Bauern und verschärft damit die

B 6

strukturelle ökonomische und politische Krise. Dagegen zeigen wir, daß die alternative Entwicklung realisierbar ist durch eigene technologische und soziale Kräfte, die ein Ergebnis der Bauernerfahrung sind" (Minka, Nr. 1,1979).

B. Warum Minka?

Eine der Entwicklungsbarrieren, die durch diese Polemik sichtbar wurde, nämlich die fehlende oder für die Kleinbauern nutzlose Verbreitung von technologischer Information, sollte durch „Minka" (aus der „Huanka" - Sprache: „Arbeit für die Gemeinschaft") beseitigt werden. Die Zeitschrift berücksichtigt folgende allgemeine Charakterisierung der Bevölkerung des Mantaro-Tales:

- Etwa die Hälfte (200 000) lebt auf dem Land.

- Die Existenzgrundlage dieser Bergbauern besteht aus einer Kombination von kommerzieller und subsistenz-orientierter Landwirtschaft, Viehzucht und Handwerk. Durch den Verkauf der männlichen Arbeitskraft in die Minen und in die Hauptstadt Lima wird das bäuerliche Einkommen ergänzt.

- Die Sozialstruktur der ländlichen Bevölkerung des Mantaro-Tales beinhaltet sowohl die Dorfgemeinschaft (insgesamt 312) als auch die Großfamilie.

- 70 % der ländlichen Bevölkerung sind durch Schulbesuch alphabetisiert (laut offiziellen Statistiken).

- Die ländliche Bevölkerung ist entweder zweisprachig (Huanka und Spanisch) oder hat Spanisch als Muttersprache.

- Die Mehrzahl der Bevölkerung schätzt das geschriebene Wort, wie die Bibel und die Gesetze, sehr hoch. Zum Beispiel werden alle Dorfversammlungsprotokolle in den Dorfbüchern schriftlich festgehalten und von den Anwesenden unterschrieben.

- Die kulturellen Elemente, wie regionale Kleidung, Kunsthandwerk und das Feiern von traditionellen Festen, sind sehr stark ausgeprägt.

C. Heft 1, der klare Fehlschlag

Von diesen konzeptionellen und methodischen Ausgangspunkten her erschien das erste „Minka" - Heft.

B 6

Das Titelblatt
verkündet fünf Botschaften:

1. Mit Erle färben
2. Gemüse aussäen
3. Mehr Milch für mein Baby
4. Der Grundriß für das Haus
5. Der natürliche Zyklus

Zum Titelblatt wurden folgende Bauernreaktionen aufgenommen:

- „Alles sehr interessant, aber was ist wichtig?"
- „Wer arbeitet, wo, was?"
- „Was sollen die Uhren am Ende?"
- „Wer ist das auf dem Foto?"

Der Artikel:„Mit Erle färben",
→ Bild 2, ist ein Rezept, geordnet nach folgender Logik:

Bild 1:

A. Menge (Wolle und Färbemittel)
B. Erarbeitung der Färbemittel
C. Vorbereitung der Wolle
D. Färben
E. Entwicklung der Farbe

Bauernreaktion:
- „Wie geht das? Wie sollen wir das lesen?"
- „Wo fängt das an?"

Der Artikel „Mehr Milch für mein Baby", → Bild 3, wurde als Comic gestaltet. Es handelt sich um eine Bauernmutter, die Angst hat, daß ihr neugeborener Sohn sterben könnte wie ihr erstes Kind. Im Dialog mit ihrem Mann stellen die beiden fest, daß ihre Schwester sehr gesunde Kinder aufzieht. Am nächsten Tag kommt die Schwester und sagt: „Du hast wenig Milch, weil Du schwach bist. Du mußt Fleisch, Eier und Milch nehmen." Und das Gespräch läuft auf diese Weise weiter. Die vorbildliche Schwester diktiert der unerfahrenen Mutter, wie und womit sie ihr Kind ernähren soll, nach der Feststellung, daß alles, was sie tut, falsch ist.

Bauern reagieren auf diesen Comic:
- „Wir sind nicht so dumm, was unsere Kinder angeht."
- „Und so komisch sehen wir auch nicht aus."

B 6

Bild 2:

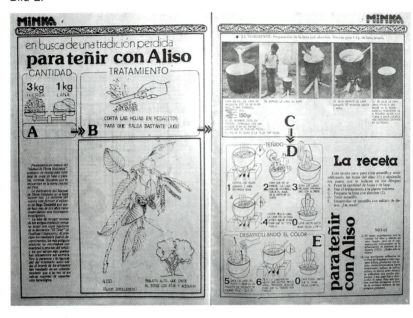

Bild 3:

Bild 4:

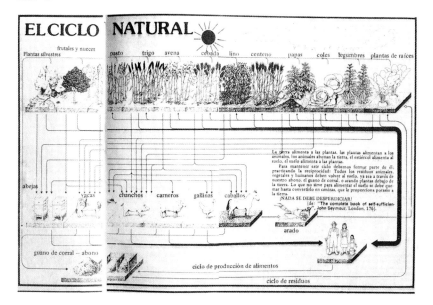

Die Zeichnung des „natürlichen Zyklus", → Bild 4, besteht aus einer verkleinerten Reproduktion einer Darstellung des englischen Autors John Seymour, die mit dicken und dünnen Pfeilen die Interaktion zwischen Pflanzen, Tieren und Menschen zeigt.

Für alle befragten Bauern war die Zeichnung völlig verwirrend.

Der Artikel „Der Grundriß für das Haus", → Bild 5, schlägt die Verbesserung des Bauernhauses vor durch ein Planungsverfahren, bei dem Kriterien wie räumliche Bedürfnisse der Familie, Anzahl der Schlafzimmer, Größe der Küche, Anordnung von Möbeln, Schränken, Türen zu beachten sind. Diese Kriterien sollen maßstabsgetreu in Skizzen konkretisiert werden.

Die Bauern äußerten Kommentare wie:

- „So sehen unsere Häuser nicht aus."

- „Wenn wir unsere Häuser bauen wollen, brauchen wir keine Bilder zu malen, weil wir Bescheid wissen, wo, wie, was."

- „Wo ist der Stall?"

- „Wir brauchen nur ein Schlafzimmer."

B 6

– „Der entscheidende Punkt ist, die Hilfe der Familie zu organisieren, nicht Bilder zu malen."

Analyse: Die grundsätzlichen Fehler

Durch die Bauernkommentare und weitere Überlegungen innerhalb der „Talpuy" - Gruppe (Redakteure, Zeichner) wurden grundsätzliche Fehler identifiziert.

Das erste „Minka" - Heft war ein einseitiges Ergebnis in der Themenauswahl und der graphischen Form.

Trotz der allgemeinen bäuerlichen Thematik des Heftes wurden die Einzelthemen nach den technischen Kenntnissen und Kriterien von Professionellen aus der Stadt bestimmt und erarbeitet. So klangen die Aussagen einzelner Artikel wie Rezepte, nach denen Bauern Gemüse anbauen, Kinder ernähren, Häuser planen, Wolle färben und die Natur verstehen sollten.

Die graphische Darstellung basiert auf Konventionen wie Pfeile, schrittweise fragmentierte Arbeitsprozesse, Grundrißperspektiven, Skalen, Skizzen und Comics, die den Bauern fremd und somit Ursache für Unverständnis waren. Die häufig gebrauchte Form des Comics provozierte zusätzlich eine Abwehrreaktion: die Bauern konnten sich mit den Karikaturen, die als Abbild ihrer Person gelten sollten, überhaupt nicht identifizieren.

Bild 5:

D. Heft 2, erste Erkundungen

Im nächsten „Minka"-Heft spielten die Bauernreaktionen wie auch andere Rückmeldungen von Entwicklungsmitarbeitern eine entscheidende Rolle für die Linie und Struktur. Im Leitartikel wurde die Meinung eines Bauern aufgenommen:

- „Brauchen wir externe Hilfe oder können wir selber unsere eigenen Probleme lösen? Es ist schwierig zu entscheiden, manchmal wissen wir es auch nicht, aber wir experimentieren und merken uns einige Mechanismen. Nun müssen wir unser eigenes technisches Wissen vertiefen, weil es viel zu tun gibt. In unserer Dorfgemeinschaft gibt es viel zu entdecken und viel zu tun" (Minka, Nr. 2).

Dabei wurde betont, daß der Informationsprozeß nicht mehr einseitig verlaufen dürfe, sondern daß die eigenen Bauernerfahrungen einbezogen werden mußten als ein kontinuierliches Experimentieren bei der kritischen Erarbeitung von Information.

Bild 6:

Zum Beispiel präsentierte das zweite „Minka"Heft sein Titelblatt mit einem zentralen Thema: „Ist Mechanisierung Fortschritt, und für wen?" (→ Bild 6) Als Ergänzung dient ein Foto, auf dem zwei Ochsen einen Traktor ziehen, hinter dem mehrere Männer stehen. Dieses Foto ist authentisch.

Das Titelblatt sollte dazu dienen, die Problematik der Mechanisierung kritisch einzuführen. Innerhalb des Heftes wurden folgende Artikel präsentiert:

„Wieviel kostet ein Traktor?"

„Das nützliche Leben unter der Erde."

„Der Pflüge-Lehrling und der wilde Stier."

„Beschreibung eines Bauernpflugs."

„Mama Jaschi, und Bauernernährung."

„El Rhuki, das uralte Trittgrabscheit."

„Kartoffelanbau."

B 6

Bild 7:

El aprendiz de gañan y el toro chúcaro

Por Jesús Lindo Revilla

Don Aquilino es el "trome" del arado en Huarisca; Roque, su hijo mayor tiene buenas cualidades y pretende ser gañán.
Hoy, es la doble prueba: probarán al "Mulush" (toro chúcaro) en la punta derecha, al lado del "Yana", novillo experimentado en la punta zurda y por si acaso estará la vecina Lucía como guía, adelante.

Previa las recomendaciones de Don Aquilino, Roque santiguándose arranca con "fierro a fondo" y... empieza el "correteo" ... ¡Lucía, ataja!, grita Roque... ¡pisa el arado!, ordena Don Aquilino... no mires tanto a Lucía, concéntrate en el arado... Los surcos parecen culebras, pero ahí va...

Háblale al toro —replica Don Aquilino; "Chuta, chuta... parejo Ukju". "Vuelta, vuelta... niño" y Roque va tomando seguridad: "Shoush... Soo... jala derecho negro"... "Chuta derecho mulush".

Por fin, la yunta obedece a Roque, y todo contento Don Aquilino le dice: "Ahora que has dominado el 'Mulush', y sabes hacer un surco derecho... puedes pensar en casamiento con Lucía..."

B 6

Die Bauernreaktionen zu diesem Heft waren:

- Zum Titelblatt wurde nach der Bedeutung der Begriffe Mechanisierung und Fortschritt gefragt. Das Foto wurde als absurd, unlogisch, unrealistisch betrachtet. Die Ironie in der Bilddarstellung wurde nicht verstanden.

- Die einzelnen Artikel über Bauernwerkzeuge weckten nur wenige Kommentare.

- In einer Gruppenauswertung wurde die Unverständlichkeit der Comics festgestellt, obwohl diesmal die Personen realistischer dargestellt waren.

- Aber bis heute noch ist „Minka" in den einzelnen Dorfgemeinschaften bekannt aufgrund der illustrierten Geschichte „Der Pflüge-Lehrling und der wilde Stier". (→ Bild 7)

Analyse

Die auch diesmal festgestellte Unverständlichkeit dieses „Minka" - Heftes bezieht sich auf eine andere Kommunikationsebene. Während im ersten Heft die Botschaften inhaltlich und formell nur von der Seite des Senders bestimmt waren und „in die leeren Empfänger hineingegossen wurden", ist in diesem zweiten Heft der Empfänger einbezogen. Alle Artikel sind an ein konzipiertes Bauernpublikum gerichtet. Die vermittelten Botschaften sind nicht nur für den Bauern, sondern auch über den Bauern.

Die Analyse der positiven Aufnahme der illustrierten Geschichte erhellte wichtige Komponenten einer bedeutsamen Botschaft:

- Der Titel erfaßte einen umgangssprachlichen Bauernausdruck und thematisierte eine weitverbreitete Bauernerfahrung.

- Text und Bilder ergänzen einander in Inhalt und anregender Darstellung.

- Das Thema wurde mit einem Humor behandelt, der bei den Bauern ankam.

- Schlüssig ist die aktive Beteiligung des Bauern. Er selbst erzählt seine eigene Geschichte. Er steht als realer Mensch im Mittelpunkt, umgeben von seinem sozialen und natürlichen Umfeld. Vor allem entspricht der Artikel der bäuerlichen Wahrnehmung einer vertrauten Erfahrung.

Nach diesen Richtlinien orientierten sich die folgenden „Minka" - Hefte, jedoch noch immer nicht ganz problemlos.

B 6

E. Heft 3, Symbolismus, Wahrnehmung, Kognition

Bild 8:

Im dritten Heft wird durch den sehr konkreten Titel: „fehlt Wasser?", → Bild 8, das Thema der Dürre behandelt. Die graphische Darstellung zeigt die Konsequenzen von mangelndem Wasser. Die Sonne am Horizont strahlt kräftig auf die Erde im Vordergrund, auf der eine vertrocknende Maispflanze steht und der Schädel einer toten Kuh liegt.

Im Heft selbst beschreiben die Artikel Lösungsmöglichkeiten aus unterschiedlichen bäuerlichen Regionen in Peru und ein Beispiel aus China. Einer der Artikel konzentrierte sich auf die erfolgreiche technologische Lösung des Wasserreservoirs aus der Prä-Inkazeit.

Durch genaue und detaillierte Information wurde versucht, das Interesse der Bauern auf arachäologische Reste als Vorbild von vorhandenen historischen Lösungen zu lenken (→ Bild 9).

Der Comic „Mama Jashi" betonte die technologischen Möglichkeiten der Bauern. (→ Bild 10)

Auf das Titelblatt reagierten die bäuerlichen Leser sehr skeptisch. Der Artikel über die Wasserreservoirs der Prä-Inkazeit wurde total abgelehnt. Der dritte Versuch, mit Comics zu arbeiten, war wieder erfolglos.

Analyse

Die skeptische Reaktion auf die Darstellung des Titelblattes wurde erklärt als eine falsche Plazierung von Elementen, die in der bäuerlichen Kultur sehr klare Symbolik besitzen. Sonne, Pflanzen, Erde, Totenkopf sind in sich erkennbare Motive, aber für den Bauern haben sie eine sehr präzise Bedeutung. Alle diese Motive gehören in die Sphäre des magischen Denkens, wo eine andere Logik gilt. Die Sonne, die auf Spanisch und in der Huanka-Sprache männlich ist, strahlt immer von oben, während auf dem Bild die Sonne von unten strahlt. Neben der männlichen Kraft der Sonne müßte die weibliche Kraft des Mondes (auf Spanisch und

Bild 9:

Bild 10:

B 6

in Huanka weiblich) stehen, die aber auf dem Bild fehlte. Im symbolischen Denken der Bauern befindet sich der Bereich des Todes unter der Erde, die den menschlichen Bereich des Lebens darstellt, während auf dem Bild Elemente des Todes fälschlicherweise im lebendigen Bereich auf der Erde sind.

Es handelt sich um eine irrtümliche Verwendung von Codes (Bedeutungseinheiten) in einer Nachricht, wo Sender und Empfänger unterschiedlichen Kulturen angehören.

Trotz der Eindeutigkeit der Worte und der Genauigkeit der grafischen Elemente verfehlte die Kommunikation ihr Ziel, weil sie nicht von der symbolischen Bedeutung ausging, die in der bäuerlichen **Wahrnehmung** der Wirklichkeit besteht.

Die Ablehnung der Information über die vorinkaischen Wassertanks erklärt sich auch aus dem vorherigen, enthält aber ein weiteres Element. Die symbolische Ebene ergibt keine ideale Erklärung, sondern beschreibt die sozialen Beziehungen, d.h. wie die Menschen miteinander leben. In dem Artikel über die präinkaischen Wassertanks werden diese als archäologische Stätten dargestellt, deren technische Prinzipien auch woanders übernommen werden können. Für die Bauern jedoch sind diese Stellen von den Geistern der Vorfahren besetzt, deren Anwesenheit heute als real empfunden wird. Hier ist das Reich der Toten, und hier findet die Kommunikation mit der Unterwelt statt. Die Geister der Toten können sowohl beschützen als auch bestrafen. Daher besucht man diese Stellen mit Respekt, und der Besucher bringt seine Opfergaben mit, um die Vorfahren nicht zu verärgern.

Dieses Verhalten ist vergleichbar mit der Wertschätzung der Bauern gegenüber ihren Eltern und Großeltern. Die soziale Norm beruht auf Respekt und gegenseitiger Hilfe, da die Bauerngesellschaft auf den Verwandtschaftsbeziehungen aufbaut. Beide Normen werden in diesem Artikel nicht berücksichtigt, so daß für den Bauernleser keine Kongruenz der Kommunikation entstehen kann.

Zum dritten Mal wurde der Comic nicht verstanden, und nicht nur weil die dargestellten Personen lächerlich erschienen, oder weil das Thema fremd war. Eine genauere Überprüfung der Bauernlektüre des Comic ergab folgende Überlegungen:

- Der Comic beschreibt die Wirklichkeit in Sprüngen: ausgehend von einer Panoramasicht springt der Zeichner zu Nahaufnahmen oder Details.

- Es gibt keine Übergänge zwischen einem und dem nächsten Fragment der Wirklichkeit.

- Die Sprache wird verkürzt, damit die Aussagen in die Wolken passen: sie werden dadurch zu Slogans reduziert.

Diese drei Aspekte machen den Comic unverständlich für den Bauernleser, der die Wirklichkeit einerseits globaler erfaßt und der andererseits die Sprache ausführlich und mit Wortspielen humorvoll und im sozialen Umgang anwendet. Der Landbewohner hat diese Mechanismen der Fragmentierung und Abstraktion nicht gelernt oder verinnerlicht, trotz Alphabetisierung und Schulbesuch.

Aufgrund der Beziehung zur Natur in einem zeitlichen Fluß von Zyklen haben die Bauern ein eher ganzheitliches Denken entwickelt, mit eigenen ritualisierten Abstraktionsformen, in dem das Detail ohne Kontext und die abrupten Sprünge in ihren kognitiven Strukturen nicht verfügbar sind.

Die Vereinfachung der Sprache im Comic steht im Widerspruch zur Verwendung der Sprache in der Bauerngesellschaft. Trotz des Einflusses von Schule und Massenmedien bleibt die mündliche Überlieferung als Hauptquelle für die Vermittlung von Werten und Wissen. Die Mythen, Erzählungen, Witze und Wortspiele bestimmen die Kommunikation in den gesellschaftlichen Beziehungen. Das kommunikative Ideal der Bauern ist der Reichtum an unterschiedlichen Begriffen, die eine affektive Reaktion beim Zuhörer hervorrufen, und es ist nicht die Synthese.

Da im Comic dieser Reichtum fehlt, ist er für die Bauernleser weder verständlich noch attraktiv.

F. Heft 4, Kleinbäuerliche Ästhetik

Minka Nr. 4 erscheint ein Jahr nach dem ersten Heft. In diesem Zeitraum ermunterten sowohl die Briefe vieler Leser als auch die Kommentare und Kritiken von Bauern und Technikern zur weiteren Herausgabe der Zeitschrift.

Das Titelblatt kündigt die „Techniken und die Vorteile von Mischkulturen" an.

Die Darstellung des Titelblattes erzeugte unterschiedliche Reaktionen:

- Die Techniker und Fachleute kritisierten die übertriebenen Ausmaße des Hauses, da solch eine Konstruktion aus Adobes (Lehmziegel) nicht möglich sei.

- Außerdem drückten sie aus, daß die Details wie Sonne, Mond oder Tauben, oder die Blumen und Früchte nichts mit dem Inhalt der Zeitschrift zu tun hätten bzw. das Verständnis erschweren würden.

- Das gleiche Titelblatt wurde von den Bauern „gelesen", die den Vater Sonne und das Mütterchen Mond als die Beschützer von Haus und Pflanzen identifizierten. Das Verwachsen der Pflanzen entsprach dem Ineinanderwachsen von Mais mit Bohnen und Kürbissen.

Analyse

Die Darstellung lehnt sich an die Bauernästhetik an, um die Wirklichkeit der

B 6

Bild 11:

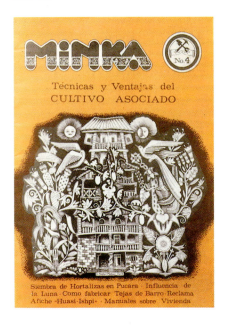

Die zentrale Zeichnung stellt ein mehrstöckiges Haus dar, um das sich verschiedene riesige Pflanzen ranken, die sich in der Mitte überkreuzen oder vereinen. Oben links ist die Sonne und oben rechts der Mond.

Darunter werden verschiedene Teile des Inhalts angekündigt:

— Gemüseanbau in Pucara

— Einfluß des Mondes

— Wie werden Dachziegel aus Ton hergestellt?

— Reklamiere das Poster „Huasi Ishpi" (Richtfest, in Huanka) (→ Bild 12)

— Broschüren über Hausbau

Nachricht nachzuvollziehen. Im Aufbau des Titelbildes bietet sich ein Vergleich an mit der Struktur der Stickereien auf den Röcken, die von den Bäuerinnen selbst hergestellt und getragen werden. Die Motive der Pflanzen und die Details des Hauses sind in der Ästhetik vorhanden, wie wir es nicht nur in der Stickerei finden, sondern ebenso bei den Silberschmieden, den Kürbiszeichnern, den Webern und den Töpfern in den Dörfern des Mantaro-Tales. Das Handwerk wird komplementär zum Landbau ausgeführt und ist Teil der materiellen und symbolischen Produktion der Hochlandbauern.

Das gleiche können wir über das Poster „Huasi Ishpi Huanca" sagen, → Bild 12, wo ebenfalls die ästhetischen Bauernkodes benutzt werden, um die Nachricht möglichst getreu und wirklich darzustellen. Zusätzlich erscheinen im Poster Personen, die in bekannten sozialen Beziehungen auftreten. Die Paten des neu gebauten Hauses tragen das mit Symbolen geschmückte Kreuz, um es bei gemeinsamer Arbeit aller Bekannten und Familienmitglieder auf den Dachfirst zu stecken. Damit wird der soziale Beginn der Familieneinheit symbolisiert.

Die Arbeit des Hausbaus und das gemeinsame Fest mit Essen und Musik gehören zusammen, es sind zwei Seiten der gleichen Medaille. Arbeit und Fest sind die zwei Seiten der Wirklichkeit. Ohne die Darstellung beider Aspekte des bäuerlichen Lebens wäre das Poster nicht verständlich, bzw. nicht vollständig.

Bild 12:

B 6

G. Heft 5, Bauernwissen

In den nächsten Ausgaben von Minka werden diese Ansätze in der Gestaltung von Bild und Text verfeinert. Der Textinhalt soll gesondert behandelt werden, obwohl die reale Erfahrung der Kommunikation ein Vorgang der Aufnahme von Bild und Text ist.

Vom Inhalt her betrachtet, wird im ersten Minka-Heft versucht, verschiedene Themen zu vermitteln, ohne daß zwischen diesen Themen ein Bezug bestanden hätte. Das verändert sich im Lauf der nächsten Nummern zu wenigen Themen mit jeweils mehreren kurzen Artikeln. Die Veränderung beruht auf der bäuerlichen Reaktion, nach mehr Information über die angefangenen Themen oder Problembereiche zu fragen. Die Behandlung von Themen wie Hausbau, Mischkulturen, Bauernwerkzeuge, Gemüseanbau, Trockenheit etc. sprachen die Bauernleser direkt an, doch waren sie wegen ihrer „Oberflächlichkeit" unbefriedigend. Obwohl mehr Information von den Bauern in die folgenden „Minkas" mitaufgenommen wurde, waren die Themen für die Kleinbauern nicht ausführlich genug dargestellt. Aus der Beobachtung der Lesegewohnheiten der Bauern im Mantaro-Tal entstanden folgende Erkenntnisse:

Der normale ländliche Bauernleser unterwarf die Zeitung seinen Lesegewohnheiten, d.h. jeder einzelne Artikel wurde im Familienkreis laut vorgelesen (einer nach dem anderen), nachmittags nach der Arbeit auf dem Feld. Alle Generationen, die Alten, Erwachsenen und Kinder, gaben zum Teil unterschiedliche Meinungen dazu ab.

Andererseits war bei der Lektüre von Minka keine große Eile, da wenig Lektüre mit ländlicher Thematik vorkommt. So konnten die Familien zwei bis drei Wochen an einer Zeitschrift lesen und darüber diskutieren. Doch für einen solchen Zeitraum und im Dialog mit den älteren Personen ergab sich für die Bauern, daß die Minka-Inhalte unvollständig erschienen. Diese Schwäche der Zeitschrift wurde durch die Bauern zum Potential für die nachfolgenden Ausgaben gemacht, denn unbefriedigt von der Lektüre, näherten sich einige Bauernspezialisten den Redakteuren, um befragt zu werden und um ihr Wissen (ihr genaues Wissen) darzustellen.

Die Bauernspezialisten

Es ist eindeutig, daß in der Bauerngesellschaft ein Wissen besteht, das nirgendwo beschrieben steht, sondern von den „Spezialisten" bewahrt und verwirklicht wird. Diese erfahrenen Bauern werden von den anderen Bauern sozial anerkannt und legitimiert, was weder von einer Zeitschrift noch von anderen Fremdeinrichtungen ersetzt werden kann. Durch den immer häufigeren Kontakt mit den Bauernspezialisten wird Minka thematisch gestärkt, und das Redaktionsteam schafft damit eine neue Arbeitsform. Ab Minka Nr. 5 rückt ein zentrales Thema in den Vordergrund, das vom Wissen der Bauernspezialisten her beschrieben und vertieft wird.

Bild 13:

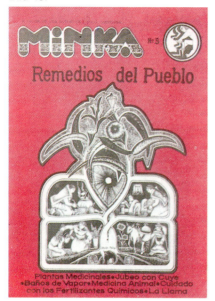

Mit dieser thematischen Konzeption entsteht Minka Nr. 5 über die „Volksmedizin", → Bild 13, wo verschiedene Heilverfahren der Bauern erläutert werden, von der Nutzung ausgewählter Heilpflanzen bis zur Diagnose von Krankheiten mit Hilfe des „Jubeo con Cuy" (die Meerschweinchendiagnose, → Bild 14).

Dieser Artikel verdient besondere Aufmerksamkeit, da mit der Veröffentlichung eine Dynamik verursacht wurde, die zur weiteren Klärung des Bauernwissens führte.

Der Artikel zeigt im Detail die rituelle und die technische Vorgehensweise einer Heilerin, um die Krankheit ihres Patienten zu bestimmen. Sie benutzt ein lebendes Meerschwein, das sie über den Leib des Kranken reibt, als Hilfsmittel, um die Krankheit zu entdecken. Nach der Reibung tötet und öffnet die Heilerin das Tier und „liest" in den Innereien die Krankheit, unter der der Patient leidet: Die Krankheit kann natürlich entstanden sein, durch Verhexung eines „Zauberers" oder durch fehlende Opfergaben (Bezahlung) an die Naturkräfte, d.h. das Gleichgewicht mit der übernatürlichen Welt ist gebrochen. Sobald die Heilerin die Herkunft der Krankheit erkannt hat, schlägt sie die notwendige Behandlung vor.

Mit Minka Nr. 5 stieg die Auflage von anfänglich 2 000 Exemplaren bei Nr. 1 auf 9 000 Exemplare, was ein Indiz für das Bauerninteresse war. Dieser Erfolg wurde von den Bauernlesern damit begründet, daß die Diagnose und Heilung mit Hilfe des Meerschweines von den Ärzten und Sanitätern bisher unterdrückt wurde, während dieses Verfahren durch die Veröffentlichung mit anderen gleichgestellt wurde.

Das Besondere an dieser Reaktion war, daß das andine Bauernwissen in der bisherigen Geschichte von den Nichtbauern immer als Aberglauben, ideologische Verfälschung, Folklore oder Pseudowissenschaft abgetan worden war, und die Bauern diese Geringschätzung wahrnahmen. Bei Minka war die positive Reak-

B 6

Bild 14:

tion auf die Aufwertung des Bauernwissens eine klare Lehre. Das Bauernwissen konnte weder vom Glaubenssystem noch von der sozialen Organisation getrennt werden, da beides Teil des kulturellen und historischen Erlebens ist. Indem Minka ein in der Stadt verpöntes Heilverfahren herausstellte, rührte es an den leitenden Gedanken des kulturellen Ganzen der andinen Bauern ..., die sich anerkannt und sogar aufgewertet fühlten. Damit war das Eis gebrochen.

Bezogen auf Kommunikation eröffnet Minka mit der Nr. 5 eine dritte Etappe, die sich in der Qualität von den vorhergehenden unterscheidet:

Dem anfänglichen Prozeß der einseitigen Nachrichtenübermittlung (wie ein Monolog) folgte eine Zeit der Hervorhebung der bäuerlichen Reaktionen (feedback). Doch diese Betonung beinhaltete noch verschiedene technische Vorschläge, die der Bauern„empfänger" übernehmen sollte und die vom Minka„Sender" zuvor bestimmt und entwickelt worden waren. Das Nicht-Verständnis der Nachrichten und andere Schwierigkeiten, die beim Feedback zu Tage traten, führten zum Ausprobieren neuer Ansätze, um die Nachricht dem Bauern„empfänger" anzupassen. Dadurch werden Elemente der Bauernästhetik aufgenommen sowie Ausdrücke aus dem täglichen Leben, Grundlagen des bäuerlichen Denkens, der Symbolismus und die eigene Wahrnehmung der Wirklichkeit bis zur Nr. 5, wo die „Empfänger" zu den Subjekten des Kommunikationsprozesses werden. Ab diesem Zeitpunkt, an dem die Rolle und der Wert des Bauernwissens erkannt wird, verändern sich für „Sender" und „Empfänger" die Möglichkeiten, Nachrichten zu schaffen. Es ergibt sich ein Dialog, ein Prozeß der gemeinsamen Verständigung, in dem die Inhalte und Botschaften nicht mehr aus isolierten Teilen des Bauernlebens extrahiert werden, sondern aus dem soziokulturellen Prozeß heraus entstehen.

H. Weitere Hefte als Themenhefte

Auf diese Weise beschränken sich die folgenden Ausgaben von Minka auf ein einziges Thema, z.B. Hausbau (Nr. 8), andine Nutzpflanzen (Nr. 10), die Dorfgemeinschaft (Nr. 11), die Bauernerziehung (Nr. 12), andine Ackerbaugerätschaft (Nr. 13), Gemüseanbau in Pucarà (Nr. 14).

Drei unterschiedliche Gewinne können bei der Erfahrung mit Minka hervorgehoben werden:

a) Ohne direkte Teilnahme von Minka-Mitarbeitern entsteht ein konstanter Prozeß der Diskussion, Kritik und Überlegung der behandelten Themen innerhalb der Bauernschaft.

b) Verfahren zur Ausarbeitung eines schriftlichen Beratungshilfsmittels.

c) Die Produktion von Wissen über Bauernkultur und -technologie und ihre Verbreitung.

B 6

I. Die schließlich entwickelte Vorgehensweise

Die bei der „Meerschweinchendiagnose" angewandte Konzeption von Minka wurde in den folgenden Nummern vertieft. Von der anfänglichen vertikalen Belehrung der Bauern ging Minka zu einer Kommunikationsstrategie der Aufwertung der Bauernkultur über.

Bei dieser Strategie benutzte das einheimische Minka-Team folgende Arbeitsschritte:

1. Aufgrund von Antworten und Diskussion mit Bauern aus Dorfgemeinschaften wurden mögliche Themen für folgende Minka-Nummern vorgeschlagen. In Abhängigkeit von den inhaltlichen Möglichkeiten (Bauernspezialisten, eigenes Sachverständnis) wurde das nächste Thema festgelegt.

2. Im Dialog mit Bauern wurden Probleme und Möglichkeiten aus Bauernsicht untersucht und eine Reihe von Bauern befragt.

3. Die übertragenen Interviews wurden vom Redaktionsteam kritisch ausgewertet, z.B. mit der Frage, „wo wird die eigene Kultur und Technik zu Recht aufgewertet?"

4. Die gesammelten und geordneten Aussagen wurden nun graphisch, sprachlich und kognitiv verarbeitet, Bauernzeichnungen und -aufsätze wurden weitgehend in Auftrag gegeben und in Minka übernommen.

5. Vor Montage und Druck versuchte man mit einigen Stichproben, Texte und Bilder auf ihre Wirkung bzw. Lesbarkeit zu überprüfen.

6. Der Druck erfolgte bei einer der drei lokalen Offsetdruckereien.

7. Ein Netz von Bauernverteilern verkaufte die Zeitschrift in ihren Dörfern.

8. Abschließend wurde mit Bauern diskutiert, danach im Team das letzte Heft kritisiert und besprochen, um Hinweise und Ratschläge für die nächsten Ausgaben zu gewinnen.

Bei dieser Vorgehensweise versuchte das Minka-Team, folgende Elemente der Bauernkultur aufzunehmen und inhaltlich zu verarbeiten:

1. Das ganzheitliche und zusammenfassende Bauernverständnis der erlebten Wirklichkeit im Gegensatz zur fachlichen Fragmentierung.

2. Die Selbsteinschätzung der Andenbauern, daß sie selbst dynamisch und

in ihrer Gesellschaft handeln, experimentieren und ihre Techniken verändern.

3. Die Ritualisierung eines historischen Wechselprozesses des Individuums zwischen Familie und Gesellschaft, zwischen Mensch und Natur.

4. Der Blick auf die andine Bauerntechnologie, die
   - Kenntnisse, Fähigkeiten, Arbeitsformen und Werkzeuge in einer vielfältigen Natur einsetzt,

   - auf lokale Gegebenheiten flexibel reagiert und situationsspezifisch genutzt wird,

   - durch Spezialisten vermittelt und sozial zugänglich ist,

   - Teil eines materiellen und symbolischen Systems ist.

Fotos

Volker HOFFMANN

Bearbeitung

Maria Angelica SALAS

B 6

Bild 15:

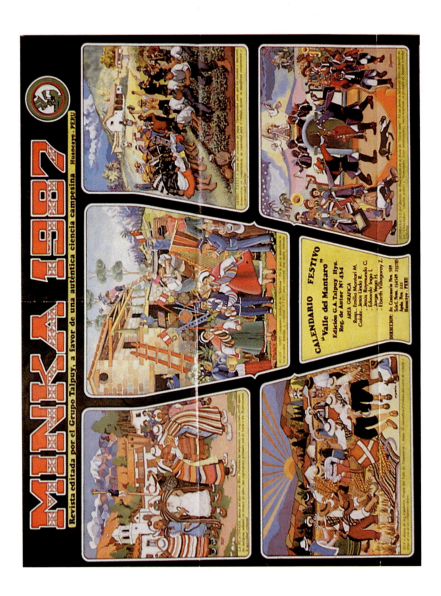

C 1

„Die Kuh" als Beispiel mißlungener interkultureller Kommunikation

Diese Arbeitsunterlage gliedert sich wie eine mögliche mündliche Präsentation zum Thema: „Beratung und interkulturelle Kommunikation anhand eines Plakats." Auf Einleitung und Vorinformationen wird verzichtet.

Das Plakat, von dem auf der nächsten Seite eine Abbildung folgt, wurde in Ägypten hergestellt und eingesetzt. Bitte betrachten Sie es sich einmal genau. Verstehen Sie die Aussage? Ach ja, Sie können es nicht lesen. Die Schrift ist arabisch. Dann geht es Ihnen genauso, wie den allermeisten ägyptischen Bauern, für die es gemacht worden ist. Sie sind Analphabeten. Vielleicht verstehen Sie die beiden Bilder auch ohne Text. Versuchen Sie es.

Wenn Sie ein sehr wißbegieriger ägyptischer Bauer wären, könnten Sie sich darum bemühen, jemanden zu finden, der es Ihnen vorliest. Vielleicht eines Ihrer Kinder, falls es in die Schule gegangen ist. War es jedoch nur in die Koran-Schule, wird es bei einigen Worten Schwierigkeiten haben. Vielleicht aber der Dorflehrer, oder gar der Landwirtschaftsberater, falls Sie ihn kennen und treffen. Dann könnten Sie folgendes erfahren (betrachten Sie jetzt bitte die Zeichnung auf der übernächsten Seite): Das Kleingedruckte am unteren Plakatrand, falls Ihr Interesse so weit geht, offenbart Ihnen: (rechts unten) Landwirtschaftsministerium, Generaldirektion für landwirtschaftliche Beratung, Projekt für landwirtschaftliche Information, (links unten) Deutsch-Ägyptisches Projekt El Nahda, Direktion für Beratung und Ausbildung, (ganz unten Mitte) Gedruckt im Internationalen Zentrum „Sirs Allian."

Vielleicht haben Sie den Ratschlag schon gleich verstanden, ohne Text. Spätestens jetzt, wo Sie den Text kennen, ist Ihnen alles klar. Ägyptische Bauern haben da eine recht nachlässige und unmenschliche Art, ihr Vieh am Strick zu führen. Sie schlingen ihn um die Hörner und dann noch einmal um ein Ohr herum. Das tut den Ohren und dem ganzen Tier auf die Dauer nicht gut. Wie naheliegend, stattdessen lieber eine europäische Halfterung zu verwenden.

So klar und unproblematisch die ganze Angelegenheit erscheint, dieses schöne Plakat erweist sich bei näherem Hinsehen geradezu als Fundgrube für versteckte Probleme. Einige kann man eventuell selbst entdecken. Die meisten Schwierigkeiten wurden jedoch erst erkennbar, als ägyptischen Kleinbauern das Plakat vorgehalten wurde mit der Aufforderung zu beschreiben, was sie darauf sehen. Hier nacheinander die kritischen Punkte:

كيفية ربط الماشية

خطأ

صحيح

المميزات	العيوب
● لا تسبب آلام	● تسبب آلام والتهابات وقطع بالأذن
● ومريحة للحيوان	
● شهية جيدة	● ضعف الشهية
● إنتاجية جيدة	● إنتاجية أقل

وزارة الزراعة – الإدارة العامة للإرشاد الزراعي – مشروع الدعم الإعلامي

المشروع المصري الألماني بمنطقة النهضة – إدارة الإرشاد والتدريب

طبع مركز سرس الليان الدولي

C 1

1. Fehlerhafte Richtiglösung

Der Graphiker war selbst Ägypter und hat offensichtlich noch nie selbst ein europäisches Halfter gebunden. Wo sich die Seilschlaufe um den Hals und die über den Nasenrücken seitlich treffen, werden sie verschlungen, und das freie Ende des Führseils entspringt dort. Auf dem Bild entspringt das Führseil zu weit oben, die Verknotung neben dem Maul ist falsch und nicht nachvollziehbar dargestellt. Allerdings verliert dieser Kardinalfehler an Bedeutung, wenn wir weitersehen.

2. Besondere Aufmerksamkeit für das rote Kreuz

Die Aufmerksamkeit von Analphabeten wird schon beim ersten flüchtigen Hinsehen durch das rote Kreuz im Gesicht der rechten Kuh wie magisch angezogen. Sie haben so etwas noch nie im Leben gesehen. Das pädagogische Prinzip der Verfremdung zur Aufmerksamkeitserregung und die Fangfarbe Rot tun ihre Wirkung. Die linke Kuh hat nichts vergleichsweise Merkwürdiges aufzuweisen. Sie wird kaum weiter beachtet. Der Fehler in der Darstellung des Seilverlaufs ist somit weitgehend unerheblich.

3. Fehlinterpretation des roten Kreuzes

Fragt man die Bauern danach, was denn das rote Kreuz bedeutet, so sehen sie zwei komische rote Seile, deren Sinn sie jedoch nicht erkennen können. Rot Durchstreichen als Zeichen für falsch ist ein typisches Symbol aus europäischer Schultradition, wo der Lehrer in Rot korrigiert. Ein Analphabet kann das nicht gelernt haben.

4. „Fehlinterpretation" der Träne

Der Tropfen aus dem Auge der rechten Kuh wird von den Bauern gleich nach dem roten Seil genannt. Die Kuh ist krank, sie hat eine eitrige Entzündung am Auge. Diese Interpretation ist allerdings absolut korrekt. Rinder können nicht weinen. Ihr Tränenapparat kann sich bei Schmerz nicht krampfartig verengen und entleeren. Logischerweise ist die Herstellung eines Zusammenhangs: Träne — Schmerz — blutiges Ohr dann absurd.

5. Einem Appell an Mitleid fehlt die Grundlage

Auch einem Mitteleuropäer, der eigentlich über die Anatomie des Kuhauges Bescheid weiß, wird der Ausfluß aus dem Auge unwillkürlich erst einmal als Träne erscheinen, da er sie ganzheitlich, zusammen mit dem blutigen Ohr wahrnimmt.

C 1

WIE MAN EINE KUH ANBINDET

richtig	falsch

VORTEILE	**NACHTEILE**
● tut nicht weh	● verursacht Schmerz und Entzündungen
● ist bequem	● schneidet das Ohr ab
● normaler Appetit	● weniger Appetit
● gute Produktion	● schlechte Produktion
sehr klein Gedrucktes	sehr klein Gedrucktes

sehr klein Gedrucktes

Blut und Tränen sind als Begriffe so eng verwandt und über die Vorstellung von Schmerz direkt verknüpft, daß sie auf der Basis des angesprochenen Motivs der Tierliebe sofort das Gefühl des Mitleids auslösen. Tierliebe jedoch ist der ägyptischen Kultur weitgehend fremd. Für den Bauern sind seine Kuh oder sein Esel Objekte wie Pflug und Haus. Verliert die Kuh ein Ohr, so muß man den Strick eben auf der anderen Seite befestigen. Ihren Gebrauchswert beeinträchtigt das nicht weiter.

6. Fehlinterpretation der Rinderrasse

Obwohl sich der Grafiker eindeutig die lokale Rinderrasse zum Vorbild nahm, sahen die befragten Bauern auf dem Plakat zwei „schwarzbunte" Kühe. Daß die gelbbraune Grundfarbe eindeutig auf Lokalrasse hinweist, konnte sie davon nicht abbringen. Was der Grafiker als Schattierung angebracht hatte, wurde von ihnen als schwarze Flecken verstanden. Schwarze Flecken jedoch sind bei der Lokalrasse unmöglich. Sie ist absolut einfarbig. Solche gefleckten Tiere müssen notgedrungen Schwarzbunte sein, die durch das benachbarte „Viehzuchtprojekt El Nahda" und seine vielfältigen Aktivitäten einschließlich Diaschauen und Filmabenden über die schwarzbunte Rasse wohl bekannt sind. Und wer anders als diese Deutschen würde denn hier auf die Idee kommen, Plakate zu drucken und aufzuhängen. Die gelbe Grundfarbe, das kann ja ein kleines Versehen sein, vielleicht gibt es das sogar manchmal, aber ganz sicher sind das Schwarzbunte aus Deutschland auf diesem Plakat.

7. Keine Verbindung zwischen Halfterung, Gesundheit und „Produktion"

Der im Text hergestellte Zusammenhang wird nicht nachvollzogen. Das Wort „Produktion" ist einem Bauern — auch im arabischen — ein Fremdwort. Verdeutlicht man es durch Milch und Fleisch, so nutzt das nur wenig. Jetzt weiß er zwar, was gemeint ist, aber das betrifft ihn nicht. Seine Kuh dient gar nicht zur Produktion. Er braucht sie zur Arbeit, zur Feldbestellung. Die Milch dient zuerst der Kälberaufzucht. Weitere 2 — 3 Liter am Tag, soweit sie übrig bleiben, verbraucht die Familie selbst. Milch hat fast keinen lokalen Markt und keinen überlokalen. Selbstgemachter Käse findet begrenzt lokalen Absatz. Rindermast ist fast vollständig in der Hand größerer Grundbesitzer. Der Bauer kann die Kuh erst verkaufen, wenn sie nicht mehr arbeiten kann. Gesund oder krank, wo liegt da ein Unterschied? Der Verkauf einer alten Kuh ist keine Fleischproduktion. Ein blutiges oder eitriges Ohr ist für die zähe, genügsame und widerstandsfähige Lokalrasse ebensowenig eine Krankheit wie starker Zeckenbefall oder extremer Futtermangel in der sommerlichen Dürrezeit. Ihre Arbeit tun die Kühe deswegen noch allemal.

8. „Wilde Tiere" brauchen starke Führung und Kontrolle

Wurden die Bauern in der Befragung auf die europäische Halfterung angesprochen, die sie von sich aus auf dem Plakat gern übersehen, so brachten sie deutliche Ablehnungsgründe vor. Das ginge vielleicht mit den sanftmütigen Schwarzbunten, keinesfalls aber mit den temperamentvollen und oft wilden Tieren der Lokalrasse. Diese objektiv sicher nicht zutreffende Behauptung ergibt sich nicht nur aus verständlichem Lokalpatriotismus. Soweit Schwarzbunte im Dorf erschienen sind, waren sie vermutlich wohlgenährt, sattgefüttert, etwa doppelt so schwer wie lokale Tiere, von der ägyptischen Sommersonne — die sie zwar unvermutet

C 1

gut ertragen — vielleicht doch etwas ermattet und schließlich von einem deutschen Melkermeister am „europäischen Halfter" mit starker Männerhand geführt. Wen wundert es, wenn sie besonders sanftmütig erschienen.

Wie anders da die Lokalrasse. Wohlgenährt nur im Frühling, nach einem fetten regenreichen Winter der — ausschließlich aus Notwendigkeiten der Fruchtfolge täglich Alexandrinerklee frisch auf dem Feld servierte. Im Verlauf des Sommers jedoch abmagernd bis auf die Knochen, ernährt von Reisstroh, Wasser und dem Grünen, das am Feldweg beidseits der Gräben und Kanäle des Bewässerungssystems aufwächst, sowie von den Ernterückständen und dem Unkrautaufwuchs zwischen Ernte und erneuter Aussaat. Dabei noch in Konkurrenz zu Eseln, Schafen und Kamelen. Die Ansprüche der Bauernfamilie verbieten jeden Feldfutterbau im Sommer bei durchschnittlich 2 ha bewässerter Anbaufläche.

Dies zwingt dazu, die Tiere im Sommer täglich zum Grasen zu führen. Aber nicht von Männerhand. Dies ist die Aufgabe der kleinen Kinder, die nicht oder noch nicht in die Schule gehen, und die bei der Feldarbeit noch nicht zu gebrauchen sind. Ich selbst habe oft gesehen, daß 6- bis 8-jährige Mädchen mit bis zu 3 Kühen hinter sich vom Dorf zu den Feldern zogen. Und wenn eine Kuh Zicken machte, dann genügte ein kurzer Ruck am Strick, um sie sofort zur Raison zu bringen.

9. Bestätigung der „schlechten" Lösung

Alle bis hierher beschriebenen Einzelaspekte wirken bei der Bildung des Gesamteindrucks zum Plakat zusammen, beeinflussen und verstärken sich wechselseitig. Wen wundert es jetzt noch, daß die Mehrzahl der befragten Bauern als Fazit zusammenfaßte:„Wie soll man eine Kuh anbinden? So wie rechts natürlich! Auch die Deutschen haben gemeint, daß diese Methode für ihre ‚Schwarzbunten' besser ist."

Darin steckt sogar eine Art „happy end". Vielleicht muß man für diesen Ausgang dankbar sein. Dadurch blieb den im Kleingedruckten zahlreich genannten und respektablen Einrichtungen ein Imageverlust zumindest bei den weniger gebildeten Kleinbauern erspart.

Sollten aber noch Restzweifel darüber bestehen, wie man in Ägypten eine Kuh anzubinden hat, so empfiehlt sich ein Besuch in Sakkara, hinter den Pyramiden von Gizeh, bei Kairo, in den Gräbern mit den wunderbaren Halbreliefs an den Wänden, auf denen unter anderem das ländliche Leben in Ägypten von vor 4000 Jahren dargestellt ist. Dort sieht man naturalistisch und bis ins Detail nachvollziehbar mehrfach dargestellt, wie man schon damals eine Kuh zu halftern pflegte. Und dies aus gutem Grund!

C 1

Nachbemerkungen

Nachdem auf Vorbemerkungen verzichtet wurde, scheinen Nachbemerkungen erforderlich.

1. Richtigstellung

Zur Erreichung didaktischer Effekte, wurde das Evaluierungsergebnis bewußt undifferenzierend verallgemeinert. Weiteres Stilmittel — in Anbetracht des traurigen und fast trostlosen Kerns der Aussagen — war eine gelegentlich satirisch-humorvolle Darstellungsweise. Der Leser dieses ernsthaften Handbuchs und die Urheber des Plakats verdienen Abbitte, haben einen Anspruch auf objektive Richtigstellung.

Zwar sind alle geschilderten Aspekte in empirischer Untersuchung zutage gefördert worden, aber keineswegs durchgängig bei allen Befragten. Das insgesamt durch die Befragung ermittelte Ausmaß an Verständnis der beabsichtigten Aussage sah so aus:

Verständnis des „Kuh-Plakats" von befragten Bauern, gegliedert nach deren Schulbildung								
	Analphabeten		lesekundig ohne Schulabschluß		mit Schulabschlußzeugnis		Insgesamt	
Aussagen ganz verstanden	10	15,6 %	19	52,8 %	5	71,4 %	34	31,8 %
Aussage zum Teil verstanden	13	20,3 %	7	19,4 %	2	26,8 %	22	20,6 %
Aussage überhaupt nicht verstanden	41	64,1 %	10	27,8 %	-	-	51	47,7 %
Insgesamt	64	100,0 %	36	100,0 %	7	100,0 %	107	100,0 %

2. Urheberschaft

Zwar hatte auch ich erhebliche Zweifel an der Wirksamkeit des Plakats, jedoch verdanke ich die Details und obenstehende Tabelle ABDEL HAMID IBRAHIM AHMED, einem Agraringenieur aus dem Agricultural Extension Research Center, Cairo.

Während meiner Anwesenheit im Projekt: „Development Support Communication" in Mariut bei Alexandria machte Abdel Hamid Befragungen zur Evaluierung

C 1

von Projekt-Aktivitäten bei Kleinbauern. Eine Frage seiner Untersuchung im Rahmen der „Masters-Thesis" betraf das Kuh-Plakat. Als er mir beiläufig von Ergebnissen dabei berichtete, war ich gleich „alarmbereit". Die Präsentations-Premiere vor den Projekt-Mitarbeitern hatte durchschlagenden Erfolg.

3. Plakat-Entstehung

Einerseits enthält das Plakat etliche typische Fehler, die sich in der Entwicklungszusammenarbeit leider noch oft wiederholen werden. Andererseits ist es wohl ein Ausnahmeprodukt und als solches zu verstehen.

Sowohl das El-Nahda-Projekt als auch das benachbarte Medien-Projekt Mariut waren im Aufbau bzw. in der Neustrukturierung. Die beteiligten Mitarbeiter waren neu am Ort. Beide Projekte waren in starkem Zugzwang, vor allem waren Produkte der Projektzusammenarbeit nötig und sofort vorzuweisen. Die Idee des Tierhaltungsfachmanns für das Plakat wurde dankbar begrüßt und erschien plausibel. Für Tests blieb keine Zeit. Es mußte etwas gedruckt werden. Schließlich hat man aus dem Fehlschlag nachhaltig lernen können.

Nicht aus Schadenfreude und nicht zur Bloßstellung der Urheber wird die Geschichte hier verwendet, sondern um den Fehler für möglichst viele andere fruchtbar werden zu lassen.

4. Verwertungshinweise

Die Plakat-Präsentation hat sich als Baustein in der Aus- und Fortbildungsarbeit bewährt. Es empfiehlt sich, sie an den Anfang allgemeiner theoretischer Erläuterungen und Diskussionen zu stellen. Je nach Ziel, Situation und Teilnehmerkreis ist es möglich, danach auf Probleme interkultureller Kommunikation (→ Kap. III.10, III.11, → C 2), menschlicher Wahrnehmung (→ Kap. III.5), Stadien systematischer Problemlösung (→ Kap. III.7), Grundfragen der Funktion landwirtschaftlicher Beratung (→ Kap. I.2.) oder auf Prinzipien der Gestaltung bildlicher Darstellungen (→ C 3) näher einzugehen.

Quellen

J. Achmed ABDEL HAMID: Agricultural Extension Services in the New Regions of Amria — An Evaluation. Diploma of the Institute of National Planning. Cairo, 1978/79.

V. HOFFMANN: Bericht über die Durchführung eines Beratervertrags im Rahmen der technischen Zusammenarbeit mit Ägypten im Projekt: Development Support Communication Mariut. Eschborn: GTZ, unveröffentlicht, 1979, S. 27-29.

C 1

V. HOFFMANN: Intercultural Communication: The „Cow-Case" and its Use in Trainig and Teaching. In: H. Albrecht, V. Hoffmann, (Eds.): Proceedings of the Fifth European Seminar on Extension Education, 31.8. — 4.9. 1981 at Stuttgart Hohenheim, University of Hohenheim, 1982, p. 64-68

G. CESARINI: Assistenza e divulgazione agricola. Edagricole. Bologna 1984. S. 96 — 100

I.S.E.MOHARAM, I. Achmed ABDEL HAMID: Communication with Posters. Why Posters fail to Convey Ideas and Information? Unpublished conference paper, Regional Seminar on Audiovisual Aids in Cooperative Education in the Arab World. 13. — 18.12. 1986, Amman, Jordan. 17p.

Bearbeitung

Volker HOFFMANN

C 2
Traditioneller Wissensstand bei den Zielgruppen und die Vermittlung neuer landwirtschaftlicher Informationen

In Beratungsorganisationen besteht von den Kenntnissen, Fähigkeiten und dem allgemeinen Bildungsstand der Zielgruppen einer anderen Kultur oft ein grob vereinfachtes, falsches oder auch gar kein Bild. Zumeist wird unterstellt, sie würden auf Aussagen, Informationen, Abbildungen genauso reagieren wie diejenigen, die solche Aussagen entworfen haben. Solange man sich noch im gegenseitigen Gespräch befindet, kann man einiges aufklären. Im Rahmen großer Beratungsprogramme, in denen vorgefertigtes Material benutzt werden muß, ist das nicht mehr möglich. Hier muß die Analyse bereits in der **Durchführbarkeitsstudie** einsetzen.

Bei den Zielgruppen ist eine über lange Praxis gewachsene Kenntnis ihrer Produktionsverfahren vorhanden. In diesem Wissen sind sie — ausgenommen etwa Neusiedler ohne landwirtschaftliche Erfahrung — den gebietsfremden Beratern und ihren ausländischen Kollegen weit überlegen. Die **praktische Erfahrung** ist der Bezugsrahmen der Zielgruppen. Neu hinzutretende Informationen werden daran gemessen, nicht am Bezugsrahmen der ausländischen Experten oder Berater. Um eine wirksame Kommunikationsstrategie zu entwerfen, muß man den vorhandenen Bezugsrahmen von Wissen und Fähigkeiten kennen, in den neue Informationen eingearbeitet werden.

Gerade im kleinbäuerlichen Bereich hat man es mit einem Personenkreis zu tun, der zwar hohe praktische Fähigkeiten besitzt, zumeist aber abstrakten Konzepten (Lesen, mathematische Operationen, Gebrauch von Symbolen usw.) fremd gegenübersteht, weil er sie nie gelernt hat. Gleichwohl arbeitet Beratung mit einer Fülle von sehr abstrakten Konzepten und Symbolen, die niemals vorher in der Zielgruppe der anderen Kultur benutzt worden sind. Symbole aber (etwa die Tatsache, daß eine Durchkreuzung „falsch" bedeuten soll und nicht etwa eine besonders wichtige Mitteilung), die man nicht erlernt hat, kann man nicht entschlüsseln. **Chemische Formeln bleiben für den Nicht-Chemiker bedeutungslos.**

Eine fremde Schrift oder Sprache, fremde Bildzeichen usw. benötigen Interpretation und Erklärung. Das gilt auch für Personen, die eine mehrjährige Schulausbildung erhalten haben.

Zur Veranschaulichung sollen zunächst einige wenige Beispiele in → Übersicht 1 zeigen, welche Begriffe in den geläufigen Inhalten der landwirtschaftlichen Beratung verborgen sind:

C 2

Übersicht 1:

Inhalte landwirtschaftlicher Beratung und darin verborgene abstrakte Begriffe und Operationen	
Inhalte der Beratung	Auspflanzen, Pflügen, Düngen, Spritzen, Bewässern, Ernten, Lagern, usw.
Verborgene, abstrakte Begriffe	Fläche, Geschwindigkeit, Tiefe, Zeit, Winkel, Geld, Verhältnisse, Brüche, Gewicht, Volumen, Druck, Fließmenge, Ertrag pro Flächeneinheit, Prozent, Preise, Kosten (monetär nach AKh), Optimierungsmodelle usw.
Notwendige Relationen, die hergestellt werden müssen	Fläche = Länge x Breite Pflanzabstand = Länge : Anzahl Berechnung der Pflugzeit = Entfernung : Geschwindigkeit Mineraldüngermenge = Fläche x Menge : Flächeneinheit
Verborgene mathematische Operationen und Kenntnisse	Aufzählung (Zahlenbegriff), Skalenablesung, Grundrechenarten, Zeitbestimmung, Wiegen, Mengen- und Volumenbestimmung, Prozentrechnung usw.

Bei Personen der Zielgruppe gibt es andere Konzepte. Sie arbeiten aufgrund von Wissen, das den Beratern oft verborgen ist. Das Wissen in der Zielgruppe ist in der Regel anders geordnet. Sie produziert und vermarktet nach ihren Regeln, die nicht auf den gleichen Konzepten beruhen — wohl aber sehr gut funktionieren. Es gibt regional z.B. keine rechteckigen Flächen bzw. überhaupt kein „Flächenkonzept", sondern nur eine Längenvorstellung, z.B. 20 Schritte breit am Weg, nach hinten so weit, wie man beim Arbeiten kommt. Dennoch existieren dann aber Vorstellungen davon, wie groß die Flächen in etwa sind (gemessen an Ertrag, notwendigem Saatgut usw.). Dieses Wissen ist die Wirklichkeit für diesen Personenkreis. Es mag nicht ganz so „exakt" sein, aber es ist praktisch angewandt und bestimmt die Handlungsweisen. Zwar werden im Rahmen von Schulerziehung und sozialem Wandel die europäischen Begriffe und Meßverfahren immer stärker in eine Gesellschaft eindringen. Die alten Maße und Vorstellungen werden jedoch genau wie in Europa noch lange Bestand haben. Deshalb sind sie der Anknüpfungspunkt für Beratung.

Anhand einiger Beispiele soll in → Übersicht 2 erläutert werden, wie man manchmal ansetzen kann.

Prinzipiell entwickelt jedes Projekt seine kultur- und problembezogenen Arbeits- und Kommunikationsformen. Dies allerdings muß geschehen, bevor die umfassende Beratungsprogrammierung einsetzt, bevor also der Berater losgeht und - weil ihm nicht anderes übrig bleibt — angelerntes Lehrbuchwissen zu vermitteln versucht, dem seine Zuhörer mit Sicherheit nicht folgen können.

C 2

Übersicht 2:

Einige Vorschläge zur Überwindung von Verständnisschwierigkeiten bei ausgewählten Bereichen von landwirtschaftlichen Beratungsempfehlungen	
Pflanz-abstand:	Benutzen eines Pflanzstocks mit einer entsprechenden Astgabel für den Abstand.
Spritzen:	Mischungsverhältnis in bekannten und vorhandenen Behältern angeben: z.B. 1 Cola-Dose voll Pulver in den mit Wasser gefüllten Tank der 10l-Rückenspritze, oder die Original-Dose mit Insektizid in den 1l-Behälter der ULV-Spritze, der dann mit Wasser aufgefüllt wird, etc. . Schrittgeschwindigkeit üben und auf Windabdrift achten. Probe machen: für welche Fläche war die Spritzmenge gedacht, welche Fläche wurde tatsächlich behandelt? Korrektur besser über Änderung der Schrittgeschwindigkeit als über das Mischungsverhältnis. Einübung der Schutzmaßnahmen: Atemmaske, Gummistiefel, Gerätereinigung, Beseitigung der leeren Behälter und Mittelreste, Körperreinigung.
Schad-schwelle:	Zählbrettchen mit Löchern und Farbzonen z.b. eine Pflanzenreihe 100 Schritte weit abgehen. Sorgfältig nach Schädlingen absuchen, für jeden Schädling ein Hölzchen in ein Loch des Zählbretts stecken. Hölzchen erreichen die mittlere Farbzone nicht: nicht spritzen; Hölzchen erreichen die mittlere Farbzone: Entwicklung des Schädlingsbefalls einige Tage weiter beobachten, oder Berater fragen; Hölzchen erreichen die hintere Farbzone: bis spätestens in 2 Tagen spritzen.
Spritz-termin:	An die Stelle eines Flugblatts, Plakats o. ä. wird die entsprechende Packung zum Zeitpunkt an den Schattenbaum genagelt, im Kaffeehaus aufgehängt, bei der Genossenschaft oder anderen Treffpunkten angebracht (und rechtzeitig wieder abgenommen!).
Düngung:	An die Stelle von flächenbezogenen Düngeempfehlungen kann die Berechnung von Düngergaben bezogen auf Saatgutmenge in Säcken oder Hohlmaßen treten oder auf durchschnittlichen Ertrag je Feld, etwa in Haufen auf dem Dreschplatz. Die Düngeart und der Reinnährstoffgehalt muß bekannt und in der Empfehlung schon berücksichtigt sein.

Literatur:

Andreas FUGLESANG: Applied communication in developing countries. Ideas and observations. Uppsala: Hammarskjöld Foundation, 1973.

Sandra WALLMANN: The communication of measurement in Basutoland. In: Human Organization, 24, 1965, S. 236 — 243

Bearbeitung:

Rolf SÜLZER, Volker HOFFMANN

C 3

Hinweise zur Wirksamkeit und Gestaltung bildlicher Darstellungen

1. Einführung

„Ein Bild sagt mehr als tausend Worte" — das ist das Problem. Ein Bild kann mehr, viel mehr Anlaß zu Mißverständnissen geben als ein Gespräch.

Von den Gesetzmäßigkeiten der Wahrnehmung her (→ Kap. III.5.) kann man ableiten, wie jede Entzifferung eines Bildes von mehreren Prozessen begleitet wird, die parallel zueinander ablaufen. Ein Bild „entsteht" erst im Betrachtungsvorgang.

- Der Betrachter selektiert, d.h. er nimmt nur Teile des Ganzen wahr.

- Der Betrachter projiziert, d.h. er vervollständigt, ergänzt und erweitert das Bild nach seinen Bedürfnissen, seiner Erfahrung, seiner Bildlesegewohnheit.

- Der Betrachter ordnet und differenziert, d.h. Ähnliches wird zusammengeführt und Vertrautes als bedeutsamer angesehen.

- Der Betrachter interpretiert, d.h. er gibt dem Dargestellten Sinn, Gestalt und Bedeutung.

Während sich nun in einer „Bildlesekultur" eine gewisse Sicherheit im Entziffern von Bildern herausgebildet hat, treten in anderen Kulturen Schwierigkeiten auf. Es gibt „visuelles" Analphabetentum.

Bilder zu entziffern, zu „lesen" — das muß man ebenso lernen, wie das Lesen gedruckter oder geschriebener Sprache. Dieses Problem wird häufig übersehen. Man konfrontiert des Bildlesens Unkundige nicht nur mit Fotos und graphischen Darstellungen von „wirklichen" Dingen, sondern auch mit Symbolen wie etwa Pfeilen, Durchkreuzungen von Abbildungen oder mit gänzlich indirekten Aufforderungen, ein Plakat „logisch" von links oben nach rechts unten zu lesen.

Wer dazu jedoch nicht durch eine lange Schule gegangen ist, der liest das „Bild" vielleicht nach ganz anderen Gesichtspunkten: Er beachtet zuerst das Bunte und das Fremdartige und kommt erst später auf den Gedanken, daß mit den Bildern etwas „gesagt" werden soll. Für ihn sind diese Bilder auch zum Betrachten da, zur Freude; nicht nur zum Lernen oder zum Entziffern von „Botschaften".

Die **Absicht** des Kommunikators (z.B. des Beraters) und die **Rezeption** des Aufnehmenden (z.B. des Bauern) können sehr weit auseinanderfallen. Diese Kluft gilt es zu schließen, will man wirksam mit Bildern kommunizieren.

C 3

Lohnt sich denn eigentlich der Aufwand? Die Frage ist eindeutig zu bejahen. Bilder sind attraktiv, sie werden betrachtet, sie lösen Gespräche aus, sie helfen Sachverhalte zu erinnern und Gedanken zu ordnen. Menschen sind sehr interessiert an Bildern.

Das ändert jedoch nichts daran, daß man

(1) **ausprobieren muß**, welche Wirkungen ein Bild auslöst,

(2) den vorgesehenen „Zielpersonen" (evtl.) **helfen** muß, das Lesen von Bildern zu lernen.

Es ist dabei hilfreich, von folgendem Grundsatz auszugehen: Die eigentliche Bedeutung des Dargestellten liegt in dem, was die Mehrzahl der Betrachter herauslesen und entziffern; nicht in dem, was der Gestalter ausdrücken wollte.

Diese allgemeinen Aussagen sollen nun näher erläutert und illustriert werden. Es folgt eine Beschreibung, wie bildliche Darstellungen in verschiedenen Kulturen wahrgenommen wurden. Daraus werden jeweils Gestaltungshinweise abgeleitet.

2. Analyse konkreten Bildmaterials — wichtige Ergebnisse und Empfehlungen

Eine Vielzahl von Untersuchungen zum Bildverständnis in ländlichen Gesellschaften der Entwicklungsländer — häufig im Vergleich mit Gesellschaften der Industrieländer — gestattet es, einige typische Probleme zu benennen (auch wenn die angebotenen Erklärungsmodelle divergieren) und hieraus Konsequenzen für Bildmaterial, das in Beratung und Erwachsenenbildung eingesetzt werden soll, abzuleiten. Im folgenden werden einige typische „Hürden" aufgezeigt, interpretiert und Schlußfolgerungen für Konzeption und Einsatz von Bildmaterial gezogen.

2.1. Figur und Hintergrund

Wären wir als Autofahrer im Straßenverkehr nicht in der Lage, aus der Vielzahl optischer Eindrücke nur die für uns im Moment wesentlichen herauszufiltern, wir könnten uns im modernen Straßenverkehr nicht zurechtfinden. Die Auslagen in den Schaufenstern, die Kleidung der Passanten, die Leuchtreklamen nehmen wir aber nicht wahr zugunsten einer sehr präzisen Wahrnehmung der Ampel, der Distanzen zu anderen Fahrzeugen vor uns und im Rückspiegel usw..

Bewegen wir uns hingegen im tropischen Regenwald fort, so sehen wir „vor lauter Bäumen den Wald nicht mehr", während ein kundiger einheimischer Führer in der Vielfalt der Sinneseindrücke sicher die für ihn interessanten herausfiltert: den Affen in der Krone des Baumes, die für uns fast unsichtbare Fährte auf dem Waldboden usw.. Das heißt, was wir in der Realität als **Figur** und was als **Hintergrund** wahrnehmen, ist abhängig von dem geographischen und sozioökonomischen Umfeld, in dem wir unsere Wahrnehmung entwickelt haben. Dieses prägt während der Kindesentwicklung die Reduktion auf wesentliche Strukturmerkmale, die uns ein Wiedererkennen ermöglicht.

So wie in der Realitätswahrnehmung die Differenzierung in Figur und Hintergrund von den Lebensumständen abhängig ist, so ist sie es auch bei der Bildwahrnehmung, und sie wird zusätzlich noch beeinflußt von den Erfahrungen im Bilderlesen.

Des Bildlesens Ungewohnte — und das ist die Mehrzahl der Menschen in den ländlichen Gebieten Afrikas — lesen Bildmaterial Detail für Detail und versuchen jedes einzelne Element zu deuten. Die Interpretation der Bildgesamtheit wird so wesentlich davon abhängen, wie die einzelnen Elemente gedeutet wurden. Der geübte Bildleser erfaßt z.B. auf einem Plakat erst die Hauptaussage, betrachtet dann die Details, um danach die Interpretation der Bildgesamtheit nochmals zu überprüfen.

Bild 1: Erosionsschutz
Auf der linken Darstellung von Feldern verschiedener Kulturen mit Erosionsschutzstreifen wurden einige Bäume und Felder mit vielen Vögeln und Schlangen gesehen. Angst vor Vogelfraß hält die Bauern vom Anlegen solcher Streifen ab. Rechts wird richtig erkannt.
(BIMENYIMANA, GÖRGEN)

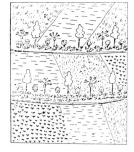 

Der Ungeübte kann durch beeindruckende Details die Hauptaussage „übersehen". Daß viele Details verwirren und die Wahrnehmung behindern, ist in mehreren Untersuchungen festgestellt worden (z.B. FUGLESANG, GRAAP, BIMENYIMANA/GÖRGEN). Details werden nicht nur genau studiert, sondern auch mit der eigenen Erfahrungswelt verglichen und bewertet. Jemand, der anders angezogen ist, eine andere Frisur trägt als die Menschen in der eigenen Umgebung, gehört nicht „zu uns", und somit ist sein Problem oder seine Problemlösung für uns irrelevant. Ein Tatbestand, dessen Berücksichtigung in der Bildungs- und Beratungsarbeit von außerordentlicher Bedeutung ist.

Bild 2: Familienmahlzeit
In einem Ernährungsberatungskurs wurde als Beispiel für die Familienmahlzeit dieses Bild verwandt. Die befragten Bauern erkannten sehr wohl die Situation „Familie, die am Tisch sitzt und ißt" aber eben auch, daß dieses die Familie eines Funktionärs sein muß, da sie selber so, auf Stühlen und am Tisch sitzend, nicht essen, (getestet im Service Animation et Formation, Kibuye, Rwanda).

Dem einheimischen Zeichner, der selber am Tisch ißt, war dieses Kommunikationsproblem nicht in den Sinn gekommen.

Bei uns ist die Bereitschaft, sich mit Figuren anderer soziokultureller Gegebenheiten zu identifizieren, verbreitet und wird von den Werbepsychologen gezielt genutzt (z.B. wird Rauchern „Freiheit und Abenteuer" auf dem Rücken der Pferde in der Prärie versprochen). In ländlichen Gebieten der Entwicklungsländer scheint diese Identifikationsbereitschaft weniger vorhanden zu sein (vgl. die Untersuchungen von A. GOSH zum Filmverständnis von Landfrauen in Indien).

Folgerungen

Bildmaterial sollte nur die zum Verständnis der beabsichtigten Aussage notwendigen Details enthalten. Auf Hintergrund sollte, wenn möglich, ganz verzichtet werden. Die Details müssen zutreffend sein, d.h. die dargestellte Situation muß den Bedingungen der Wirklichkeit entsprechen z.B. was die Bekleidung, die Frisuren, die verwendeten Geräte usw. angeht. Somit ist die Regionalisierung, d.h. die Anpassung an regionale, z.T. sogar örtliche Gegebenheiten, unbedingt notwendig.

2.2. Perspektive

Eines der grundsätzlichen Probleme, die bei der Bildwahrnehmung auftreten, besteht in der durch die Transformation von der dreidimensionalen Realität auf die zweidimensionale Bildebene verloren gegangenen räumlichen Dimension.

C 3

Dieses räumliche Sehen wird durch den Code der Zentralperspektive ausgedrückt, der auf dem optischen Prinzip basiert, daß zurückweichende, parallele Linien zusammenlaufen.

Zur **Zentralperspektive** gehören u.a. die relative Größe der abgebildeten Objekte je nach Entfernung vom Betrachter und der fixe Standpunkt des Betrachters, der Überdeckungen von weiter hinten liegenden Objekten oder Teilen von Objekten durch vorne liegende (Superposition) zur Folge hat. Die Darstellung entsprechend dem Code der Zentralperspektive ist keineswegs universell und ist ja auch im europäischen Raum erst in der italienischen Renaissance entwickelt worden. Erfahrungen mit Bildern im ländlichen Afrika zeigen, daß perspektivische Darstellungen zu typischen Mißverständnissen führen:

Größenverhältnisse

Das weiter hinten liegende Objekt, das kleiner dargestellt ist, wird fehlinterpretiert.

Bild 3: Holzholen

Diese Frau ist so klein, weil sie dem Mann unterlegen ist. Mit der Axt stößt der Mann das Holzbündel vom Kopf der Frau (Fédération des groupements villageois BOUAKE)

Superposition

Das teilweise Verdecken von Objekten führt zu Mißverständnissen, da die verbleibende Figur als vollständige interpretiert wird oder da vorderer und hinterer Gegenstand als ein Objekt gesehen werden.

C 3

Bild 4: Transport von Balken

(Südafrikanisches Plakat zur Arbeitssicherheit)

30% der befragten südafrikanischen Arbeiter nahmen die Person im Hintergrund als Jungen, nicht als Erwachsenen wahr.
(WINTER nach RAMM, S. 118)

Bild 5: Der Fußballspieler

Dieses Bild ruft amüsiertes Lachen hervor. Wie will der mit einem Bein Fußball spielen?
(GRAAP)

Bild 6: Die Fliegen auf dem Essen

(Auszug aus Choleraplakat)

Die Schüssel mit Essen, die vor dem Fuß steht, wird als zum Fuß gehörig gesehen. Was hat der für einen schlimmen Fuß?
(getestet im Service Animation et Formation, Kibuye, Rwanda)

Bild 7: Der Radfahrer

Superpositionen sind nicht nur schwer verständlich auf Zeichnungen. Auch auf Photographien bereiten sie Probleme wie auf dem Foto des Radfahrers, der Erstaunen hervorruft, weil er einbeinig auf dem Fahrrad steht. Die Momentaufnahme des Vorgangs „Fahren" wurde nicht wahrgenommen (s. unten „Bewegung"). (FUGLESANG)

Es wäre ja auch ebenso sinnvoll, ein Objekt entsprechend der Kenntnis, die man von ihm hat, darzustellen, wie der afrikanische Schüler, der den Lastwagen mit vier Rädern zeichnet, wissend, daß er vier Räder besitzt (FUGLESANG).

Bild 8: Der Lastwagen

Im Kubismus stellt der Künstler auch die verschiedenen ihm bekannten Seiten eines Objekts gleichzeitig dar.

Schatten

Objekt- und Körperschatten spielen in der perspektivischen Darstellung eine Rolle. Erfahrungen mit Bildmaterial in Afrika zeigen, daß sie ein Wahrnehmungshindernis darstellen, da sie die zur Bildwahrnehmung wesentlichen Strukturmerkmale auflösen und in der Folge versucht wird, den Schatten als eigenes Objekt zu interpretieren.

C 3

Bild 9: Wasserschöpfen

(Auszug aus Choleraplakat)

Der Krug, der zum Wasserschöpfen dient, kann so nicht wahrgenommen werden.
Ein Vogel? Eine Ente? Oder ein Gegenstand, den ich nicht kenne?
(getestet im Service Animation et Formation, Kibuye, Rwanda)

Folgerungen

Darstellungen entsprechend dem Code der Zentralperspektive erschweren das Bildverständnis. Überdeckungen und relative Größenveränderungen entsprechend den Perspektivregeln sind zu vermeiden. Die Größenverhältnisse sollten den in der Realität erlebten Größenverhältnissen entsprechen. Körper- und Objektschatten erschweren das Bildverständnis durch Auflösung der fürs Erkennen wesentlichen Strukturmerkmale.

2.3. Bewegung

Die Darstellung von Bewegungen im statischen Bild ist schwierig und bedient sich bestimmter Hilfsmittel, die eingeführt wurden und nun als gesellschaftliche Konventionen allgemein verstanden werden.

Das Andeuten von Spuren des durchlaufenen Weges soll z.B. zeigen, daß sich das Objekt fortbewegt.

Bild 10: In der Bildsprache der Comics gibt es eine Vielzahl von Zeichen, die Bewegung symbolisieren (Linien, die dem Bewegungsablauf folgen, Sterne beim Aufprall, Rauchwolken oder Staubwolken, die die durchlaufene Strecke kennzeichnen).

C 3

In ähnlicher Weise sind für uns Linien, die Unsichtbares sichtbar machen, wie z.B. Dämpfe, Luftbewegungen etc. verständlich. Der mit dieser Konvention nicht Vertraute sucht nach einer Deutung, die sichtbaren Objekten entspricht.

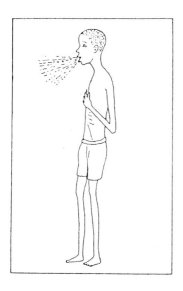

Bild 11: Husten

Das ist jemand, der erbricht, oder jemand, der Mücken verschluckt.
(BIMENYIMANA, GÖRGEN)

Im Bereich technischer Anleitungen werden auszuführende Bewegungen durch Pfeile gekennzeichnet. Mit dieser Konvention wurden Erfahrungen in Entwicklungsländern gesammelt, die deutlich machen, daß dort, wo diese Konventionen nicht existieren, andere Interpretationen der vorgegebenen Zeichen gesucht werden oder diese ignoriert werden. Im Plakat zur Arbeitssicherheit (→ Bild 4) wurden die sternförmigen Linien, die Bewegung und Aufprall kennzeichnen, von niemandem erkannt (WINTER nach RAMM S. 119).

Eine andere hier bei uns gebräuchliche Art der Darstellung von Bewegungsabläufen sind Bildfolgen. Auch diese können eine Menge Schwierigkeiten bereiten.

Bildfolgen

Erfahrungen mit Bildserien zeigen, daß diese nicht selbstverständlich in richtiger Reihenfolge von links oben nach rechts unten gelesen werden (in Anlehnung an die meisten europäischen Schriftsprachen). Weiterhin ist keineswegs selbstverständlich, daß bei einer Bildergeschichte die dargestellten Personen in einer zeitlichen Abfolge bestimmte Tätigkeiten ausführen. Häufig wird angenommen, daß

C 3

Bild 12: Komposthaufen

Die Pfeile, die die Bewegung des zentralen Stocks im Kompost symbolisieren, wurden von keinem der Befragten verstanden.
(BIMENYIMANA, GÖRGEN)

es sich um ganz verschiedene Personen handelt, die gleichzeitig verschiedene Dinge tun oder erleben. Viele Bildgeschichten wollen nicht nur einen zeitlichen Ablauf darstellen, sondern auch eine Kausalitätskette verdeutlichen (wenn ... dann), wie im folgenden Beispiel aus Rwanda: (→ Bild 13)

In diesem Plakat, das zur Aufklärung vor den Gefahren einer Cholerainfektion vom Rwandischen Gesundheitsministerium 1983 landesweit plakatiert wurde, ging es um folgende Geschichte:

1. Jemand erledigt seine Bedürfnisse im Freien, während ein anderer aus dem benachbarten Fluß Trinkwasser schöpft.

2. Die Fliegen, die bekanntermaßen gerne auf Fäkalien sitzen, kommen nun auf die Nahrungsmittel. Das verschmutzte Trinkwasser steht in der Kalebasse.

3. Der Genuß infizierten Essens und unsauberen Trinkwassers führt zu Durchfall und Erbrechen.

4. Durchfall und Erbrechen führen zu sehr starken Wasserverlusten, und der Patient muß sich zur Behandlung begeben.

5. Im Krankenhaus wird durch Infusionen die verlorene Flüssigkeit zugeführt.

6. Ohne Behandlung kann der Patient sterben.

C 3

Bild 13: Choleraplakat

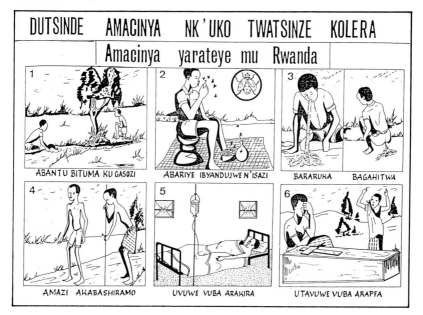

Diese Geschichte wurde jedoch anders wahrgenommen und interpretiert:

1. Jemand, dem die Eingeweide heraushängen, sitzt unter einem Busch.
2. Jemand hat einen ganz schlimmen Fuß.
3. Jemand wird gezeigt, dem die Eingeweide heraushängen. Ein anderer kaut auf einem Strick oder Stock.
4. Ein Blinder geht mit seinem Führer spazieren.
5. Einer ist im Krankenhaus.
6. Eine Frau mit einem kranken Auge sitzt neben ihrem Tisch. Die Nachbarin grüßt sie.

Gesamtaussage: „Da sieht man einmal, was einem alles so passieren kann." (Lesen und Verstehen konnten die Befragten den erläuternden Text ebensowenig wie die deutschen Leser)

Hier sind neben einer komplizierten Bilderfolge, die für Laien schwer verständliche zeitliche und kausale Verknüpfungen beinhaltet, der Darstellungsstil (Körperschatten, Superposition) und die Verwendung unbekannter Symbolik und unbekannter Objekte (Erbrechen, Sarg mit Kruzifix) am Mißverstehen beteiligt. Dennoch handelt es sich keineswegs um ein Extrembeispiel.

Folgerungen

Bilderfolgen sind meist nur sinnvoll im Rahmen von Gesprächskreisen und Gruppendiskussionen, da die raum-zeitlichen Bedingungen und die kausalen Verknüpfungen erläutert und diskutiert werden müssen. Die Plakatbox oder Flanell-Bild-Serien (Boite à Image, Flip-over, Flanellographe) sind diesen Bedürfnissen angepaßte Formen. Hier wird das nächste Bild, die nächste Etappe der Geschichte, entsprechend dem Verlauf der Diskussion, dargeboten und besprochen.

2.4 Der Schriftsprache entlehnte Symbole

„Durchstreichen" wird oft ebensowenig erkannt wie „Abhaken", statt dessen werden Objekte, die diesen Strichen entsprechen (Balken, Seile etc.) gesucht.

Bild 14: Wasser oberhalb der Latrine holen

In der Zeichnung ist deutlich zu erkennen, daß eine Frau Wasser holt. Warum aber diese Selbstverständlichkeit mit einem Kreuz betont wurde, war der Mehrzahl der Betrachter unverständlich. (FUSSELL, HAALAND)

Einkreisen zur Hervorhebung ist unbekannt, und der Kreis wird übersehen oder mit einem kreisförmigen Objekt interpretiert (siehe → Bild 6 und → Bild 13). Der Kreis um die vergrößerte Fliege wurde als Fenster gedeutet (da die traditionellen Hütten runde Fensterlöcher haben), in dem eine sehr große Mücke sitzt.

Pfeile werden ebenso wie die anderen genannten Zeichen mit Objekten ähnlicher Form und Größe assoziiert (Balken, Seile etc.) oder „übersehen". (→ Bild 12)

Historisch gewachsene Symbole, gesellschaftliche Konventionen

Zur Darstellung abstrakter Begriffe wie z.B. „Gefahr" oder zur Darstellung von Naturphänomenen wie Sonne, Sturm, Feuer gibt es Symbole, die derart verbreitet sind, daß sie schon im Kindesalter vermittelt und erkannt werden. Wir halten diese Symbole für so einfach und selbstverständlich, daß wir uns oft ihrer kulturellen Bedingtheit nicht bewußt werden und sie zur einfachen Darstellung von Sachverhalten auch in anderem kuturellen Kontext einsetzen. Vorliegende Untersuchungen zeigen, daß sie keineswegs „international" sind.

Bild 15: Totenkopf als Symbol der Gefahr

Nur 4 von 410 befragten Bauern in Nepal wußten, daß dieses Symbol auf eine Gefahr hinweist.
(FUSSELL/HAALAND,S.34)

Bild 16: Sonne

Die untergehende Sonne wurde in Ägypten als halbe Wassermelone oder Blume interpretiert.
(ROSSER,S.10)

Bild 17: Verbrennen von Unkraut

Die (rot-gelben) Flammen wurden als Blumen gesehen. Eine Frau, die Blumen pflückt.
(BIMENYIMANA/GÖRGEN)

Folgerung

Vorsicht vor Symbolen. Sie werden nur deshalb als „Abbild" der Wirklichkeit verstanden, weil sie uns von Kindheit an erläutert wurden. In anderen Kulturen gibt es andere allgemein verständliche Symbole, deren Zur-Kenntnisnahme und Verwendung anzustreben sind. Das heißt nicht, daß auf die Verwendung

C 3

der bei uns üblichen Symbolsprache verzichtet werden muß. Wer sie einsetzt, muß sie erst bekannt machen oder beim Einsatz erläutern können. Selbstinstruierendes Material hingegen sollte Symbole möglichst nicht verwenden.

2.5. „Einfach" und „realistisch" als kulturabhängige Kennzeichnungen

Das bisher Ausgeführte hat auf Hürden im Bildverständnis hingewiesen. Sind diese aber nicht dann vermeidbar, wenn einfache Bilder verwandt werden, etwa wie in Bilderbüchern oder reduziert auf das Nötigste wie bei Strichmännchen oder Piktogrammen (wie auf den „internationalen" Verkehrsschildern)?

Bild 18: Verschiedene Telefonpiktogramme

(AICHER, KRAMPEN, S.126)

Bild 19: Drei Sportarten im Piktogramm
(Dreisprung, Weitsprung, Hochsprung,)
Hätten Sie es erkannt?

Bild 20: Tierbilder in „Kürzeln" (die prägnanten Gestaltelemente treffen) (STEINER)

Oder sollte man nur mit Photos, Dias oder Filmen arbeiten, weil die realistisch sind, d.h. die Dinge so zeigen, wie sie sind?

C 3

Die vorliegende Literatur zeigt folgendes ganz deutlich:

Gute Piktogramme oder „Kürzel"-Zeichnungen heben gezielt einige charakteristische Merkmale hervor, die den dargestellten Gegenstand in seinem Erscheinungsbild kennzeichnen und von verwandten oder ähnlichen Gestalten unterscheiden lassen. Das kann den Wahrnehmungsvorgang vereinfachen und abkürzen, vorausgesetzt, die „invarianten Schlüsselelemente" sind gut getroffen und begegnen im Gedächtnis des Betrachters einer entsprechenden Strukturierung. Hier liegt das eigentliche Problem: Strichmännchen und Piktogramme sind nicht „einfach". Die hierbei vorgenommene Reduktion auf wenige Strukturmerkmale ist keine von der Gesellschaft unabhängige Reduktion. In den ländlichen Gesellschaften der Entwicklungsländer trifft sie offensichtlich nicht die für den Empfänger wesentlichen Strukturmerkmale. Sowohl in einer Studie von FUSSELL in Nepal als auch bei Untersuchungen von COOK in Papua-Neuguinea, zeigte sich, daß Strichmännchen und Silhouetten (wie sie in Piktogrammen Verwendung finden) am schlechtesten erkannt werden. In anderen Kulturen werden auch andere Merkmale als charakteristisch angesehen. → Bild 21 zeigt das hoffentlich deutlich, und relativiert damit die so gut getroffen erscheinenden „Tierkürzel" aus → Bild 20 für den interkulturellen Gebrauch.

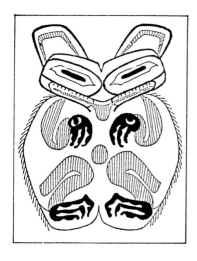

Bild 21: Bär

Gezeichnet von einem Tsimshian Indianer.
(nach BOAS, in MANGAN, S. 248)

Studien, die zum Verständnis von Photos und Filmen gemacht wurden, zeigen, daß hier ähnlich wie bei Zeichnungen, die Probleme von Figur und Hintergrund, von Perspektive und Detailreichtum, von Kausalitätsbeziehungen in der Bildfolge usw. eine Rolle in der Wahrnehmung spielen. Das bedeutet z.B., daß das Verhältnis von Figur und Hintergrund entscheidend für das Verständnis des Dargestellten ist, nicht die Realitätstreue. Gerade Photos haben häufig einen sehr detailrei-

C 3

chen Hintergrund, und wenn dieser nicht wegretuschiert wird, ist die Bildwahrnehmung erschwert. Das zeigt z.B. → Bild 22. Zeichnungen bieten im Vergleich zur Photographie die Möglichkeit der gezielten Reduktion auf eine Aussage.

Bild 22: Baby
Ohne und mit
Foto-Hintergrund.
(FUGLESANG, S.95)

Filme sind komplex und detailreich und durch moderne Aufnahme- und Schnitttechniken häufig unverständlich. Durch Kameraschwenk und Zoom ist die Orientierung für den, der diese Aufnahmetechnik nicht kennt, erschwert. Es ist nicht selbstverständlich, daß das Auto, das rechts aus dem Bild herausfährt und links wieder hereinkommt, dasselbe ist. Die zeitliche Rückblende kann der ungeübte Betrachter nicht interpretieren. Hierbei sollte man sich die Filmgeschichte verdeutlichen, in deren Frühzeit mit fixer Kamera Szenen gefilmt wurden, so wie sie von einem unbewegten Beobachter gesehen werden.

Wichtig ist zu „betonen", daß nicht von einem universell gültigen Prinzip der Einfachheit ausgegangen werden kann. Einfach, d.h. „leicht verständlich" ist im jeweiligen kulturellen Kontext zu definieren.

In Kulturen, die bildliche Darstellungen kennen und nutzen, gibt die traditionell eingesetze Darstellungsweise Hinweise, wie verständliches Material aussehen kann. Zu beachten sind z.B. Reklameschilder beim Friseur, Fotografen, an Straßenbars und die Bemalung von Lastwagen.

Folgerungen

Einfachheit und Realitätstreue sind keine allgemein gültigen Kriterien. Strichmännchen und abstrakte Piktogramme sind nicht einfach. Einfach sind Bildmedien, die ohne Schwierigkeiten verstanden werden. Photographien genügen diesem Anspruch oft nicht. Filme schließlich sind häufig äußerst kompliziert, da sie detailreich sind und mit Raum und Zeit in einer Weise umgehen können, die oft nicht verstanden wird. Die Produktion von verständlichen, regional angepaßten Filmen ist aufwendig.

C 3

Weitere Hinweise zu diesem Themenbereich finden sich im → Kap. III.5, → Kap. III.11, → Kap. V.5 sowie in → C 1, → C 2 und → F 12.

Literatur und Quellen

O. AICHER, M. KRAMPEN: Zeichensysteme der visuellen Kommunikation. Handbuch für Designer, Architekten, Planer, Organisatoren. Stuttgart 1977

B.BIMENYIMANA, R. GÖRGEN: Perception et compréhension du matériel didactique par la population rurale au Rwanda. Kibuye, Rwanda, 1983

F. BOAS: Primitive Art. H. Aschehoug & Co. Oslo, Norway, 1927, S. 225. Fédération des groupements villageois de la région de BOUAKE: Perception et assimilation du visuel par les populations rurales. o.J.

B.L. COOK: Understanding pictures in Papua New Guinea; what kinds of pictures communicate most effectively with people who can't read? Elgin, David C. Cook Foundation, 1981

A. FUGLESANG: Applied communication in developing countries. Ideas and observations. The Dag Hammarskjöld Foundation. Uppsala, 1973

D. FUSSELL, A. HAALAND: Communication with pictures in Nepal. Report on a study by NDS and UNICEF. Kathmandu, 1976

R. GÖRGEN: Didaktisches Bildmaterial für die Landbevölkerung Rwandas. Eine Untersuchung über Wahrnehmung und Verständnis von Plakaten und Bildern für die Flanell-Wand. Kibuye, Rwanda, 1983

R. GÖRGEN, Ch. KAYIBANDA: Conception du matériel didactique à l'écoute des paysans. Kibuye, Rwanda, 1983

A. GOSH: Media and rural women. In: Adult education and development. 27, Bonn, 1986

GRAAP: Dessiner. Grammaire du dessin au tableau feutre pour une pédagogie de l'auto-promotion. Bobo-Dioulasso, Burkina Faso

J.MANGAN: Cultural conventions of pictorial representation. Iconic literacy and education. In. Educational Communication and Technology. 1978, S. 245-267

G. RAMM: Unterschiede der Bildperzeption in Kulturen der Dritten Welt. Magisterarbeit, Osnabrück, 1985

M. ROSSER: Preliminary perception survey (for development of self-explanatory graphic illustrations for birth control pill usage). DSC Project, Mariut, Ägypten, 1980, 20 S.

Ch. M.E. van SCHOOT: In the picture. Pictorial perception and communication in rural development. Masters Thesis, Reading, 1985

G. STEINER: Tierzeichnungen in Kürzeln. Stuttgart 1982

C 3

D.A.WALKER: Understanding pictures. A study in the design of appropriate visual materials for education in developing countries. Centre for International Education, Univ. of Massachusetts, 1979

A. und F. ZIMMER: Visual literacy in communication: designing for development. Indiana University,Hulton Educational Publications, 1978

Bearbeitung

Regina GÖRGEN, Volker HOFFMANN, Rolf SÜLZER

C 4

Fiktive Kommunikation zwischen Projekten und ihren Zielgruppen: ein Lehrstück aus Nigeria

Der deutsche Entwicklungs-Soziologe **Peter AY** hat eine Beschreibung und Analyse von sozialen Prozessen während der Planung und Durchführung eines Entwicklungsprojekts in West Nigeria erarbeitet. Neben einer Stichproben-Erhebung zum Anbausystem in 6 Dörfern und bei 240 Bauern lag das Hauptgewicht des etwa dreijährigen Aufenthalts im Dorf Badeku zwischen 1974 und 1978 auf Informationssammlung zur Dynamik des Projektablaufs bei Bauern, Projektplanern und Projektmitarbeitern. Teilnehmende Beobachtung, informelle Interviews und Gruppeninterviews mit aufgesuchten Informanten waren Datenquellen.

Das Badeku-Projekt der Universität Ibadan wurde als „Pilotprojekt" eingerichtet, um Beratungssysteme zu testen und Technologietransfer zu beschleunigen. Damit ist es einer ganzen Serie von Projekten im Rahmen der Modernisierung der landwirtschaftlichen Produktion in Entwicklungsländern vergleichbar. Informationen, die solche Projekte einmal aus der Sicht der Bauern darstellen, sind allerdings vergleichsweise selten. Vielleicht auch deshalb, weil die zeitaufwendigen Erhebungsmethoden, die das Verständnis der Lokalsprache mit voraussetzen, eine große Eingangshürde darstellen und Wiederholungen und Überprüfungen im gleichen Projekt kaum angestellt werden können.

Der folgende Textauszug soll **als** eine Art **„Lehrstück"** dienen und die Diskussion zum Thema anregen.

1. Projektziele

1. Ein Innovationsfeld schaffen. Die Idee ist es, daß die Dörfer als Testgebiet für Versuche über Geschwindigkeit und Dauerhaftigkeit von technologischem Wandel in Landwirtschaft, Gesundheit und Ernährung dienen sollen. Der erzielte Wandel und die dafür entwickelten Methoden sollen anderswo im Land wiederholbar sein.

2. Eine Art Labor-Situation einrichten, in der Studenten und Mitarbeiter der Fakultät und der Universität ländliche Entwicklung studieren und beobachten.

3. Eine Verbindung schaffen zwischen den Forschern der Universität, anderen Organisationen und der ländlichen Bevölkerung, für die sie arbeiten. Dadurch sollen sie systematisch in engeren Kontakt mit den Dorfbewohnern gebracht werden, um ihre Probleme und Reaktionen zu verstehen und dadurch Forschung so einzurichten, daß sie relevanter und direkt anwendbar auf Probleme ländlicher Entwicklung wird.

4. Eine Basis schaffen für fördernde lokale Initiativen, Selbstversorgung, Selbstvertrauen und partizipatives Engagement bei der Planung und Durchführung von ländlichen Entwicklungsprogrammen.

2. Projektorganisation und Hauptaktivitäten

In der hierarchischen Projektorganisation stehen Wissenschaftler an der Spitze, Verbindungen bestehen zu weiteren Organisationen und zur finanzierenden Rockefeller Foundation, Vertreter der Bauern oder der Landbevölkerung finden sich im formalen Organisationsaufbau nicht.

Landwirtschaftliche Neuerungen konzentrieren sich auf verbesserten Maisanbau, durch Sortenänderung, Mineraldünger und Lagerung in Spezialspeichern. Versuchsprogramme laufen zu Süßkartoffeln und Leguminosen und chemischer Unkrautbekämpfung. Nach 1976 kommen ein Geflügel- und Kleintierprogramm dazu.

Neben landwirtschaftlichen Aktivitäten gibt es ein Gesundheitsprogramm und ein Hauswirtschafts- und Frauenprogramm.

3. Phasen der Projektentwicklung

3.1 Erste Kontakte, wechselseitige Erwartungen und ihre Bedeutung für das Projekt.

Meist werden sehr ausführliche Begründungen gegeben, warum man z.B. gerade dieses Dorf und kein anderes für eine Untersuchung ausgesucht hat. Bei genauerer Betrachtung ist aber leicht festzustellen, daß für eine solche Entscheidung **Zufälle eine sehr große Rolle spielen**. Sie mögen davon abhängen, wer gerade Auskunft gibt, bei wem erste Kontakte gesucht werden usw..

Für die ersten Kontakte selbst bestehen jedoch typische Bedingungen, die sicher nicht nur für dieses eine hier vorgestellte Entwicklungsprojekt zutreffen.

Das **Selbstverständnis der Universitätsmitarbeiter** bestimmt am Anfang den Projektverlauf aus ihrer Sicht. Es geht davon aus, daß das Projekt den Bauern Verbesserungen bringen wird. Eine genauere Betrachtung zeigt, daß sich die ersten Kontakte auf beiden Seiten nicht grundsätzlich unterscheiden. Die Projektmitarbeiter wenden sich zunächst an Berater, die bereits mit Bauern zu tun hatten, ähnlich wie sich die Bauern an ihre „Experten" wenden, um über mögliche Aktionen Informationen zu erhalten.

Während sich die **Bauern** bei mangelnden Informationen **auf ihre Erfahrungen** mit den bisherigen Kontakten zu Institutionen stützen, halten sich die **Projektmit-**

C 4

arbeiter bei mangelnden Daten an die **theoretischen Modelle**, die es über die Bauern und deren Entwicklung gibt.

Erfahrungen mit offiziellen Institutionen beziehen sich **bei den Bauern** nicht nur auf die letzten Jahre, sondern gehen auf Jahrzente zurück. Während **tendenziell negative** Erfahrungen für die Bauern (z.b. Steuererhebungen in bar) fast alle betrafen, konnte immer nur eine Auswahl von Bauern auch positive Erfahrungen mit Institutionen machen. Programme wie die Erneuerung der Kakaopflanzungen, der Extension Service, Genossenschaften, einzelne Entwicklungsprojekte trafen aufgrund der Kapazitäten immer nur für einen Bruchteil der Bauern zu, mag der offizielle Anspruch auch noch so weitreichend gewesen sein. Zu berücksichtigen ist, daß Bauern selbständige Produzenten sind, die nach ihren individuellen Produktionsbedingungen entscheiden, und Eingriffe der Verwaltung — positiv wie negativ — werden tendenziell als Eingriffe empfunden, die die Einzelperson betreffen.

Die **Erwartungen der Projektvertretung** gehen dagegen davon aus, daß es sich bei den **Bauern** um eine **homogene Gruppe** handelt, für die u.a. die Merkmale: rückständige Produktionsweise, Unwissenheit, Armut, Hilfsbedürftigkeit zutreffen. Selbst wenn Unterschiede zur Kenntnis genommen werden, handelt es sich für die Projektplaner um Unterschiede zwischen arm und sehr arm, rückständig — sehr rückständig etc.. Dazu kommt dann noch das Selbstverständnis, daß das Projekt den Bauern aus ihrer mißlichen Lage helfen werde. Das gibt ein Bewußtsein eigener Einflußmöglichkeiten, Gestaltungsmöglichkeiten, und auch von Macht.

Die **Bauern sehen** auch **Einflußmöglichkeiten** und Machtbefugnisse beim Projekt. Nach ihren Erfahrungen sind sie aber diffus und **potentiell eher gegen ihre Interessen** gerichtet. Das gilt auch für die Institutionen, die offiziell „im Interesse der Bauern" gegründet und verwaltet worden sind.

Während Genossenschaften und Vermarktungsorganisationen im Namen der Bauern gegründet wurden und ein Scheitern aus der „Fremdbestimmung und Fremdverwaltung" erklärt werden könnte, so haben sich aber auch durch die Bauern selbst organisierte Institutionen nicht durchsetzen oder behaupten können. Diese Organisationen sind von anderen Gruppen, vor allem von politischen Parteien, für ihre Zwecke ausgenutzt worden.

Am Beginn des neuen Universitätsprojektes nahmen deshalb die Mehrzahl der **Bauern** in bezug auf die zu erwartenden Vorteile **zunächst eine abwartende Haltung** ein. Es war für sie plausibel, daß die Universität eigene Interessen verfolgte und einige Vorteile in Zusammenhang damit für sie erwartet werden konnten (bessere Straße, Wasser, Elektrizität und möglicherweise ein Arbeitsplatz). Das Interesse der Universität, nach Badeku zu kommen, wurde für die Bauern durch die Besuche und Befragungen, auch durch das Maisdemonstrationsfeld und die

C 4

Arbeit der Universitätsangehörigen im Dorf, immer wieder bestätigt. Die Bauern waren jedoch kaum daran interessiert, von der Universität zu erfahren, wie sie ihr Anbausystem verbessern und „erfolgreiche Bauern" werden könnten. Ihr Interesse richtete sich mehr darauf, daß die Universität möglichst bald die ständigen Voraussetzungen für **Lohnarbeit im Dorf** schaffen würde.

Diese Erwartungen wurden auch sechs Jahre nach dem Projektbeginn im Dorf noch deutlich. Für viele Bauern war mein Zuzug ins Dorf endlich der Beginn dieser institutionalisierten Beziehung Universität und Dorf, und sie erwarteten am Anfang den konkreten Baubeginn für Haus- und Laborgebäude.

Bei **Projekt**planern und Mitarbeitern kann man von einem **diffusen Machtbewußtsein** sprechen. Diffus deshalb, weil sie nicht genau wissen, wie die Praxis aussehen wird. Am Anfang besteht sogar eine Tendenz, sich gegen Bedenken der Bauern rasch durchzusetzen, denn die Projektplaner nehmen für sich in Anspruch, im (wahren) Interesse der Bauern zu handeln. Jede abweichende Vorstellung der Bauern wird als störend empfunden und leicht als rückständig abgetan. Das Projekt ist nach dem Selbstverständnis der Planer und Mitarbeiter so ausgelegt, daß es den Bauern „zwangsläufig" Verbesserungen bringen wird.

Das erklärt, **daß Projektmitarbeiter und Planer von den Motiven und Erwartungen der Bauern** trotz der vielen Kontakte so gut wie **nichts** erfahren, man kann sogar behaupten: nicht **erfahren können**. Die Überzeugung, im Interesse der Bauern zu handeln, verführt sie in der durch Unsicherheiten geprägten Anfangsphase dazu, **Versprechungen** zu machen, über deren Tragweite sie sich aber keinerlei Gedanken machen. Sie selbst sind davon überzeugt, daß diese Versprechen in der Zukunft eingelöst werden.

Daß die Ansichten der Bauern nicht zur Kenntnis genommen werden, liegt auch daran, daß angenommen wird, diese Ansichten würden sich auf alle Fälle ändern, natürlich im Sinne des Projektes. In offiziellen Berichten über die Kontakte zu den Bauern tauchen deshalb mehrmals Formulierungen auf, in denen davon ausgegangen wird, daß die Bauern mit den Entscheidungen des Projektes völlig übereinstimmten.

Daß die Bauern den Maisanbau erweitern wollten, wird als selbstverständlich unterstellt. Tatsächlich ist es eine **zugeschriebene Erklärung**, denn in Wirklichkeit wollten die Bauern den Kredit. Nach ihren Erfahrungen war der Maisanbau eine Bedingung dafür. In den Berichten wird aber sogar der Eindruck erweckt, die Bauern seien erst durch das Projekt in die Lage versetzt worden, in ihrem eigenen Interesse zu handeln.

Da das Projekt sich als Ziel den Erfolg der Bauern gesetzt hat, ist der Erfolg der Bauern der Erfolg des Projektes und Lob der Bauern im Grunde Eigenlob, mit dem noch auf die Bedeutung des Projektes und dessen Mitarbeiter hingewiesen wird.

C 4

Das **Projekt nimmt** überhaupt **jede Entwicklung** in diesem Gebiet **für sich in Anspruch** und dehnt das gleichzeitig auf die Bedeutung für die Entwicklung Nigerias aus, für die die Projektvertreter das notwendige Expertenwissen anbieten. Es wird weiter noch behauptet, daß das Maisprojekt in Badeku dazu beitrage, die Abwanderung aus den ländlichen Regionen in die Stadt zu verhindern. Die Produktionsveränderungen könnten ohne nennenswerte Verzerrungen der ländlichen Wirtschaft erreicht werden. Damit wird im Grunde eine Revolution ohne revolutionäre Begleiterscheinungen angeboten.

Die Argumentation legitimiert das Projekt sogar dazu, sich von abweichenden Auffasssungen der Bauern nicht irritieren zu lassen, denn es handelt nicht nur im „wahren Interesse" der Bauern, sondern im **Interesse der gesamten Nation.** Das Projekt bietet sich an, diese übergeordneten Interessen durch seine Vermittlung zu den subjektiven Interessen der Bauern zu machen.

Diese Auffassung der Projektleitung wird im zweiten Projektjahr durch die Praxis scheinbar eindeutig bestätigt: Die Bauern bewerben sich von sich aus, um am Projekt teilnehmen zu können, immer neue **Gruppen bilden sich**, Gruppenfarmen werden angelegt, um Mais mit neuen Methoden anzubauen, der **Verbrauch an Mineraldünger steigt** usw.. Wie weit die offizielle Auffassung von der der Bauern entfernt war, zeigt z.b., daß einige Bauern inzwischen nur deshalb die Bedingungen des Projektes erfüllten, weil sie **schwer vorhersehbare Sanktionen vermeiden** wollten.

Während es für die Badeku-Bauern „normal" war, daß beim Maisprogramm der Universität nur eine Auswahl von Bauern in Betracht kam, ging das Projekt davon aus, daß es sich um eine **Demonstration für alle Bauern** handelte. Die Badeku-Bewohner betrachteten die zwei Bauern, die die Versuchsfelder hatten, eher als „unmittelbare" Mitarbeiter der Universität.

Das wird am Anfang von den Bauern gegenüber den Projektmitarbeitern auch geäussert. Ihnen gegenüber erklären einzelne Bauern, daß ihr eigenes System gut sei und daß Mais nicht so angebaut werden könne, wie es das Projekt vorschlage. Die **Projektmitarbeiter gehen** jedoch **auf diese Argumente gar nicht ein**, sondern verstärken ihre Anstrengungen, die im Dorf übliche Methode als unterlegen, rückständig und unbrauchbar zu charakterisieren. Bei diesen Auseinandersetzungen wird den Dorfbewohnern deutlich, daß die **Universitätsmitarbeiter die Gründe** für die Anbaumethode der Bauern **nicht verstehen wollen**. Ihre Reaktion ist, daß sie jetzt die neue Anbaumethode loben und die Argumente der Projektmitarbeiter ohne Widerspruch hinnehmen. Daß sie nicht danach anbauen, erklären sie damit, daß dies u.a. nur mit einer Erweiterung der Farm und der Einstellung von Lohnarbeitern geschehen könne. Die Projektmitarbeiter erkennen hier nicht, daß dieses Argument nichts anderes bedeutet, als das bisherige: **Die Bauern wollen nicht auf ihre bisherige Anbauweise** zugunsten der neuen **verzichten**.

C 4

Die **Bauern haben gelernt**, aber nicht, wie von den Projektmitarbeitern angenommen, daß die neue Methode besonders gut sei, sondern **mit welchen Argumenten man die ständigen Interventionsversuche der Projektmitarbeiter bremsen kann**. Wenn viele Bauern die neuen Maissorten ausprobieren, weil sie mehr Ertrag versprechen, so vor allem im Rahmen ihres Systems. Für das Projekt sind solche teilweisen Übernahmeversuche aber „Fehler" und Zeichen dafür, daß die Bauern das neue System offensichtlich nicht verstanden haben. In erneuten Interventionsversuchen wird verlangt, ganz umzustellen, sonst würde der Erfolg ausbleiben.

Die Projektmitarbeiter fühlen sich hier auch völlig im Recht, denn die Bauern waren ja durch den höheren Ernteertrag von der Überlegenheit der modernen Methode überzeugt worden. Man müßte nun nur nach den Gründen für die Probleme suchen, diese beseitigen, und die Bauern würden dann alle Neuerungen annehmen. Die neuen Methoden sind für die Projektmitarbeiter **ohne Probleme**, handelt es sich doch um **wissenschaftlich gesicherte Ergebnisse**. Für die Bauern bedeutet jedoch eine solche Umstellung eine ganze Reihe schwerwiegender Entscheidungen. Sie müßten ihre gesamte **Anbauplanung ändern und Risiken eingehen**. Eine Diskussion oder auch nur die Äußerung ihrer Zweifel hat für sie jedoch wenig Zweck. Es wäre dies sogar noch mit Nachteilen verbunden:

- in ihren Überzeugungsversuchen würden sich die Projektmitarbeiter sofort weiter anstrengen,

- die Bauern, die Zweifel äußern, werden als rückständig oder sogar als negatives Beispiel hingestellt.

Dazu kommen zusätzlich **Sanktionsdrohungen**, indem darauf hingewiesen wird, daß das Projekt vor allem mit Bauern zusammenarbeiten wolle, die innovationsfreudig und fortschrittlich seien.

Den **Field-staff-Mitgliedern bleibt** der **Widerspruch** zwischen verbalen Äußerungen der Bauern und ihrer Anbauweise **nicht verborgen**. Daß nicht sofort alles so wie vom Projekt geplant eintrifft, führt jedoch in dieser Phase nicht dazu, die Projektkonzeption zu überdenken. Im Gegenteil, die Projektmitarbeiter leiten daraus ab, wie wichtig ihre Funktion ist, um den Bauern die neue Methode zu vermitteln.

Nach der eigenen Einschätzung würden die Bauern ohne Projekt nie in die Lage versetzt werden, die Neuerung zu akzeptieren. Dadurch besteht sogar eine potentielle Bereitschaft, die von den Bauern genannten Bedingungen (Geld für Lohnarbeiter) für die Übernahme der Anbaumethode zu akzeptieren.

Die Bauern können darauf verweisen, wie schwierig es für sie ist, die notwendigen „inputs" für die neue Methode zu erhalten. Wenn sie nämlich selbst versuchen, Saatgut oder andere landwirtschaftliche Versorgungsgüter zu besorgen,

C 4

kann es für sie stundenlange Wartezeiten bedeuten, sie müssen erst zu den Zuständigen vordringen, die oft nicht erreichbar sind, die Vorräte bei den staatlichen Vorratsstellen sind begrenzt, es können gar nicht alle Nachfrager berücksichtigt werden usw.. Auch diese (sogar realistische) **Darstellung der Hilflosigkeit der Bauern** gegenüber offiziellen Stellen paßt zur Projektkonzeption. Es zeigt einerseits, daß die Bauern Interesse an der Neuerung haben, andererseits wird noch die Notwendigkeit der Hilfe durch das Projekt bestätigt. Das Angebot der Projektmitarbeiter, die Organisation von Saatgut- und Mineraldüngerversorgung zu übernehmen, wird als Demonstration und **Lehrstück** für die Bauern aufgefaßt, wie man solche Produktionsgüter einkaufen kann und **wie die Bauern sich selbst helfen können.**

Dabei wird vom Projekt aber völlig außer acht gelassen, daß Bauern — besonders in oberen Einkommensgruppen — solche Versorgungsprobleme auf anderen Gebieten schon seit Jahrzehnten selbst lösen. Für die Bekämpfung von Kakaokrankheiten haben sich einzelne Bauern Sprühgeräte angeschafft. Selbst bei kleinen Feldern werden die entsprechenden Chemikalien besorgt und gesprüht. Auch das Besorgen von Mineraldünger ist nicht unbekannt, und viele pendeln ständig zwischen Ibadan und dem Dorf, um Besorgungen zu erledigen.

Wenn die Bauern betonen, daß nur das Projekt diese „inputs" besorgen könne, meinen sie damit, daß sie es selbst nicht wollen. Andererseits wird ihnen mit der Zeit durch das Projekt aber auch konkret demonstriert, welche **Einfluß- und Organisationsmöglichkeiten** bestehen, was u.a. der Brunnenbau und die Impfaktion bei Cholera beweisen. Verwaltungsstellen, die sonst für die Bauern unerreichbar waren, kommen durch die Vermittlung des Projektes plötzlich selbst in das Dorf, wie z.B. die staatliche Gesundheitsorganisation. Bei den Bauern entsteht dadurch eine **erhöhte Bereitschaft,** an Projektaktivitäten teilzunehmen, auch wenn der einzelne Bauer aus den Teilprogrammen selbst wenig für sich erhofft.

Die Bauern können durch ihre Teilnahme aber möglicherweise an der demonstrierten Macht teilhaben und gleichzeitig Vorteile gegenüber anderen Bauern erreichen, wenn das Projekt Privilegien zu vergeben hat.

Die **Projektmitarbeiter** gehen davon aus, daß die **ersten Erwartungen der Bauern nicht sehr wichtig** sind, denn im Projektverlauf werden sie durch die Vorführungen und praktischen Veränderungen überzeugt werden und ihre Ansichten ändern. Ein Vergleich der unterschiedlichen Gruppen zeigt jedoch, daß die ersten Erwartungen für den weiteren Projektablauf von entscheidender Bedeutung sein können. Die Entscheidung, sich am Projekt zu beteiligen, wird nämlich von diesen Erwartungen wesentlich mitbestimmt.

In Badeku wird z.B. sogar nach sechsjähriger Projektlaufzeit immer noch davon ausgegangen, daß die Universität für ihre Arbeit tatsächlich in Badeku Gebäude errichten werde. Die Gruppen, die sich in anderen Dörfern gebildet hatten, um einen gleichhohen Kredit wie die Badeku-Bauern zu erhalten, erwarteten den Kredit in dieser Höhe, obwohl auf den Regionaltreffen in Egbeda wiederholt die Bindung des Kredites an die Größe der Gruppenfarm betont worden war. Als dann der sehr viel geringere Kredit ausgezahlt wurde, konnten die Mitglieder dies trotzdem nicht verstehen, denn nach ihrer Auffassung hatten sie doch die gleichen Bedingungen wie die Badeku-Bauern erfüllt.

Nun steht in den Projektberichten, daß die Bauern gelernt hätten, selbst Kredit zu beantragen. Träfe das zu, müßte den Bauern ja bei der Kreditbeantragung deutlich geworden sein, wie klein der zu erwartende Betrag war. Laut Bericht erledigten die Bauern die **Antragsformalitäten** unter Anleitung des Projektes. Tatsächlich war es jedoch so, daß die **Field-staff-Mitglieder** dies, bis auf den Daumenabdruck der Bauern, **allein übernahmen**. Man wollte die Antragsformulare so schnell wie möglich an die zuständigen Stellen bringen, und die meisten Gruppenvertreter konnten sowieso nicht lesen und schreiben. In allen 1977 gehaltenen Interviews zu diesem Problembereich betonten die Bauern, daß ohne Hilfe durch die Projektmitarbeiter kein Kredit beantragt werden könne.

Nach der Projektkonzeption ist es wichtig, daß die Bauern überhaupt Kredit erhalten, um deren Motivation zu erhöhen, sich selbst um den Kredit zu bemühen, denn die Konzeption sagt auch, daß die Bauern Neuerungen nur aufgrund greifbarer Ergebnisse annehmen. **Entscheidungsprozesse,** die bei den Bauern zur Teilnahme am Programm führen, werden **ignoriert** und gezielte Informationen selbst bei Konflikten und Widersprüchen unterlassen. Die Mitglieder der Bauerngruppen sehen andererseits keine Notwendigkeit, sich direkt bei der Projektverwaltung zu informieren, denn sie haben ja Informationen von den Bauern in Badeku, bei denen sie sahen, daß diese das Geld bekommen hatten.

3.2 Vom zufälligen zum institutionalisierten Kontakt

Die Auswahl einer bestimmten Gegend und eines bestimmten Dorfes ist, wie erwähnt, stark von Zufällen bestimmt. Aus der Sicht der Dörfer betrachtet ergibt sich aber, daß eine ganze Reihe von Faktoren die **Chancen** bestimmen, unter denen ein bestimmtes **Dorf ausgewählt** wird. Dörfer, die schon irgendwelche Kontakte zu offiziellen Stellen haben, werden eher von einem Entwicklungsprojekt ausgesucht als andere. In Badeku war dies das Kakaoprogramm des Ministeriums für Landwirtschaft, in Apoku z.B. ein anderes Entwicklungsprojekt, das Kontakte zum Badeku-Projekt knüpfte.

Dies ist nicht ungewöhnlich bei den begrenzten Ausmaßen, die Entwicklungsprojekte in der Regel haben; bei den im Verhältnis zur Gesamtzahl der Bauern geringen Mitteln, die verteilt werden können. wird das jedoch im gesamtpolitischen Rahmen wichtig. In der Regel laufen die **ersten Kontakte** über die **traditionellen**

C 4

Herrschaftsstrukturen im Dorf. Relativ **schnell** bilden sich **aber neue Strukturen.** Zwischen den Projektmitarbeitern und einigen Dorfbewohnern kommt es zu einer Art institutionalisiertem Kontakt, für den diejenigen die größten Chancen haben, die Erfahrungen mit Institutionen haben. Dazu gehören Schulbesuch, Arbeit in der Stadt oder in anderen Regionen Nigerias, Genossenschaftsorganisationen, die Position des Leiters der religiösen Gruppe usw..

Es liegt nahe, daß man sich im Dorf auf diese Bewohner verläßt, wenn Neuankömmlinge kommen. Teilweise hat das sehr praktische Gründe. Mehrere Projektmitarbeiter konnten z.b. die Yorubasprache nicht, und in solchen Fällen wird in den Dörfern automatisch derjenige gerufen, der dolmetschen kann. Diese Personen sind dann leicht für die Rolle des Vermittlers zwischen Projekt und Bauern prädestiniert. Die Projektmitarbeiter können sich mit ihnen leicht verständigen und verlassen sich darauf, daß ihr Anliegen durch sie den Bauern näher gebracht wird. Daß sich die Projektmitarbeiter vorwiegend an diese Vermittler wenden, erhöht deren Bedeutung im Dorf. Schnell werden sie **wichtige Informationsträger.** Die Dorfbewohner wollen wissen, was sie von dem Projekt erwarten können und zu erwarten haben. Die Projektmitarbeiter wenden sich mit ihren Informationen vor allem an den **Vermittler**, weil sie ihn als einzigen genauer kennen gelernt haben.

Alltägliche Dinge, wie die Mitfahrt in die Stadt, die Besorgung von Medikamenten etc., bringen den Vermittlern persönliche Vorteile. Die Projektmitarbeiter sind bereit, solche Wünsche ohne Aufhebens zu erfüllen, denn es bereitet ihnen nicht viel Mühe und bietet Möglichkeit, ohne große Formalitäten Gegenleistungen für geleistete oder künftige Dienste zu bieten.

Auch andere Alltagserfahrungen wirken sich aus: Der Vermittler stellt fest, daß die Projektmitarbeiter bereit sind, **verbale Bestätigungen** ihrer Arbeit mit den Prädikaten „fortschrittlich" und „kooperativ" zu **belohnen**. Meist genügt dabei die wörtliche Wiederholung der Ausführungen der Projektmitarbeiter.

3.3 Bildung und Verfestigung von Fiktionen

Am Anfang des Projektes bestehen bei den Partnern im Projekt zahlreiche persönliche stereotype Vorstellungen, die sich aus den eigenen Erfahrungen, aus Berichten anderer herleiten. Diese stereotypen Auffassungen erhalten im Projektverlauf jedoch bald eine breitere Bedeutung und tragen dazu bei, daß es auf seiten der Bauern und des Projektes zu **Fiktionen über Ziel und Ablauf des Projektes** kommt. Hierbei spielen die Vermittler im Dorf und die Mitglieder des „Fieldstaff" eine entscheidende Rolle. Die Vermittler berichten den anderen Dorfbewohnern ihre Interpretation des Projektes und ihre Erwartungen. In Badeku waren dies z.B. die Beschreibungen der Arbeit auf der Universitätsfarm. Darüber kann der Vermittler aufgrund eigener Erfahrung authentisch berichten, und er weiß

C 4

hierüber mehr als über das Projekt. Die Erwartungen der Zuhörer werden beeinflußt und weichen entsprechend von Projektziel und -inhalt ab. Mehrere Bauern erklären sich zur Mitarbeit am Projekt bereit, weil sie **sich an** diesen **fiktiven Erwartungen orientieren.**

Die Projektmitarbeiter übertragen die positiven Erfahrungen, die sie mit den Vermittlern im Dorf machten, leicht auf andere Bauern. Die vorwiegend verbale Bestätigung ihrer Arbeit, inzwischen auch durch andere Bauern, erweckt bei ihnen den Eindruck, als würde die Entwicklung genau nach der im Projekt angelegten Konzeption ablaufen. Der Erfolg der eigenen Arbeit wird bestätigt. Die Field-staff-Angehörigen können der Projektleitung und anderen Institutionen die Vermittler im Dorf als „typische Bauern" vorstellen, die die „Bedeutung" und die „Richtigkeit der Projektmaßnahmen" bestätigen. Der **Vermittler** im Dorf ist jedoch weit davon entfernt, ein typischer Bauer zu sein, sondern er hat sogar eine besonders **starke Ausnahmestellung.**

Durch ihre Erfahrungsberichte und die Vermittlung ihrer Auffassung vom Projekt kommt es dazu, daß sich die Vermittler gegenüber den Mitbewohnern sogar für die Wirksamkeit des Projektes verbürgen. Das können sie z.T. damit belegen, daß sie aus der Zusammenarbeit mit den Projektvertretern persönliche Vorteile hatten, und zum Teil auch mit den greifbaren Ergebnissen für alle Dorfbewohner (Brunnen, Cholerabekämpfung, Kredit). Das kann dann dazu führen, daß die **Vermittler** im Dorf bei den Mitbewohnern **neue Erwartungen wecken,** obwohl diese irreal sind. Zum Teil kann dies aus dem **sozialen Druck** erklärt werden, in den die Kontaktpersonen gerieten. Die Dorfbewohner wollen nämlich erfahren, warum die Erfüllung von Erwartungen verzögert wird. Weil sich die Kontakte zum Projekt vorwiegend über die Vermittler im Dorf abgespielt haben, kommt es dazu, daß die Dorfbewohner den Kontaktpersonen auch Einflußmöglichkeiten im Projekt zuschreiben. So lange Vorteile für die Vermittler und für das Dorf sichtbar werden, sehen es diese Kontaktpersonen sehr gern, wenn dies mit ihrer Person und ihrem Einfluß in Verbindung gebracht wird, und sie werden auch nicht müde, gegenüber den Bauern auf ihre „wichtige Stellung" im Projekt hinzuweisen. Auf die Dauer führt das jedoch dazu, daß die Dorfbewohner den Vermittler zur Rechenschaft ziehen, wenn die Erfüllung der Erwartungen ausbleibt. Die Dorfbewohner beauftragen die Vermittler sogar, endlich etwas beim Projekt zu tun, damit die Versprechungen eingehalten werden.

Allerdings spielen die **Projekt-Angestellten** hierbei auch ihre Rolle. Sie sind nämlich durchaus bereit, auf Erwartungen der Vermittler an den Einfluß der Universität einzugehen. Sie können hier gegenüber den Bauern **auf die Bedeutung ihrer eigenen Stellung hinweisen** und neigen ihrerseits dazu, übertriebene **Versprechungen** über Maßnahmen des Projektes zu geben. Die Angestellten erscheinen den Bauern gegenüber als die wichtigsten Projektvertreter, während sie in der hierarchischen Ordnung des Projektes tatsächlich eine untergeordnete Stellung haben. Gerade deshalb besteht bei ihnen wenig Neigung, übertriebene Erwartungen gegenüber ihrer eigenen Person abzubauen, und sie vertrauen darauf, daß das Projekt als Institution in der Lage sein werde, diese Erwartungen zu erfüllen.

Die Projektmitarbeiter und Vermittler im Dorf wirken so wesentlich an der Bildung von Fiktionen mit, ohne sich ihrer eigenen Rolle bewußt zu sein.

Für die Bildung von Fiktionen der Bauern über das Projekt ist auch der **Kontakt zu den anderen Dörfern** von Bedeutung. Dabei spielen mehrere Faktoren eine Rolle. Der Kontakt zur Universität bedeutet auch einen Prestigegewinn, der besonders dann wichtig wird, wenn er mit materiellen Vorteilen für das Dorf verbunden ist. Mehrere Badeku-Bewohner sparten nicht damit, in Nachbardörfern darauf hinzuweisen, daß die Kontakte Vorteile bringen würden (z.b. Straßenbau, Wasserversorgung und Elektrizität). **Wunschvorstellungen** vermischten sich mit dem, was tatsächlich durch das Projekt organisiert wurde (z.B. der Brunnenbau).

Die am Projekt beteiligten Bauern und die Projektmitarbeiter kommen dadurch in eine sehr ähnliche Lage: eine Art **Erfolgsdruck**. Die Projektmitarbeiter haben über den Projektablauf gegenüber der Universität, der Regierung und dem Geldgeber Erfolgsberichte gegeben, um das Projekt zu rechtfertigen. Wunschvorstellungen über den Projektverlauf bildeten einen wesentlichen Teil der Berichte. Besonders wichtig ist, daß sich die Projektmitarbeiter bei anderen Institutionen, z.B. der Credit Corporation, für die Bauern verbürgten. Dies geschah sogar, ohne die Bauern darüber zu informieren, ohne deren Stellungnahme oder deren Kenntnis, denn die Projektmitarbeiter handelten nach ihrer Selbsteinschätzung im Dienste der Bauern. Als **Gegenleistung** für diese Dienste erwarten sie „nur", daß die **Neuerungen angenommen**, die **Projekterwartungen**, mehr Mais zu produzieren, **erfüllt**, die **Hilfen** der Projektmitarbeiter **geschätzt** werden und daß die **Bauern dankbar dafür sind**.

Die Bauern gehen dagegen davon aus, daß ihre Mitarbeit Dienst am Projekt ist, für den Gegenleistungen erwartet werden können. Besonders die **Bauern**, die bereits Arbeitszeit oder sogar Bargeld in das Projekt investiert haben (wie z.B. diejenigen, die ihr Feld für den Maisversuch zur Verfügung gestellt hatten), **wollen endlich etwas von der erwarteten Gegenleistung und Entschädigung sehen**. Die Maisernte auf dem Versuchsfeld ist, trotz des guten Ertrages, für sie eine berechtigte Bezahlung ihres besonderen Einsatzes im Dienst des Projektes. Die anderen Bauern im Dorf sehen aber keine konkreten Vorteile aus dem Projekt und fordern die Vermittler auf, sich beim Projekt dafür einzusetzen, daß die Erwartungen endlich erfüllt werden.

In Badeku bemerkt man in dieser Phase eine **verstärkte Aktivität bei den Bauern**, die zum einen aus der Unzufriedenheit mit dem Projekt verstanden werden kann, zum anderen aber auch daraus, daß man sich mögliche Vorteile für die Zukunft sichern will. Dieser Aktivität bei den Bauern entspricht auch eine **ver-**

stärkte Aktivität bei den Projektmitarbeitern. Letztere wollen die offensichtlichen Diskrepanzen zwischen dem, was sie vom Projekt erwarteten, worüber man berichtet hat, und dem was tatsächlich geschehen ist, durch erhöhten Arbeitseinsatz korrigieren. Zwischen Bauern und den Projektmitarbeitern kommt es in dieser Situation zu intensiveren Kontakten. Der Gedanke einer Gruppenbildung kommt beiden Seiten entgegen. Er wird sogar nachträglich von beiden Seiten für sich in Anspruch genommen. In den Interviews 1977 wurde in Badeku betont, daß die Gruppenbildung aufgrund der Initiative der Bauern, besonders der Vermittler aus dem Dorf, zustande kam. Dagegen führten die Projektmitarbeiter an, daß die Gruppenbildung zur Konzeption des Projektes gehörte und einen besonders wichtigen Teil der von den Universitätsmitarbeitern erarbeiteten Projektstrategie bildete. Das Gruppenkonzept paßt sehr gut in die Beratungs- und Verbreitungsstrategie, und es ist auch unwichtig, wer von den Beteiligten das Urheberrecht für sich beanspruchen kann. Bei den Yoruba-Bauern sind, wie erwähnt, Gruppenbildungen zu bestimmten Zwecken alltägliche Erfahrung. Als der Kredit ausgezahlt wurde, kam dies in mehrfacher Hinsicht den Interessen der Gruppen-Mitglieder entgegen und verstärkte ihre Bereitschaft, wieder „etwas für das Projekt" zu tun. Durch den persönlichen Kontakt haben sie inzwischen gelernt, daß den Projektmitarbeitern offensichtlich sehr viel daran liegt, daß Mais mit den neuen Methoden angebaut wird. In dieser Situation sind die Mitglieder gern bereit, **erwartete Antworten zu geben und Erwartungen der Projektmitarbeiter zu bestätigen.** Dabei kann nicht davon ausgegangen werden, daß sie bewußt Unwahrheiten sagen, um die Projektmitarbeiter zu täuschen. Im Gegenteil, die Projektmitarbeiter selbst kommen den Bauern in der **Fragenformulierung so entgegen, daß die erwartete Antwort vorgegeben ist.** Die Untersuchung und Analyse des Projektablaufs wird zur **Suche nach Bestätigung** der Richtigkeit von Projektmaßnahmen.

3.4 Aufrechterhaltung von Fiktionen

Es wäre zu erwarten, daß die Widersprüche zwischen den Erwartungen und dem tatsächlichen Geschehen sowohl bei den Bauern als auch bei den Projektmitarbeitern dazu führen, daß sie als Fiktionen erkannt werden und daß eine **Revision bei den Bauern und in der Projektkonzeption erfolgt. Dies trifft jedoch nicht ein.** Die Vermittler auf seiten der Bauern und vom Field-staff beim Projekt haben wieder entscheidende Funktionen. Die Belastungen des Projektes wirken sich nämlich zunächst am stärksten für sie aus. Die Vermittler im Dorf werden von den Bauern wegen ihrer inzwischen „offiziellen Rolle" unter Druck gesetzt. Bei der Badeku-Gruppe wirkte sich das so aus, daß die Mitglieder die Stellung des Vorsitzenden und des Gruppensekretärs infrage stellten. Viele Mitglieder traten aus der Organisation aus, andere drohten mit Austritt oder verweigerten die Arbeit auf der Gruppenfarm.

Auf seiten des Projektes erhalten die Field-staff-Mitglieder Aufträge, die in Wirklichkeit mit der Projektkonzeption nicht mehr übereinstimmen, aber auch nicht mit ihren eigenen bisherigen Erfolgsberichten. Die Vertreter der Bauern und die Projektangestellten sind in dieser Phase sehr stark daran interessiert, etwas für die Mitglieder zu erreichen, um sie weiter zur Mitarbeit zu bewegen oder in der Gruppe zu halten. In Badeku gelang dies durch die Beschaffung des Kredites, durch den die Mitglieder finanzielle Vorteile erhielten. In den Gruppen, die sich in den anderen Dörfern gebildet hatten, war von vornherein nur ein geringer Kredit bezahlt worden, zusätzliche Spannungen wurden durch den Maisvermarktungsplan in die Gruppen getragen, und hier gelang es nicht, die Gruppen zu stabilisieren. Mehrere lösten sich ganz auf, blieben aber nominell Projektmitglieder, so daß die **kritische Situation** bei der **Projektleitung unerkannt** blieb.

Die Bauern wenden sich mit den Problemen und Erwartungen zwar an die Field-staff-Mitglieder. Diese geben sie aber **gefiltert** und **abgeändert** an die Projektleitung weiter. Dafür gibt es mehrere Gründe:

— Über ihre praktische Arbeit werden Erfolgsberichte im Sinne der Projektkonzeption erwartet. Berichten sie über Widersprüche, könnte das als Eingeständnis ihrer Unfähigkeit interpretiert werden. Als Untergebene in der Hierarchie der Projektorganisation steht ihnen außerdem keine Kritik an der Projektkonzeption zu.

— Berichte über Widersprüche und nicht erwartete Reaktionen der Bauern sind für die Field-staff-Mitglieder wenig vorteilhaft. Das führt nämlich nicht zu einer Änderung der Projektkonzeption, sondern dazu, daß die Projektleitung sie mit neuen Aufträgen und Befehlen eindeckt, die bestehenden Widersprüche zu lösen. Das bedeutet mehr Arbeitsaufwand und mehr Einsatz, denn die Projektleitung möchte Berichte darüber erhalten, daß die Probleme „erledigt" wurden.

— Berichte über andere Ansichten der Bauern, über ihre Wünsche und ihre Kritik werden von der Projektleitung tendenziell so interpretiert, daß sie nur von Bauern kommen können, die unkooperativ und nicht fortschrittlich sind. Antworten auf kritische Stellungnahmen der Bauern sind deshalb tendenziell belehrend, meist diskriminierend. In zunehmendem Maß vermeiden die Field-staff-Mitglieder solche kritischen Situationen, um sich nicht weiterer Kritik auszusetzen und um zu verbergen, daß ihr Einfluß bei der Projektleitung weit geringer ist, als bisher dargestellt.

Die drei Punkte zusammengefaßt bedeuten, daß die Projektangestellten ihre eigene Stellung infragestellen würden, wenn sie die Widersprüche betonen. Das führt in der Tendenz dazu, daß sie sowohl gegenüber den Bauern als auch gegenüber der Projektleitung **Konflikte zudecken**, über Widersprüche hinwegsehen oder sie herunterspielen. Aufträge werden so zwar **formal korrekt erfüllt** und als erledigt mit einer entsprechenden Notiz zu den Akten gelegt. In Wirklichkeit bestehen die Konflikte jedoch weiter.

C 4

Die Reaktionen der **Angestellten** zielen auch darauf ab, ihre **Arbeitsbelastung zu verringern**, um wenigstens den formalen Anforderungen an ihre Mitarbeit im Projekt gerecht werden zu können. Sie müssen z.B. die Protokolle über die Sitzungen der Beratungskomitees verfassen und auch Berichte an die Projektleitung. Ferner müssen sie Termine für die Besprechungen in den Dörfern vereinbaren usw.. In diesen zahlreichen Berichten und Aktennotizen ist es einfach, vor allem die positiven Seiten zu betonen, erfüllte Erwartungen zu bestätigen, kritische Punkte entweder wegzulassen oder so darüber zu berichten, daß sie keine neuen Aktionen für notwendig erscheinen lassen. Zu bedenken ist, daß diese Aktennotizen und mündlichen Berichte sich später in den offiziellen Berichten über das Projekt niederschlagen. Wie das praktisch aussieht, soll noch an einem Beispiel verdeutlicht werden.

Bei einem Demonstrationsversuch mit einer tropischen Bohnenart („Cowpeas", vigna unguiculata) war vom Projekt vorgesehen, daß die Bauern die Sprüharbeiten gegen Insektenbefall auf den Versuchsfeldern vornehmen sollten. Die Fieldstaff-Mitglieder sollten dazu Anleitungen geben. Als sie im Dorf erschienen und die Bauern zur Mitarbeit auf dem Versuchsfeld aufforderten, erklärte sich zunächst kein Bauer bereit, diese Arbeiten zu verrichten. Es gab längere Diskussionen und die Zeit verstrich. Schließlich kam einer und sehr viel später noch zwei andere. Wegen der vorgerückten Zeit wurde auf dem Feld jedoch nicht mehr viel erklärt, sondern die Projektmitglieder **machten die Sprüharbeit selbst**, um vor Einbruch der Dunkelheit wieder nach Ibadan fahren zu können. Als der zweite Sprühtermin herangerückt war, führten sie von vornherein die Arbeit selbst durch und fragten im Dorf erst gar nicht nach, ob Bauern sich daran beteiligen wollten. In rund einer Stunde war alles erledigt, im Gegensatz zu rund drei Stunden bei der ersten Sprühaktion. Der Projektleitung wurde berichtet, daß die Sprüharbeiten den technischen Vorschriften entsprechend ausgeführt worden waren. Daß kein einziger Bauer dabei war, wurde nicht erwähnt.

Bei den Prozessen, die dazu führen, daß Fiktionen aufrecht erhalten werden, sind die Bauern nicht unbeteiligt. Obwohl die Projektmitarbeiter immer wieder betont hatten, daß die neuen Anbaumethoden auf den Gruppenfarmen anzuwenden seien, bauten die Badeku-Bauern sogar auf ihrer Gruppenfarm den Mais zusammen mit Cassava an. Das geschah allerdings auf dem Teil der Farm, der von den Zugangswegen nicht eingesehen werden konnte. Den Projektvertretern, die häufig mit Besuchern anderer Institutionen ins Dorf kamen, wurde jedoch jeweils der obere Teil der Farm gezeigt, und nach den Erfahrungen der Dorfbewohner wollten die Besucher auch nicht mehr sehen. **Für** die **Besucher** hatte sich schnell eine Art **rituelles Programm** entwickelt. Sie wurden zum Brunnen geführt, zur Krankenstation, schauten sich den Maisspeicher an, dann die lokale Seifenherstellung, und anschließend ging es zur Farm, die 1976 rund 2 km vom Dorf entfernt war. Dieses Programm wiederholte sich mit wechselnden Besuchern ständig, die Bewohner hatten sich bereits daran gewöhnt und jeweils ensprechende Auskünfte parat.

3.5 Rückzug

Das Badeku-Projekt wurde auch 1978 weitergeführt. Offiziell wurde aber bereits 1976 der Rückzug eingeleitet. Das wird damit begründet, daß die Bauern durch das Projekt in die Lage versetzt worden seien, ihre Interessen selbst in die Hand zu nehmen und zu vertreten. Sie hätten gelernt, mit der Verwaltung Kontakt aufzunehmen und auch im eigenen Interesse mit ihr zu verhandeln, und sie würden die neuen Anbaumethoden mit den modernen Mitteln anwenden. Da sie dies gelernt hätten, seien sie auch in der Lage, künftig andere Neuerungen anzunehmen.

Um den Projektablauf in seinen Phasen zu verstehen, ist nicht der zu erwartende „offizielle Rückzug" wichtig. Es kommt bereits **während des ganzen Verlaufes** zu **Rückzugserscheinungen**, die bei den Bauern und beim Projekt Ähnlichkeiten aufweisen. Während am Anfang von beiden Seiten in Erwartung von Erfolgen ein sehr großes Engagement beobachtet werden kann, wird dieses Engagement durch das Ausbleiben der erwarteten Vorteile gedämpft. Zunächst betrifft das vor allem die Vermittler im Dorf und die Mitglieder des „Field-staff" im Projekt.

Persönliche Reaktionen

Sowohl bei den Vermittlern wie bei den Projektangestellten wird bald deutlich, daß ihre Interpretationen nicht richtig waren und daß sie **Versprechungen nicht erfüllen konnten**. Direkt angesprochen, verweisen sie darauf, daß die Projektleitung oder die entsprechenden anderen Institutionen zuständig seien und sie nichts dafür könnten, daß es zu den kritisierten Tatbeständen gekommen sei. Bei einer der Versammlungen der Gruppenvertreter in Egbeda im Frühjahr 1976 wurde zum Beispiel von der Projektleitung wiederholt darauf hingewiesen, daß die Kreditinstitution für die späte Auszahlung des Kredites verantwortlich sei und daß das Projekt an der Situation völlig unschuldig sei. Der organisatorische Mangel war jedoch bei Beginn des Projektes kein Geheimnis, er hätte analysiert und als Tatsache in der Planung berücksichtigt werden können.

Es sind noch subtilere Reaktionen zu erwähnen. Die Field-staff-Mitglieder sind auf Mitarbeit der Bauern angewiesen. Da sie sowieso sehr viel zu tun haben, arbeiten sie bevorzugt mit Bauern zusammen, bei denen sie Anerkennung ernten und Erfolgserlebnisse haben. Gruppen, in denen Forderungen gestellt werden und in denen die Angestellten Kritik und Zweifel erleben, werden weniger stark berücksichtigt. Als Legitimation ihres Rückzuges bietet sich an, daß sie kritisierende und fordernde Bauern zu den unfortschrittlichen und uneinsichtigen einordnen. Die Vermittler in den Dörfern haben zum Teil großes Engagement in die Gruppenbildung und in die Organisation gelegt, verbunden mit Hoffnungen auf größeren persönlichen Einfluß oder auf eine dauernde Arbeitsstelle. Zahlreiche kleinere Wünsche wurden ihnen bisher erfüllt. Wenn neue Bitten und Forderungen abgelehnt werden, sind einige persönlich getroffen und nicht mehr bereit, etwas für das Projekt zu tun.

Diese **persönlichen Reaktionen** sind **unkalkuliert**, in der Wirkung diffus und **unvorhersehbar** und **können Konflikte hervorrufen**. Aufgrund solcher persönlichen Reaktionen formierten sich z.B. einige Gruppen neu, bisherige Vermittler wurden abgelöst, neue Gruppenvertreter suchten direkten Kontakt zum Projekt in Ibadan, ohne sich auf die bisherigen Vermittler zu verlassen und auch ohne sich an die Projektangestellten zu wenden. Die Chancen, Untersuchungen daran anzuschliessen, wurden allerdings nicht genutzt.

Reaktionen der Institution

Die persönlichen Reaktionen haben auch Reaktionen des Projektes als Institution zur Folge. Zunächst werden die Projektangestellten angehalten, ihre Aufklärungsarbeiten in den Dörfern zu intensivieren. Insgesamt ist jedoch festzustellen, daß das Projekt nicht mehr pauschal als Bürge auftritt und daß den Bauern bei der Kreditverwendung nicht mehr freie Hand gelassen wird. Das Projekt kontrolliert, verlangt durch die Gruppenfarm Sicherheiten und entwickelt so selbst eine Kreditinstitution mit Bedingungen, die über die Bedingungen der „Credit Corporation" sogar hinausgehen. Die Motivation der Bauern für den Gruppenbeitritt wird ignoriert.

Es finden noch andere wichtige Veränderungen statt, die sich auf die „Institution" Projekt auswirken. In der Anfangszeit haben Planer und Leiter des Projektes die Dörfer häufig besucht, um sich zu informieren, Kontakte zu vertiefen, neue Kontakte zu schließen. **Mit dem „Field-staff"** bestand eine **unmittelbare Zusammenarbeit**, was dessen Motivation stärkte. Die Entscheidungen der Projektleiter wurden durch die direkten Besuche in den Dörfern beeinflußt. Mehr und mehr werden später die Kontakte in den Dörfern aber allein Angestellten überlassen. Sie müssen ihre Arbeit jetzt in einer Situation tun, in der zunehmend von den Bauern Kritik zu hören ist, in einer Zeit, in der sich einzelne Gruppen auflösen, Anordnungen nicht ausgeführt werden usw.. **Die Projektleiter überlassen den Angestellten zunehmend auch Verhandlungen und Entscheidungen**, ohne daß diese aber die formale Kompetenz für diese Entscheidungen hätten. Dadurch werden tendenziell Entscheidungen vermieden. Die Interviews zeigten, daß die Bauern von den Projektangestellten nur noch wenig erwarteten. Einige Bauerngruppen hatten z.B. gebeten, direkte Verhandlungen mit der Projektleitung zu vermitteln. Die Projektleiter kamen trotzdem nicht in die Dörfer, und einige Bauern unterstellten, daß die Angestellten die Nachrichten der Projektleitung nicht übermittelt hatten.

Als Gründe für ihren Rückzug geben die Projektleiter neben der Arbeitsbelastung in der Universität auch an, daß die Projektangestellten ja inzwischen genü-

C 4

gend ausgebildet worden seien, um ihre Arbeit selbständiger machen zu können, und daß die Bauern inzwischen wüßten, wie man sich an die entsprechenden Institutionen wende. Dabei wird aber unberücksichtigt gelassen, daß die Projektangestellten an die Weisungen gebunden sind, die sie von der Projektleitung erhalten und daß sie bei Fehlentscheidungen zur Verantwortung herangezogen werden und mit Konsequenzen rechnen müssen.

Zum Teil trifft **die offizielle Rückzugsbegründung zu, daß die Bauern gelernt hätten, selbst Dinge in die Hand zu nehmen.** Einige Gruppen besorgen sich das Saatgut und den Kunstdünger für den Mais selbst in der dafür zuständigen Regierungs-Forschungsstation in Ibadan. Eine Gruppe nahm sogar selbständig Kontakt zum „International Institute of Tropical Agriculture" auf, um sich über neue Cassava-Arten zu informieren. Dabei bedienten sie sich der Reputation des Projektes, um Vorteile für sich zu erzielen, ohne aber die Projektmitarbeiter zu informieren. Es ist trotzdem nicht gerechtfertigt, diese selbständigen Aktionen der Bauern nur auf den Einfluß des Projektes zurückzuführen. Es gibt auch in anderen Orten Beispiele, daß sich die Bauern organisierten, um bestimmte Interessen zu verfolgen.

Einige Gruppenmitglieder argumentierten im Frühjahr 1977, daß das Universitäts-Projekt möglicherweise die Fortschritte verhindere, weil überall berichtet werde, daß Badeku fortschrittlich sei. Obwohl 1977 große Wasserknappheit im Dorf herrschte, wehrten sich die Badeku-Bewohner gegen den Bau neuer Brunnen, weil die Versorgung mit fließendem Wasser dadurch weiter verzögert würde. 1978 wurde schließlich mit dem Bau der Wasserleitung begonnen, nachdem man sich direkt an die Lokalregierung gewandt hatte. Es dauerte allerdings noch einmal 6 Jahre, bis 1984/85 die Leitung gelegt war und 1985 der Anschluß erfolgte. Das Pilot-Projekt wurde über die Aktionen und Vorbereitungen dazu nicht einmal informiert.

Hier könnte die These vertreten werden, daß diese Aktionen erst möglich wurden, da das Pilot-Projekt die Bauern bewußter machte. Aber auch diese Argumentation ist nicht zwingend richtig. Die Badeku-Bauern organisierten z.B. den Bau der Mütterberatungsstelle, bevor das Pilot-Projekt im Dorf begann. Die jährlichen Gemeinschaftsarbeiten zur Straßenreparatur werden bereits seit Jahrzehnten durchgeführt. Daß Badeku-Bauern bei politischen Aktionen, wie der Agbekoya-Bewegung, eine einflußreiche Rolle spielten, ist unbestritten.

Aus Platzgründen müssen wir unsere auszugsweise Wiedergabe hier beenden. In Peter Ays Darstellung folgen detaillierte Analysen der Interessenlagen der vom Projekt Betroffenen und am Projekt Beteiligten sowie der sich daraus ergebenden Konfliktfelder und jeweiligen Handlungsstrategien. Wer es genauer wissen will, sei auf unsere Quelle verwiesen.

C 4

Quelle

Peter AY: Agrarpolitik in Nigeria — Produktionssysteme der Bauern und die Hilflosigkeit von Entwicklungsexperten. Ein Beitrag zur Revision agrarpolitischer Maßnahmen in Entwicklungsländern. — Feldforschung in Westnigeria -. Arbeiten aus dem Institut für Afrika-Kunde, Nr. 24, Hamburg 1980. 337. S. (Größtenteils wörtliche Wiedergabe mit Kürzungen aus S. 140 — 185.)

Bearbeitung

Volker HOFFMANN

C 5

Erfahrungen mit Demonstrationen in landwirtschaftlichen Entwicklungsvorhaben

Demonstrationen spielen in vielen Entwicklungsprogrammen eine Schlüsselrolle. In einem erfolgreichen Vorhaben in **Ghana** wurden zunächst die fortschrittlichsten Bauern bestimmt und danach aufgefordert, auf einem kleinen Teil ihrer Felder Neuerungen zu versuchen. Diese Neuerungen waren einfach, ohne finanzielles Risiko und vorher sorgfältig in Versuchsstationen geprüft worden. Die ausgewählten Bauern wurden intensiv durch Berater unterstützt. In **Kenya** beruhte die Ausdehnung des Teeanbaus wesentlich auf dem Beispielseffekt bereits teeanbauender Bauern. Dabei gewannen die zunächst beobachtenden Bauern nicht nur das Interesse am Teeanbau, sondern erlernten gleichzeitig die wesentlichen Praktiken des Anbaus. In **Zambia** war ein Gemüseprojekt deshalb erfolgreich, weil interessierte Bauern Gelegenheit erhielten, kleine Versuchsflächen auf Gemeinschaftsland einzurichten. Dadurch blieb das Risiko für die Bauern gering, und sie selber konnten erste Erfahrungen im Gemüseanbau sammeln. Die Projekte in **Puebla** und viele andere Vorhaben nutzten Demonstrationen und die Demonstrationswirkung bei ihren Beratungsprogrammen.

In **Nigeria** wurden für Demonstrationen alle erforderlichen Produktionsmittel zusammen mit Instruktionen in vorbereiteten Paketen abgegeben. Dies vereinfachte die Verteilung und stellte sicher, daß für alle Demonstrationsflächen auch alle Produktionsmittel in der richtigen Menge verfügbar waren. Von den Dorfführern wurde in jedem Dorf ein Demonstrationsbauer ausgewählt, der dieses „Paket" erhalten sollte. Die Demonstration beinhaltete vier verbesserte und eine lokale Maissorte. Damit wurde die Demonstration auch zu einem Feldversuch. Die Demonstrationsparzellen wurden regelmäßig durch Berater und Forschungspersonal besucht, um eine laufende Versuchskontrolle und den Austausch von Erfahrungen sicherzustellen. Dieses Modell wurde erfolgreich auch in anderen Ländern angewandt.

Die Anwendung von Demonstrationen in der Beratung hat vielfache Vorteile. In **Puebla** zeigte sich der Besuch bei erfolgreichen Versuchsanstellern als wesentlich überzeugenderes Argument als Erklärungen der Berater und erleichterte die nachfolgende Beratungsarbeit deutlich. Auch hier erwiesen sich die Demonstrationen als gutes Mittel zur Erprobung unter Feldbedingungen. Erst bei erfolgreicher Durchführung wird ein umfassender Einsatz propagiert und damit das Risiko niedrig gehalten.

Mit Demonstrationen können freilich nicht alle Beratungsprobleme gelöst werden. So hatte der **Barpali Village Service in Indien** einigen Erfolg damit, Bauern zur Neuerungsübernahme zu motivieren. Die Bauern wurden veranlaßt, Gemüse anzubauen, indem die Berater selbst mit der Anlage von Gemüsekulturen begannen. Die Übernahme der Neuerung durch die Bauern wurde in diesem

C 5

Fall aber durch die Ausdehnung der Bewässerungsflächen und durch die Schaffung neuer Absatzmärkte erleichtert. Mit steigender Produktion kam es zu einem erheblichen Preisverfall, der den Anbau von Gemüse unwirtschaftlich werden ließ und schließlich zur Einstellung dieses Vorhabens führte.

Derselbe Beratungsdienst versuchte danach, durch die Verteilung von Zuchthähnen, die lokale Hühnerrasse zu verbessern. Dabei wurde nicht von den Bedürfnissen und Möglichkeiten der Dorfbevölkerung ausgegangen. Deshalb verweigerten die meisten Bauern auch den Austausch ihrer Hähne. Eine rationale Erklärung hierfür ist in dem wesentlich höheren Aufwand für Zuchthähne hinsichtlich Stallungen, Fütterung und der veterinärmedizinischen Kontrolle zu sehen. Vom Beratungsdienst eingerichtete Hühnergenossenschaften blieben erfolglos und wurden aufgelöst, als der ausländische Spezialist das Interesse an der Hühnerhaltung verlor.

Diese Beispiele zeigen, daß die Bauern die Brauchbarkeit einer nützlichen und profitablen, von Beratern oder Bauern demonstrierten Neuerung erkennen und diese auch übernehmen. Andere Neuerungen, die entgegen den Interessen der Dorfbewohner und, ohne diese bei Entscheidungen beizuziehen, geplant wurden, waren ein eklatanter Fehlschlag.

Demonstrationen können kein Ersatz für die Unzulänglichkeit oder Unangemessenheit einer Technologie oder Institution sein und können auch nicht die Einbeziehung der Bauern bei der Ableitung von Inhalten ersetzen. Demonstrationen sind besonders dann wirksam, wenn es darum geht, Bauern den Nutzen und die Anwendung einer neuen Technologie nahezubringen. Dies ist der Fall, wenn die Zielgruppen bereits ihr Interesse an der Übernahme der Neuerung bekundet haben. Demonstrationen sind dann eher erfolgreich, wenn sie von Bauern auf ihrem eigenen Land durchgeführt werden. In **Gambia** waren von Beratern durchgeführte Demonstrationen allein nicht erfolgreich. Erst als zwei Dörfer eigene Versuchsflächen anlegten und den Erfolg sahen, konnte das Projekt fortgesetzt werden. Diese Dörfer führten den Versuchsanbau auch nur deshalb durch, weil die erforderlichen Produktionsmittel frei bereitgestellt wurden, die Subsistenzproduktion durch die Neuerung nicht gefährdet war, und die Bauern keine Einkommensalternative hatten. Die Demonstration einer Neuerung auf dem bäuerlichen Betrieb ist immer überzeugender als ein Bericht über Versuchsergebnisse, Demonstrationen auf Versuchsstationen oder Demonstrationen durch die Berater selbst. Bauern haben gelernt, Dingen, die sie nicht selbst erfahren haben, zu mißtrauen. Aufgrund dieses Mißtrauens wurde im **Puebla**-Projekt die Bezeichnung „Demonstration" durch „Hochertragsanbau" ersetzt. Die Anpflanzungen erfolgten grundsätzlich durch die Bauern selbst, von den Beratern kam lediglich die entsprechende Anleitung.

Ein wesentliches Argument, die Demonstration so weit wie möglich von den Bauern selbst anlegen zu lassen, liegt auch darin, daß Berater zeitlich meist überhaupt nicht in der Lage sind, solche Arbeiten selbst zu verrichten, bzw. daß ein nicht zu vertretender hoher Zeitaufwand dafür erforderlich wäre.

Weitere Hinweise ergeben sich aus den → Übersichten 1 und 2 in → Kap. III.14 sowie in → E6 und → E7.

Literatur

A. WATERSTON: Managing Planned Agricultural Development. Washington: Governmental Affairs Institute, 1976.

Bearbeitung

Gerhard PAYR, Rolf SÜLZER

C 6

Probleme der Arbeit mit Kontaktbauern

In verschiedener Weise ist immer wieder versucht worden Bauern direkt in die Beratung mit einzubeziehen. Einer der bekanntesten Versuche hierzu wurde in Comilla/Bangladesh unternommen. Hier wurden Funktionäre der Genossenschaften und Kontaktbauern durch die Genossenschaftsmitglieder ausgewählt.

Es sollten nur hervorragende und vertrauenswürdige Bauern ermittelt werden. Zusätzlich wurden auch Personen zur Betreuung der Frauen und Jugendlichen bestimmt. Die ausgewählten Personen wurden einmal wöchentlich in den Bereichen Landwirtschaft und Genossenschaftswesen unterrichtet. Man erwartete von ihnen, daß sie die vermittelten Wissensinhalte an die jeweiligen Zielgruppen weitergeben würden. Gleichzeitig sollten sie Schwierigkeiten bei der Durchführung beobachten, Kommentare der Bauern auf die Beratungsangebote einholen und diese bei der wöchentlichen Schulung vortragen. Besonders erfolgreiche Kontaktbauern wurden zu Kontrolleuren für bis zu vier Genossenschaften gemacht. Für diese Bauern wurden zusätzlich wöchentliche Schulungen eingeführt, was aber auch zu einer weiteren zeitlichen Belastung führte.

Man war bei diesem Programm von der Überlegung ausgegangen, daß Bauern von landwirtschaftlichen Beratern wohl Informationen, aber nicht dirigistische Anweisungen annahmen. Viel eher wären Bauern bereit, dem Rat vertrauenswürdiger Bauern Folge zu leisten. Solche Bauern gehören meist nicht zur „offiziellen" Führungselite eines Dorfes. Diese Annahmen wurden im Forschungszentrum von Comilla erarbeitet und bestätigt.

Bei der praktischen Durchführung kam es aber zu einer Reihe von Schwierigkeiten. Besonders zwischen den Genossenschaftsfunktionären und den Kontaktbauern kam es häufig zu Konflikten. Daraufhin vereinigte man die beiden Aufgabenbereiche. In den meisten Dörfern beteiligte sich nur knapp die Hälfte der Dorfbewohner an der Genossenschaft, und die reicheren Bauern profitierten überproportional stark. Die Gesamtkosten des Vorhabens wurden so hoch, daß eine regionale Ausweitung unmöglich und das Projekt schließlich abgebrochen wurde.

Später wurde versucht, den alten Ansatz neu zu beleben. Wiederum wurden die Genossenschaften sehr rasch von den größeren Bauern dominiert und zweckentfremdet. 1974 nahmen meist weniger als 30 % der Kontaktbauern an den wöchentlichen Schulungen teil. Als Gründe hierfür wurden vor allem die für die Mehrheit der Bauern nicht relevanten Wissensinhalte ermittelt.

In **Daudzai, Pakistan,** wurde ein ähnliches Konzept versucht. Anfänglich wurden die Bauern in Genossenschaften organisiert, um Probleme zu lösen. Später aber wurden verpflichtende Sparprogramme und wöchentliche Zusammenkünfte eingeführt. Kontaktbauern mußten zusätzlich alle 14 Tage an einer Schulung teilnehmen und sollten auch das wöchentliche Zusammentreffen der Bauern gestalten. Das Projekt scheiterte am für Kontaktbauern zu hohen Zeitaufwand für Beratungsaufgaben.

CADU in Äthiopien versuchte ein ähnliches Vorgehen. Dabei wurden von den Bauern fünf Kandidaten bestimmt, von denen schließlich durch den Berater einer als Kontaktbauer ausgewählt wurde. Ein Berater führte gemeinsam mit zwei Assistenten 15 Kontaktbauern. Anstelle formaler Ausbildung an einem Zentrum betreuten die Berater die Kontaktbauern direkt bei der Beratungsarbeit. Das Programm funktionierte zunächst gut, führte aber auch hier zur Vernachlässigung der eigenen Betriebe der Kontaktbauern, so daß deren Bereitschaft zur Beratungsarbeit nachließ.

Im **ZAPI-Vorhaben in Kamerun** wurden ebenfalls Kontaktbauern eingesetzt. Sie wurden von den Beratern ausgewählt, wobei Französisch-Kenntnisse und Kontakte zur Verwaltung die zentralen Kriterien waren. Die Stellung der Bauern im Rahmen der ländlichen Gemeinschaft wurde weitgehend vernachlässigt. Da zusätzlich die technischen und institutionellen Rahmenbedingungen kaum beachtet wurden, scheiterte das Vorhaben.

Resumée

Insgesamt war der Einsatz von Kontaktbauern als Berater kaum irgendwo nachhaltig erfolgreich. Eine Reihe von Gründen scheint dafür verantwortlich zu sein:

- In Comilla sollte ein Kontaktbauer pro Dorf das Vertrauen aller Bauern haben und die Beratung übernehmen. Tatsächlich fand man in Comilla später heraus, daß in einem Dorf bis zu 14 verschiedene Meinungsführer existierten. Demnach hätten ebenso viele Kontaktbauern ausgewählt werden müssen, was aber nicht praktikabel gewesen wäre.

- Der Fehler im Kamerun-Projekt bestand vor allem darin, daß externe Berater häufig Kontaktbauern auswählten, die ihren eigenen Merkmalen nahekommen. So ausgewählte Kontaktbauern sind häufig zu jung, zu gut ausgebildet, zu wohlhabend und zu fortschrittlich, um beispielhaft und glaubwürdig für die Masse der ärmeren Bauern sein zu können.

- Häufig wurden Kontaktbauern nur eingesetzt, um die Beratungskosten niedrig zu halten. Das Problem der begrenzten Arbeitskapazität der Kontaktbauern bzw. der alternativen Einsatzmöglichkeit der Beratungszeiten wurde meist vernachlässigt.

C 6

- Zumeist wurden Kontaktbauern nur dazu benutzt, als Sprachrohr der Berater fertige Inhalte weiterzuvermitteln. Erfahrungsgemäß erlahmen Interesse und Arbeitsbegeisterung von Kontaktbauern recht rasch, wenn sie selbst und die Zielgruppen beim Problemlösungsprozeß und bei der Maßnahmenableitung nicht beteiligt werden.

- Wenig erfolgreich waren auch die formalen Ausbildungskonzepte, wobei Inhalte über die Schulung von Beratern und Kontaktbauern schließlich die Bauern erreichen sollten. Analphabetismus und Ungewohntheit im Umgang mit Texten und Vortrag sind die Ursachen dafür, daß praktische Demonstrationen sich als ein viel geeigneteres Kommunikationsmittel bei der Wissensübertragung erwiesen haben.

- Kontaktbauern tendieren oft dazu, Informationen und Wissensinhalte vor allem für sich selbst und für Verwandte zu nutzen. Diese Gefahr wird um so größer, je weniger die Bauern bei Entscheidungen über die Auswahl der Kontaktbauern und über die Inhalte der Beratung beteiligt werden.

Gleichwohl zeigen die angeführten Schwachstellen auch auf Lösungsmöglichkeiten hin. Je mehr die Zielgruppen bei der Auswahl der Kontaktbauern beteiligt werden und je praxisnäher die Vorbereitung dieser Bauern durchgeführt wird, desto eher kann man sich von ihnen eine wirksame Unterstützung der Beratungsarbeit erhoffen.

Zur Frage der Arbeit mit Kontaktbauern enthalten → E4 und → F9 weitere Hinweise.

Quelle

A. WATERSTON: „Managing Planned Agricultural Development". Washington: Governmental Affairs Institute 1976.

Bearbeitung

Rolf SÜLZER, Gerhard PAYR

C 7

Probleme des Führungsstils in Organisationen

Organisieren erfordert in hohem Maß auch Geschick im Umgang mit Menschen, innerhalb von Organisationen kommt dem Führungsverhalten hohe Bedeutung zu. Wie in → Kap. III.14 beschrieben, hängen Leistung und Zufriedenheit in Organisationen wesentlich davon ab, welches Menschenbild die Vorgesetzten bei ihren Mitarbeitern zugrunde legen. Die Vorstellung vom Verhalten und seinen Ursachen bestimmt den Umgang, den Führungsstil.

Es hat sich eingebürgert, Führungsstile wie folgt zu klassifizieren:

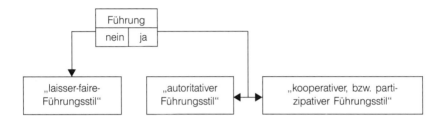

Dabei bezeichnen die Klassen autoritativ-kooperativ die Endpunkte einer Skala, sind theoretische Extremwerte. Führungsstile in der Realität sind fast immer Mischformen, müßten zwischen den Endpunkten, innerhalb der Skala eingeordnet werden. Erkennen kann man Führungsstile z.B. an der Art der eingesetzten Führungsmittel, die jeweils spezielle Motive des Folgens ansprechen:

	Führungsmittel	Motive des Folgens
Ethisch-moralisch nicht vertretbar	Gewalt Drohen mit Gewalt In seelischen Notstand versetzen Suggestion Imponieren	Zwang Angst, Sorge Hörigkeit Im Bann stehen Einschüchterung oder Bewunderung
Autoritativ Kooperativ	Berufung auf Amtsstellung Berufung auf Amtsaufgabe Versprechen von Belohnung Versprechen von Auszeichnung Persönliche Fürsorge Persönliche Bitte, ins Vertrauen ziehen Menschliches Vorbild Idealisierung der Aufgabe Offenlegung der Motive Vertrauen in den anderen setzen Sachliche Orientierung und Begründung Gemeinsame Beratung	Gehorsam und Ergebung Dienstauffassung, Pflicht Erwerbsstreben Geltungsstreben Dankbarkeit, Treue Hilfsbereitschaft, Verantwortung Ehrfurcht Begeisterung Vertrauen Sich dieses Vertrauens würdig erweisen Einsicht, Mitverantwortung Eigener Entschluß, Mitverantwortung

C 7

Insgesamt bestimmt der Führungsstil über

- die Form des Kontaktes

- die Einstellung des führenden Partners zu dem Geführten und sein Führungsverhalten

- die dadurch bewirkten Reaktionen bei dem geführten Partner, seine Motive und Einstellungen zur Führung und zum Vorgesetzten

Sozialpsychologische Auswirkungen verschiedener Führungssysteme		
	autoritativ	kooperativ
I.1. Form des Kontaktes	Abstand, Höherstellung	Nähe, Gleichstellung
II.2. persönliches Auftreten der Führenden 3. Einstellung zu Untergebenen	Betonen der Autorität, Repräsentation liebt fügsame, willige Menschen, schätzt Gehorsam und Disziplin	Schlichtheit, scheut Zeremonien und Förmlichkeiten schätzt freie, geistig selbständige Menschen
III.4. Gefühlsreaktion der Geführten 5. Motive des Handelns 6. Einstellung zur Führung	fühlt sich oft nicht voll verstanden und geachtet, je nach Niveau eingeengt bis unterdrückt Pflichtbewußtsein Respekt, Ehrfurcht	fühlt sich als Persönlichkeit geachtet und verstanden, je nach Niveau befreit bis erhoben Einsicht, Verantwortungsgefühl Liebe, Vertrautheit
IV.7. geistige Kommunikation und Bindung an das Führungssystem 8. erzeugtes „soziales Klima"	gering leicht gespannt. Gefahr des gegenseitigen Mißtrauens, Cliquenbildung	große Anteilnahme an allen Plänen und Absichten Vertrauen, innere Einheit und Harmonie

Führungssystem	autoritativ	kooperativ
1. Voraussetzungen	starkes Bildungsgefälle zwischen Führung und Geführten	gleiches Bildungsniveau zwischen Führung und Geführten
2. Vorteile	rasche Entscheidungen	richtige Entscheidungen durch Mitkontrolle der Ausführenden, Krisenfestigkeit, natürliche Auslese des Führungsnachwuchses
3. Gefahren	Verfall der geführten Gruppe bei Abwesenheit der Führung	Langsamkeit der Entscheidungen, Zerfall der Zusammenarbeit in komplizierten Situationen
4. Anforderungen	höchste Selbstverantwortung und Selbstkontrolle, weite Voraussicht, Feingefühl	geistige Aufgeschlossenheit, Beweglichkeit, Kraft des Vertrauens, Verzicht auf persönliche Vorrechte

C 7

- die gegenseitige Kommunikation und das dadurch erzeugte sozialpsychische Klima (Betriebsklima).

Jedes Führungssystem hat in bestimmten Situationen Vor- und Nachteile. Wenn hier kooperative und partizipative Führung empfohlen wird, so ist zu beachten, daß dafür ausreichende Voraussetzungen zu schaffen sind und daß in speziellen Situationen, bei Zeitdruck und Zugzwang nur noch autoritatives Führungsverhalten zu Lösungen führt. Dem ansonsten kooperativ Führenden wird eine solche Abweichung in der Regel aber zugestanden, wenn er Vertrauen genießt und echte Autorität hat.

Ablauf eines Führungsauftrags	Rollenverständnis des Führenden bei unterschiedlichem Führungsverhalten		
	autoritativ	teils/teils	kooperativ
1. Plan fassen		Inspirator Initiator	Gruppenmitglied
2. Die Durchführung des Plans in seine Einzelaufgaben auflösen		einsamer Spezialist	
3. Einzelne Aufgaben den geeigneeten Menschen zuordnen	Anführer	Organisator	Gruppenmoderator
4. Anordnungen für die Aufgabendurchführung erteilen	Befehlshaber	Leiter	verantwortlicher vorgesetzter Partner
5. Zur Durchführung anleiten: Vormachen, Erklären, Üben lassen, zur Selbständigkeit führen		Meister Unterweiser Instrukteur	Berater Freund
6. Die Durchführung überwachen	Kontrolleur		Helfer
7. Ergebnis beurteilen	Kritiker		sachverständiger Fachmann
8. Korrektur, Berichtigung	Richter		Förderer von Selbstkritik und
9. Disziplin erhalten	Gewalthaber		Gruppendisziplin

Der Führungsstil erwächst neben dem Menschenbild vom Mitarbeiter auch wesentlich aus dem eigenen Rollenverständnis des Führenden.

Kooperative und partizipatorische Führung lebt von der Verlagerung von Kompetenz und Verantwortung aus der Hand des Führenden in die kooperative Arbeitsgruppe. Somit wird **Delegation** zum entscheidenden Führungsmittel.

C 7

Abschließend folgt eine Gegenüberstellung wesentlicher Merkmale und Verhaltensweisen innerhalb der beiden Führungsstil-Extreme, die das bisher Beschriebene noch einmal illustrieren soll.

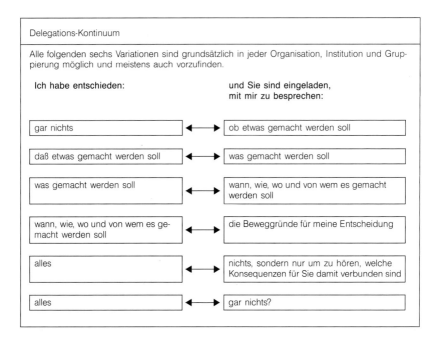

Quellen

K. ANTONS: Praxis der Gruppendynamik. Übungen und Techniken. Göttingen: Hogrefe, 4. Aufl., 1976, Delegationskontinuum nach G. SCHWARZ, T. JOHNSTADT, S. 174.

E. BORNEMANN: Sozialpsychologische Probleme der Führung. In: Kölner Zeitschrift für Soziologie und Sozialpsychologie, 1962, S. 105 — 123.

C.M. PRINCE: Creative meetings through power sharing. In: Harvard Business Review, 1972.

Bearbeitung

Volker HOFFMANN

C 7

Merkmale unterschiedlicher Führungsstile	
dirigistisch/autoritativ	kooperativ/partizipatorisch
1. Am wirksamsten ist es, für alle Entscheidungen einen „Boß" zu haben.	1. Am wirksamsten sind Entscheidungen auf der Basis der Nutzung des Wissens aller Beteiligten.
2. Das leitende Personal entscheidet so viel wie irgend möglich allein („Einsame Entschlüsse")	2. Mitarbeiter werden ermutigt, auch für schwierige Situationen Lösungen zu überlegen und diese vorzutragen.
3. Vorgesetzte versuchen, ihren Einfluß ständig zu erweitern.	3. Vorgesetzte setzen sich dafür ein, auch die Position ihrer Mitarbeiter ständig zu verbessern.
4. Vorgesetzte erpressen durch Druck und durch Erzeugung von Angst Leistungen ihrer Mitarbeiter.	4. Die Leistungen der Mitarbeiter steigen durch Anerkennung und Fortbildung.
5. Leitendes Personal kontrolliert ständig die Arbeit aller Mitarbeiter.	5. Die Mitarbeiter entwickeln Eigenverantwortung aufgrund gemeinsam formulierter Arbeitsziele und Vorgehensweisen.
6. Gute Leistungen von unterstelltem Personal werden nach außen als Leistung des Vorgesetzten ausgegeben.	6. Gute Leistungen des Personals werden von Vorgesetzten auch nach außen und gegenüber der nächsten Ebene als deren Leistung herausgestellt.
7. Mitarbeiter verhalten sich bei Diskussionen und Gesprächen vorsichtig und zurückhaltend, weil sie Tadel oder Mißbilligung fürchten.	7. Diskussionen und Gespräche verlaufen angeregt und erfassen das bei den Mitarbeitern vorliegende Wissen, weil diese keine Sanktionen bei Ungeschicklichkeiten oder Irrtum befürchten müssen.
8. Kritik äußert sich als persönlicher Tadel und als Zurechtweisung, ohne die eigentlichen Ursachen zu diskutieren.	8. Vorgesetzte begründen geäußerte Kritik und geben den Mitarbeitern Gelegenheit, Stellung zu nehmen.

C 8

„Beratung", ein internationales Begriffsproblem

In der internationalen Diskussion über Beratungsfragen gibt es große Begriffsprobleme. Zwar hat sich eine recht eindeutige Übersetzungspraxis eingebürgert, bei näherer Betrachtung zeigt es sich jedoch, daß dabei Begriffe mit sehr unterschiedlicher Bedeutung gleichgesetzt werden. Dies führt dazu, daß eine zufriedenstellende Verständigung über Beratung zumindest schwer, wenn nicht gar unmöglich ist. → Übersicht 1 gibt dafür einige Beispiele aus dem europäischen Sprachraum. Für die Aufnahme außereuropäischer Sprachen in diesen Vergleich fehlen uns die Kenntnisse, aber auch die Schriftzeichen.

Übersicht 1:

Beratung und Berater: international nicht kompatible Begriffe			
Sprachraum	Begriff für die beratende Tätigkeit	Begriffsinhalt	Begriff für die beratende Person
Deutsch:	Beratung	Rat geben, Hilfe zur Problemlösung	Berater, Ratgeber
Französisch:			Conseiller
Englisch und US-Amerikanisch:	Advisory work		Advisor
	Counseling	psychologisch beratend	Counselor
	Consultation	konsultieren	Consultant
	Extension	verbreiten	Extension-Agent
Spanisch:	Extension	ausbreiten	Extensionista
Portugiesisch:	Extensao		Extensionista
Französisch:	Vulgarisation	popularisieren	Vulgarisateur
Italienisch:	Divulgazione	verbreiten	Divulgatore
Französisch:	Encadrement	einrahmen, eingliedern, einweisen, einreihen	Encadreur
Französisch:	Animation	motivieren aktivieren	Animateur
Französisch:		Anzeiger, Anleiter, Anweiser	Moniteur
Holländisch:	Voorlichting	vorleuchten, aufleuchten	Voorlichter
Dänisch	Oplysning	aufklären	Consulent
Italienisch:	Assistenza tecnica	technischer Beistand, Hilfe	Assistente tecnico

C 8

So verschieden wie die Begriffe, so verschieden ist auch das Selbstverständnis und die dahinterstehende Beratungsphilosophie.

Eine Spekulation über „Wort-Geschichte"

Bewegen wir uns gedanklich zurück in die deutsche Heimat, so können wir feststellen, daß auch der so eindeutig erscheinende Begriff „beraten" in verschiedenen Bedeutungen gebraucht wird. In der transitiven Form, wie wir dieses Verb zum Beispiel im Rahmen unseres Themas ganz selbstverständlich gebrauchen, erscheint es geschichtlich gesehen erst in jüngerer Zeit.

beraten

transitiv	intransitiv
jemanden beraten	sich beraten
einen Rat geben	mit sich zu Rate gehen
einen Ratschlag geben	etwas gemeinsam beraten
	etwas beratschlagen

Der ursprüngliche Wortsinn war anscheinend intransitiv.

Das unbenannte „Gegenüber" der Beratung

Haben Sie schon einmal einen Text über Beratung schreiben müssen? Wenn ja, dann ist Ihnen sicher das Problem begegnet, wie Sie das Gegenüber des Beraters benennen sollen.

Berater	?
Berater	Beratener
Berater	Beratungspartner
Ratgeber	Ratnehmer
Ratbietender	Ratsuchender
Therapeut	Klient
?	Kunde
?	Zielperson/Zielgruppe

Alles, was uns der allgemeine Sprachgebrauch hier anbietet, erscheint dürftig, nicht so richtig zutreffend, wirkt wie Flickwerk.

Wenn die im letzten Abschnitt vertretene These richtig ist, so liegt darin auch die Erklärung für diesen unbefriedigenden Zustand. Ist Beratung ursprünglich intransitiv, so gibt es kein Gegenüber. Man geht mit sich selbst zu Rate oder man berät sich gemeinsam mit anderen.

C 8

Mit dem Bedeutungswandel kann der allgemeine Vorgang weiterhin Beratung heißen, aber die Beteiligten an diesem Vorgang werden in eine Aktiv- und eine Passivseite zerlegt. Für die Aktivseite ist der neue Name leicht zu schaffen, man spricht jetzt vom Berater. Sein Gegenüber jedoch ist dadurch ein für allemal begrifflich in die Position des schwächeren, des passiven Teiles abgedrängt worden, für den ein eigener klarer Begriff bis heute nicht geschaffen wurde.

Bedeutungswandel zum Negativen?

Kritiker, die der zunehmenden Professionalisierung aller Dienstleistungsbereiche ablehnend gegenüberstehen, haben im Beratungsbereich darauf hingewiesen, daß mit dem Wandel des Begriffsverständnisses hin zur transitiven Form gleichzeitig die Gefahr der Entmündigung des Bürgers gestiegen ist. Einen Ratschlag geben, kann so direkt als aggressiver Akt verstanden werden, der andere wird mit einem Rat „geschlagen". Auch aus dem gängigen Begriff, Beratung wende sich an „Zielgruppen", kann ein solches aggressives Moment herausgelesen werden. Insbesondere bei unseren französischen Nachbarn wird das militärische Element deutlich. Wenn sie von groupe-cible sprechen, so ist cible oder cibler direkt vom Zielen auf die Zielscheibe hergeleitet. Auch „encadrer" könnte militärischer Herkunft sein, unter Napoleon war ein „cadre" die kleinste militärische Gruppengröße unter gemeinsamem Kommando.

Schließlich gibt es z.B. in Bewässerungsprojekten gelegentlich Zwangsanbau, der dann vornehm verbrämend: „Produktion unter genauer Aufsicht" genannt wird und als „Beratungsansatz" aufgeführt wird. Beratung hat einen guten Klang, und den will jeder nutzen, auch wenn er es mit seinen Taten nicht verdient. Deshalb: Vorsicht! Vor Etikettenschwindel wird gewarnt.

Diese Hinweise erklären vielleicht, warum wir in → Kap. I.2 viel Mühe auf eine klare Definition des Beratungsbegriffs und auf seine Abgrenzung verwandt haben.

Quelle

Volker HOFFMANN: Beratungsbegriff und Beratungsphilosophie im Feld des Verbraucherhandelns. — Eine subjektive Standortbestimmung und Abgrenzung. In: Die Qualität von Beratungen für Verbraucher, Campus Forschung. Band 462, Frankfurt, New York, 1985, S. 26 — 47.

Bearbeitung

Volker HOFFMANN

D 1

Problemlösungsverfahren des RIP in Botswana

„Rural Industries Promotions" (RIP) ist eine nichtkommerzielle Gesellschaft, die in Kanye, Botswana, ein „Rural Industries Innovation Centre" unterhält. **Gemeinsam** mit der Bevölkerung werden Produktionsverfahren entwickelt, die zur Ansiedlung von Handwerksbetrieben und von Kleinindustrie in den ländlichen Gebieten führen können.

In den verschiedenen Bantu-Stämmen wird noch heute derjenige, der etwas Neues versucht, als Außenseiter empfunden. Um wirksame Veränderungen bei den Geräten und Werkzeugen durchzusetzen, hat man im „Innovation Centre" das Verfahren eines ständigen Dialogs mit der Bevölkerung entwickelt. Im einzelnen umfaßt der Dialog folgende Schritte:

(1) Fachleute des „Innovation Centre" führen **planmäßig** Besuche und ausführliche Gespräche mit

- Stammeshäuptlingen

- Dorfgemeinschaften

- Kooperativen

- einzelnen Handwerkern und

- Regierungsstellen durch, um zu erfahren, wer welche Probleme hat und welche Lösungen gewünscht werden.

(2) Nach der Aussprache über die Vorrangigkeit und Dringlichkeit von Problemen mit den Betroffenen wird im Zentrum nach Lösungen gesucht: In der Literatur, im Kontakt zu Fachleuten innerhalb und außerhalb Botswanas und in der praktischen Entwicklung in der eigenen Werkstatt.

(3) Im Zentrum werden daraufhin Versuchsmuster technisch durchgearbeitet und erprobt (z.B. Weidezäune, Hirse-Drescher, Fahrradgepäckträger ...).

(4) Mit diesen Versuchsmustern (Prototypen) geht man zurück zu denjenigen, die um Hilfe nachgesucht haben. Von ihnen läßt man die Prototypen begutachten.

(5) Gemeinsam bespricht man, welche Produktionsmethoden erforderlich sind (Materialien, Bearbeitungsverfahren, Werkzeuge), und sucht nach Kleinherstellern in Zusammenarbeit mit den Dorfgemeinschaften.

D 1

(6) Wenn sich Kleinhersteller bereit erklärt haben, paßt man die Konstruktion an deren Gegebenheiten an, hilft ihnen bei den ersten Typen und übernimmt — so erforderlich — die erste Schulung.

(7) Während der Hersteller mit produktionstechnischen Problemen beschäftigt ist, bemühen sich Vertreter des Zentrums um die Organisation einer „gesunden" Produktionsbasis: Kreditbeschaffung, Rohmaterial-Einkauf, Vermarktung der Erzeugnisse.

(8) Die Aufnahme der Produktion wird noch über einen längeren Zeitraum beobachtet und auf weitere Probleme hin durchleuchtet.

Bearbeitung

Rolf SÜLZER, Gerhard PAYR

D 2

Problemlösungsansatz im „Tetu Extension Project" in Kenya

Die Region Tetu liegt im Kikuyu-Hochland der Zentral-Provinz Kenyas. Das „Extension"-Programm ist Bestandteil des größeren „Special Rural Development Programme" (SRDP). Mit diesem Programm werden innovative Ansätze zur Förderung der ländlichen Entwicklung ausprobiert. Es sollen Experimente sein, und zwar so, daß sie wiederholbar und auf andere Regionen übertragbar sind.

Das „Extension-Project" in Tetu begann mit einer **Grundlagen-Studie** in der die bisherigen Produktionsverfahren, die eingeführten Neuerungen, die Betriebstypen und die Kommunikationsmöglichkeiten erhoben wurden (Situationsanalyse).

Aus den Erhebungen wurde die **Diagnose** abgeleitet, daß von allen bisherigen Anstrengungen in der Region die kleineren Farmer nicht erreicht wurden, denen die Kenntnisse fehlen, die Neuerungsvorschläge für den eigenen Betrieb umzusetzen.

Um eine **Strategie** zu entwickeln, wurden die Ergebnisse der Situationsanalyse und der Diagnose auf mehreren Ebenen vorgetragen: die Rohfassung der Situationsanalyse wurde im Projektgebiet mit Provinz-, Distrikt- und Divisions-Verantwortlichen diskutiert. Dabei wurde auf die Engpässe hingewiesen, auf die Tatsache der Ungleichheit und die Bedeutung spezifischer Kommunikationstechniken für bestimmte Gruppen von Farmern.

In den Gesprächen wurden die Verantwortlichen zunehmend mit den Schwierigkeiten der Region vertraut, so daß sie schließlich zustimmten, die bereits vorhandenen „Farmer Training Centres" teilweise auf die Bedürfnisse der kleinen Bauern auszurichten. Erst nach diesen Gesprächen wurden die Ergebnisse der Situationsanalyse in Nairobi veröffentlicht und vorgelegt.

Der **Plan** für das Vorgehen umfaßte ein spezielles Schulungsprogramm für das Personal der Ausbildungszentren in Kommunikationstechnik, Vermittlung der Auswahlkriterien an die Berater (Junior Agricultural Assistants), Aufbau einer speziellen Kartei zur Registrierung von Bauern und ihrer Betriebe, Entwicklung des Curriculums, Erprobung der Curricula durch die Lehrer mit den „Junior Agricultural Assistants", Rekrutierung der Farmer, ihre Ausbildung, ihre nachfolgende Betreuung und besondere Beratung sowie die Evaluierung. Dieser **Plan** mußte auf den verschiedensten Ebenen **implementiert** werden. Nach kurzer Zeit kristallisierte sich heraus, daß es zwecklos war, dies in Nairobi zu versuchen. Die Verantwortlichen hatten wenig Zeit, die Vorschläge zu lesen oder gar zu den begleitenden Seminaren zu kommen.

D 2

Deswegen wurde der Plan in Versammlungen vor Ort mit Hilfe von Folien für den Tageslichtprojektor erläutert. Jeweils nach einer Präsentation setzte man sich zusammen (Experten, lokale Funktionäre, Leiter von Distrikten aus verschiedenen Ministerien) und erörterte gemeinsam die Möglichkeiten. Einige Vorschläge haben sich dabei gleichsam verselbständigt. Ein Bericht über die erfolgreichen Treffen und die Überlegung, Trainingsprogramme nicht nur für die Landwirtschaft durchzuführen, wurden nach Nairobi ins Kabinett gebracht. Die Verantwortlichen auf Provinzebene wurden sodann gefragt, wie sie zu solchen Vorschlägen gekommen waren — die sie gar nicht gemacht hatten! Das Verfahren endete vorerst mit einem Abbruch der Bemühungen. Aufgrund der guten Kontakte und Beziehungen zur Bevölkerung gelang es der Projektgruppe schließlich doch, einen erneuten Zugang zu finden.

Situationsanalyse, Diagnose und Strategie wurden auf verschiedenen Konferenzen und Seminaren vorgestellt: „Nyeri Workshop on Co-ordinating Education", „Kampala Social Science Conference", „The Rural Development Seminar" und „Wamalwa Commission on Training". Nach drei Monaten hatten sich die Wogen geglättet und die Durchführung in den ersten Ausbildungszentren konnte beginnen.

Diese kurze Einführung in die Vorgehensweise macht zwei Bedingungen deutlich:

(1) Der Problemlösungsansatz ist vermutlich langwierig, mobilisiert aber auch viele Leute, hat eine große Breitenwirkung.

(2) Ohne die Zustimmung und auch die politische Unterstützung aller Beteiligten werden Programme immer wieder zerstört. Es werden Mittel abgezogen oder nicht zur Verfügung gestellt, die Mitarbeit wird verweigert oder — wie im vorliegenden Fall — der Zutritt in die Region wird nicht mehr gestattet.

Bearbeitung

Gerhard PAYR, Rolf SÜLZER

D 3

Bestimmung der Beratungsverfahren im „Kawinga RDP" in Malawi

1. Entwicklungspolitische Rahmenbedingungen

Seit 1976 wird in Malawi an der Verwirklichung eines „Nationalen Ländlichen Entwicklungsprogrammes" (NRDP) gearbeitet, das landesweit auf die Verbesserung der Lebensbedingungen der Masse der armen ländlichen Bevölkerung ausgerichtet ist. Dieser Politik entsprechend werden nicht nur indirekt wirksame Maßnahmen eingesetzt, sondern Maßnahmen werden direkt auf die Zielgruppen zugeschnitten. Dieses Konzept eines armutsorientierten und massenwirksamen Entwicklungsprogramms wird operational durch die folgenden Grundsätze angestrebt:

(1) Beteiligung der Zielgruppen an Planung und Durchführung der Programme durch den Aufbau von Zielgruppenorganisationen auf Dorf-, Gebiets- und Distriktebene.

(2) Stufenweise Projektplanung und -durchführung soll durch die Unterteilung des Projektablaufes in extensive und intensive Phasen sowie durch geeignete Projektsteuerungsinstrumente erreicht werden.

Projekte des NRDP-Programmes sind auf einen Durchführungszeitraum von 15 — 20 Jahren angelegt. In der ersten Phase werden die wesentlichen Bestandsaufnahmen und Entwicklungsmöglichkeiten ermittelt. Parallel dazu wird mit dem Ausbau der Infrastruktur und lokaler Verwaltungeinrichtungen begonnen. In der zweiten Phase („extensive Phase" über 5 Jahre) werden landwirtschaftliche Basisdienste wie Beratung, Kredit und Vermarktung erweitert. Erst in der dritten Phase („intensive Phase") ist die Einführung tiefgreifender produktionstechnischer Neuerungen vorgesehen. In der vierten Phase („Consolidation") ist schließlich die Förderung ländlichen Gewerbes und ländlicher Industrien vorgesehen.

Zur Verwirklichung dieses Konzepts wurde ganz Malawi in acht landwirtschaftliche Entwicklungsregionen unterteilt, die ihrerseits in je 6 — 10 Projektgebiete untergliedert sind. Diese Projektgebiete zerfallen wiederum in kleinräumige Teilgebiete, die die unterste Ebene für Planung, Durchführung und Ablaufsteuerung darstellen. Jede der acht Entwicklungsregionen erhält eine zentrale „Management Unit", die mit Spezialisten, Verwaltungspersonal und einer Projektsteuerungs- und Evaluierungsabteilung ausgestattet ist.

D 3

2. Planung des Projektgebietes Kawinga

Vor der Erläuterung der Vorgehensweise bei der Bestimmung der Beratungsverfahren ist es zum besseren Verständnis erforderlich, die Arbeitsschritte bei der Planung des Kawinga-Projekts kurz darzustellen.

- Ermittlung der Basisinformation zum Projektgebiet und zur Projektbevölkerung.

- Ermittlung der wichtigsten Faktoren, die die Nutzung der vorhandenen Produktionsverfahren behindern (Nutzungsschranken).

- Bestimmung von Bevölkerungsgruppen, die im Hinblick auf Ausstattung und Nutzungsschranken in ähnlicher Lage sind (Zielgruppen).

- Entwurf möglicher Maßnahmen, die geeignet sind, aufgrund der gegebenen Faktorenausstattung der einzelnen Zielgruppen die Nutzungsmöglichkeiten zu erweitern.

- Quantifizierung der möglichen Wirkungen solcher Maßnahmen und Bestimmung der Kosten für die Durchführung dieser Maßnahmen.

- Errechnen der einzelbetrieblichen und volkswirtschaftlichen Wertigkeit der verschiedenen Maßnahmenalternativen und Entscheidung für das Maßnahmenbündel mit dem besten Verhältnis zwischen einzelbetrieblichem und volkswirtschaftlichem Nutzen.

- Erarbeitung der geeigneten Durchführungsformen für die ermittelten Maßnahmen.

3. Vorgehen bei der Ableitung der Beratungsverfahren

a) Beratungsspezifische Situationsanalyse

Diese zielt auf die Ermittlung der beratungsrelevanten Informationen bei den Zielgruppen und bei der bestehenden Beratungsorganisation. Methodisch wurde hierbei wie folgt vorgegangen:

- Auswertung vorhandener Untersuchungen von Planungsabteilungen, Forschungsstellen, Geberinstituten.

- Auswertung des vorhandenen Datenmaterials bei Statistischen Ämtern, Ministerien, Regional- und Distriktverwaltung.

- Studium der Akten der Regional-, Distrikt- und Feldbüros betreffend Kawinga (Programmplanung, Monatsberichte, Besprechungsprotokolle, Mitteilungen der Feldberater, Personalakten).

- Vergleiche mit dokumentierten Erfahrungen ähnlicher Vorhaben innerhalb und außerhalb des Landes.

- Expertengespräche mit Personal der Ministerien, nachgelagerten Ebenen, Forschungseinrichtungen, traditionellen Führern, Parteifunktionären, Missionaren.

- Befragung von 176 Bauern des Projektgebietes zur Absicherung und Klärung beratungsspezifischer Probleme.

b) Schwachstellenanalyse

Auf der Basis der Daten der Situationsanalyse werden die bestehenden Schwachstellen in der Beratung benannt. Damit wird aufgezeigt, wo Verbesserungen möglich und erforderlich sind. Typische und quantitativ und qualitativ benennbare Schwachstellen sind:

- Beraterdichte,

- Beraterqualifikation,

- angewandte Verfahren,

- Beratungsinhalte,

- Organisation und Management,

- Materielle Ausstattung.

c) Bestimmung der Beratungsinhalte

Die Ableitung der Beratungsinhalte (für das Jahr 1) erfolgte interdisziplinär durch alle beteiligten Planer sowie unter Beteiligung der Zielgruppen und Berater. An folgendem Beispiel soll hier der Zusammenhang zwischen Förderungsziel, Beratungsinhalt, Beratungskonzept und Beratungsverfahren dargestellt werden:

Aus einzelbetrieblicher Sicht liegt der Deckungsbeitrag bei Hybridmais unter optimalen Anbaubedingungen deutlich über dem von durchgezüchteten lokalen Maissorten, die nachgebaut werden können. Diese optimalen Bedingungen wer-

D 3

den aber, wie langjährige Untersuchungen aus benachbarten Gebieten belegen, unter kleinbäuerlichen Bedingungen auch bei durchschnittlich guter Beratung nicht erreicht. Angesichts der begrenzten Beratungskapazitäten, der unterschiedlichen Bodenfruchtbarkeit und geringen Wirtschaftlichkeit wurde deshalb der Anbau von Hybridmais zugunsten der durchzüchteten Sorten in der ersten Projektphase zurückgestellt.

d) Beratungskonzepte

Über geeignete Konzepte sollte eine rasche Neuerungsverbreitung zur Masse der Kleinbauern sichergestellt werden. Bei einer Beraterdichte von 1 : 500 wurde deshalb von der früher landesüblichen und im Hinblick auf Ausstrahlungseffekte weitgehend wirkungslos gebliebenen Förderung besonders fortschrittlicher Bauern abgegangen. Das Schwergewicht wurde auf die Anwendung von Gruppenberatung unter Einschaltung von Zielgruppenorganisationen (Komitees) auf Dorf- und Gebietsebene gelegt.

e) Bestimmung der Beratungsverfahren

Im Zentrum der Beratungsverfahren stehen die Dorfentwicklungskomitees, die als zentraler Multiplikator für die angebotenen Neuerungen fungieren sollen. Eine der ersten Aufgaben der Beratung wird deshalb die Formierung und Ausbildung von Komitees sein, die in jedem Dorf einzurichten sind, und die alle Zielgruppen und Entscheidungsträger eines Dorfes repräsentieren. Neben Beratung sollen diese Komitees, abhängig von ihrer Leistungsfähigkeit, auch Aufgaben für komplementäre Maßnahmenbereiche übernehmen (Kredit, Aufforstung, Saatbeete für Reis, Erosionsschutz etc.).

Verfahren der Einzelberatung beschränken sich auf die folgenden Personengruppen:

- Kontaktbauern der Komitees,

- lokale Einflußpersonen, die als „Beratungswiderstände" identifiziert wurden und die Gesamtberatung negativ beeinflussen. Damit soll eine unterstützende Haltung gegenüber der Beratungsarbeit angestrebt werden.

- fortschrittliche Bauern sollen nur insoweit individuell beraten werden, als diese noch unabgesicherte Neuerungen hinsichtlich ihrer Brauchbarkeit und Übertragbarkeit auf andere Zielgruppen erproben.

D 3

Die folgenden Gruppenverfahren wurden zur Anwendung empfohlen:

- Demonstration und Gruppengespräche,
- Anlage von Demonstrationsflächen,
- Feldtage,
- Gruppenseminare in Schulen oder Versammlungshäusern,
- Ausstellungen und Demonstrationen,
- Kampagnen unter Beteiligung von externen Politikern und Führern,
- Betreuung von Schullehrern und Kindern (Vermittlung von aktuellen Beratungsinhalten, Schulgärten, Unterlagen).

Im Medienbereich sollen die folgenden Hilfsmittel eingesetzt werden:

- Einsatz des Kinowagens einmal monatlich, als Versammlunganreiz für nachfolgende Information und Gruppendiskussion.
- Verteilung von Broschüren und aktuellen Beratungsrundbriefen für die Komitees (Lokalsprache),
- Errichtung von Anschlagtafeln für Nachrichten in jedem Dorf,
- Zusammenarbeit mit der regionalen Medienabteilung bei der Erarbeitung von Plakaten, Diaserien, Filmen, Rundfunkprogrammen und Broschüren.

Quelle

Project Appraisal, Kawinga Rural Development Project (Malawi). Eschborn: GTZ 1979.

Bearbeitung

Gerhard PAYR, Rolf SÜLZER

D 4

Komitees als Mittler zwischen Zielgruppen und Förderungsorganisationen in Malawi

Die Einrichtung von Komitees als Mittler bei der Durchführung von Förderungsmaßnahmen hat sich in einer Reihe von Ländern wie Pakistan, Nigeria und Ghana gut bewährt. Nachfolgend werden Erfahrungen aus Malawi, wo solche Komitees seit 1969 in einer Reihe von Regionalvorhaben der GTZ und der Weltbank erfolgreich eingerichtet wurden, zusammenfassend dargestellt.

1. Begründung

Ländliche Entwicklung wird in der Regel nur dann nachhaltig wirksam, wenn die Zielgruppen die Möglichkeit erhalten, ihre Meinungen und Vorschläge bei der Planung und Durchführung der Programme einzubringen. Meist ist es angesichts beschränkter Beratungskapazitäten und der Vielzahl von zu Beratenden für die Beratung notwendig, die Voraussetzungen für Gruppenberatung zu schaffen. Hierzu müssen Mittlerorganisationen geschaffen werden, die Beratungsaufgaben übernehmen können.

Die in Malawi seit der Kolonialzeit bestehenden „Farmer Clubs" erwiesen sich aus einer Reihe von Gründen als ungeeignet, diese Mittlerrolle zu übernehmen:

- Mitglieder der Farmer Clubs waren praktisch nur die fortschrittlichsten Bauern;

- die Clubs waren meist auf überdörflicher Ebene organisiert;

- für die Mitglieder war die Mitgliedschaft sehr vorteilhaft (Kredite, Sammelbestellungen, Spezialberatung etc.), die ärmere Bevölkerung profitierte von den Clubs aber kaum;

- die Vorteile der ländlichen Fördereinrichtungen kamen damit nur einem kleinen Teil der ländlichen Bevölkerung zugute und dabei vor allem jenen Bauern, die hinsichtlich Faktorausstattung, Wissen und Zugang zu Wissen und Produktionsmitteln ohnehin schon privilegiert waren.

Im Gegensatz dazu wurden Komitees seit etwa 1969 im Sinne einer gesamtheitlichen ländlichen Entwicklung so angelegt, daß alle Personengruppen des Dorfes bei Entscheidungen beteiligt wurden und Zugang zu den Förderungsmöglichkeiten erhielten. Alle Zielgruppen mußten deshalb in den Komitees vertreten sein. Neben Maßnahmen im landwirtschaftlichen Bereich sollten sich diese Komitees

D 4

auch mit anderen Aufgaben wie Gesundheitswesen, Schulwesen, Straßenbau, Kredit usw. befassen. Die Beteiligung der Zielgruppen bei Entscheidungen über Maßnahmen und ihre Durchführung gab den Beratern die Möglichkeit, die Reaktionen der Bauern rascher und genauer zu ermitteln. So konnten sowohl die Beratungsinhalte als auch die Verfahren zu ihrer Übermittlung ständig überprüft und angepaßt werden.

2. Das „Netzwerk" der Komitees

Im Rahmen des Lilongwe-Projekts (Weltbank) wurde ein hierarchisch aufgebautes System von fünf Komitee-Ebenen geschaffen, von denen allerdings nur die drei erstgenannten Ebenen voll funktionsfähig wurden:

– Dorfkomitee:

Sie haben 13 — 18 Mitglieder und schließen den Dorfvorsteher, einen Vertreter der Partei, eine Frauenvertreterin, einen Kirchenvertreter sowie einen Vertreter jeder Großfamilie mit ein. Die Wahl der Komiteemitglieder erfolgt unter Anleitung und vorheriger Schulung der Feldberater.

– Sektionskomitee:

Eine „Sektion" umfaßt etwa fünf Dörfer mit einer Gesamtfläche von ca. 1.000 ha. Eine Sektion ist mit einem Beratungsgebiet eines Beraters identisch. Die Mitglieder eines Sektionskomitees werden aus den Dorfvorstehern und den Vorsitzenden und Stellvertretern aller Dorfkomitees gebildet.

– Gebietskomitee:

50 Dörfer mit etwa 10.000 ha formen ein „Gebiet", das ein vorgesetzter Berater betreut. Im Gebietskomitee sind die Funktionäre der Komitees auf Sektionsebene und der traditionelle Häuptling vertreten. Wichtige Parteimitglieder und lokale Einflußpersonen können als „ex-officio"-Mitglieder gewählt werden.

– Gruppenkomitee:

Eine „Gruppe" umfaßt 4 — 5 Gebiete mit etwa 200 Dörfern und 40.000 ha Gesamtfläche. Die personelle Zusammensetzung dieser Komitees erfolgt analog zur Vorgehensweise der Gebietskomitees. Diese Komitees sollen zweimal jährlich zusammentreffen und vor allem bei der Entscheidung grundsätzlicher Fragen wie der inhaltlichen Ausrichtung der Jahresprogramme mitwirken. (Die Gruppenkomitees sind bislang aufgrund legislativer Schwierigkeit kaum wirksam geworden.)

D 4

- Projektkomitee:

  In diesem Komitee treffen sich einmal jährlich die Vorsitzenden der Gruppenkomitees, die Häuptlinge, der Distriktkommissar, der Parteivorsitzende, der Projektleiter und leitendes Personal zur Diskussion und Beratung grundsätzlicher Fragen der Förderkonzepte. (Da die Entscheidungsbefugnisse dieses Komitees noch ungeklärt sind, hat es lediglich beratende Funktionen.)

3. Aufgaben und Leistungen im engeren landwirtschaftlichen Bereich

- Dorfkomitees beteiligen sich an der Beratungsarbeit und entlasten die Berater. Nach Einweisung und Schulung durch die Berater übermitteln die Mitglieder der Komitees der Dorfbevölkerung Informationen und Techniken. Wünsche, Anregungen und Reaktionen der Zielgruppen leiten sie an die Berater weiter und stellen so einen zweiseitigen Kommunikationsfluß sicher. Beispiele für die Arbeit der Komitees sind die Demonstration von Vorratsschutz, die Aufforderung zur rechtzeitigen Bestellung der Felder, die gemeinsame Organisation von Gruppenarbeit, die Ankündigung von Terminen (Markttage, Verteilung von Düngemitteln, Filmabende, Feldtage, Ausstellungen). Beratungsarbeit der Komitees wird einmal durch die Einzelkontakte der Funktionäre, zum anderen über Gruppendemonstrationen geleistet, die zunächst noch gemeinsam mit den Beratern, später aber auch durch das Komitee alleinverantwortlich gestaltet und durchgeführt werden.

- Andere Aufgaben sind die Verteilung von Maissaatgut sowie die gemeinschaftliche Erzeugung und Lagerung von Saatgut für das ganze Dorf, wobei erhebliche Kosten eingespart werden.

- Durch die Komitees ist die Sammelbestellung von Düngemitteln möglich geworden. Dies hat den zusätzlichen Vorteil, daß die Düngemittel per Lastwagen bis ins Dorf transportiert werden und sich der Einkauf durch Mengenrabatte stark verbilligt.

- Durch die Komitees wurden Gruppenkredite ermöglicht, die Zahl der Kreditnehmer damit beträchtlich erweitert und die Verwaltungskosten gesenkt. Die Rückzahlungsquoten liegen bei 99 %, ein Ergebnis, das durch die konsequente Solidarität der Kreditgruppen erreicht wurde. Bei unverschuldetem Zahlungsrückstand springen die Gruppenmitglieder ein. Fahrlässige Kreditschuld führt zum sofortigen Ausschluß aus der Gruppe.

- Bei der Ermittlung des voraussichtlichen Bedarfes an Produktionsmitteln leisten die Komitees durch die Benennung von Interessenten gute Hilfe.

D 4

- Auf Sektions- und Gebietsebene nehmen die Komitees zunehmend Einfluß bei Entscheidungen. Beispiele hierfür sind die Lokalisierung von Märkten und Viehtränken, die Formulierung von Beratungsschwerpunkten, die Festlegung von Orten und Zeiten für Feldtage und Landwirtschaftsschauen usw..

4. Andere Aufgaben

- Einrichtung lokaler Märkte in der Nähe von Beraterbüros. Vorher mußten die Bauern 12 km zum nächsten Markt gehen.

- Verbesserung der sanitären Verhältnisse in den Dörfern durch die Errichtung von 200 Latrinen innerhalb weniger Monate.

- Durchsetzung eines Verbotes der Öffnung von Bierhallen tagsüber während der Hauptarbeitszeit.

- Organisation landwirtschaftlicher Fortbildungskurse für Frauen und die Einstellung einer Landwirtschaftsberaterin für jede Sektion.

- Schlichtung von sozialen, ethnischen und religiösen Streitfragen. Beispiele hierfür sind die Klärung von Weiderechten, die Frage der Landzuweisung an Dorffremde und die Respektierung religiöser Gruppen durch andere.

Gesamtbewertung

Die Kommunikation zwischen Zielbevölkerung und Förderinstitutionen wird intensiviert und verbessert. Dies trifft vor allem auf Dorf-, Sektions- und Gebietskomitees zu. Diese Komitees stellen für die Politiker, Verwaltungsbeamten und Mitglieder aller Förderinstitutionen eine Plattform dar, auf der sie mit den Zielgruppen bzw. deren Vertretern in direkten Kontakt treten können.

Mit der zunehmenden Erfahrung der Komitees wird die Arbeit der Förderungsdienste entlastet. Mit steigender Leistungsfähigkeit übernehmen die Komitees weitere Aufgabenbereiche wie die Einberufung von Besprechungen, die Erstellung der Tagesordnung und die Verfassung von Forderungen. Immer häufiger werden die Berater von den Komitees zu Besprechungen eingeladen. Allmählich wachsen die Komitees in die Rolle vollverantwortlicher Selbsthilfeorganisationen und können dadurch zunehmend Zielsetzungen und Strategien der Programme beeinflussen.

D 4

Der Aufbau und die Unterstützung funktionierender Komitees ist jedoch keine leichte Aufgabe für die Beratungsorganisation. Es treten z.T. ähnliche Probleme auf, wie bei der Arbeit mit Kontaktbauern (→ C 6). Was bei der Bildung von Komitees u.a. zu beachten ist, beschreibt Arbeitsunterlage → F 10.

Bearbeitung

Gerhard PAYR, Rolf SÜLZER

D 5

Die Rolle der Stimulation im CFSME-Beratungs-System in Kibuye, Rwanda

1. Einführung

Auf Stimulation kann in der landwirtschaftlichen Beratung nicht verzichtet werden. Dafür sprechen folgende Gründe:

1. Eine Gesellschaft kann eine neue Technik nur dann aufnehmen, wenn auch die dazugehörigen sozialen Werte von der Gesellschaft integriert werden können. Also kann sich der Berater auch nicht darauf beschränken, neue Techniken zu empfehlen, sondern muß in seiner Arbeit darüber hinausgehen und die Einführung neuer sozialer Werte, die zu den beratenen Techniken gehören, begünstigen.

2. Die Mehrzahl der landwirtschaftlichen Betriebe in Rwanda hat eine Betriebsgröße unter einem Hektar, d.h., daß viele Familien heute schon nicht mehr in der Lage sind, die menschlichen Grundbedürfnisse aus der landwirtschaftlichen Erzeugung zu befriedigen. Für diese wichtige Bevölkerungsschicht der rwandischen Kleinbauern stellt die Einführung einer neuen und unbekannten Technik ein zusätzliches Risiko dar. Es ist offensichtlich, daß eine Bevölkerung, die an der Grenze des Überlebensniveaus lebt, nicht bereit sein kann, zusätzliche Risiken einzugehen. Sie wird vielmehr das fortführen und wiederholen wollen, was sie kennt, d.h. bei unveränderter Wirtschaftsweise alle Möglichkeiten zur Vergrößerung der Anbaufläche ausschöpfen.

3. Die Übernahme neuer Techniken, wie sie die Fachexperten empfehlen, stellt jedesmal einen zusätzlichen großen Aufwand für die Bauern dar. In Anbetracht des mangelhaften Ernährungs- und Gesundheitszustands der Zielbevölkerung ist es nicht erstaunlich, daß man nicht bereit ist, diesen von den Fachexperten geforderten zusätzlichen Aufwand zu erbringen.

4. Die Problemwahrnehmung durch die Zielbevölkerung ist eher naiv, der Bewußtseinsstand entspricht mehrheitlich einem unterwürfigem Bewußtsein. Probleme werden mystifiziert oder als unvermeidlich erlebt; sie werden nicht als Probleme benannt, sondern eher als unabänderliche Tatsachen, denen man passiv ausgeliefert ist. Das Bedürfnis nach Verbesserungen oder Wandel ist schwach ausgeprägt oder nicht vorhanden (→ D 6).

Stimulation soll daher diese Entwicklungshemmnisse überwinden helfen, indem sie:

- solche sozialen Werte verstärkt, die für eine Entwicklung günstig sind, im Augenblick jedoch unzureichend geachtet werden (Ehrlichkeit, Arbeits-

D 5

fleiß, Unternehmertum, Dynamik, Informiertheit, Soziabilität, etc.), insbesondere dadurch, daß sie solchen Personen, die diese Werte verinnerlicht haben und vorleben, zusätzliches Prestige verschafft.

— solchen Personen, die zusätzlichen Aufwand betreiben und zusätzliche Risiken eingehen, dafür einen Ausgleich in Form von Arbeitsgerät oder Produktionsmitteln verschafft.

— Eine Atmosphäre von Toleranz und wechselseitigem Vertrauen zwischen den Beratern und der Bevölkerung schafft, die eine „positive Stimulierung" ermöglicht.

Wenn unsere Stimulation die genannten Ziele erreicht, können wir die Einführung, den Gebrauch und die Beibehaltung neuer Techniken anstreben, wodurch:

— die Bauern Vertrauen in die neuen Techniken gewinnen und sich an diese gewöhnen.

— die Findung, Erprobung und Verbesserung solcher Techniken für die Bauern ein Bedürfnis wird. Dadurch wird die Gesellschaft zunehmend dynamischer.

— es zunehmend eine Prestigefrage und sogar eine Überlebensfrage wird, zu den fortschrittlichen Bauern zu gehören.

Stimulierung ist ein unverzichtbares Element innerhalb des CFSME-Beratungssystems. Sie kann jedoch nur dann wirkungsvoll sein, wenn sie mit den weiteren tragenden Elementen dieses Beratungssystems sinnvoll verknüpft und verbunden wird (→ A 8).

Stimulierung kann nicht beliebig vorgenommen werden, sondern muß genau geplant und vorbereitet werden. Es geht nicht um die Frage: „Stimulieren oder nicht stimulieren?" Sobald man im Feld auftritt, stimuliert man in jedem Fall auf diese oder jene Weise. Insofern stellt sich die Frage nur: „Wie soll man stimulieren?" Welche Instrumente sind wie einzusetzen, um zu einer koordinierten und wirksamen Stimulierung zu gelangen? Dabei sollen die folgenden Überlegungen helfen.

2. Die verschiedenen Formen der Stimulierung und ihre Eigenschaften

a) Die **künstliche positive** Stimulierung

— erhöht das Vertrauen zwischen Berater und Bauern;

- erhöht das Prestige des fortschrittlichen Bauern in der Gesellschaft;

- begünstigt die Vorstellungskraft und die Kreativität des Bauern, um nach angepaßten Problemlösungen zu suchen;

- bringt Dynamik in die Bevölkerung;

- läßt sich schrittweise durch eine positive natürliche Stimulierung ersetzen, die mit den Zielen der Beratungsarbeit übereinstimmt;

- wirkt kurz-, mittel- und langfristig;

- liegt mit ihren Mitteln und Werkzeugen vollständig in den Händen der Beratungsorganisation.

b) Die künstliche negative Stimulation

- schafft Mißtrauen zwischen Berater und Bauern;

- begünstigt Aversionsgefühle gegen empfohlene Techniken oder gegen den Beratungsdienst;

- zeigt nur kurzfristige Wirkungen;

- beeinflußt die Wahrnehmung der empfohlenen Technik negativ. Jemand, der Aversionen oder Vorurteile gegenüber einer Technik hat, sieht deren Vorteile nicht mehr, selbst wenn diese objektiv feststellbar sind;

- schafft kaum lösbare Kontrollprobleme. Der Berater kann Befehle geben, er kann den Bauern drohen, aber er hat weder die Möglichkeit, sichere und wirksame Kontrolle auszuüben, noch kann er wirksam sanktionieren, falls die Bauern seinen Anordnungen nicht folgen;

- schmälert die Glaubwürdigkeit der Berater. Wer diese Stimulationsmittel anwendet, macht sich schnell vor der Bevölkerung lächerlich, seine Worte nutzen sich schnell ab, und er verliert seine Glaubwürdigkeit;

- läßt sich kaum in natürliche positive Stimulation überführen, denn der Bauer befolgt die gegebenen Anordnungen nur gerade so lange, wie man ihn mit wirksamen Sanktionen bedrohen kann.

Die vorgebliche „Verbesserung" basiert auf Furcht und nicht auf dem Willen oder der Sachkenntnis der Bauern. So

- begünstigt sie den Widerstand der Bauern gegenüber Einzelpersonen und Organisationen;
- erstickt sie individuelle und gemeinschaftliche Initiativen;
- erschwert sie die Einführung weiterer Neuerungen.

c) Die **natürliche positive** Stimulierung

- korrespondiert in ihren Mitteln mit unseren allgemeinen Zielen (Produktionssteigerung);
- begünstigt den Multiplikationseffekt durch die Nachahmung seitens anderer Bauern;
- begünstigt eine selbsttätige Dynamik des Systems ;
- gibt den Bauern Anstöße für die vertiefte Beschäftigung mit den erfolgreich übernommenen Techniken;
- ermutigt die Bauern, in der Zusammenarbeit mit den Beratern fortzufahren und weitere Lösungen für andere Probleme zu suchen.

d) Die **natürliche negative** Stimulierung

- hat keine Wirkung in einem Milieu mit naiver Problemwahrnehmung, denn die Dinge werden als unvermeidlich erlebt (wie Schicksal oder Gottes Wille). Die Bauern messen dann auch einer Veränderung oder Verbesserung keine Bedeutung zu;
- führt oft über ein Gefühl der Ohnmacht gegenüber Problemen zu einer größeren Unbeweglichkeit der Bevölkerung.

Die Zuordnung verschiedener Mittel der Stimulierung zu den vier beschriebenen Gruppen zeigt beispielhaft → Übersicht 1.

3. Die Festlegung der allgemeinen Strategie und der einzelnen Maßnahmen der Stimulierung

Die allgemeine Strategie der Stimulierung besteht darin, zu Beginn der Einführung neuer Techniken mit künstlichen positiven Stimulierungen ein ausreichend großes Übergewicht treibender Kräfte zur Übernahmeentscheidung zu mobilisieren. In dem Maße, wie die positiven natürlichen Stimulierungen wirksam werden, müssen die künstlichen Stimulierungen verringert werden. Sobald die möglichen

D 5

natürlichen positiven Stimulierungen ihr volles Potential entfaltet haben, muß die künstliche Stimulierung völlig aufhören. Nur so ist gewährleistet, daß die Neuerung wegen ihres Eigenwertes, der ihr eigenen relativen Vorzüglichkeit zu alternativen Verfahren, beibehalten wird.

In einer allgemeinen Darstellung wird dieses Prinzip in → Bild 1 verdeutlicht. Es zeigt die unterschiedliche Zusammensetzung der Stimulierung im Verlauf von sechs Jahren. Die Höhe des Balkens entspricht der Gesamtheit der für die Übernahme einer neuen Technik erforderlichen Stimulierung bzw. Motivationskraft. Zwischen den verschiedenen Stimulierungselementen unterscheiden wir zwei Hauptgruppen: die kurzfristig einsetzbaren Stimulierungselemente und die dauerhaften Stimulierungselemente.

Übersicht 1:

Versuch einer Typologie der Stimulierungs-Mittel		
	Positive Stimulierung	Negative Stimulierung
künstliche Stimulierung	Besuche der Beratungskommission bei den Bauern	Tadel
	Besuche von Amtspersonen bei Bauern	Bußgelder
	Bewußtseinsbildung / Ausbildung	Auflagen
	Preisgewinn im landw. Wettbewerb	Strafen
	Öffentlicher Aushang von Fotos und Namen der Preisträger	Spott, etc.
	Nennung der Namen der Preisträger im Radio	
	Besuche von anderen Bauern, die sich für übernommene Neuerungen interessieren	
	Öffentliches Lob und allgemeine Anerkennung, etc.	
Natürliche Stimulierung	Gute Ernte	Schlechte Ernte
	Bessere Ernährung	Unter- und Mangelernährung
	Gesündere Familie	Krankheitsfälle
	Gute Verkaufserlöse	Schlechte Verkaufserlöse
	Arbeitserleichterung	Arbeitsüberlastung
	vermindertes Risiko, etc.	Hohe und unkalkulierbare Risiken, etc.

D 5

Kurzfristige Stimulierung kann nur in den ersten drei Jahren eine erhebliche Rolle spielen, mittel- und langfristig muß sie zunehmend der zweiten Gruppe, den dauerhaften Stimulierungen weichen. Bei diesen gewinnen mittel- und langfristig die natürlichen Stimulierungen (wie gute Ernte, gute Ernährung, Geldeinkommen, usw.) eine vorrangige Rolle. Der Einfluß der Bewußtseinsbildung und Ausbildung sowie die Ermutigungen durch die Berater werden langfristig zu festen Größen.

Bild 1:

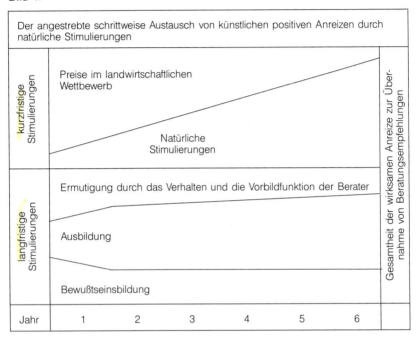

Welches die wesentlichen Elemente der Motivation zur Neuerungsübernahme jeweils sind, kann in Untersuchungen ermittelt werden.

Die künstlichen positiven Stimulierungen, begleitet von Bewußtseinsbildung und Ausbildung, stoßen den Bauern zu probeweisen Neuerungsübernahmen an. Sie geben die Impulse und motivieren die Bauern zu neuen Initiativen.

Bewußtseins- und Ausbildungsprogramme ebenso wie ständige Ermutigung seitens der Berater und der Autoritäten müssen über eine ausreichend lange Zeitspanne hinweg fortgesetzt werden.

Demgegenüber sind Preise und Prämien schrittweise und schon kurzfristig durch die erreichbaren Resultate aus der Neuerungsübernahme zu ersetzen.

D 5

Insofern kann die Stimulierung nicht wie ein zu verteilendes Geschenk gehandhabt werden, sondern sollte vielmehr an klar definierte Bedingungen gebunden werden (z.B. an die Regeln des landwirtschaftlichen Wettbewerbs).

→ Bild 2 zeigt schematisch den Vorgang der Einführung und der dauerhaften Übernahme einer Neuerung durch das ländliche Milieu. Die künstliche Stimulierung zusammen mit Bewußtseinsbildung und Ausbildung sind die von außen herangetragenen Anstöße, die einen geschlossenen selbsttragenden Prozeß in Gang setzen: die natürliche Stimulierung. Beratung nach dem CFSME-System wird vorrangig in den ersten vier Etappen tätig.

Bild 2:

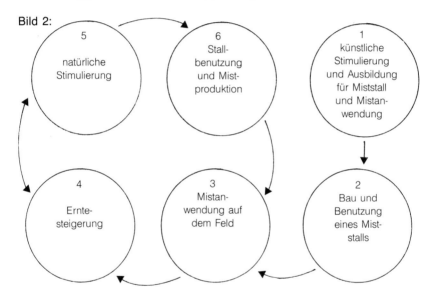

Die Stimulierung erreicht ihre Ziele nur, wenn die empfohlenen und von den Bauern übernommenen Techniken gut angepaßt und tatsächlich vorteilhaft sind. Andernfalls riskieren wir einen sofortigen Stillstand der Neuerungsverbreitung und Neuerungsanwendung im Augenblick, wo wir die künstliche Stimulierung unterbrechen.

Zur Planung wirksamer Stimulierung sollte man wie folgt vorgehen:

- Die Übernahme der Neuerung in eine Kette von zeitlich aufeinander folgenden Teilschritten zerlegen und einem Zeitplan zuordnen.

- Die drei schwierigsten und am schwersten auszuführenden Aktivitäten sind zu markieren. Das sind vor allem solche Aktivitäten, wo zu fürchten ist, daß der Bauer sich entmutigt fühlt oder schnell bereit ist, aufzugeben.

D 5

- Als nächstes sind diejenigen Aktivitäten zu markieren, die für den abschließenden Erfolg (z.B. Produktionssteigerung) von entscheidender Bedeutung sind.

- Jetzt ist zu überprüfen, an welchen Stellen die schwierigsten Aktivitäten gleichzeitig auch zu den erfolgsbestimmenden Aktivitäten gehören.

- Für solche Aktivitäten sind nun Stimulierungsmittel festzulegen, durch die der Bauer ermutigt und motiviert werden kann, solche kritischen Schwellen zu überwinden.

→ Bild 3 gibt dafür ein Beispiel.

4. Wahl der Stimulierungsmittel

a) Der Wettbewerb

Der landwirtschaftliche Wettbewerb ist ein kurzfristig wirksames Stimulierungsmittel, das sich sehr gut mit den übrigen Elementen des CFSME-Beratungssystems kombinieren läßt. Um das Mittel attraktiv und wirksam zu erhalten, sollte man nur einen einzigen Wettbewerb organisieren. Er eignet sich besonders, um neue Ideen zu lancieren.

b) Preise

Preise werden in Form von Arbeitsgeräten und anderen Produktionsmitteln vergeben. Sie können an Einzelpersonen oder an Gemeinschaften verliehen werden. Sie sollten unter keinen Umständen einen demoralisierenden Effekt auslösen, wie z.B. Nahrungsmittelhilfe. Einen Preis sollte nur derjenige erhalten können, der eine nachweislich vorbildliche und beibehaltene bzw. gut instandgehaltene Neuerung vorgewiesen hat.

c) Ansporn und Ermutigung

Dazu dienen insbesondere Besuche von Autoritäten bei fortschrittlichen Bauern und die Veröffentlichung von Namen und Fotos von fortschrittlichen Bauern an Begegnungsstellen. Beide Maßnahmen erhöhen das Prestige, sind leicht und zu geringen Kosten einrichtbar. Diese Stimulierungen müssen über eine längere Zeitspanne wiederkehrend eingesetzt werden. Dann erst erhalten sie allgemein beachtete Bedeutung, erhöhen das Prestige der fortschrittlichen Bauern in ihrer Umgebung in einem Maß, daß sich die Nachbarn dies zum Beispiel nehmen.

D 5

d) Die Bewußtseinsbildung/Ausbildung

Sobald man Bewußtsein schafft und ausbildet, wird damit gleichzeitig auch eine Stimulierung erreicht. Gerade durch das didaktische Material werden die Teilnehmer oft gut stimuliert (Zeichnungen, Plakate, Flanellbildserien, Demonstrationsfelder usw.). Diese Stimulierung ist nicht zu verwechseln mit dem tiefgehenden Interesse, das die Leute zu einer Analyse der Probleme, ihrer Ursa-

Bild 3:

Ein Beispiel für die Planung von Stimulierungen		
Aktivität		**Stimulierung**
Erste Information	1. 7. ●	
Ausbildung	7. 7. ●	
Entschluß zur Übernahme	15. 7. ●	← Besuch des Agronomen
Ausstecken des Bauplatzes	21. 7. ●	
Holzeinschlag und -transport	25. 7. ●	
Stallbau	26. 7. 29. 7.	← Unterstützung durch den Monagri
Einstreu und Mistbereitung	1. 8. 9. 1.	← Besuch der Beratungskommission
Auslagerung des Mists in die Kompostlegen	9. 1. 9. 9.	
Ausbringung des Mists aufs Feld	9. 9. 12. 9.	← Abschlußbesuch der Beratungskommission mit Punktevergabe für den landw. Wettbewerb
Ernte	26.12. ●	← Evaluierung, Monagri mit dem Bauern

227

D 5

chen und Konsequenzen führt. Meist ist sie nur von kurzer Dauer, kann aber dazu verwendet werden, die Leute an die nächste Etappe heranzuführen: Erst die Bewußtseinsbildung/Ausbildung, die zur Analyse der Probleme führt und ein Problembewußtsein schafft, ist eine tiefgehende und langanhaltende Stimulierung. Durch Bewußtseinsbildung/Ausbildung werden Bedürfnisse bei den Bauern geweckt, die diese durch die Übernahme konkreter Empfehlungen zu befriedigen suchen (das Bedürfnis, eine unbefriedigende Situation in eine befriedigende zu überführen).

Aus Bewußtseinsbildung/Ausbildung gehen Elemente von dauerhafter Stimulierung hervor.

5. Die Stimulierung für Übernahmen, die erst auf lange Dauer sichtbare Resultate erbringen

Solche Themen stellen die Beratung immer vor besondere Probleme, weil sie nur schwer übernommen werden. Der Bauer sieht keine unmittelbaren Ergebnisse, wird entmutigt und gibt auf. Erosionsschutz ist eines der geläufigsten Beispiele. In diesen Zusammenhang kann Stimulierung eingreifen und eine wichtige Aufgabe übernehmen. Ein entsprechendes Beispiel zeigt → Bild 4.

Bild 4:

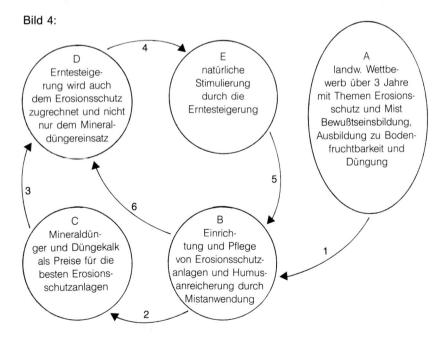

D 5

Die ersten beiden Etappen (a und b) stellen die Voraussetzung für die Anwendung von Mineraldünger und Düngekalk dar. Am Ende des dritten Jahres werden für die besten Erosionsschutzeinrichtungen Preise in Form von Mineraldünger und Düngekalk verliehen (c). Der Bevölkerung soll dadurch bewußt gemacht werden, daß die Anwendung von Mineraldünger und von Kalkdüngung ganz eng an vorausgehende Erosionsschutzmaßnahmen geknüpft ist (d). Die anschließende Steigerung der Ernteerträge soll von der Bevölkerung als ein Erfolg der Erosionsbekämpfung erlebt werden. So wurde aus einem Thema, das eigentlich nur langfristige Erfolge verspricht, eines mit mittelfristigem Erfolg. Dadurch wird der Kreislauf der natürlichen Stimulierung (b, d, e,) schneller geschlossen, und die selbsttragenden Kräfte können sich früher entwickeln.

6. Schlußfolgerungen

Stimulierung ist ein unverzichtbares Element in der Beratung. Sie muß ihren festen Platz im Beratungskonzept haben. Die Stimulierungs-Mittel müssen genau definiert und programmiert werden. Ein Stimulationsplan ist zu erstellen, um die Stimulierung mit den weiteren Elementen des CFSME-Beratungssystems zu verbinden (zu welchem Zeitpunkt mit welchen Stimulierungsmitteln eingreifen?). Eine ungeplante und anarchische Stimulierung zeigt schwere und nicht wiedergutzumachende Folgen. Um ein Vertrauensverhältnis zwischen den Beratern und den Bauern zu schaffen und zu bewahren, sollte man im Regelfall nur mit positiven Stimulierungen arbeiten.

Quellen

E. GABATHULER: Le rôle de la stimulation dans la vulgarisation CFSME. In: Bulletin Agricole de Rwanda, H.1, 1980, S. 20 - 24

E. GABATHULER: Résumé du cours de formation sur le Système National de Vulgarisation (SNV) du Rwanda, donné aux Agronomes et Vétérinaires des Communes, appuyé par le Projet Agro-Pastoral de Nyabisindu. Nyabisindu, 8, 1982, 26 S.

Bearbeitung

Volker HOFFMANN

D 6

Bewußtseinsbildung und Ausbildung im Rahmen des CFSME-Beratungs-Systems in Kibuye, Rwanda

1. Einführung

Die Beratung beschränkt sich nicht darauf, die Verbreitung neuer Produktionsmittel und Produktionstechniken zu organisieren. Sie muß mehr tun und anstreben, daß die Bauern einer Region und ihre Gemeinschaften (Familien, Bevölkerung einer Zelle, eines Sektors, einer Gemeinde etc.) Erfahrungen machen, lernen und fähig werden, die neuen Mittel und Techniken selbst zu meistern.

Das erfordert:

- eine einfache Technik

- eine einfache und für die bäuerliche Welt durchschaubare Organisation

- tragbare Ankaufs- und Unterhaltskosten

- ein offenes soziokulturelles Milieu, das dynamisch, neuerungsbereit und in der Lage ist, seine sozialen Werte an neue Techniken und neue Mittel anzupassen, aber andererseits auch fähig ist, neue Mittel und Techniken umzuformen und an seine sozialen Werte anzupassen.

So hat Beratung nicht nur eine gegliederte Organisation, sondern wirkt auch als Antriebskraft für soziokulturelle und ökonomische Entwicklungen. Bewußtseinsbildung und Volksbildung sind die Elemente im Beratungsvorgang, die darauf zielen, daß neue Techniken und Mittel, die Beratung empfiehlt, von den Anwendern gemeistert werden, sich also in das ländliche Milieu integrieren. Diese Elemente bilden ein Ganzes zusammen mit den notwendigen Diensten und Infrastruktureinrichtungen der Beratung, den Methoden der Stimulierung, den empfohlenen Mitteln und Maßnahmen und den Evaluierungsverfahren innerhalb des „CFSME" -Systems(→ A 8).

2. Was ist Bewußtseinsbildung / Ausbildung ?

Beide Aktivitäten sind nur schwer voneinander zu trennen. Mit der Entwicklung des Bewußtseins steigt das Bedürfnis danach, in der Ausbildung Lösungen zu finden. Lösungsvorschläge für aktuelle Probleme setzen einen weiterführenden und vertiefenden Denkprozeß in Gang, das Bewußtsein weitet sich. Trotz der Komplementarität zwischen Bewußtseinsbildung und Ausbildung wollen wir versuchen, sie getrennt zu charakterisieren.

D 6

Die Bewußtseinsbildung beginnt mit der zutreffenden und genauen Formulierung eines Problems, was auf den Beginn einer Analyse hinführt. Die Analyse läßt die Struktur, den Charakter und die Einzelheiten des Problems sichtbar werden und macht es möglich, diese Grundelemente zu unterscheiden. Sie steigert das Interesse und die Motivation, diese Grundelemente näher zu betrachten und gedanklich zu erfassen, aber das ist nur mit einer speziellen Ausbildung möglich, die die nötigen Kenntnisse und Informationen dafür liefert.

Eine solide Problemanalyse erlaubt es:

- die direkten und indirekten Problemursachen zu bestimmen,

- die unmittelbaren und mittelbaren Problemfolgen kurz,- mittel- und langfristig vorauszuschätzen,

- Bedingungen und Elemente von Problemlösungen abzuleiten.

Nach der Analyse-Phase beginnt die Phase der Lösungssuche. Dabei geht es darum, die in Analyse und Ausbildung gefundenen Lösungselemente so zu kombinieren, daß die Synthese eine an das Milieu angepaßte Lösung darstellt. Ausbildung greift also als ein Element in die Bewußtseinsbildung ein. Natürlich kann man auch ausbilden, ohne daß ein Problembewußtsein besteht, wenn man vorab keine Gelegenheit gibt, das zu bearbeitende Problem zu formulieren und zu analysieren. Aber die Programme, die von Personen ohne zureichendes Problembewußtsein erstellt werden, sind wenig integriert, technokratisch und mit „fachlichen Scheuklappen" geschrieben.

Bewußtseinsbildung / Ausbildung können nicht zeitlich begrenzt werden, sie finden vielmehr lebensbegleitend statt und schreiten parallel zur Entwicklung des Milieus voran.

Man kann Bewußtseinsbildung als stufenweise Entwicklung verstehen und dabei 4 Stufen unterscheiden. Dies wird in → Übersicht 1 näher dargestellt.

Maßnahmen im Bereich Bewußtseinsbildung / Ausbildung zielen darauf, befreiendes Bewußtsein zu entwickeln und dadurch Initiative und problemlösendes Handeln auszulösen.

Der Arbeitserfolg in diesem Bereich wird als abhängig gesehen von:

- der Arbeitsorganisation,

- den benutzten didaktischen Hilfsmitteln,

- den Lehr- und Beratungskräften.

Übersicht 1:

Stadien des Bewußtseins				
Bewußtseins-stadium:	Unterwürfiges Bewußtsein	Vorkritisches Bewußtsein	Kritisches Bewußtsein	Befreiendes Bewußtsein
Entsprechende Einstellung und Haltung	- Mystifizierung der Probleme - Fatalismus - Sich von den Problemen beherrschen lassen - Sich dem Determinsmus unterwerfen - Resignation - Schuldgefühle - Bewahrung der Tradition - viele Rituale und wiederholende Aktivitäten - wenig Innovation	- Mehr oder weniger explizite Problemformulierung - Unzufriedenheit mit der aktuellen Situation - Konfuse und globale Ressentiments - Bedürfnis nach Austausch mit anderen	- Beobachtung der Umwelt - Analyse der Probleme - Der Wille, auf die eigenen Kräfte und Möglichkeiten zu bauen	- Suche nach Problemlöungen - Individuelle und Gruppen-Kreativität - Experimentierfreude - Analyse und Synthese - Initiative und problemlösendes Handeln

3. Die Arbeitsorganisation (Beispiel für einen Sektor)

3. 1. Grundlegende Vorgaben

a) **Vorrangige Beratungsthemen** (für das Jahr 1981/82)

Die Findung von Beratungsthemen über die Ableitung der Entwicklungsstrategie, die Entwicklung der Zielsetzungen und die Festlegung von Prioritäten sind innerhalb des „CFSME"-Systems eigens beschrieben? wichtige Vorgänge. Die Ergebnisse daraus liefern grundlegende Vorgaben, von denen die Bewußtseinsbildung / Ausbildung auszugehen hat. Für das Berichtsjahr wurden die 5 Themen festgelegt, die in der Kopfzeile von → Übersicht 2 aufgeführt sind.

b) **Interventionsstrategie**

Oberziel:
– Verbesserung der Lebensbedingungen der Bevölkerung

Ziel:
– Verbesserung der Nahrungsmittelversorgung und Verringerung der Versorgungslücken bei Nahrungsmitteln um jährlich 10 %.

D 6

Ergebnisse:

- Steigerung der landwirtschaftlichen Erzeugung um jährlich 5 %.
- Diversifizierung der Produktion.

Mittel:

- Budget für einen landwirtschaftlichen Wettbewerb (CA)
- ein soziales Entwicklungszentrum (CSD)
- ein Ernährungszentrum (CN)
- das „Umuganda"
- Gruppen in der Zielbevölkerung
- ein Landwirtschaftsexperte für 2 Tage in der Woche
- eine Sozialhelferin für 1 Tag in der Woche
- die Beratungskommission, bestehend aus: den Sektorberatern, den Zellen-Vertretern, dem Technischen Personal, das im Sektor arbeitet, einer Sozialarbeiterin und 3 fortschrittlichen Bauern
- eine Baumschule
- sechs Saatgutvermehrungsfelder

c) Interventionsmethoden

Die Interventionen erfolgen im Rahmen des „CFSME"-Beratungs-Systems, das bei → A 8 im allgemeinen Überblick dargestellt ist.

3.2 Die Aufstellung eines Programms für die Bildungsarbeit

Ausgehend von den Vorgaben durch das Beratungssystem, den gewählten Beratungsthemen und der definierten Interventionsstrategie kann der Aktionsplan für die Bildungsarbeit erstellt werden. Bei der jährlichen Zusammenkunft von Zellenvertretern und technischem Personal der Gemeinden wurde dann das folgende Programm erstellt, das Übersicht 2 wiedergibt.

D 6

Übersicht 2:

Jahresprogramm 1981/82 für die Veranstaltungen zur Bewußtseinsbildung/Ausbildung mit der Bevölkerung des Sectors Ngoma									
Vorrangige Beratungsthemen		1. Mist-Stall	2. Aufforstung	3. Verbesserung des Bananenhains		4. Gemüsegarten und Obstbäume		5. Erosionsschutz-anlagen	
Arbeits-thema	Dauer	Versanstaltungsthema	Veranstaltungstermine im Sektor Ngoma				Arbeiten im Feld		Besuchsdaten der Beratungs-kommission bei Zelle
			Umuganda in Zellen	CSD-Gruppen	CN	Genossen-schaft	Schul-klasse		
Bewußt-seins-bildung	1. April bis 14. Mai 1981	Bevölkerungsproblem	A 3. 4. B 10. 4. C 17. 4. D 24. 4. E 8. 5.	1. 6. 4. 2. 7. 4. 3. 8. 4.	2. 4.	1. 7. 4. 2. 8. 4. 3. 9. 4.	7. 10. 4. 8. 17. 4.	- Vorbereitung der Baumschulen und der Saatvermehrungsfelder - Kontaktaufnahme des Personals mit dem Milieu	
Stall	15. Mai bis 31. Juli 1981	Kreislauf der Mine-rale und Nährstoffe	A 15. 5. B 22. 5. C 29. 5. D 5. 6. E 12. 6.	1. 4. 5. 2. 5. 5. 3. 6. 5.	7. 5.	1. 5. 5. 2. 6. 5. 3. 7. 5.	7. 15. 5. 8. 22. 5.	- Mit der Beratungs-kommission einen Modell-Stall bauen	A 27. 7. B 28. 7. C 29. 7. D 30. 7. E 31. 7.
		Stallbau, Stallmist-bereitung, Stall-mistverwendung	A 19. 6. B 26. 6. C 3. 7. D 10. 7. E 17. 7.	1. 1. 6. 2. 2. 6. 3. 3. 6.	4. 6.	1. 2. 6. 2. 3. 6. 3. 4. 6.	7. 12. 6. 8. 19. 6.	- Den Bauern beim Stallbau helfen	
Auf-for-stung	1. Aug. bis 30. Nov. 1981	Sensibilisierung der Aufforstung	A 31. 7. B 7. 8. C 14. 8. D 21. 8. E 28. 8.	1. 3. 8. 2. 4. 8. 3. 5. 8.	6. 8.	1. 4. 8. 2. 5. 8. 3. 6. 8.	7. 10. 8. 8. 17. 8.	- Abstecken der künftigen Aufforstung	A 23. 11. B 24. 11. C 25. 11. D 26. 11. E 27. 11.
		Wo kann man auffor-sten	A 4. 9. B 11. 9. C 18. 9. D 25. 9. E 2.10.	1. 7. 9. 2. 8. 9. 3. 9. 9.	3. 9.	1. 8. 9. 2. 9. 9. 3. 10. 9.	7. 11. 9. 8. 18. 9.	- Graben der Pflanz-löcher	
		Wahl der Baumarten	A 9.10. B 16.10. C 23.10. D 30.10. E 6.11.	1. 5.10. 2. 6.10. 3. 7.10.	1.10.	1. 6.10. 2. 7.10. 3. 8.10.	7. 9.10. 8. 16.10.	- Pflanzen der Schößlinge	
Verbes-serung der Ba-nanen-haine	1.Dez. bis 15.Jan. 81/82	Wie verbessert man einen Bananenhain	A 4.12. B 11.12. C 18.12. D 8. 1. E 15. 1.	1. 7.12. 2. 8.12. 3. 9.12.	3.12	1. 8.12. 2. 9.12. 3. 10.12.	7. 11.12. 8. 18.12.	- Verbesserung eines Bananenhains mit der Beratungskom-mission	A 25. 1. B 26. 1. C 27. 1. D 28. 1. E 29. 1.
Gemüse-garten und Obst-bäume	16.Jan. bis 14März 1982	Die drei Gruppen von Lebensmitteln	A 22. 1. B 22. 1. C 29. 1. D 29. 1. E 5. 2.	1. 4. 1. 2. 5. 1. 3. 6. 1.	1. 1.	1. 5. 1. 2. 6. 1. 3. 7. 1.	7. 8. 1. 8. 15. 1.	- Saatgutverteilung - Anlage eines Gemü-segartens mit der Beratungskommission - Bauern dabei hel-fen, Gemüsegärten anzulegen und Obstbäume zu pflanzen	A 8. 2. B 9. 2. C 10. 2. D 11. 2. E 12. 2.
		Pflege von Obst- und Gemüsekulturen	A 12. 2. B 12. 2. C 19. 2. D 19. 2. E 26. 2.	1. 1. 2. 2. 2. 2. 3. 3. 2.	4. 2.	1. 2. 2. 2. 3. 2. 3. 4. 2.	7. 12. 2. 8. 19. 2.		
Erosions-schutz	1.März bis 30.Apr. 1982	Bodenfruchtbarkeit, Humusabtrag, und Nährstoffauswa-schung	A 5. 3. B 5. 3. C 12. 3. D 12. 3. E 19. 3.	1. 1. 3. 2. 2. 3. 3. 3. 3.	3. 3.	1. 2. 3. 2. 3. 3. 3. 4. 3.	7. 12. 3. 8. 19. 3.	- Abstecken der Grä-ben,nach Höhenlinien - Auspflanzen von 500 m Schutzhecke mit der Beratungs-kommission	A 26. 4. B 27. 4. C 28. 4. D 29. 4. E 30. 4.
		Erosionsschutzmaß-nahmen	A 26. 3. B 26. 3. C 2. 4. D 2. 4. E 9. 4.	1. 5. 4. 2. 6. 4. 3. 7. 4.	1. 4.	1. 6. 4. 2. 7. 4. 3. 8. 4.	7. 9. 4. 8. 16. 4.	- Den Bauern helfen, Erosionsschutzanla-gen einzurichten	
Abschluß des land-wirtsch. Wettbe-werbs-	1.Mai bis 15.Mai 1982							- Abschlußbesuch der Beratungskommis-sion - Abschlußfest und Vorstellung der Preisträger	A 3./4. 5. B 5./6. 5. C 7./8. 5. D 10./11. 5. E 12./13. 5. 14./15. 5.

235

D 6

Diese → Übersicht 2 braucht einige zusätzliche Erklärungen:

- Die Aktivitäten im Feld und die Veranstaltungen für Bewußtseinsbildung und Ausbildung sind koordiniert und gehören zusammen.

- Für jeden Monat ist ein genaues Thema vorgegeben, um das sich alle Beratungsaktivitäten drehen. Diese Themen bilden das Basisprogramm für die Bewußtseinsbildung und Ausbildung. Im Rahmen des CSD/CCDFP kann das Grundprogramm erweitert werden, aber das erste monatliche Treffen ist für das Thema des Monats reserviert.

- Die Ausbildung im Rahmen des Umuganda findet Zelle für Zelle statt. Ein Umuganda-Tag im Monat ist der Bewußtseinsbildung und Ausbildung gewidmet. Der landwirtschaftliche Feldberater des Sektors wird mit dieser Ausbildung beauftragt.

- Die wöchentlichen Sitzungen im Rahmen des CSD/CCDFP werden von der Sozialberaterin moderiert. Das erste Treffen im Monat ist für das Monatsthema reserviert. Die weiteren Treffen gelten anderen Themen, wenn möglich ergänzenden.

- Die monatlichen Sitzungen des Ernährungszentrums (CN) werden von einer Ernährungsberaterin moderiert. Die Gespräche gehen unter anderem auf das Monatsthema ein.

- Die monatlichen Treffen mit verschiedenen Genossenschaften werden durch den Gemeindeberater sichergestellt. Die Treffen dienen unter anderem der Bewußtseinsbildung und Ausbildung der Mitglieder zu den verschiedenen Monatsthemen.

- Die Sitzungen zur Bewußtseinsbildung und Ausbildung in den Schulen können durch den Hauptlehrer der Zone sichergestellt werden.

- Das didaktische Material für die Moderation der Sitzungen wird auf der Ebene der CCDFPs erarbeitet.

- Drei Ausbilder pro Gemeinde werden in den Gebrauch des didaktischen Materials durch den Dienst für Animation und Ausbildung (SAF) eingeführt.

3.3 Beispiel für die Organisation einer Sitzung zur Bewußtseinsbildung und Ausbildung (Juli: Stallmist)

a) Diskussion zum Bevölkerungsproblem (stagnierende Produktion bei erhöhter Geburtenrate):

- die Bedeutung des Stallmists in den Zusammenhang der Entwicklungsprobleme stellen,

- wie hängt die Bereitung und Verwendung von Stallmist mit anderen Problemen zusammen?

b) Wiederholungen aus der früheren Sitzung: „Kreislauf der Minerale und Nährstoffe" und Diskussion.

c) Diskussion zum Hauptthema des Tages unter Zuhilfenahme von Bild-Montagen auf der Flanell-Tafel.

- Bau eines „Mist-Stalles"

- Bereitung und Verwendung von Stallmist

d) Besichtigung einer Dunglege bei einem fortschrittlichen Bauern und Diskussion.

3.4 Das didaktische Material für die Bewußtseinsbildung und Ausbildung

Das didaktische Material ist das Werkzeug des Ausbilders. Es dient ihm

- zur Erleichterung aktiver Beteiligung der Gruppe bei der Benennung und Analyse des zu diskutierenden Sachverhalts.

- dazu, die Probleme klar und genau darzustellen und zu visualisieren.

- dazu, am Ende der Sitzung wichtige Aussagen und Zusammenhänge zu wiederholen und zusammenzufassen.

Das didaktische Material begünstigt die Aufnahme und Verarbeitung des Diskussionsthemas und macht die Sitzung attraktiver. Dazu muß es jedoch an die Gruppe und an die Gegebenheiten des ländlichen Milieus angepaßt sein. Folgende Punkte sind dabei zu beachten:

- die Zusammensetzung und Größe der Teilnehmergruppe

- das Bildungsniveau der Teilnehmer

- der Ort der Zusammenkunft (Freiluft oder ausgestatteter Raum)

- das Bildungsniveau des Ausbilders, der das didaktische Material benutzt

D 6

- die Transportmöglichkeiten für das Material
- die Einsatzmöglichkeiten und Handhabbarkeit usw....

3.4.1. Die Erstellung von didaktischem Material

Das nachfolgend beschriebene Material besteht aus Bildelementen für die Flanell-Tafel und Begleittexten für die Instruktion der Ausbilder.

a) Die Vorteile der Flanell-Bild-Methode

- schrittweiser Aufbau der Bild-Darstellung
- Möglichkeit der Veränderung der Bilder sowie der Umgruppierung im Verlauf der Vorführung und Diskussion
- Transportfähigkeit von Bildelementen (eingerollte oder zusammengeklappte Flanelltafel und Tasche mit den Elementen) auf dem Fahrrad
- Leicht mit weiteren didaktischen Hilfsmitteln kombinierbar (Schreibtafel, natürliche Objekte usw.)
- sehr geringe Anschaffungs- und Unterhaltskosten
- einfache Technik, leichte Handhabung
- dialogfördernd, die Lerngruppe kann bei der Plazierung und Umgruppierung der Elemente aktiv mitwirken, kann die Deutung der Bilder selbst vornehmen.

Wie der „Freiluft-Einsatz" der Flanell-Bild-Methode auf einem Hügel in Rwanda etwa aussieht, zeigt → Bild 1.

b) Begleittext

Der Begleittext ist Teil aus immer der gleichen Rahmenerzählung: „Die Geschichte der Familie Majyambere". Das jeweils behandelte Thema läßt sich leicht an die weiteren Themenstellungen anknüpfen (Kreislauf der Bodennährstoffe, Bevölkerungsproblem, Ernährung, Familienplanung...)

D 6

Bild 1:

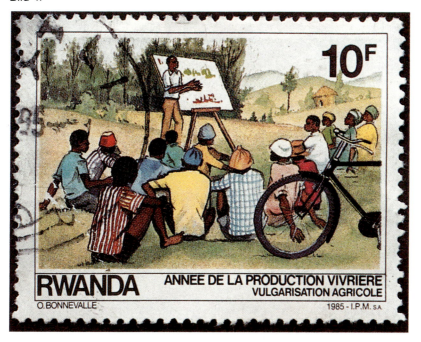

Jeder Begleittext ist nach dem gleichen Schema gestaltet:

- Erste Seite: Einführung ins Thema

- Zweite Seite: Die allgemeinen Ziele der Sitzung

- Folgende Seiten: Text nach folgendem Schema:

Nr. der Bildelemente und ihre Kurzbeschreibung	Ziele in Zusammenhang mit diesem Bildelement	Wichtige Einzelheiten die zu diskutieren oder zu erklären sind	Beispielstext

- Letzte Seite: Fragen-Vorschläge zur Anregung der Diskussion

Dem Ausbilder und Gruppen-Moderator wird die Selbstkontrolle seiner Arbeit durch die kombinierte Angabe von Zielen, zu erklärenden Einzelheiten und des Beispieltextes wesentlich erleichtert. Der Textvorschlag gibt Hinweise auf das passende Vokabular, geeignete Beispiele und nützliche Vergleiche.

D 6

3.4.2. Das didaktische Material für die Bewußtseinsbildung zum Bevölkerungsproblem: „Die Familiengeschichte von Majyambere".

In einem ersten Durchlauf wird die spezielle Geschichte der Familie und ihres Hügels, etwa wie in einem Roman entwickelt. Durch die Gegenüberstellung der beiden Brüder und ihrer Hügelhälften im Gut-Schlecht-Kontrast wird das Geschehen dramaturgisch überhöht und mit unterhaltsamen Elementen angereichert. Möglichkeiten für Identifikation, Distanzierung und Projektionen werden geschaffen. Das eingesetzte Bildmaterial ist in → Bild 2 wiedergegeben.

Im zweiten Durchlauf wird einerseits die Verallgemeinerung auf die Geschichte des Landes, andererseits der Bezug zur jeweiligen Situation der Teilnehmer erarbeitet. Dies geschieht nach dem folgenden Lehrplan:

1. Ziel:

Die Entwicklung von Kultur und Gesellschaft seit Anfang dieses Jahrhunderts aufzeigen und diskutieren.

Zu behandelnde Einzelheiten:
für die Zeit von 1910 — 1960:

— massierte Einrichtung ausländischer Missionsstationen im Land — Aufbau einer Kolonialverwaltung — Schaffung von Hospitälern und Gesundheitszentren — Import verschiedenster Techniken — Straßenbau und Fahrzeugimport — Anfänge einer ausgedehnten Exportproduktion (Kaffee, Bodenschätze) — spürbares Bevölkerungswachstum — Öffnung des Landes für Angehörige aller Völker der Weltstaatengemeinschaft.

für die Zeit von 1960 — 1980:

— Unabhängigkeit — Emanzipation der bäuerlichen Bevölkerung — Anstieg auswärtiger Hilfe — schnelles Bevölkerungswachstum — Knappheit an landwirtschaftlicher Nutzfläche — Rückgriff auf Landstücke geringerer Fruchtbarkeit — Rückgang der Brachflächen — beschleunigte Verstädterung — verschärfte Abhängigkeit von Drittländern — soziale Probleme — Beginn einer Industrialisierung — viele neu aufgekommene Wünsche und Bedürfnisse in der Bevölkerung — Veränderung der sozialen Werte und Erklärungen für diesen Vorgang — spürbare Unterernährung und Fehlernährung — die neue soziale Schicht der Funktionäre.

2. Ziel:

Mit den Teilnehmern die Zusammenhänge zwischen den verschiedenen Elementen dieser Entwicklung entdecken und analysieren.

Bild 2:

D 6

Zu diskutierende Einzelheiten:

— die Einrichtung von Hospitälern verringert die Sterberate — das Bevölkerungswachstum vermehrt die Wasserverschmutzung — Schulbildung begünstigt die Entwicklung von Handwerk und Industrie — fortschreitende Verschulung verschärft die Landflucht — die Landflucht schafft soziale Probleme — Bevölkerungswachstum schafft Versorgungsprobleme usw....

3. Ziel:

Mit den Teilnehmern erarbeiten, daß jeder Fortschritt, jede Verbesserung auch einen Wandel, eine Anpassung des Menschen an die neue Situation erfordert, wenn Entwicklung harmonisch verlaufen soll.

Zu diskutierende Einzelheiten:

— Wenn die pro Familie verfügbare landwirtschaftliche Nutzfläche abnimmt, müssen die Bewirtschaftungsmethoden dahingehend verändert werden, daß der Ertrag pro Flächeneinheit zunimmt — führt man ausgefeiltere und kompliziertere Werkzeuge und Maschinen ein, so werden Genauigkeit und Pünktlichkeit zu wichtigen sozialen Werten, die das gute Funktionieren sicherstellen — wenn Medikamente es möglich machen, die Sterblichkeit zu senken, wird es nötig, auch die Zahl der Geburten zu verringern — wenn die Bevölkerung sich enger zusammendrängt, wird Hygiene zunehmend lebensnotwendig usw....

4. Ziel:

Mit den Teilnehmern erarbeiten und diskutieren, welche Konsequenzen eine technische und ökonomische Entwicklung ohne gleichzeitige Anpassung der sozialen Werte und der Mentalität hätte.

Zu diskutierende Einzelheiten:

— Korruption — Umweltverschmutzung und Zunahme bestimmter Krankheiten — geringe Produktivität, verglichen mit den verfügbaren Produktionsmitteln — Mittelvergeudung — Bodenverarmung — soziale Spannungen, usw....

5. Ziel:

Zusammenfassung: 5 Grundpfeiler harmonischer Entwicklung und Diskussion ihrer Komplementarität:

1 gute Ernährung und Versorgung der ganzen Familie

2 Steigerung der landwirtschaftlichen Erzeugung

3 Steigerung der Produktion aus Handwerk und Industrie

4 Schulausbildung der Kinder und

5 Familienplanung.

3.4.3. Das didaktische Material für die Ausbildung zum Thema: Mist-Stall

1. Ziel:

Klärung der Rolle von Mist im Entwicklungsprozeß.

Zu diskutierende Einzelheiten:

— der Mist trägt zur Steigerung und Diversifizierung der Agrarproduktion bei — die Steigerung und Diversifizierung der Agrarproduktion trägt zur Verbesserung der Lebensmittelversorgung bei — für eine schlecht ernährte Bevölkerung ist Entwicklung nicht möglich, weil die Gesundheit beeinträchtigt ist und die körperlichen und geistigen Fähigkeiten sich nicht optimal entwickeln können.

2. Ziel:

Diskussion über die technische Anlage eines Mist-Stalles.

Zu diskutierende Einzelheiten:

— Auswahl und Vorbereitung des Baugrunds — Einebnung des Baugrunds, um zu vermeiden, daß der Urin aus dem Stall fließt, wodurch Nährstoffe verloren gehen — Abstecken des Stalls (4 m^2 für die erste Großvieheinheit und 2 m^2 für jede weitere) — Herrichtung von Pfeilern aus angekohltem Holz (zur Vermeidung von Holzfäulnis) — Löcher graben und Eckpfeiler einsetzen — Abmessung der Höhe — Graben der Grube um Nährstoffverluste zu vermeiden und um die Umgebung des Stalls sauber zu erhalten — Konstruktion der Futterkrippe — Konstruktion der Stalltür — Vom Nutzen einer Dachrinne — Trog — Baukosten.

3. Ziel:

Diskussion über die Techniken der Stallmistbereitung.

Zu diskutierende Einzelheiten:

— Bedeutung der Einstreu — die verschiedenen Materialien, die als Streu dienen können, ihre Absorptionskraft und ihr Mineralsalzgehalt (Sumpfstroh, Schilf, getrocknete Queckenwurzeln, Hobelspäne, Sägemehl, Bohnen- und Erbsen-

D 6

stroh, Lieschblätter von Mais, Hirse etc., getrocknetes Gras usw.) — Lagerung und Kompostierung des Mists.

4. Ziel:

Diskussion über die Technik der Stallmistanwendung.

Zu diskutierende Einzelheiten:

— Jahreszeiten und Zeitpunkte der Mistausbringung — Verluste durch Ammoniakverdunstung — sofortiges Einarbeiten, Eingraben — Möglichkeiten der Mistausbringung — Kulturen auf die man Mist geben kann — Einbeziehung der Düngung in die Fruchtfolge — die Dosierung etc....

5. Ziel:

Austausch von mit Stallmist gemachten Erfahrungen.

Zu diskutierende Einzelheiten:

— Ertragssteigerung (Beispiel von Bauern, Evaluierungsergebnisse auf Bauernfeldern, auf Modellparzellen etc.) — erosionsbremsende Wirkungen des Mists durch bessere Bodenbedeckung, bessere Wasseraufnahmefähigkeit des Bodens, Verbesserung der Wasserhaltefähigkeit (Schwamm-Effekt) — Berechnung des Wertes von Stallmist aus dem Vergleich zu chemischen Mineraldüngemitteln und aus dem Erntemehrertrag.

Den größten Teil des Bildmaterials, das bei der Ausbildung zum Thema Mist-Stall eingesetzt wird, zeigt → Bild 3.

Nachdem die allgemeinen Ziele der Sitzung und die zu besprechenden Einzelheiten festgelegt sind, gilt es, die Bilder und Visualisierungen zu schaffen und den Begleittext der Ausbilderbroschüre zu schreiben. Dabei muß ständig an die Kriterien gedacht werden, die die Präsentationssituation und die Zielgruppe charakterisieren.

Für die Entwicklung von gutem didaktischen Material ist es entscheidend:

- daß Texte und Bilder in den soziokulturellen Kontext der Region passen, damit sich die Teilnehmer mit dem Material identifizieren können

- daß die Zielgruppe das Material richtig wahrnimmt und interpretiert. Dies macht systematische Tests erforderlich, (→ E 13).

Bild 3:

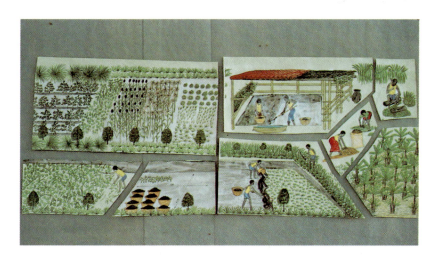

D 6

4. Die Ausbilder

Die Organisation und Arbeitsmethode der Beratung geben zusammen mit dem didaktischen Material einen klaren Arbeitsrahmen ab und liefern die Inhalte der Beratungsarbeit. Der Erfolg der Beratung hängt jedoch wesentlich vom guten Willen, den Einstellungen und den Fähigkeiten der Ausbilder ab (Gemeinde-Agronomen, Sozialhelfer, Berater usw.). Sieht man, daß Beratung ohne Volksbildung von vornherein zum Scheitern verdammt ist, so erscheint die methodische und pädagogische Schulung des Beraterstabs entscheidend. Ein guter Berater muß zwangsläufig ein guter Ausbilder sein.

Einweisung und Ausbildung der Ausbilder:

Die Hauptziele bei der Ausbildung der Ausbilder sind:

— die Erweiterung der methodischen und pädagogischen Kenntnisse

— die ·Einübung in den Gebrauch des didaktischen Materials

— die Entwicklung förderlicher Einstellungen und Haltungen für die Bildungsarbeit

— ein tiefgreifendes Durcharbeiten und Durchdenken der vorrangigen Themen, die im didaktischen Material behandelt sind.

Die Einweisung und Ausbildung der Ausbilder wird hauptsächlich vom CPDFP/CCDFP, Zentrum für Entwicklung und ständige Ausbildung der Präfektur bzw. der Gemeinden vorgenommen. Das Programm soll so konkret und praxisnah wie möglich sein. Ein Beispiel gibt → Übersicht 3.

Anschließend kehren die drei Teilnehmer jeweils in ihre Gemeinde zurück und organisieren dort ein Seminar für ihre Kollegen nach dem am 4. Tag aufgestellten Plan. Die Planung der Sitzungen mit der Zielbevölkerung erfolgt dabei wieder am 4. Tag von 8 — 10 Uhr.

Zur Frage der Evaluierung, dem 5. Teilbereich innerhalb der „CFSME", Methode, gibt es eine ähnlich ausführliche Beschreibung wie die hier wiedergegebene zur Bewußtseinsbildung und Volksbildung. Dort werden die Grundfragen erläutert. Die besonderen Fragen der Evaluierung von Bildungsveranstaltungen sind in Arbeitsunterlage → E 12 gesondert dargestellt.

Entsprechend den Ergebnissen der Evaluierung kann man gezielt versuchen, Organisation, didaktisches Material und die Ausbildung der Ausbilder zu verbessern. Eine Evaluierung der Aktivitäten zur Bewußtseinsbildung und Ausbildung sollte jährlich vom beteiligten Gemeindepersonal in Zusammenarbeit mit dem CCDFP durchgeführt werden.

D 6

Übersicht 3:

Ein Beispiel für die Beraterausbildung zur Einführung neuen didaktischen Materials

1. Tag	10 - 12 Uhr	Erste Vorstellung des didaktischen Materials
	14 - 16 Uhr	Gruppenarbeit zu jeweils verschiedenen Themenaspekten
2. Tag	8 - 10 Uhr	Vorstellung der Gruppenarbeits-Ergebnisse und zusätzliche Beiträge zum Thema
	10 - 12 Uhr	Zweite Vorstellung des didaktischen Materials und Plenumsdiskussion darüber
	14 - 16 Uhr	Gruppenaufgaben mit dem didaktischen Material
3. Tag	8 - 10 Uhr	Fortsetzung der Arbeit an den Gruppenaufgaben
	10 - 12 Uhr	Ausbildungssitzung mit einer Bauerngruppe. Ein Teilnehmer moderiert die Gruppensitzung und benutzt dabei das neue didaktische Material. Die anderen Teilnehmer beobachten ihren Kollegen
	14 - 16 Uhr	Evaluierung der Gruppensitzung des Vormittags mit einer Diskussion über die gezeigte Einstellung des Ausbilders, seine Art, die Sitzung zu leiten und zu moderieren, seine Beherrschung der Handhabung des Materials und das Verhalten und die Reaktionen in der Gruppe aus der Bevölkerung. (→ E 12)
4. Tag	8 - 10 Uhr	Erarbeitung des Programms für die Einführungsseminare auf Gemeindeebene (CCDPF) für das technische und soziale Personal in den Gemeinden
	10 - 12 Uhr	Verteilung des didaktischen Materials. Weitere Informationen

Übersicht 4:

Themen der Flanell-Bild-Kurse und Plakate im PAK bis Juli 1982

	Kurs	Plakat	Text Kin.	Text Franz.
Themen zur Sensibilisierung				
1. Das Bevölkerungsproblem	x		x	x
2. Der Kreislauf der Nährstoffe	x		x	x
3. Die Aufforstung	x		x	x
Landwirtschaftliche Themen (Im Rahmen des landwirtschaftlichen Wettbewerbs)				
4. Der Kampf gegen die Erosion	x	xx	x	x
5. Der Kompost: Kompostgrube, Komposthaufen		xx	x	x
6. Der Mistall und die Mistanwendung	x	x	x	x
7. Futterpflanzenbau		x		
8. Kleintierzucht: Hasen	x	x	x	x
Hühner	x		x	x
9. Integrierte Baumpflanzung	x	x	x	
10. Gemüse- und Obstbau	x	x	x	x
11. Verbesserter Bananenanbau	x	x	x	x
12. Kaffee	x	x	x	x
13. Kartoffelanbau		x	x	x
14. Verbesserung der Wohnsituation, Latrinenbau		x	x	x
Andere Themen				
15. Ernährung I (drei Nahrungsmittelgruppen)	x	x	x	x
16. Ernährung II (Säuglingsernährung)	x		x	x
17. Hygiene des Wassers	x		x	x
18. Familienplanung	x		x	x

D 6

Abschließend zeigt → Übersicht 4, welches didaktische Material im „Service Animation et Formation" in Kibuye bis 1982 angefertigt wurde. Das logische Schema für die Abfolge der Themen gibt → Übersicht 5 wieder. Alle Themen beginnen mit der Sensibilisierung durch den Kurs „Das Bevölkerungsproblem" und gehen dann in Einzelheiten, entsprechend den „5 Grundpfeilern harmonischer Entwicklung". Auch in den speziellen Themenbereichen werden zuerst Bewußtseinsbildungskurse vorangestellt, ehe Lösungen zu einzelnen Problembereichen angeboten werden. Die ungleiche Verteilung des Materials in den 5 Hauptgruppen ergibt sich aus den Arbeitsschwerpunkten des Projekts. Für die Förderung von Handwerk, Familienplanung und Schulbildung gibt es in Rwanda eigene Organisationen und Projekte.

Übersicht 5:

Themenbereiche und Themen im PAK, Kibuye, in der empfohlenen Reihenfolge, Stand Juli 1982					
Das Bevölkerungsproblem				
Steigerung und Diversifizierung der landwirtschaftlichen Produktion	Entwicklung des ländl. Handwerks	Förderung der Gesundheit	Förderung der Familienplanung	Förderung der Schulbildung
x Der Kreislauf der Nährstoffe o Erhalt und Verbesserung der Bodenfruchtbarkeit x Der Kampf gegen die Erosion x Der Kompost x Mist-Stall und Mistanwendung x Futterpflanzenbau x Aufforstung **Weitere Themen, beliebig anfügbar** x Gemüse- und Obstbau x Verbesserter Bananenanbau x Kaffee x Kartoffelanbau o Intensivierte Großviehhaltung o Fruchtfolge und Gründüngung	o Handwerk	x Hygiene des Wassers x Verbesserung der Wohnsituation, Latrinenbau x Ernährung x Ernährung des Säuglings o Ernährung des Kindes o Impfung o Mangelkrankheiten	x Familienplanung	
x = vorhandenes Material o = Material in Vorbereitung				

Quellen

E. GABATHULER. La conscientisation/formation dans le processus de vulgarisation. In: Bulletin Agricole de Rwanda, H.4, 1983, 223-236

E. GABATHULER: Résumé du cours de formation sur le Système National de Vulgarisation (SNV) du Rwanda, donné aux Agronomes et Vétérinaires des Communes, appuyé par le Projet Agro-Pastoral de Nyabisindu. Unveröffentlichtes Manuskript, Nyabisindu, 1982, 26.S.

R. GÖRGEN: Übersicht über das didaktische Material, das zur Sensibilisierung und zur Ausbildung der Landbevölkerung in der Präfektur Kibuye eingesetzt wird. Projet Agricole de Kibuye, Service Animation et Formation. Rwanda, 7, 1982

Fotos

Regina GÖRGEN, Volker HOFFMANN

Bearbeitung

Volker HOFFMANN

D 7

Majeutik — die Pädagogik der Selbsthilfe von GRAAP

GRAAP ist die Abkürzung für „Groupe de recherche et d'appui pour l'autopromotion paysanne", auf Deutsch heißt das etwa: Gruppe zur Untersuchung und Förderung der bäuerlichen Selbsthilfe. Gegründet wurde diese Einrichtung im Jahr 1975 in Bobo-Dioulasso, in Burkina Faso, wo sie bis heute arbeitet und unter Postfach (B.P.) 785 zu erreichen ist.

Gründer waren die letzten drei technischen Berater der Fédération des Groupements Villageois de la Région de Bouaké. Der grundlegende pädagogische Ansatz und erste Serien des zugehörigen didaktischen Materials waren damals schon entwickelt. Methode und Material zielen auf die Förderung der Selbsthilfe von Dorfbewohnern ab, wodurch diese ihre Lebensverhältnisse selbst verbessern sollen. Die nun folgende Beschreibung der Methode ist eine auszugsweise freie Übersetzung der beiden GRAAP-Texte, die als Quellen am Ende dieser Arbeitsunterlage angegeben sind.

1. Was ist mit Majeutik gemeint?

Es geht darum, daß die Landbevölkerung aufhört, sich den Zwängen der Modernisierung passiv zu unterwerfen. Statt dessen soll sie zum dynamischen Teilhaber an der Entwicklung ihres Landes werden. So gesehen ist den Dorfbewohnern also dabei zu helfen, ein neues Leben zu gestalten, zu gebären, das dem Leben ihrer Ahnen entspringt und sich an die gegenwärtigen Bedingungen anpaßt. Dafür setzt GRAAP das Wort Majeutik, die Kunst der Geburtshilfe oder die Hebammenkunst.

Majeutik steht bei GRAAP für eine pädagogische Methode, mit der Dorfbewohner darin unterstützt werden, die Wahrheit zu entdecken. In einer dialektischen Diskussion, ausgelöst von einer Reihe sorgfältig ausgewählter Fragen, finden die Dorfbewohner aus sich heraus zu dieser tieferen Wahrheit.

2. Worauf gründet sich diese Methode?

Ausgehend von dem, was bisher über Majeutik gesagt wurde, muß sie sowohl in ihren Grundlagen als auch in ihrer Form vom Leben und der Kultur der ländlichen Bevölkerung ausgehen.

Dörfliche Kultur

Afrikanische Dorfkultur ist im allgemeinen eine Wort-Kultur, d.h. die Leute verständigen und drücken sich hauptsächlich durch das gesprochene Wort aus. Dieser

251

D 7

mündliche Ausdruck wird unterstützt durch körperliche und künstlerische Ausdrucksformen (Tänze, Gesten, Haltungen, Bilder, Skulpturen und Schnitzereien). Durch diese Ausdrucksformen wird das Denken erweitert, das Leben der Gemeinde und ihrer Bewohner verbreitert.

Diese Wort-Kultur erlaubt es allen Erwachsenen, sich vor jedermann über die Realitäten ihres Lebens auszudrücken (Familie, Heirat, Land, Arbeit, etc. ...). So wird ein reicher Wissensschatz geschaffen, der der Gemeinschaft als Ganzes gehört. Das „Palaver" nimmt somit eine zentrale Stellung im Dorfleben ein.

Hier sehen wir einen der Hauptunterschiede zur Kultur der Industrieländer, in denen das geschriebene Wort und die audio-visuelle Kommunikation dominieren, denn dies sind Massen-Kommunikationsmittel, die viele Individuen erreichen, jedoch in wechselseitiger Isolation. Sie bringen die Leute nicht in einen Dialog mit anderen, es erfolgt kein gemeinsamer Austausch und kein gemeinsames Entdecken. Schlimmer noch, diese Mittel erlauben es nur einigen wenigen, im allgemeinen den Intellektuellen, sich auszudrücken. So als ob sie die einzig Wissenden seien, während die Massen keine Möglichkeit erhalten, ihren Standpunkt dagegen zu vertreten. Dies schafft eine Mentalität, die das Volk in zwei Klassen teilt Die Lehrenden, die Intellektuellen, die das Wissen gestalten, und die Lernenden, die sich ihm unterwerfen.

Konsequenzen dieser pädagogischen Methode

Majeutik wurde Schritt für Schritt entwickelt mit Respekt vor den Realitäten der Dorfkultur und in einer vorläufigen, entschiedenen Abkehr von modernen Kommunikationsmethoden und der Mentalität, die diese geschaffen haben.

Sie stützt sich v.a. auf das gesprochene Wort, das Ausdrucksmittel im Herzen der Gemeinde. Sie hilft den Dorfbewohnern, die Tatsachen ihres Lebens in einer Gruppe auszusprechen, mit all den Veränderungen, die augenblicklich geschehen, und ihren Ideen und Einsichten dazu.

Innerhalb dieser Methode versuchen wir, soweit wie möglich, den konkreten Stil, die poetische Sprache der Dorfbewohner zu benutzen, die von Vergleichen und Sprichwörtern lebt. Verse, Sprichwörter und Geschichten können wie Fragen wirken, die den Zuhörern gestellt werden und sie zum Nachdenken zwingen. So wie z.B. das folgende Sprichwort:

Nur begleitend zum gesprochenen Wort benutzt diese Methode auch Bilder. Diese visuelle Unterstützung hat zum Ziel:

D 7

Wenn du etwas grillst
und du Angst davor hast,
daß es zu heiß wird,
wird es niemals gar.

- das von allen Gesprochen, festzuhalten und leichter zu erinnern,
- die Dorfbewohner dazu anzuregen, sich auszudrücken
- Erklärungen oder neue Ideen verständlicher zu machen.

Zum Beispiel, um eine Diskussion über Gesundheitsprobleme herbeizuführen, kann man ein Bild eines kranken Mannes neben einem gesunden Mann zeigen. Gleichermaßen, um zum Thema der Vitalität eines Dorfes Aussagen zu erhalten, kann man den Vergleich zwischen einem kranken Baum und einem gesunden, fruchtbehangenen benutzen.

Diese Lehrmethode, die mit öffentlich gesprochenem Wort beginnt, regt gelegentlich auch spontane körperliche Ausdrucksformen an, sei es in persönlichen Gesten oder auch durch Gesänge und Tänze.

D 7

3. Der pädagogische Ansatz

Dorfbewohner sind lebhafte und aktive Leute. Ihr Leben ist zu beobachten, denn es ist auch ihr Leben, das erneuert und laufend verbessert werden soll. Deshalb zielt der erste Schritt dieses Ansatzes darauf, die Dorfbewohner an das Sehen zu gewöhnen. Sie sollen ihr Leben, ihre Verhaltensmuster bewußt beobachten und sich diese Beobachtungen untereinander mitteilen.

Je mehr dieses Mitteilen den verschiedenen sozialen Gruppen (Männern und Frauen, Jungen und Alten) erlaubt auszusprechen, was sie von der Realität verstehen, um so dichter nähert sich die Gruppe an eine wahre Vorstellung von dieser Realität an. In der Tat, jede Realität hat viele Seiten, und Dorfbewohner sagen gelegentlich: „Ein Dach muß zwei Seiten haben, damit es vollständig ist".

Aus dem Mitteilen der Beobachtungen entsteht Diskussion, die zu einer Analyse der Fakten und Situationen führen sollte. **Nachdenken** und Analysieren stellen den zweiten Schritt dieses Ansatzes dar. Die Analyse muß so geführt werden, daß sie die wahren Aspekte der untersuchten Tatsachen und Situationen und deren Konsequenzen bestmöglich hervorbringt. Sie sollte zum tiefen Nachdenken führen, um die Wurzeln und Ursachen der Situationen zu entdecken. „Wenn du nicht willst, daß es wieder nachwächst, mußt du das Unkraut tief bis zu den Wurzelspitzen herausziehen", sagen die Dörfler.

Zur Vollendung der Analyse wird oft Hilfe von außen, in Form von Grundlagenwissen und spezieller Zusatzinformation gebraucht. Die pädagogische Methode gewöhnt die Dorfbewohner daran, sich dieses zusätzliche Informationsmaterial selbst zu beschaffen.

Einige Grundkenntnisse (Biologie, Ökonomie, Geographie, etc.) sind unverzichtbar, wenn die Dorfbewohner das Warum und Wie der Phänomene, die sie berühren, verstehen wollen. Ihr Erwerb bewahrt sie vor der Suche nach magischen

D 7

Lösungen oder vor der bloßen Ausführung technischer Anweisungen, ohne diese wirklich zu verstehen. Solches Training gibt den Dorfbewohnern die zusätzliche Chance, an der Entwicklung ihres Dorfes und ihres Landes auf verantwortliche und intelligente Art und Weise teilzuhaben.

Das Nachdenken soll die Dorfbewohner zu einer profunderen Beurteilung der Bedeutung von Fakten und Situationen führen und sie entdecken lassen, was zu tun ist, um das Leben aller zu verbessern.

Die gefundenen Lösungen müssen als nächstes durch **Aktionen** verwirklicht werden, das ist der dritte Schritt in unserem Ansatz. Damit diese Aktionen durchgeführt werden, ist es nötig, die Prioritäten zu bestimmen, die tatsächlichen Potentiale der Gemeinde abzuschätzen, das technische und praktische Training zu absolvieren usw.. Für all das muß sich die Gemeinde selbst organisieren.

Diese Lehrmethode ist nicht festgelegt und unveränderlich. Im Gegenteil, sie muß sich ständig ändern als Antwort auf wechselnde Realitäten. Sie regt neue Aktionen an, die ihrerseits neue Situationen hervorbringen, die dann analysiert werden und auf die in einer unendlichen Spirale von Untersuchung und Aktion durch die Gemeinschaft reagiert wird. Auf diesem Weg verbessert die Dorfgemeinschaft ihr eigenes Leben.

D 7

4. Drei wichtige Elemente der Majeutik

Die Methode der Majeutik stützt sich vorrangig auf drei wichtige Elemente, nämlich Fragen, Gruppen und Untergruppen und den Animateur. Als Bindeglied zwischen den drei Elementen dient didaktisches Material in Form von Flanellbild-Serien mit einer ausführlichen Gebrauchsanweisung für den Animateur.

4.1. Fragen

Wer sein ganzes Leben im Rahmen der gleichen Umgebung verbringt, findet es oft schwierig, die verschiedenen Aspekte dieses Lebens in dieser Umgebung zu sehen und objektiv zu analysieren. Um dabei zu helfen, kann man die Dorfbewohner durch gut gestellte Fragen anleiten.

Fragen sind ein wesentlicher Teil der pädagogischen Methode, die wir vorschlagen. Innerhalb dieses Ansatzes sind Fragen unser Haupt-Werkzeug. Um jedem Dorfbewohner das Gefühl zu geben, daß er persönlich angesprochen ist, sind diese Fragen so einfach und direkt wie möglich formuliert. Es sind grundsätzlich offene Fragen, damit die Dorfbewohner nicht mit ja oder nein antworten können, sondern dazu gezwungen werden, zu diskutieren, zu suchen und nachzudenken.

Gelegentlich kann eine Frage auch einmal als geschlossene Frage gestellt sein, aber dann folgt regelmäßig ein „warum" oder „wie", um jede Person dazu zu zwingen, ihren Standpunkt zu erklären.

Bei den vorbereiteten Ausbildungs-Themen mit Bildserien werden die Einstiegsfragen unter dem Titel: Fragen für die Weckung von Problembewußtsein, gruppiert. Weitere Fragen werden dann im Verlauf der fortschreitenden Untersuchung vorgeschlagen. Diese Fragen können je nach Bedarf und entsprechend den Umständen und der Entwicklung der Untersuchung geändert werden. Der Animateur sollte dazu fähig sein, diese Fragen durch Sprichworte, Kurzerzählungen oder Vergleiche zu ersetzen, wenn immer dies dem Milieu angemessen erscheint. Auch die Dorfbewohner sollten sich im Verlaufe der Untersuchungssitzungen, die diese Methode benutzen, wechselseitig Fragen stellen.

4. 2. Gruppen und Untergruppen

Die Lehrmethode zielt darauf, jede Person dazu zu bringen, sich zu äußern, damit es einen Austausch von Ideen zwischen den Mitgliedern der Gemeinschaft gibt. Eines der grundlegenden Elemente dieser Methode ist deshalb die Gruppe, und speziell die relativ homogene Gruppe. Eine solche Gruppe ist nicht immer leicht zu bilden. Oft steht das Brauchtum dem entgegen. Gewisse Gruppen in der Gemeinde können sich nicht frei vor anderen äußern, z.B. Frauen vor Männern, die Jungen vor den Alten.

Um nun trotzdem jedermann die Gelegenheit zu verschaffen, sich auszudrücken, ist es eine hilfreiche Methode, Untergruppen der verschiedenen Kategorien von Teilnehmern zu bilden. Wenn also die Zahl der teilnehmenden Leute zu groß ist, um jeder Person das Sprechen zu erlauben, ist es besser, Untergruppen von nicht mehr als zehn Leuten zu bilden.

Nach der Untersuchung in Untergruppen ist es entscheidend, daß die Diskussionsergebnisse mit der Gesamtgruppe geteilt werden. Dazu sollte jede Gruppe einen oder zwei Sprecher benennen, die alles, was in der kleinen Gruppe diskutiert wurde, dann im Plenum berichten. Gelegentlich ist dies der einzig gangbare Weg, um einen Dialog zwischen den verschiedenen Personenkategorien im Dorf in Gang zu setzen.

Die Berichte in der Gesamtgruppe sind meistens sehr lebhaft und rufen viele weitere Diskussionen hervor. Sie erhellen die Situation, denn jede Untergruppe bringt Sachverhalte und Gesichtspunkte ein, die dann gelegentlich sehr stark von denen der anderen verschieden sind.

Wenn es später dazu kommt, zwischen verschiedenen Lösungsmöglichkeiten zu wählen und zu Aktion überzugehen, erlaubt das System von Gesamtgruppe und Untergruppen allen Mitgliedern der Gemeinde, sich selbst in gleicher Form zu beteiligen und Verantwortung für die Aktion zu übernehmen, so daß die Gefahr geringer ist, daß die Verantwortung auf eine einzelne Person oder nur eine einzige Untergruppe zurückfällt.

Das verhindert auch, daß die Lösung von Problemen zur Domäne einiger weniger wird, die den anderen voraus sind und die versuchen werden, diese Gelegenheit zu ihrem eigenen Nutzen und auf Kosten der Gemeinschaft auszunutzen.

4.3 Die Animateure

Wenn Dorfgemeinschaften von dieser Lehrmethode profitieren sollen, ist es erforderlich, daß ihnen durch einen Animateur geholfen wird. Die Rolle dieses Animateurs kann mit einem Spiegel verglichen werden. Als Ergebnis der von ihm gestellten und in den Gruppen diskutierten Fragen hat die Gemeinde Gelegenheit, ihr Leben und alle Vorzüge und Probleme die es einschließt, so zu sehen, wie wir in einem Spiegel das Abbild unseres Gesichtes sehen. Mit seinen Fragen hilft er der Gemeinschaft, ihre Situation zu analysieren und Wege der Veränderung zu finden.

D 7

Animateur: Majeutik & Grundbildung

Zusätzlich zur Majeutik kann der Animateur auch Grundbildung sowie technisches und praktisches Training für seine Mitbewohner anbieten. „Grundbildung", das ist uns wichtig, meint den Gebrauch von wissenschaftlicher Erklärung für Erscheinungen, die den Dorfbewohnern ein Verständnis des „Wie und Warum" erlauben, sei es von der Biologie des Menschen, der Tiere und der Pflanzen oder von der Ökonomie etc. .

Mittel für Animateur = Flanellbildserien

Um dem Animateur bei all dem zu helfen, stehen Flanellbild-Serien zu Ausbildungsthemen zu seiner Verfügung. Diese können jedoch in keinem Fall die Qualitäten und die dynamische Kraft eines guten Animateurs ersetzen. Da diese Programme die Probleme in allgemeiner Form behandeln, muß jeder Animateur dieses Material so anpassen, daß es für sein spezielles Gebiet paßt. Er muß die Fragen überarbeiten und übersetzen, nach Sprichwörtern und Vergleichen suchen und Ereignisse und spezielle Situationen seiner Region berücksichtigen.

Animateur = "einer von uns"

Dies kann der Animateur nur, wenn er seine Gemeinde gut kennt. Daher ist es vorzuziehen, daß der Animateur ein Mann oder eine Frau aus dem speziellen Dorf ist. Andernfalls, wenn er oder sie Fremde sind, müssen sie sich anstrengen, die Gegend gut kennenzulernen und so schnell wie möglich Animateure aus der Gegend einlernen. Denn dann kann ihre Aufgabe nur in zusätzlicher Unterstützung dieser Ortskräfte bestehen.

Nach allem, was über die Rolle des Animateurs bisher gesagt wurde, erscheint es klar genug, daß er nicht jemand ist, der alles weiß, der seine Ideen und Lösungen aufdrängt, sondern jemand, der der ganzen Gemeinschaft, deren Mitglied er ist, dabei hilft, ihr Leben zu beobachten, über ihre Probleme nachzudenken, um in Eigeninitiative unaufhörlich an einem neuen und besseren Leben zu bauen.

D 7

5. Themenbezogene Ausbildungs-Serien zum Angehen spezieller Probleme

Spricht man mit Dorfbewohnern über ihre Probleme, erscheinen regelmäßig ähnliche Themenstellungen, z.B.:

- Wassermangel
- Geldmangel
- Verständigungsprobleme mit den besser Ausgebildeten
- Die Landflucht der Jugend
- Mangel an Einrichtungen des Gesundheitswesens
- Hohe Kindersterblichkeit etc. .

Diese Probleme werden von der Dorfbevölkerung, die täglich mit ihnen lebt, auch übereinstimmend gesehen. Der pädagogische Ansatz, den wir bis hierher beschrieben haben, soll es ihnen erlauben, im Erkennen der Problemursachen voranzuschreiten, um diese Probleme nach und nach zu lösen.

Zur Hilfe dabei bieten wir Lehrmittel bzw. Ausbildungsserien zu einer Anzahl spezieller Themen an. Andere können in der gleichen Art zu denselben oder anderen Themen ausgearbeitet werden. So schlagen wir beispielsweise zwei Programme vor, die den Dorfbewohnern dabei helfen sollen, folgende Probleme anzugehen:

- Mangel an Verständigung mit den besser Ausgebildeten
- Landflucht der Jugend in die Städte

Dazu haben wir in Zusammenarbeit mit Dorfbewohnern folgende zwei Serien konzipiert und ausgearbeitet:

- Die Rolle der Landbevölkerung in der Nation
- Der Anteil der ländlichen Ökonomie an der Nationalökonomie

Mit diesen beiden Programmen wird versucht, die Dorfbewohner zu der Sichtweise zu bringen, daß sie die Wurzeln, das Fundament darstellen, auf dem das gesamte Leben der Nation ruht. Das soll ihr Selbstbewußtsein stärken, das Unterlegenheitsgefühl im Anblick des modernen Lebens von ihnen nehmen, so daß sie ihr eigenes Leben selbst in die Hand nehmen und sich organisieren, um ihren Platz gleichberechtigt neben den anderen Kategorien von Bürgern zu behaupten.

Neben diesen und ähnlichen Serien, die vorrangig der Bewußtseinsbildung dienen sollen, gibt es auch andere Themen, die schon stärker lösungsorientiert sind und die v.a. Grundwissen und praktisches Training vermitteln sollen. Das Ziel jedoch all dieser Serien ist immer das gleiche: den Dorfbewohnern einen wirksa-

D 7

men geistigen Anstoß dazu zu geben, ihre Probleme auf dynamische und kritische Weise anzugehen, und sie dazu ermutigen, eine verantwortliche Stellung in der Entwicklung ihres Dorfes und ihrer Nation zu übernehmen.

6. Zusammenfassung

Anstelle einer Zusammenfassung in Textform geben wir in → Übersicht 1 ein Schema wieder, mit dem GRAAP seine Majeutik im Überblick beschreibt.

Material von GRAAP wird inzwischen in 17 Ländern Afrikas eingesetzt, zu den verschiedensten Themen liegen Ausbildungsserien vor. GRAAP vertreibt drei Bücher, die den Ausbildungsansatz vorstellen, eines für Ausbilder, eines für Animateure und eine Anleitung für die Herstellung pädagogischer Bildserien. Gemeinsam mit dem CESAO (Centre d'études économiques et sociales d'Afrique occidentale) gibt GRAAP die Zeitschrift „Echanges" heraus, die sich um die Verbreitung und Vertiefung des Bauernwissens bemüht.

Ein Beispiel für eine Ausbildungsserie mit Schwerpunkt auf Bewußtseinsbildung zum Thema: „In grüner Umwelt leben", wird hier unter → G 11 vorgestellt.

Quellen

GRAAP: Towards teaching self-development, Bobo-Dioulasso, GRAAP, o. J.

GRAAP: 12 questions sur le GRAAP. 12 réponses de son auto-évaluation. BoboDioulasso, GRAAP, 1986

Literatur

GRAAP: Pour une pédagogie de l'autopromotion. Ausgabe für Ausbilder. Bobo-Dioulasso, GRAAP, 4. Auflage, 1984

GRAAP: Pour une pédagogie de l'autopromotion. Ausgabe für Animateure, Bobo-Dioulasso, GRAAP, 1. Auflage, 1985

GRAAP: Dessiner. Grammaire du dessin au tableau de feutre pour une pédagogie de l'autopromotion. Bobo-Dioulasso, GRAAP, 1. Auflage, 1984

Bearbeitung

Volker HOFFMANN

D 7

Übersicht 1:

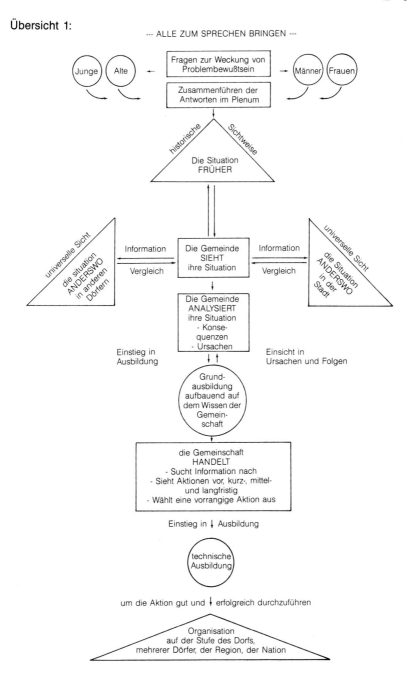

D 8

Ein Gliederungsbeispiel für die Darstellung eines Beratungsprogramms aus dem „Ziegenprojekt" in Ngozi, Burundi

Beratungsprojekte oder die Beratungsabteilungen von Entwicklungsprojekten stehen wiederkehrend vor der Aufgabe, ihr Beratungsprogramm schriftlich niederzulegen. Oft ist dann unklar, was in einem solchen Bericht zu behandeln ist. Die nachfolgende freie Übersetzung der Gliederung des Beratungsprogramms aus dem Projekt zur Förderung der Ziegenhaltung in Ngozi, Burundi, kann dazu vielleicht einige Anregungen geben.

Beratungsprogramm des Projekts für die Förderung der Ziegenhaltung

1. Einführung

1.1. Kurzer Abriß der Projektgeschichte
1.2. Zur aktuellen Projektsituation
1.3. Anlaß und Ziele für die Abfassung dieses Berichts

2. Die Zielgruppen und ihre Situation

2.1. Die ökonomische und soziale Bedeutung der Ziegenhaltung in der Region
2.2. Zum Stand der Ziegenhaltung im Projektgebiet
2.3. Zur Charakteristik der Ziegenhalter
2.4. Ansatzstellen zur Verbesserung der Ziegenhaltung und die potentiellen Übernehmer der Neuerungen

3. Zielorientierte Projektplanung (ZOPP)

3.1. Ressourcen, Potentiale und Vorleistungen des Projekts
3.2. Die Beteiligten und Betroffenen und ihre vermutlichen Interessen
3.3. Die Hierarchie der Probleme der Zielgruppe
3.4. Die Hierarchie der Ziele
3.5. Die Projektplanungsübersicht (PPÜ)
    3.5.1. Das Projektziel
    3.5.2. Das Oberziel
    3.5.3. Die Ergebnisse
    3.5.4. Die Aktivitäten
    3.5.5. Die wichtigen Annahmen
    3.5.6. Die objektiv nachprüfbaren Indikatoren
    3.5.7. Die Quellen der Nachprüfbarkeit

D 8

4. **Die Projektorganisation**

4.1. Wichtige Organisationsprinzipien
4.2. Das Organigramm der Abteilung für Ausbildung und Beratung
4.3. Stellenbeschreibungen
    4.3.1. Nationaler Direktor
    4.3.2. Deutscher Projektleiter
    4.3.3. Leiter der Abteilung Ausbildung und Beratung
    4.3.4. Provinz-Berater
    4.3.5. Leiter der Fachgruppe für Monitoring und Evaluation (M & E)
    4.3.6. Gemeindeberater
4.4. Liste der Organisationen, mit denen Zusammenarbeit praktiziert wird
4.5. Organisationen, mit denen Zusammenarbeit gesucht wird

5. **Die technischen Beratungsinhalte (hier z. T. ohne Detailgliederung wiedergegeben)**

5.1. Beschreibung der lokalen und eingekreuzten Ziegenrassen
    5.1.1. Allgemeine Beschreibung
    5.1.2. Die Fleischleistung
    5.1.3. Die Milchleistung
    5.1.4. Die Reproduktionsleistungen
    5.1.5. Schlachtkörperverwertung und Haut
5.2. Allgemeine Probleme der Ziegenhaltung im Projektgebiet
    5.2.1. Die traditionelle Form der Ziegenhaltung
    5.2.2. Begrenzungen der Ziegenhaltung in der Region
5.3. Fütterung
5.4. Aufstallung
5.5. Zucht
5.6. Milchproduktion
5.7. Herdenmanagement
5.8. Tiergesundheit und Hygiene

6. **Die Methodik der Ausbildung und Beratung**

6.1. Der Beratungsansatz
6.2. Informationsvermittlung und Informationsrückfluß
    6.2.1. Die Übersetzung der technischen Informationen auf drei Niveaus (Projekt, Gemeindeberater, Ziegenhalter)
    6.2.2. Die Aus- und Fortbildung der Berater
    6.2.3. Ausbildungsprogramm für neu eingestellte Berater (sechsmonatiges Praktikum auf der Zuchtstation)

6.3. Das Beratungs- und Ausbildungssystem
    6.3.1. Beschreibbare Phasen der Übernahme und Verbreitung angebotener Neuerungen
    6.3.2 Das Beratungs- und Ausbildungsangebot
    6.3.2.1 Bewußtseinsbildung und Ausbildung
    6.3.2.2 Anreize zur Neuerungsübernahme
    6.3.2.3 Praktische Ausbildung und begleitende Beratung
    6.3.2.4 Die Bereitstellung der erforderlichen Mittel
    6.3.2.5 Die Auswahl der Beratungshilfsmittel
    6.3.2.6 Beschaffung, Herstellung und Einsatz der Beratungshilfsmittel
    6.3.2.7 Musterprogramme für Beratungsversammlungen
    6.3.2.8 Beschreibung der Aufgaben der Berater in Versammlungen
    6.3.2.9 Beschreibung der Aufgaben der Berater bei der Betreuung von Innovatoren
    6.3.2.10 Beschreibung der Aufgaben der Berater bei Betriebsbesuchen
6.4. Das Monitoring- und Evaluierungssystem
    6.4.1. Die wichtigen Indikatoren und ihre Klassifizierung
    6.4.2. Das Berichtssystem
    6.4.3. Laufend fortzuschreibende Anzeigetafeln und Diagramme
    6.4.4. Entscheidungs- und aktionsorientierte Untersuchungen
    6.4.5. Dateninterpretation und korrigierende Aktionen

7. Operationsplanung

7.1. Programm für die Ausweitung der Beratungsorganisation in neue Gebiete
7.2. Jahresprogramm
7.3. Monatsprogramme für Provinzberater
7.4. Monatsprogramme für Dorfberater

8. Anhang

Quellen

V. HOFFMANN, K. SCHULZE ALTHOFF, S. NGENDAKUMANA, G. NIYONZIMA: Programme de Vulgarisation au Projet de Développement de l'Elevage Caprin. Ngozi, Burundi, 1984

Projet Caprin: Guide de l'Elevage Caprin au Burundi. Ngozi, Burundi, 1986

Bearbeitung

Volker HOFFMANN

D 9

Abschlußfest und landwirtschaftliche Ausstellung bei den Beratungszentren im CARDER Atlantique, Benin

In der Atlantik-Provinz der Volksrepublik Benin wurde mit Unterstützung des deutschen GTZ-Projektes die Organisation des landwirtschaftlichen Beratungsdienstes reformiert. Dies ist in Arbeitsunterlage B 5 näher beschrieben. Die Einrichtung der 27 Beratungszentren (CVA = Centre de Vulgarisation Agricole) hatte auch Einfluß auf die Gestaltung der von der audio-visuellen Einheit des CARDER's geplanten landwirtschaftlichen Ausstellungen.

Wollte man ursprünglich nur sieben Ausstellungen in den Hauptorten der Sektoren der Provinz organisieren, so entschloß man sich nach eingehender Diskussion dieses Konzepts dazu, mehr dezentral und damit näher zu den Zielgruppen vorzugehen. Aus der „landwirtschaftlichen Ausstellung" wurde „ein Tag des Beratungszentrums" (Journée du CVA). Der Beirat (Conseil consultatif) bekam dadurch seine erste größere Aufgabe, und vom Projekt aus wurde damit ein Zeichen gesetzt, daß es mit der Partizipation der Zielgruppen in der neuen Beratungsstruktur ernst gemeint war.

1. Planung

Als Plan wurde im August 1984 folgendes festgelegt:

Titel

Tag des Beratungszentrums (Landwirtschaftliche Ausstellung 1984)

Ziele

1. Das Dienstleistungsangebot des CARDER darstellen und in der Provinz besser bekanntmachen.

2. Einen Anstoß zu verstärktem Austausch zwischen dem CARDER-Personal und den Zielgruppen geben.

3. Die Ausstellung soll so geplant und durchgeführt werden, daß sie von den Beiräten aller Beratungszentren als Mittel zur Sensibilisierung, zur Beratung und zur Anregung von Diskussionen verwendet werden kann.

4. Somit wird die Organisation und Durchführung des Tags des Beratungszentrums zur ersten konkreten Aufgabe für die neu gegründeten Beiräte.

D 9

5. Gleichzeitig werden bei der Vorbereitung und Durchführung wichtige Erfahrungen gewonnen, ob und wieweit 1985 eine zentrale und große Ausstellung (Tag des CARDER) anzugehen ist.

Zeitplanung

1. Die Ausstellung wird anläßlich der Einweihung des neuen Direktionsgebäudes des CARDER eröffnet.
2. Danach wandert sie durch alle Beratungszentren des CARDER Atlantique.

Zielgruppen

1. Die Mitarbeiter und Bauern eines jeden Beratungszentrums (Mitglieder der Beratungskontaktgruppen und sonstige Bauern)
2. Das Personal des CARDER
3. Gäste und Besucher bei der Einweihung des neuen Direktionsgebäudes.

Budget

Zwei Millionen Francs CFA für 1984

Inhalte

1. Aus den vom CARDER angebotenen Dienstleistungsbereichen sind unter folgenden Bereichen Inhalte auszuwählen:

    − Die elf Dienstleistungseinheiten innerhalb der CARDER-Organisation

    − Vermarktung

    − Pflanzenschutzdienst

    − Versorgung mit Produktionsmitteln

    − Das Beratungssystem und die Beratungszentren

    − Einrichtungen zur Lagerhaltung

    − Alphabetisierung

    − Das Genossenschaftsprogramm

D 9

- Die Impfkampagne
- Fischerei

2. Für die Bauern und die Landbevölkerung interessante Neuerungen, wie z.B.:

   - Neue Saatgutsorten
   - Pflanzenschutzbehandlung (Bohnen, Getreidelagerung)
   - Mineraldüngereinsatz
   - Verbesserte Brache
   - usw. ...

3. Vorstellung der Ernteergebnisse aus der Saison 1984/85 (oder auch nur der großen Saison 1984) durch Produktionsgenossenschaften und durch Beratungskontaktgruppen der Individualbauern.

Methode

Eine Methodik ist so zu entwickeln, daß die Beiräte in den Beratungszentren eine gemeinsame Aktion entwickeln können. Aufbauend auf der Ausstellung könnte der Tag des Beratungszentrums zusätzlich enthalten:

- Einen landwirtschaftlichen Wettbewerb zwischen den verschiedenen Beratungskontaktgruppen des Beratungszentrums
- Eine intensive Diskussion über die Erfolge und Mißerfolge der letzten Anbausaison
- Eine Diskussion zwischen den Bauern und den Behörden mit dem Ziel einer Analyse der Bedürfnisse der Zielgruppen und der Identifikation von Schwerpunkten für die nächste Anbausaison.

Deshalb müssen die Ausstellungsobjekte von einer schriftlichen pädagogischen Anleitung begleitet werden, die die Ziele, die Methode und den Ablauf des Tags des Beratungszentrums beschreibt. Die Beiräte entscheiden auf der Basis der Vorschläge des Carder und ihrer eigenen Ideen über die am Tag des Beratungszentrums durchzuführenden Aktivitäten.

D 9

Durchführung

Die Verantwortung für die Durchführung liegt bei der audio-visuellen Einheit des CARDER, die im erforderlichen Maß mit den betroffenen Abteilungen, Dienstleistungseinheiten und Einzelpersonen im CARDER zusammenarbeitet.

2. Die Durchführung

Auf der Grundlage dieser Planung begann die audio-visuelle Einheit mit den erforderlichen Vorbereitungen.

Das Gesamtkonzept wurde weiter präzisiert und in vier Beratungszentren ausführlich durchgesprochen und auf örtliche Wünsche und Erfordernisse hin abgestimmt. Vierzehn Ausstellungstafeln wurden thematisch bestimmt, entworfen, getestet und gestaltet.

Zur Unterstützung der nationalen Alphabetisierungskampagne, an der sich der CARDER auch aktiv beteiligt, wurde beschlossen, alle Texte im Rahmen der Ausstellung in der Landessprache (Fon) zu formulieren. Für korrekte Übersetzung wurde mit dem „provinziellen Dienst für die Alphabetisierung und die ländliche Presse" (SPAPR) zusammengearbeitet.

Eine der vierzehn Ausstellungstafeln diente zur Selbstdarstellung der Beratungszentren. Text- und Gestaltungsvorschläge wurden mit Vertretern der Zentren zusammen erarbeitet, die endgültige Gestaltung übernahmen die Beratungszentren dann selbst.

Schließlich wurde ein transportables Rundzelt mit dicken Bambusmasten und stabiler Zeltplane gefertigt, mit dem die Ausstellungstafeln gegen Wind und Regen geschützt werden konnten.

Die Ausstellung wurde erstmals am 29. November 1984 bei der Einweihung des neuen Direktionsgebäudes des CARDER Atlantique gezeigt. Danach wurde eine spezielle Sitzung mit allen 29 Dienststellenleitern abgehalten, bei der diesen die Ausstellung nochmals näher gezeigt und erklärt wurde. Sorgfältig ausgearbeitete pädagogische Anleitungen (Fiches pédagogiques) zu jeder einzelnen Ausstellungstafel konnten den Dienststellenleitern übergeben werden. Anschließend wurde gemeinsam ein Vorschlag für den Ablauf eines Tags des Beratungszentrums erarbeitet. Dieser Ablaufvorschlag wurde dann umgehend in eine „technische Anweisung" (Fiche technique) übersetzt, deren Wortlaut wir in freier Übersetzung jetzt wiedergeben.

D 9

3. Die „technische Anweisung" für den Tag des Beratungszentrums

Der Tag des Beratungszentrums, was ist das?

Der Tag des Beratungszentrums ist ein Ereignis, das von allen Beiräten in den Beratungszentren unserer Provinz geplant und durchgeführt wird. Sein Ziel ist es, die Dienstleistungen des CARDER Atlantique besser bekanntzumachen und den Gedankenaustausch zwischen dem CARDER-Personal und den Zielgruppen zu fördern; d.h. er dient als ein Instrument der Sensibilisierung, der Beratung und der Anregung zur Diskussion.

Der Tag des Beratungszentrums wird von einer Ausstellung begleitet, die von der audio-visuellen Einheit des CARDER vorbereitet worden ist. Diese Ausstellung wird den Beratungszentren zur Verfügung gestellt und besteht aus 14 Bildtafeln, die die Organisation des CARDER, des Beratungszentrums und der Dienstleistungen, die diese der ländlichen Bevölkerung anbieten, behandeln.

Das Kernstück des Tages des Beratungszentrums ist die Begegnung zwischen den verschiedenen Gruppen: den Mitgliedern der Beratungskontaktgruppen der Individualbauern, den Mitgliedern der Produktionsgenossenschaften, den nicht organisierten Bauern und dem Personal des CARDER. Im Rahmen dieser vom Beirat des Zentrums organisierten Begegnung können u.a. Diskussionen zur Analyse, Bewertung und Planung der Beratungsarbeit, ein Wettbewerb, unterhaltende Programmteile und die Vorstellung und Auszeichnung von Erfolgen der Bauern stattfinden.

Den Abschluß des Tages des Beratungszentrums bildet eine Filmvorführung durch den Filmbus des CARDER.

Wie organisiert man den Tag des Beratungszentrums?

Die Ausstellung wird zum ersten Mal anläßlich der Einweihung des neuen Direktionsgebäudes des CARDER Atlantique in Abomey-Calavi am 29. November 1984 gezeigt.

Während der Monate Dezember und Januar wandert sie durch alle Beratungszentren der Provinz. Jeder Sektor und jedes Beratungszentrum wird rechtzeitig im voraus vom Datum seines Festes unterrichtet.

1. Das Beratungszentrum wählt einen geeigneten Ort für die Ausstellung aus, vorzugsweise direkt beim Beratungszentrum. Falls der Zugang zum Beratungszentrum und das dort vorhandene Gelände Probleme bereiten, ist ein zentraler Ort zu finden, der den korrekten Ablauf des Tags des Beratungszentrums garantiert.

D 9

2. Die Mannschaft des Beratungszentrums, unterstützt durch weitere Mitglieder des Beirats, stellt die erforderliche Werbung für den Tag des Beratungszentrums sicher. Dazu werden Plakate von der audio-visuellen Einheit bereitgestellt. Am Tag des Festes wird der Kino-Bus weitere Lautsprecherwerbung durchführen. Es ist wichtig, daß die betroffenen offiziellen Personen und Ehrengäste rechtzeitig informiert und eingeladen werden.

3. Der Beirat ist für die Vorbereitung des detaillierten Programms für den Tag des Beratungszentrums zuständig. Der folgende Vorschlag kann dabei als Leitfaden dienen:

   11 — 12 Uhr Eröffnung und Führung durch die Ausstellung

   12 — 17 Uhr Einzelbesuch der Ausstellung, Vorführungen und Erläuterungen durch das Personal der Dienststelle.
   Ausstellung von Produkten der Beratungskontaktgruppen und der Produktionsgenossenschaften.
   Ausstellung der Produktionsmittel und der Geräte, die in der Dienststelle verfügbar sind.

   17 — 18 Uhr Zweite organisierte Führung durch die Ausstellung

   18 — 20 Uhr Diskussionen, Spiele, Vorträge, Tänze, Verleihung der Preise im Rahmen des Wettbewerbs.

   20 — 22 Uhr Kulturprogramm, Film, Diashow, Musik, Tanz, etc. .

   Die Demonstrationen können sich auf verbessertes Saatgut und auf Maiskolben der Sorte Poza-Rica, auf die Beiztrommel, das Spritzgerät, den Handrebler für Mais, die Ochsenanspannung zum Pflügen und für den Transport, und auf sonstiges, in der Dienststelle Verfügbares beziehen.

   Alle Beiräte, mit Ausnahme des ersten, können sich zusätzlich informieren, indem sie an einem der vorhergehenden Tage des Beratungszentrums in der Nachbarschaft teilnehmen.

4. Die Ausstellung umfaßt:

   — eine Zeltplane von 10 x 10 m und Bambusmasten für den Zeltaufbau

   — 14 Ausstellungstafeln mit Ständern

   — und verschiedenes Kleinmaterial

   Die Materiallieferung kommt am frühen Morgen des Festtages auf den Festplatz. Den Aufbau der Ausstellung übernimmt der Beirat unter Anleitung eines erfahrenen Technikers, den die CARDER-Zentrale schickt. Für die Sicherheit des Materials und der Ausstellungsobjekte haftet die Dienststelle.

5. Die Beratungsabteilung und die audio-visuelle Einheit des CARDER geben dem Beirat alle erforderliche Unterstützung, um aus dem Tag des Beratungszentrums einen großen Erfolg werden zu lassen.

Diese Unterstützung besteht aus:

a) einer praktischen Einführung für alle Beteiligten rechtzeitig vor Beginn des Festes

b) dieser technischen Anweisung für den Ablauf des gesamten Tages sowie detaillierten pädagogischen Anweisungen zu allen 14 Ausstellungstafeln.

c) der ständigen Anwesenheit und Unterstützung eines Bediensteten der audiovisuellen Einheit während des Festtages, der von Zeit zu Zeit noch durch weitere Kollegen aus der Direktion unterstützt wird.

d) einem Budget, mit dem die CARDER-Direktion die Kosten für die Abwicklung des Tags des Beratungszentrums subventioniert. Darüber hinausgehende Kosten sind vom Beratungszentrum zu tragen bzw. ist dafür eine Finanzierung im Rahmen der Organisation durch den Beirat vorzusehen.

Wie sollen wir den Tag des Beratungszentrums benutzen, um unser Beratungssystem zu verbessern?

Der Erfolg des Tages des Beratungszentrums hängt v.a. vom Engagement des Beirats ab. Er sollte diese Aufgabe als sein erstes und wichtigstes Anliegen in der ersten Anbausaison, die das neue Beratungssystem anwendet, verstehen. Das Beratungszentrum hat dadurch die Möglichkeit, sich der ländlichen Bevölkerung als das Aushängeschild des CARDER zu zeigen, als volkstümliche Organisation im Dienste der landwirtschaftlichen Erzeuger.

Mit ihren Kommentaren und Vorschlägen zu den Dienstleistungen des Beratungszentrums können die Landwirte sich mit dem Beratungssystem aktiv auseinandersetzen. Unser Ziel ist es, daß die Zielgruppe das Beratungszentrum als ihre eigene Angelegenheit versteht. Ein gut organisierter Tag des Beratungszentrums kann unsere Arbeit wesentlich verbessern, denn einerseits werden dadurch die angebotenen Dienstleistungen bei den Zielgruppen besser bekannt, und andererseits lernen die CARDER-Angestellten die Bedürfnisse der Zielgruppe besser kennen und verstehen.

D 9

4. Evaluierung

Die vorgenommene Evaluierung der Gesamtaktion erbrachte ein überwiegend positives Ergebnis, dabei auch eine ganze Reihe von Ansatzstellen für künftige Verbesserungen.

Für die audio-visuelle Einheit war die Vorbereitung dieses Tages des Beratungszentrums die größte und komplexeste Aufgabe seit ihrem Bestehen. In der Einheit gibt es keinen ausgebildeten Fachmann für Medieneinsatz. Das Personal hat sich auf einer allgemeinen landwirtschaftlichen Ausbildung aufbauend in diese Aufgabe weitgehend selbst einarbeiten müssen. Insofern stellte die Vorbereitung und Durchführung der 28 Ausstellungen ein immenses „on the job-Trainingsprogramm" dar. Auf der Grundlage der zutage getretenen Schwächen und Unsicherheiten wird 1985/86 ein Aus- und Weiterbildungsprogramm durchgeführt.

Durch die aktive Teilnahme an den Festprogrammen hatten die Angehörigen der audio-visuellen Einheit ausführlich Gelegenheit, ihre Medienproduktion und ihre eigenen Präsentationskünste im Einsatz bei den Zielgruppen zu testen. Die erhaltenen Rückmeldungen geben wichtige Hinweise für die Verbesserung der Medienproduktionen und für die Planung des nächsten Tages der Beratungszentren.

Bei den Zielgruppen ist der Tag des Beratungszentrums ausgesprochen gut angekommen. Nach den Schätzungen der Dienststellenleiter haben mehr als 25.000 Personen in der gesamten Provinz teilgenommen. Oft war die Ausstellung von mehr als 2000 Personen besucht, insbesondere in den abgelegeneren Regionen. In allen Dienststellen haben die Beiräte mit großer Begeisterung die Aufgabe der Planung und Organisation übernommen. Die Bauern haben durchweg gerne und ohne Murren einen Arbeitstag geopfert und haben sich sehr aktiv an den folkloristischen Aktivitäten und an der Ausstellung von Agrarprodukten im Rahmen des Wettbewerbs beteiligt.

Die Ausstellung selbst, mit der Vorstellung des Dienstleistungsangebots von CARDER und Beratungszentrum, war sehr gut besucht, erwies sich jedoch als unbedingt erklärungsbedürftig. Selbst Personen, die die stichwortartigen Texte und Erläuterungen lesen konnten, verstanden den Sinn des Dargestellten oft nicht. Die sorgfältig hergestellten Illustrationen alleine konnten die Botschaft noch weniger vermitteln. Wollte man also Mißverständnisse vermeiden, so mußte jede einzelne Ausstellungstafel sehr sorgfältig erläutert werden, und das Publikum mußte ausreichend Gelegenheit für Rückfragen haben. Dies war bei dem hohen Besucherandrang nicht immer zu gewährleisten.

Für künftige Ausstellungen ist eine Reduktion der Anzahl der Ausstellungstafeln empfehlenswert, und Verständnistests müssen noch sorgfältiger durchgeführt werden. An jeder Ausstellungstafel sollte eine Gewährsperson bereitstehen, die alle auftretenden Fragen beantworten kann.

Die von der Zentrale angebotene Subventionierung in Höhe von ca. 50 DM wurde allgemein als zu gering beklagt. Die entstandenen Kosten für Essen und Getränke der Mitwirkenden und für das Honorar der obligatorischen folkloristischen Musik- und Tanzgruppen waren um ein Mehrfaches höher und ließen sich nicht einfach von den Besuchern oder von den beteiligten Bauerngruppen beitreiben. Auch wurde von einigen Dienststellen reklamiert, daß sich gute Folkloregruppen und erfolgreiche Aussteller im Rahmen des Wettbewerbs nur gewinnen ließen, wenn man ihnen eine Transporthilfe anbieten könne.

Nachdem die wesentlichen Materialinvestitionen im ersten Jahr angefallen sind, erscheint es angebracht, für die folgende Saison den Betrag für die Subventionierung der Betriebskosten etwas anzuheben.

Nach einhelliger Zustimmung von allen Seiten wurde der Tag des Beratungszentrums auch im nächsten Jahr wieder durchgeführt. Innerhalb der Reorganisation des Beratungssystems hat dieses schon nach der ersten Anbausaison abgehaltene Fest eine ganz wesentliche Funktion erfüllt und zur schnellen Annahme des Beratungssystems durch die Zielgruppen wesentlich beigetragen.

Quellen

V. KNERSCH, U. J. NAGEL: La journée du CVA, une nouvelle approche dans la vulgarisation agricole. Projet Benino-Allemand de développement rural, CARDER de l'Atlantique. Cotonou, 1985

A. CORREZE, V. HOFFMANN, J. LAGEMANN, R.P. MACK, I. NEUMANN, C. YEBE,: Evaluation du projet CARDER Atlantique, République Populaire de Bénin. Unveröffentlichtes Gutachten für die GTZ, Eschborn, 1986

Bearbeitung

Volker HOFFMANN

E 1

Zielgruppenermittlung und die Differenzierung von Teilgruppen

Eine Arbeitsgruppe „Ländliche Entwicklung" hat im Auftrag des Bundesministeriums für wirtschaftliche Zusammenarbeit ein Verfahren für eine „Reduzierte Regionalanalyse" entwickelt, in der Zielgruppen nach einem vorgegebenen Handlungsplan ermittelt werden.

Die wesenlichen Kriterien der Zielgruppenanalyse beziehen sich auf:

- Besitz/Beschäftigung

- Haushaltseinkommen

- Versorgungslage

- Risikolage

- Sozialstruktur

- Struktur der Institutionen

- Arbeitsteilung

- Normen und Werte.

Diese Zielgruppenermittlung ergibt den Rahmen für eine beratungsbezogene und problemorientierte, differenzierte Zielgruppen- bzw. Teilgruppenermittlung. Die wesentlichen Merkmale für die gesamte Zielbevölkerung und die Herauslösung von Zielgruppen aufgrund der allgemein bestimmbaren Nutzungsschranken bilden die Grundlage für die Ermittlung des Reaktionspotentials durch die Beratungsorganisation.

Ein wesentlicher Ansatzpunkt für Projektaktivitäten sind die bereits bestehenden Gruppen und andere Zusammenschlüsse in der jeweiligen Gesellschaft/Region. Der sozialstatistischen Gesamtanalyse (reduzierte Regionalanalyse) kommt dabei die Kontrollfunktion zu; über sie wird ermittelt, ob der Ansatz bei den bestehenden Gruppen in Übereinstimmung mit der Zielsetzung steht.

Um lange Planungs- und Vorlaufzeiten zu vermeiden, kann unter dem Prinzip der **Erreichbarkeit und Mobilisierbarkeit** ein Projekt

- an gemeinschaftliche, bisher schon unternomme Aktivitäten anknüpfen,

E 1

- an Problembereiche herangehen, die bisher unbeachtet geblieben sind,

- Personengruppen ansprechen, die bisher von Entwicklungsaktivitäten nicht berührt wurden.

Auch hier liefert die sozialstatistische Analyse wiederum das Korrektiv, ob die angesprochenen Gruppen „repräsentativ" für die Zielbevölkerung und die dort auftretenden Probleme sind.

Beim **problemorientierten** Vorgehen (→ Kap. II.1.) müssen in der **Durchführbarkeitsstudie** folgende Gruppen unterschieden werden:

(1) **Gesamtbevölkerung** einer Region.

(2) **Zielgruppen**, d.h. alle Personen im Sinne der Entwicklungspolitik und Projekt-Zielsetzung, auch wenn sie keine Gruppen im soziologischen Sinne sind, sondern eher soziale Kategorien.

(3) **Teilgruppen**, d.h. Untergruppen der Zielgruppen, die nach beobachtbaren Kriterien definiert werden, etwa Frauen mit Marktzugang.

(4) **Mittlergruppen**, d.h. bereits in der Gesellschaft vorhandene aktive Zusammenschlüsse von Personen (Gruppen in der Nachbarschaftshilfe, Sparketten der Frauen und der Männer, Genossenschaften; Gruppen, die bereits durch den staatlichen Beratungsdienst gebildet wurden usw.).

(5) **Dienstleistungsgruppen**, d.h. Personen, die das Beratungsprogramm erarbeiten, mittragen, durchführen müssen (Regierungsstellen, Forschung, Ausbildung, Landfunk, Genossenschaften).

(6) **Indirekt betroffene Gruppe**, d.h. Personen bzw. Gruppen innerhalb der Gesamtbevölkerung, die vom Programm nicht angesprochen werden. Das können Genossenschaften, Händler, Großbauern, Kreditgeber, aber auch Frauen sein, die in Westafrika traditionellerweise die Domäne in der Vermarktung der Feldfrüchte besitzen, in Ostafrika nahezu ausschließlich für den Nahrungsmittelanbau zuständig sind.

Die Bestimmung dieser Gruppen hinsichtlich ihrer Möglichkeiten und Fähigkeiten, am Beratungsprogramm mitzuarbeiten, ist das Kernstück der Durchführbarkeitsstudie. Im einzelnen müssen Faktoren untersucht werden, die die autonome Neuerungsausbreitung beeinflussen. In vielen Fällen werden größere Beratungsprogramme ihr Angebot für die verschiedenen Gruppen differenzieren müssen.

Die Ermittlung der Kommunikations- und Kontaktwege zeigt auf, daß z.B. Frauen in streng islamischen Gesellschaften kaum auf dem Weg über den Mann zu errei-

E 1

chen sind. Die oftmals vom Projekt unabhängige Ansprache von Frauen ausschließlich in Fragen der Haushaltsführung entspricht in der kleinbäuerlichen Gesellschaft der meisten Länder keineswegs der Realität. Hier ist die Frau zu einem wesentlichen Anteil direkt in die agrarische Produktion eingespannt; Veränderungen und Arbeitserleichterungen müssen an die Frauen ebenso wie an die Männer herangebracht werden.

Bei der **Teilgruppendifferenzierung** ist eine Konzentration auf die Engpaß-Situation typischer Betriebsformen zu empfehlen.

Ein Beispiel aus Java:

Es handelt sich um einen kapitalschwachen kleinbäuerlichen Betrieb (0,5 ha, 6 Personen). Die Situation ist gekennzeichnet durch

- den Zwang zur Zupacht,

- Abhängigkeit von den Verpächtern bzw. vorwiegend chinesischen Geldverleihern,

- den Zwang zum Nebenerwerb zur Bargeldbeschaffung (Lastenträger, Betjak Fahrer (Dreirad) in den Städten),

- den Arbeitskräftemangel auf dem eigenen Betrieb bei gleichzeitig generell hoher Arbeitslosigkeit und

- einseitige Unterernährung, da alle Bargeld bringenden Produkte, (Schlachtvieh, Eier usw.) in die Stadt verkauft werden.

Wenn dann z.B. die Erhöhung des Reisertrages ein möglicher Ansatzpunkt auch aus der Sicht der Zielgruppe ist, so ergeben sich typische Nutzungsschranken, durch die die Zielgruppe in problemorientierte (hier: Erhöhung des Reisertrages) Teilgruppen gegliedert werden kann. Für diese müssen jeweils spezifische Maßnahmenbündel zusammengestellt werden.

Einen Zugang zu dieser Teilgruppendifferenzierung — auf die dann später die Analyse von Betriebssystemen aufgebaut werden kann — findet man relativ leicht in Zusammenarbeit mit der Zielgruppe, wenn man Ressourcenpotentiale und Nutzungsschranken gegeneinander abwägt:

E 1

Ressourcenpotentiale	Nutzungsschranken
Minderung der Gesamtverluste bei traditionellen Sorten (bei Anbau, Reifung, Ernte, Vermarktung, Verarbeitung, Zubereitung)	Ausbildung u. Kenntnisstand, verfügbare Arbeitskraft, Schädlingsbekämpfung nur bei gemeinschaftlicher Anwendung, Düngung kaum möglich.
Einführung neuer Sorten	Ansteigen des Verschuldungsgrades von Betrieben und Erhöhung der Bodenpreise sowie Pachtzinsen, verfügbare Arbeitskraft, Aufgabe von Nebenerwerb, Vermarktungs- und Krediteinrichtungen.
Technische Maßnahmen (Düngung, Pflanzenschutz, Maschineneinsatz, Flurbereinigung)	Im Naßfeld, Düngung nur bei Beteiligung der Nachbarn — ebenso beim Pflanzenschutz; bei Pflanzenschutz Verzicht auf gleichzeitige Fischzucht, Kapitalengpaß, Ausbildungs- und Kenntnisstand, Katasteranlage.

Aus der gemeinsamen Diskussion dieser sich wechselseitig beeinflussenden Faktoren können dann folgende Teilgruppen herausdifferenziert werden:

- Betriebe, die aufgrund ihres geringen Verschuldungsgrades technische Maßnahmen einführen können;

- Betriebe, die über Einführung von Fischzucht, Bepflanzung der Dämme usw. systematisch entschuldet werden können,

- Betriebe in vorhandenen dörflichen „Genossenschaften" (sogenannte „Wassergemeinschaften"), die Maschineneinsatz (Kontraktdreschen, Handpumpen usw.) organisieren können;

- Betriebe, für die Nebenerwerb im dörflichen Bereich entwickelt werden muß (z.B. Wasserwirtschaftsmaßnahmen, Ernte), um die Arbeitsengpässe im eigenen Betrieb zu verringern und den Bargelderwerb zu ermöglichen.

E 1

Quelle

K.M. FISCHER, u.a.:Ländliche Entwicklung. Ein Leitfaden zur Konzeption, Planung und Durchführung armutsorientierter Projekte. Bonn: BMZ 1978, Englische Ausgabe Bonn: BMZ 1980.

Bearbeitung

Rolf SÜLZER, Gerhard PAYR

E 2

Beteiligung der Zielgruppen

Im Rahmen des Projektes „Chilalo Agricultural Development" in Äthiopien hat man versucht, die Partizipation der Zielgruppen in den Zusammenhang ländlicher Entwicklung zu stellen. Der theoretische Zusammenhang läßt sich am Schaubild verdeutlichen:

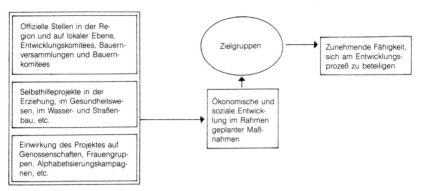

Dieser Zustand wurde im Projekt jedoch nicht erreicht, weil die beauftragten Planer und die durchführenden Projektmitarbeiter keine direkte Beteiligung der Zielgruppen im Entscheidungsprozeß vornahmen. Eine Evaluierung zur Partizipation in den verschiedensten Entscheidungsbereichen des Projektes zeigte weitgehend Fehlstellen. Die verkürzte Darstellung der Ergebnisse in der folgenden → Übersicht 1 ist aber zugleich auch eine Handlungsanleitung, wie und wo partizipatorische Beziehungen aufgebaut werden können. Daher wurde hier der Ist-Analyse jeweils ein möglicher Soll-Zustand hinzugefügt.

Für das Vorgehen bei der Beteiligung der Zielgruppen werden folgende Empfehlungen für wichtig erachtet:

(1) Konzentration in den Besprechungen auf die Frage der Machbarkeit

(2) Formulierung und schriftliche Fixierung von Zielen und Maßnahmen

(3) Rückversicherung, daß alle Beteiligten über ihre Aufgaben unterrichtet sind und ihre Rolle genau kennen

(4) Durchführung von unmittelbaren Testläufen und Testprogrammen

(5) Regelmäßiger Kontakt mit Entscheidungsträgern und Verantwortlichen (bei den Teilgruppen wie auch bei den Dienstleistungsgruppen)

(6) Beobachtung der Reaktionen von anderen Mitgliedern des Projektumfeldes

E 2

(7) Konsequente Feinplanung und Durchführung des Programms nach der Diskussion (möglichst ohne Zeitverlust zwischen Entscheidung und Durchführung)

(8) Beständige Kontrolle der laufenden Arbeit und wiederkehrend Abstimmungsgespräche mit allen Beteiligten.

Übersicht 1:

Einflußnahme verschiedener Personengruppen im Entscheidungsprozeß						
Ansatzstellen für Partizipation	Bevölkerung		Führungspersonen in der Bevölkerung		Regierungspersonal	
	Ist	Soll	Ist	Soll	Ist	Soll
Erstentscheidung über						
Zielgruppen	keine	keine	keine	keine	keine	P
Bedürfnisse und Prioritäten	keine	P	keine	P	keine	keine
Projektziele	keine	keine	keine	keine	keine	P
Projektstandort	keine	P	keine	P	keine	P
Anbausysteme	keine	P	keine	P	keine	P
Laufende Entscheidungen über						
Bedürfnisse	keine	P	keine	P	keine	keine
Projektmaßnahmen	keine	P	keine	P	keine	P
Projektstandorte	Anforderungen	Anforderungen	Einflußnahme	Einflußnahme	Einflußnahme	keine
Neuorientierung des Projekts	keine	P	keine	P	Einflußnahme	Einflußnahme
Ort/Zeitpunkt von Versammlungen	keine	P	Mitbestimmung	Mitbestimmung	Einflußnahme	P
Kriterien für Programmteilnahme	keine	P	keine	P	keine	P
Auswahl von Modellbauern	5 Pers. im Ort schlagen vor	Vorschlag von Pers. im Ort	5 Pers. im Ort schlagen vor	Vorschlag von Pers. im Ort	Einfluß auf Auswahl der Personen	keine
Personalauswahl u. -einstellung	keine	keine	keine	keine	keine	keine
P wie „Partizipation" steht für eine mögliche und wünschenswerte Beteiligung der jeweiligen Personengruppe						

E 2

Quelle

J.M. COHEN, N.T. UPHOFF: Rural development participation. Concepts and measures for project design, implementation and evaluation. Ithaca, N.Y. Cornell Univ. 1977, (Rural Development Monograph 2) u.a. S. 204 ff.

Bearbeitung

Rolf SÜLZER, Gerhard PAYR

E 3

Die Identifizierung von Zielgruppen und von Fördermaßnahmen

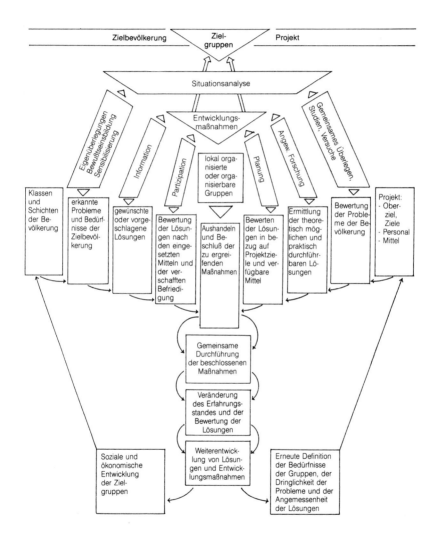

E 3

Quelle

V. HOFFMANN: Identification des groupes cible et des mesures du projet. In: LAGEMANN, HOFFMANN, RAUSCH, SCHREINER, YEBE: Evaluation du projet CARDER Atlantique, République Populaire du Bénin. Unveröffentlichtes Gutachten für die GTZ, Eschborn, 1984.

Bearbeitung

Volker HOFFMANN

E 4

Hinweise für die Auswahl von Kontaktbauern

In Projekten besteht häufig die Notwendigkeit, Kontaktpersonen einzusetzen, da die Einzelberatung und Einzelinformation ebensowenig möglich ist wie eine massenwirksame Beratung. Für den ersten Fall sind zu wenig Berater vorhanden, für den zweiten Fall ist es in der Regel unmöglich, die Beratungsinhalte zu „standardisieren" und ohne persönlichen Kontakt und praktisches Einüben zu vermitteln. Als „Mittler" zwischen Berater und Einzelbetrieb soll dann der sogenannte **Kontaktbauer** treten. Im folgenden wird untersucht, welches die Bedingungen für dessen erfolgreiches Wirken sind.

Begriffsabgrenzung

In der Literatur und in allen Projekten gibt es sehr viele ähnliche Bezeichnungen, die sich aber von ihrem Begriffsinhalt her zwei Gruppen zuteilen lassen: Bezeichnungen, die in erster Linie den Kontakt betonen, und Bezeichnungen, die die Betriebssituation herausstellen:

1. Kontaktsituation

    key farmer
    contact farmer
    Schlüsselperson
    Meinungsführer

2. Betriebssituation

    progressive farmer
    model farmer
    master farmer
    Demonstrationsbauer

Das Konzept der Kontaktbauern betrifft nur die Gruppe 1. Hier sind Personen bezeichnet, die innerhalb einer Gemeinschaft bereits Multiplikator-Eigenschaften innehaben, die etwa analog zu den „zentralen Orten" als „zentrale Personen" gelten können. Die Begriffe der Gruppe 2 bezeichnen Betriebe bzw. Betriebssysteme, die im Vergleich zur durchschnittlichen betrieblichen Situation einer Region weit voraus sind oder die von der Beratung systematisch vorausprogrammiert werden.

Bedingungen für die Wirksamkeit

Aus vielen Untersuchungen ist bekannt, daß die Vorausprogrammierung keinen Ausstrahlungseffekt besitzt. Ausstrahlungseffekte treten nur in gesicherter Kontakt- bzw. Gruppensituation auf. Diese läßt sich durch ein Bündel von Merkmalen beschreiben:

(1) Besitz von Wissen zur Weitergabe

(2) Motivation zur Wissensweitergabe

(3) Fähigkeit zur Wissensweitergabe

E 4

(4) Wechselseitig positive Beziehung zwischen Personen und auch zwischen Personen und Informationsquellen

(5) Vertrauen in die Glaubwürdigkeit des Kontaktbauern und in seine fachliche Kompetenz

(6) Gesicherte, regelmäßige Treffen

(7) Relativ einheitliche Gruppe hinsichtlich Produktionsmöglichkeiten, Denkweise, Einsichtsvermögen, Wertsystem.

Gründe für das Mißlingen von Gruppenberatung durch Kontaktbauern

(1) Es handelt sich um keine „Gruppe" im sozialen Sinn (vgl. den vorhergehenden Punkt 4), sondern um eine Anzahl von Personen mit gleichen bzw. ähnlichen Merkmalen (soziale Kategorie).

(2) „Kontaktfarmer" waren solche Personen, die sehr einseitig Beziehungen zu ausgewählten Personen (Elite) unterhielten — vor allem im nicht-landwirtschaftlichen Bereich.

(3) Bei der Auswahl verwechselte man deren Zustimmung, als Kontaktbauer zu agieren, mit ihrer tatsächlichen Bereitschaft, Wissen auch weiterzugeben. Es gab keine vertraglichen Verpflichtungen oder soziale Kontrollen.

(4) Die evtl. ursprünglich positive Beziehung zu Nachbarn oder Kollegen wurde durch die Bevorzugung geschwächt, Mißtrauen trat an deren Stelle.

(5) Kontaktbauern faßten sich als „Vertreter" für andere auf, verfolgten aber eigene Zielsetzungen und entfernten sich sozial und schließlich auch ökonomisch von der Gruppe.

(6) Eine vorausgehende und begleitende Beratung fehlte.

Ermittlung von Kontaktbauern

Um die positiven Effekte zu nutzen, die nachteiligen aber möglichst zu vermeiden, sollte die Auswahl von Kontaktbauern sehr sorgfältig vorgenommen werden. Empfehlenswert ist die **Kombination** von verschiedenen Wegen, da jeder einzelne Weg allein die Gefahr des Scheiterns in sich trägt. Möglich sind vier Wege, bei denen die Zielgruppe jeweils eingeschaltet werden sollte:

E 4

(1) Zusammenstellung von Betrieben ähnlicher Ausstattung und ähnlicher Nutzungsschranken

(2) Beobachtung und Auswertung von Versammlungen oder Treffen

(3) Ermittlung der Kontaktsituation über soziometrische Erhebungen (etwa in der Situationsanalyse)

(4) Aufforderung zur Eigeninitiative der Zielgruppen.

Zusammenstellung von Betrieben

Dieses Verfahren wird bereits in der Situationsanalyse angewandt. Über Haushalts-und Betriebsuntersuchungen werden Betriebe nach bestimmten Merkmalen kategorisiert, Betriebe in ähnlichen Problemsituationen zu Betriebstypen zusammengefaßt.

Auswertung von Versammlungen

Auch dieses Verfahren wird teilweise in Situationsanalysen angewandt. Es läßt sich aber auch während der Projektarbeit durchführen. Dabei beobachtet man, welche Personen sich an bestimmten Orten treffen, über welche Themen und Probleme dabei gesprochen wird und ob sich Personen mit ähnlichen Betriebssituationen treffen. Dies wird ergänzt durch die Befragung kompetenter Personen nach vorhandenen Gruppenbeziehungen.

Ermittlung der Kontaktsituation (soziometrisch)

Bei diesem Verfahren werden in Interviews und Fragebogenuntersuchungen Personen gefragt, mit welchen anderen Personen sie etwas gemeinsam tun, wen sie um Rat fragen würden usw.. Die Antworten werden aus den Fragebögen in eine Matrix eingetragen, deren Zeilen und Spalten die Namen aller Befragten enthalten. Dies ist etwa im Rahmen von Dorfuntersuchungen möglich. Eine solche Matrix als Ergebnis einer Untersuchung sieht dann etwa so wie in → Übersicht 1 aus. Wesentlich ist die auf Situation und Problem bezogene Wahl der Kontaktfrage. Nur nach einflußreichen Personen zu fragen, ist unergiebig. Die Frage muß enger auf den Problemkreis bezogen sein. Geht es also um landwirtschaftliche Fragen, so könnte die Kontaktfrage lauten: „Mit wem würden Sie am liebsten gemeinsam ein Feld bearbeiten?" Oder z.B.: „Mit wem würden Sie gemeinsam ein Ochsenpaar mieten?" etc. .

E 4

Übersicht 1:

Ein Beispiel für die tabellarische Auswertung einer soziometrischen Untersuchung						
	Gewählte Personen					
Wählende Personen	A	B	C	D	E	F
A			x			
B			x			
C	x					
D			x			
E			x			
F					x	

Die Aussage, die in der Matrix festgehalten wird, lautet im vorgestellten Beispiel: A hat C genannt, B ebenfalls. C seinerseits hat A genannt, die Wahl ist hier reziprok, ein Indiz für eine enge wechselseitige Beziehung.

Nach der Aufbereitung der Wahlen in einer Matrix empfiehlt sich die graphische Darstellung als Beziehungsnetzwerk. In unserem Beispiel in → Bild 1 zeigen die Pfeile die Richtung der Wahlen, und die Anzahl der Kreise um die Personen repräsentiert, wie oft sie gewählt wurden.

Nur von der Soziometrie her wäre C der günstigste Kontaktbauer, da er von A und B gewählt wurde, und B wieder E, F und D als Sympathisanten mit einbringt. B wäre nur dann geeignet, wenn die Achse A — C das toleriert, was aus den Wahlen nicht hervorgeht.

Aufforderung zur Eigeninitiative

Der vierte Weg kann darin bestehen, im Rahmen einer Vorlaufzeit von Projekten zur selbständigen Gruppenarbeit aufzufordern. Dabei werden dann zunächst solche Gruppen gefördert, die sich selbst aufgebaut haben. Mit ihnen geht ein Projekt vertragliche Verpflichtungen auf Gegenseitigkeit ein: Leistung des Projekts und zu erbringende Leistungen der Gruppe werden genau festgelegt. Voraussetzungen für ein solches Vorgehen sind:

E 4

(1) Ausreichende Bekanntmachung von möglichen Projektleistungen/-maßnahmen
(2) Klare Definition, welche Gruppen unter welchen Bedingungen vom Projekt überhaupt unterstützt werden (Zielguppendefinition)
(3) Abgesicherte Maßnahmen für die nachfragenden Gruppen.

Dieser Weg der nachgefragten Beratung bei gleichzeitiger Eigenleistung der Zielgruppen ist bereits mehrfach erprobt worden; u.a. arbeitet die Schweizerische Entwicklungseinrichtung SATA nach diesem Prinzip, bei dem die Zielgruppen einen — wenngleich sehr kleinen — Anteil an der Finanzierung des Programms übernehmen müssen. Auch in Chile waren solche Ansätze vorhanden, die der deutschen Ringberatung ähneln. Gruppen finanzieren „ihren" Berater. Dies tritt in Krisensituationen immer wieder in allen Regionen auf. Beispiele dafür sind Dörfer, die auf eigene Rechnung Lehrer anstellen, Betriebe im Verkaufsfruchtanbau, die sich zu Produktionsgemeinschaften zusammenschließen und ihre eigenen Berater anstellen (→ auch B 4).

Bild 1:

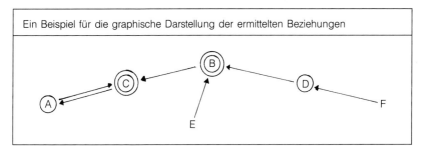

Ein Beispiel für die graphische Darstellung der ermittelten Beziehungen

Endgültige Auswahl

Die Bildung von Gruppen und die Auswahl von Ansprechpartnern der Beratung in diesen Gruppen (Kontaktbauern o.ä.) sollte in der Kombination der verschiedenen Wege erfolgen. Die Betriebsuntersuchungen benötigt man zur Feststellung von Maßnahmen und zur Bildung von Betriebstypen. Die Untersuchungen an den Treffpunkten und die Ermittlung der Kontaktsituation sind wichtig, um die Beratungsstrategie auf Personen auszurichten, die nicht „allgemeines Ansehen" genießen, sondern im Ruf stehen, „gute Bauern" oder gar „gute Maisbauern" usw. zu sein. Die Aufforderung zur Eigeninitiative schließlich zeigt, welche Gruppen sich selbst formieren können und welche Personen als Problemfälle aus der Zielgruppe zusätzlich auch über Einzelberatung angesprochen werden müssen.

Zur gleichen Problematik siehe → Arbeitsunterlage F 9.

E 4

Literatur

H.W. SCHÖNMEIER: Agriculture in Conflict. The Shambaa Case. Bensheim: Kübel Foundation GmbH 1977, S. 288.

Bearbeitung

Rolf SÜLZER, Gerhard PAYR

E 5

Zur Methodik des Beratungsgesprächs

I. Einführung

„Es ist mit dem Ratgeben ein eigenes Ding", sagte Goethe, „und wenn man eine Weile in der Welt gesehen hat, wie die gescheitesten Ding mißlingen und das Absurdeste oft zu einem glücklichen Ziele führt, so kommt man davon wohl zurück, jemandem einen Rat erteilen zu wollen. Im Grunde ist es oft von dem, der einen Rat verlangt, eine Beschränktheit, und von dem, der ihn gibt, eine Anmaßung."

Diese Gesprächsnotiz von ECKERMANN vom 12. 3. 1831 soll eine erste Einstimmung zum Thema geben. Denn tatsächlich ist es eine weit verbreitete irrige Ansicht, daß es die Hauptaufgabe des Beraters im Beratungsgespräch sei, einen Rat zu geben.

Diese Arbeitsunterlage befaßt sich mit grundlegenden Fragen der Gesprächsführung zwischen „Ratsuchenden" und „Beratern". Auch wenn sich die Darstellung nicht ausdrücklich auf die Situation landwirtschaftlicher Beratung in Entwicklungsländern bezieht, ist die psychologische Ausgangslage bei der Führung von Gesprächen gut übertragbar. Zu denken ist hierbei nicht nur an Bauern und Berater, sondern auch an Gespräche zwischen Beratern, Ehepartnern, Eltern und Kindern, Lehrern und Schülern, etc..

Wenn das Gespräch als Methode erörtert wird, dann steht häufig die „Technik" der Gesprächsführung, der Wunsch nach vordergründiger Effizienz im Mittelpunkt. Dabei übersieht man allzu leicht, daß das Gespräch zwischen zwei Menschen sehr viel mehr ist als bloße Informationsnachfrage und Informationslieferung.

Das Beratungsgespräch zielt auf

- Hilfe in einer Situation des Nichtwissens,

- Klärung in einer Konfliktsituation,

- Hilfe zur Bewältigung von Problemen.

Damit grenzt es sich funktional und methodisch ab von bloßer Auskunft, von Konversation, von Befragung, von Diskussion und Verhör.

Funktion und Aufbau des Beratungsgesprächs werden davon bestimmt, daß

- das Problem erkannt,

E 5

- dem Klienten Einsicht in die Ursachen des Problems vermittelt und
- mit ihm Lösungswege erarbeitet werden.

II. Vier grundsätzliche Aufgaben:

1. Klärung der Problemlage und der Problemursachen

Im Zentrum des Beratungsgespräches steht das Bemühen um die Klärung der Problemlage und der Problemursachen. Dabei muß man sich stets vor Augen halten, daß das, was der Ratsuchende als Problem erlebt, Teil seiner Lebenswirklichkeit ist. Oft deckt sich dies nicht mit dem, was der Berater für den Kern des Problems hält. Es kommt häufig vor, daß Ratsuchender und Berater entweder nicht dieselbe Sprache oder nicht dieselbe Wirklichkeit oder gar keines von beiden haben. Nur wenn es gelingt, die Wirklichkeit des Ratsuchenden, so wie er selbst sie erlebt, zu erfassen, kann ein Erfolg der Beratungstätigkeit erwartet werden. Ein Gespräch wird nur dann fruchtbar werden, wenn aus zwei Wirklichkeiten zumindest in einem Teil eine gemeinsame Wirklichkeit entsteht (→ Kap. III.5 und III.7).

Die subjektiv erlebte Problemlage hat für den Betroffenen Realitätscharakter und bestimmt sein Verhalten. Diese Wirklichkeit ist zumeist verschieden von der des Beraters.

2. Zur Durchschaubarkeit des Problems

Die Beratungspraxis zeigt, daß die Ausgangssituation bei einem Gespräch in bezug auf die empfundenen Schwierigkeiten sehr verschieden ist. Der Ratsuchende hat überhaupt keine Einsicht in sein Problem und empfindet nur ein diffuses Bedürfnis, „sich aussprechen" zu müssen, oder er kann seine Schwierigkeiten klar und exakt nennen.

Oft hat ein Ratsuchender ein Gefühl quälender Unsicherheit oder drängenden Unbehagens, das er kaum in Worte, geschweige denn in eine präzise Frage zu fassen vermag. Insbesondere tiefe existenzielle Schwierigkeiten, die alle Bereiche des menschlichen Daseins berühren, entziehen sich wegen ihrer Vielschichtigkeit oft dem Zugriff durch die Sprache. Vom Ratsuchenden wird ein Weg gesucht, um aus dieser Verworrenheit herauszukommen. Er weiß noch nicht, wie dies geschehen kann, oder ob der Gesprächspartner Geduld und Offenheit dafür aufbringt.

Der Gesprächspartner gibt schon durch seine bloße Gegenwart eine Unterstützung, er hält durch sein aufmerksames Zuhören den sprachlichen Formulierungsprozeß in Gang. Es wird ausgesprochen, was einen beschäftigt —

sowohl das Falsche wie das Richtige. Erst das Ausgesprochene kann man weiter vertiefen und verarbeiten.

Diese zwei skizzierten Ausgangslagen machen deutlich, wie verschieden die Ausgangssituation bei einem Beratungsgespräch sein kann. Der Berater muß sich, wenn ihm an echter Hilfe bei der Problemlösung liegt, diese Ausgangslage ständig vergegenwärtigen.

Das Problem eines Ratsuchenden wird subjektiv von ihm in unterschiedlicher Klarheit und Strukturiertheit erlebt.

3. Einsicht als Handlungsimpuls

Das Beratungsgespräch muß ein schrittweiser Klärungsprozeß sein, ehe der Berater Lösungswege aufzeigen kann. Dieser Klärungsprozeß erfordert ein Höchstmaß an Konzentration und Geduld vom Berater. Oft meint der Berater, hilfreich zu sein, wenn er bereits eine Antwort zur Hand hat, ehe der Gesprächspartner selbst gedanklich zu einer Klärung gelangt ist. Eine solche zu frühe „Hilfe" aber hat für den weiteren Verlauf des Gesprächs nachteilige Folgen. Der Ratsuchende offenbart scheinbar Unfähigkeit, der Berater demonstriert Scharfsinn, schnelle Auffassungsgabe und damit Überlegenheit. Es entsteht ein Gefälle in bezug auf das Selbstwertgefühl. Außerdem kann ein zu früher Versuch der Problemlösung die Gefahr beinhalten, vom „echten" Problem abzulenken und den Klienten zu veranlassen, den spontan eingeschlagenen Weg des schrittweisen Erkennens der Ursachen seiner Schwierigkeiten unmerklich zu verlassen (→ Kap. III.7).

Das Beratungsgespräch muß so angelegt sein, daß der Ratsuchende selbst Einsicht in die Ursachen des Problems und die Struktur des Problemganzen gewinnen kann. Daraus entwickeln sich die psychischen Kräfte, die der Ratsuchende benötigt, um in voller Selbständigkeit und Verantwortung handeln zu können.

4. Mobilisierung von Initiativen und Handlungskräften

Einsicht in die Natur von Problemen wirkt von sich aus als Motor für eigenständiges Entscheiden und Handeln. In gleicher Weise können vom Berater angebotene Lösungen wirken, wenn diese vom Berater so dargeboten werden, daß sie subjektiv vom Ratsuchenden als Lösung akzepiert werden. Das erfordert in der Gesprächsführung eine Einbettung der Sachlösung in das handlungsrelevante Bezugssystem der Person. Die Einhaltung einer Fruchtfolge muß z.B. aus dem pflanzenbaulich-bodenkundlichen Begründungszusammenhang in den relevanten Bezugsrahmen des Bauern, nämlich „langfristig hohe Flächenerträge", transformiert werden. Es erfordert ferner eine Transformierung der Fachsprache in die alltäglich gebräuchliche Sprachwelt. Dies darf keinesfalls mit Manipulation (verfälschende Transformation) verwechselt werden. Nur wenn sowohl handlungsrelevanter Bezugsrahmen des Gesprächspartners als auch sein im Sprachdenken gebräuchliches Vokabular berücksichtigt werden, können sich Motivation und Handlungsalternativen für die Meisterung der Schwierigkeiten entwickeln.

Das Beratungsgespräch muß so geführt werden, daß schon die Darlegung des Sachzusammenhanges möglichst viel Initiative und Handlungskräfte mobilisiert.

II. Nicht-direktive Gesprächsführung auch in der Fachberatung?

Die bisher beschriebenen Handlungsanweisungen sind konform zum Konzept der nicht-direktiven oder Partner-zentrierten Gesprächsführung.

1. Auch nicht-direktive Gesprächsführung arbeitet mit Beeinflussung

Wenn von nicht-direktiver Beratung oder Gesprächsführung die Rede ist, so wäre es ein Mißverständnis fataler Art, zu meinen, daß in einer solchen Form von Beratung keine Beeinflussung stattfindet. → Übersicht 1 stellt den Beratungsvorgang, so wie er für Berater und Klient zufriedenstellend wäre, im Ablauf dar.

In diesem Ablaufschema wird der Aspekt der Beeinflussung sehr deutlich gezeigt und mit dem Wort **Induktion** gekennzeichnet. Die weitere Frage für Methodik der Beratung und für die spezielle Art der Gesprächsführung im Beratungsgespräch stellt sich ausschließlich dahingehend, wie diese Induktion vorzunehmen ist. Beeinflussung, ja immer, die Frage ist ausschließlich: wie? Hier gibt das Verfahren der nicht-direktiven Beratung Einstellungen, Strategien und Techniken an, die einer möglichst weitgehenden Selbstklärung des Beratungspartners dienen sollen.

Neben dem Einwand der Beeinflussung gilt es einen weiteren Einwand zu berücksichtigen, nämlich das Problem der fachlichen Beratung. Der Einwand sieht dann gewöhnlich so aus, daß es heißt: „Diese nicht-direktive Beratung kann ja vielleicht ganz gut sein für persönliche, zwischenmenschliche und insgesamt vorrangig psychologische Probleme. Dort ist die Methode ja wohl auch entwickelt worden. Aber wir machen fachliche Beratung. Hier sieht alles ganz anders aus."

Tatsächlich liegen in der fachlichen Beratung zum Teil andere Voraussetzungen vor. Der Berater ist Experte für ein bestimmtes Fachgebiet und wird als solcher Experte auch bewußt aufgesucht. Bei aller Partnerschaftlichkeit der Beziehung bleibt ein Ungleichgewicht an Kenntnissen und Erfahrungen zwischen ihm und dem Beratungsklienten, das wesentlich konstituierendes Element für diese Beratungssituation ist. Die Konsequenz, die sich unseres Erachtens daraus ergibt, ist jedoch lediglich die, daß in der Fachberatung nicht-direktive und direktive

E 5

Übersicht 1:

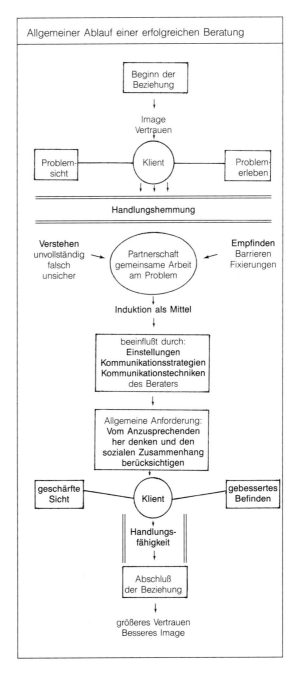

Allgemeiner Ablauf einer erfolgreichen Beratung

E 5

Gesprächsphasen wechseln. Eine ausschließlich direktiv geführte fachliche Beratung erscheint dagegen mit größter Wahrscheinlichkeit zum Scheitern verurteilt.

Wenn der Experte mit seinem Sachwissen und Sachverstand gefordert ist, so soll er sich keinesfalls damit verweigern. In dem Maße, wie er nun auf Sachverhalte hinweist, informiert, ergreift er selbstverständlich Initiative und lenkt das Beratungsgeschehen. Dies erscheint absolut normal. Die Selbstverantwortlichkeit des Klienten ist dadurch noch nicht unmittelbar gefährdet. Die allgemeine Frage, wann also soll ein Fachberater nicht-direktiv vorgehen, wann darf er auch einmal direktiv sein, soll im nächsten Abschnitt anhand des Phasenmodells aus → Kap. III.7 näher beantwortet werden.

2. Die Art der Gesprächsführung variiert nach den Funktionen des Gesprächs im Problemlösungsprozeß

Die in diesem Handbuch angebotene Beratungsdefinition (→ Kap. I.2.1) pointiert Beratung als geistige Hilfe beim Problemlösen. Da es eine allgemeine Empfehlung für das Vorgehen beim Problemlösen gibt (→ Kap. III.7), erscheint es nützlich, diese Ablaufempfehlung auch als Phaseneinteilung für den Beratungsvorgang zu verwenden.

Kommen Klient und Berater zusammen, so geht es zuerst einmal um die **Klärung des Anliegens**. Dabei kann es sein, daß der Klient eine deutliche Problemwahrnehmung hat und deshalb die Beratungsstelle oder den Berater aufsucht. Genauso ist es jedoch möglich und gelegentlich empfehlenswert, daß der Berater den Klienten aufsucht oder anspricht, um ihn auf laufende Entwicklungen und die daraus für ihn entstehenden Probleme erst aufmerksam zu machen.

Die **Problemwahrnehmung** kann sich aus zwei Richtungen her aufbauen, aus dem Blick nach rückwärts und dem Erleben, daß sich Dinge verschlechtert haben, aber auch aus dem Blick nach vorn und der Erwartung, daß sich Dinge wesentlich verbessern könnten. Andere Personen und die Situation an anderen Orten liefern dafür die Bezugsgrößen.

Vor der Suche nach Lösungen ist es unbedingt erforderlich, die **Situation** zu **erfassen** und zu **analysieren**. Nach unserem Problemlösungsschema geht dies über mehrere Schritte. Der Klient **beschreibt** seine **Ausgangslage**. Diese Beschreibung entspringt zwangsläufig aus seiner subjektiven Wahrnehmung. Möglicherweise übersieht er dabei Wesentliches oder bewertet Sachverhalte und Zusammenhänge nach Ansicht des Beraters ungewöhnlich, so daß sich daraus eine Diskussion zur Überprüfung dieser Wahrnehmung ergibt. Gelegentlich ist die Veränderung der Sichtweise schon die eigentliche Problemlösung.

E 5

Nach der Feststellung der Situation beginnt eine nähere **Suche nach** angemessenen und erreichbaren **Zielen** auf der Basis einer Klärung vorliegender Bedürfnisse, an die sich **Versuche zur Definition** des Problems anschließen.

Der ganze Vorgang der Situationserfassung und Situationsanalyse sollte soweit wie möglich nicht-direktiv gestaltet werden. Um die persönliche Situation des Klienten zu verstehen, sein Erleben und Verständnis zu erfassen, erscheint es erforderlich, den Klienten soweit wie möglich zu unterstützen und zu ermutigen, darüber nachzudenken und sich auszusprechen.

Bei der **Suche nach Zielen** kann es angebracht sein, aus dem fachlichen Verständnis des Beraters darauf hinzuweisen, inwieweit gesteckte Ziele möglicherweise ganz unerreichbar erscheinen. Bei der Definition des Problems kann Fachverstand ebenfalls mit gefragt sein. Noch wesentlicher erscheint jedoch die methodische Erkenntnis, daß man Problemdefinitionen nicht zu früh festlegen sollte und möglichst lange von mehreren parallelen Problemdefinitionen ausgehen sollte. **In der Problemdefinition steckt mehr als die halbe Lösung**, und welche Lösung schließlich die richtige sein wird, sollte nicht schon voreilig mit der Problemdefinition festgelegt werden.

Erst bei der **Lösungssuche** wird der Fachmann in jedem Fall gebraucht, insbesondere wenn er noch fachliche Lösungsvorschläge kennt, die dem Klienten unbekannt sind. Auch bei der **Wahl zwischen Alternativen** soll der Fachmann auf mögliche Risiken und Folgen hinweisen, die der Klient vielleicht übersehen würde. Dagegen ist die eigentliche Auswahlentscheidung eine rein subjektive Angelegenheit und muß möglichst unbeeinflußt von demjenigen getroffen werden, der die eingebrockte Suppe ja auch nachher ganz alleine auslöffeln muß.

Leider enden die meisten Beratungen mit der Vorbereitung einer Entscheidung. Dabei bleiben die regelmäßig später auftretenden **Nachentscheidungskonflikte** ebenso unbearbeitet wie die zwangsläufigen **Durchführungsprobleme**, die sich dann ergeben, wenn eine Entscheidung umgesetzt werden soll. Viel Mühe und Aufwand im Beratungsverlauf bis zur Entscheidung wird so oft nutzlos, weil eine begleitende Beratung bei der Durchführung der Problemlösung unterbleibt. Besonders frustrierend für Beratungskräfte ist es, daß sie über den Erfolg ihrer Beratung meist keine Rückmeldung erhalten.

Begleiten sie die Durchführung einer Problemlösung, so ist es in der Regel auch möglich, am Ende ein **Ergebnis festzustellen**, und mit der Feststellung ist auch die Voraussetzung für eine **Bewertung des Ergebnisses** durch den Betroffenen gegeben. Erst wenn das Ergebnis der Problemlösung dauerhaft als positiv bewertet wird, ist eine Rückfallgefahr gebannt und kann die Beratung insgesamt als erfolgreich bezeichnet werden.

E 5

Erfährt der Berater von einer negativen Ergebnisbewertung, dann besteht zumindest die Möglichkeit, in einem neuen Versuch zu einer jetzt befriedigenderen Problemlösung zu gelangen. Gleichzeitig ergibt sich aus einem in dieser Weise vollständig durchlaufenen Beratungsprozeß auch eine weit bessere Möglichkeit für den Berater, aus Fehlern zu lernen und echte Erfahrungen zu sammeln, die er an die nächsten Klienten wieder weitergeben kann.

3. Welche Grundfehler sind im Beratungsgespräch zu vermeiden?

Jede Schwierigkeit, die ein Mensch allein nicht meistern kann und zu der er kompetenten Rat benötigt, führt zu einer Minderung seines Selbstvertrauens. Äußerungen und Reaktionen des Beraters werden deshalb besonders empfindlich registriert. Ein Teil der Aufmerksamkeit des Ratsuchenden richtet sich unbewußt darauf, weitere Selbstwertbeeinträchtigungen abzuwehren. Kritik ohne Begründung, Voreingenommenheit, Mißbilligung, moralisierende Zurechtweisung, Demonstrieren von Überlegenheit und Bagatellisieren der Schwierigkeiten des anderen rufen Abwehrmechanismen hervor. Damit wird bestenfalls Hilflosigkeit, Mutlosigkeit und Resignation oder Aggression erzeugt, aber keine Initiative zur Meisterung der Schwierigkeiten und zur Herbeiführung einer Verhaltensänderung.

In jeder Situation steht der Mensch als Ganzes. Deshalb werden Handlungskräfte zur Überwindung einer schwierigen Lage um so mehr mobilisiert, je stärker die Unterstützung auch von der emotional-menschlichen Seite ist, das heißt, je deutlicher der Betroffene empfindet, daß er als Persönlichkeit respektiert wird.

Ein guter Berater vermeidet deshalb alle Arten von „manipulativen Techniken" im Beratungsgespräch. Dazu gehören:

- Spiele mit „verdeckten Karten", Suggestion, Rhetorik, Imponier- oder Fassadentechnik, Killerphrasen

- Moralische Urteile, Wertungen, Lob, Tadel, Parteinahme, Ermahnung, Zurechtweisung

- Belehrung, Sophistik, forschende Fragen, verfrühte Lösungsvorschläge, Überredung, der abschließende Ratschlag.

Zum Abschluß dieses Beitrags also keinen Rat. Dafür ein Rückblick ins Philosophische. Namen sind Schall und Rauch, Wirklichkeit ist das Ergebnis von Kommunikation. „An die Dinge selbst und an den Menschen selbst reicht kein Gespräch heran. Es ist nur ein Mittel zur Vergleichung und Ausgleichung der

Horizonte und Perspektiven. Aber das ist schon viel und wunderbar, und man kann sich nichts Besseres wünschen als recht viele gute, ehrliche Gespräche" (Bruno Baron von Freytag Löringhoff).

Weitere Hinweise finden sich in den Prüflisten → F 11 und → F 14.

Quellen

B. FREYTAG LÖRINGHOFF: Über einige Wesenszüge des Gesprächs. In: Studium Generale, 8, H. 9, 1955, S. 449 — 555

W. HENNIS: Rat und Beratung im modernen Staat. In: Nachrichtendienst des Deutschen Vereins für öffentliche und private Fürsorge, 1963, S. 8-13

V. HOFFMANN: Beratungsbegriff und Beratungsphilosophie im Feld des Verbraucherhandelns — Eine subjektive Standortbestimmung und Abgrenzung-. In: Die Qualität von Beratungen für Verbraucher, Campus Verlag, Frankfurt, New York, 1985, S. 26-47.

E. HRUSCHKA: Methodische Aspekte des Beratungsgesprächs. In: Der Förderungsdienst, (1974) Sonderheft 2, S. 44-48.

Literatur:

R. BANG: Das gezielte Gespräch. I. Teil: Gespräche als Lehr- und Heilmittel. München/Basel, 1968.

A. BÜRGI; B. RUTISHAUSER: Die Gesprächsführung in der Berufsberatung. In: Handbuch der Berufspsychologie, Hofrefe Verlag, Göttingen 1977, S. 478-530

B. FITTKAU u. a.: Kommunizieren lernen (und umlernen). 2. Aufl. Westermann Verlag, Braunschweig 1980

Th. GORDON: Familienkonferenz. Die Lösung von Konflikten zwischen Eltern und Kind. Verlag Hoffmann und Campe, Hamburg 1972

Th. GORDON: Lehrer-Schüler-Konferenz. Wie man Konflikte in der Schule löst. Verlag Hoffmann und Campe, Hamburg 1977

Th. GORDON: Managerkonferenz. Verlag Hoffmann und Campe, Hamburg 1982, 2. Aufl.

W. HOFSOMMER: Stichworte zum Beraterverhalten. Beratung als helfende Kommunikation. Unveröffentlichtes Lehrblatt der BfA (Bundesanstalt für Arbeit, Nürnberg), o.J.

W. HORNSTEIN: Beratung in der Erziehung, Ansatzpunkte, Voraussetzungen, Möglichkeiten. In: Funkkolleg: Beratung in der Erziehung, Belz-Verlag, Weinheim und Basel 1975, S. 33-68

E. HRUSCHKA: Psychologische Grundlagen des Beratungsvorgangs. In: Probleme der Beratung, Ulmer Verlag, Stuttgart 1964, S. 107-135

E 5

E. HRUSCHKA: Versuch einer theoretischen Grundlegung des Beratungsprozesses. Psychologia Universalis, Bd. 16, Verlag A. Hain, Meisenheim am Glan, 1969

B. KRAPF: Die Aufgaben des Beraters im partnerzentrierten Beratungsgespräch. In: Zeitschrift für Gruppenpädagogik, 6. 1980, S. 189-194

R. LIPPIT: Dimensions of the Consultant's Job. In: Bennis; Benne; Chin (Eds.): The Planning of Change. New York 1961, S. 156-162

R. MUCCHIELLI: Das Nicht-direktive Beratungsgespräch. Otto Müller, Salzburg o.J.

C. ROGERS: Die nicht-direktive Beratung. Kindler-Verlag, München 1972

C. ROGERS: Lernen in Freiheit. Kösel-Verlag, München 1974

C. ROGERS: Therapeut und Klient. Kindler-Verlag, München 1977

W. SCHÖPPING: Die nicht-direktive Beratung. In: Schwalbacher Blätter, 102, H. 2. Jg. 25, 1974, S. 42-50

C. D. STAHL: Was geschieht zwischen dem Berater und seinem Klienten? Kommunikationstheoretische Überlegungen zum Prozeß der psychosozialen Beratung. In: Blätter der Wohlfahrtspflege 124, 1977, S. 263-268

CH. R. WEISBACH: Das Beratungsgespräch. Lexika-Verlag, Weil der Stadt 1982

Bearbeitung

Volker HOFFMANN, Gerhard PAYR

E 6

Anlage und Nutzung von Fruchtfolgedemonstrationsflächen

Demonstrationsflächen sind besonders gut geeignet, um neue Sorten, andere Pflanzenabstände, den Einsatz von Düngemitteln und Pestiziden usw. in ihrer Wirkung auf Ertragsunterschiede sichtbar zu machen. Solche Flächen werden entweder von den Beratern selbst angelegt und betreut, oder es werden Teilstücke von Feldern bei Bauern als Demonstrationsflächen ausgewählt, aber weiterhin von den Bauern selbst bearbeitet.

Die Nachteile im ersten Fall liegen darin, daß der Zeitaufwand der Berater meist sehr hoch ist. Die Markierung (hohe Stangen, Leerzeile als Begrenzung) von Teilflächen in bäuerlichen Feldern erweist sich deshalb für Demonstrationszwecke meist als geeigneter (→ Kap. III.14).

Ein zentrales Beratungsthema in vielen Programmen betrifft Fragen der Erhaltung der Bodenfruchtbarkeit. Traditionelle fruchtbarkeitserhaltende Bodennutzungssysteme und Verfahren wie Wanderfeldbau und Mischkulturen sind durch steigenden Bevölkerungsdruck und die Einführung nicht angepaßter „moderner" Anbauverfahren und Kulturen den Zielgruppen oft nicht mehr bekannt. Durch die Demonstration geeigneter Fruchtwechselsysteme und Anbauverfahren muß deshalb den Zielgruppen deren Notwendigkeit und Technik deutlich gemacht werden.

In vielen Fällen bietet sich die Anlage von Demonstrationsflächen an, die unter der Kontrolle des jeweiligen Feldberaters für die Durchführung von Demonstrationen und Feldtagen genutzt werden können. Gerade im Hinblick auf die nur langfristig sichtbaren Auswirkungen von Fruchtfolgen bieten solche Flächen gute Demonstrationsmöglichkeiten.

In → Übersicht 1 wird ein Beispiel für die Anlage einer solchen Fruchtfolgedemonstrationsfläche beschrieben

1. Grundidee

Die Grundidee zielt darauf ab, auf kleiner Fläche die richtigen und die falschen Anbausysteme und -praktiken gegenüberzustellen. Dies erfolgt dadurch, daß die eine Hälfte des Gartens richtig (Mr. Right) und die andere Hälfte falsch (Mr. Wrong) bewirtschaftet wird. Zwei Einzelflächen sind zusätzlich für die Anbaudemonstration neuer Früchte oder Sorten reserviert. Vorsicht: In manchen Ländern Asiens wäre die Bezeichnung „Mr. Wrong" ein beratungsmethodischer Fehltritt. Zu beachten ist auch, daß bei der Vorführung der falschen Alternative stets die Gefahr besteht, daß die Versuchsabsicht mißverstanden wird und die Bauern sich in ihrem falschen Verhalten noch bestätigt sehen (vgl. → C 1).

E 6

2. Größe, Lage und Anzahl

Der in → Übersicht 1 gezeigte Plan macht die Größe der einzelnen Flächen und ihre Lage zueinander deutlich:

Übersicht 1:

Plan für eine Fruchtfolgedemonstration	
Mr. Right	**Mr. Wrong**
250 m² Erdnüsse 1	250 m² Baumwolle
250 m² Baumwolle 2	500 m² Mais
250 m² Mais 3	
150 m² Sonnenblumen	150 m² Sojabohnen

Fruchtfolge Mr. Right:	Jahr 1	Jahr 2	Jahr 3
Schlag 1	Erdnuß	Mais	Baumwolle
Schlag 2	Baumwolle	Erdnuß	Mais
Schlag 3	Mais	Baumwolle	Erdnuß

- Für Fruchtfolgeflächen ist eine Größe von etwa 2.500 m² erforderlich.

- Die Teilflächen sollten nicht zu klein sein, um den modellhaften Charakter des Gartens nicht zu sehr zu betonen.

- Zwischen den Feldern von Mr. Right und Mr. Wrong sollte ein etwa 7 — 10 m breiter Grasstreifen liegen; dieser Raum wird für Demonstrationen und Feldtage benötigt.

- Eine Schautafel mit Erklärungen ist so aufzustellen, daß die Orientierung auch ohne Berater ermöglicht wird.

E 6

- Die Fruchtfolgeflächen sollten so angelegt werden, daß sie von Straßen und Wegen aus gut eingesehen werden können.

- Die Zahl der erforderlichen Demonstrationsflächen ist von der Besiedlungsdichte, den Beratungszielen, der Zahl der für Demonstrationen nutzbaren Betriebe und von den verfügbaren Mitteln abhängig.

- Bei der Einrichtung entstehen Kosten für Pachtland, Errichtung eines stabilen Zaunes, Entlohnung eines Arbeiters, Beschaffung von Produktionsmitteln und Herstellung einer Schautafel. Dem stehen nur geringe Einnahmen aus dem Verkauf der erzeugten Produkte entgegen.

3. Demonstration und Ergebnisse

Die eingesetzten Verfahrensweisen und die dadurch erzielbaren Ergebnisse lassen sich im Pflanzenbau nicht gleichzeitig beobachten. Daher müssen Methoden- und Ergebnisdemonstrationen kombiniert werden. Themenbeispiele gibt → Übersicht 2.

Die gleichzeitige Demonstration aller empfohlenen Teilschritte sichert den deutlich sichtbaren Ergebnisunterschied. Dafür muß man in Kauf nehmen, daß die Zuschreibung der Verursachung für den Betrachter bis zur Unmöglichkeit erschwert wird.

4. Nutzungsmöglichkeiten

- Die Demonstrationsflächen müssen frei zugänglich sein. Auf einer Schautafel müssen möglichst in der Lokalsprache die wichtigsten Kenndaten festgehalten werden (Ertragsvergleiche, verwendete Sorten, Düngemittel, eingesetzte Geräte). Auf der Schautafel kann der Berater zusätzlich mit Kreide aktuelle Beobachtungen und Mitteilungen anschreiben.

- In regelmäßigen Abständen wird der Berater die einzelnen Praktiken und erkennbaren Veränderungen demonstrieren.

- Im Zusammenhang mit Feldtagen stellen solche Fruchttolgflächen einen wichtigen Programmpunkt dar.

- Existieren Zielgruppenorganisationen und Kontaktbauern, so werden die Berater diese laufend über die Demonstrationsmöglichkeiten informieren und gegebenenfalls Handzettel erstellen und verteilen.

- Funktionäre von Gruppen und Kontaktbauern werden danach auch selbst Demonstrationen durchführen.

E 6

Übersicht 2:

Ein Beispiel für mögliche Themen pflanzenbaulicher Demonstration	
Felder des fortschrittlichen Bauern (Mr. Right)	Felder des schlechten Bauern (Mr. Wrong)
Methodendemonstration	
- frühe Feldbestellung - korrekte Pflanzabstände - Einsatz verbesserter Geräte - Einhaltung einer Fruchtfolge - geprüftes Saatgut - rechtzeitiges Unkrauthacken - Mulchen mit Ernteresten - Verwendung von Kompost - rechtzeitige Ernte - verbesserte Erntemethode - Kompostierung der Ernterückstände	- späte Feldbestellung - zu weite Pflanzabstände - Einsatz traditioneller Geräte - keine bestimmte Fruchtfolge - minderwertiges Saatgut - verspätetes Unkrauthacken - keine Bodenbedeckung - keinerlei Düngung - verspätete Ernte - traditionelle Erntemethode - Verbrennen der Ernterückstände
Ergebnisdemonstration	
- vollständiges Auflaufen - guter Pflanzenwuchs - geringer Schädlingsbefall - geringe Unkrautkonkurrenz - Bodenkrume locker und feucht - Bodenfruchtbarkeit erhalten	- sehr unvollständiges Auflaufen - schlechter Pflanzenwuchs - hoher Schädlingsbefall - hohe Unkrautkonkurrenz - Bodenkrume hart und trocken - Bodenfruchtbarkeit abnehmend

- Als Besucher müssen auch Frauen und Kinder angesprochen werden. Lehrer sollten mit Schulklassen ebenfalls eingeladen werden.

- Nach Möglichkeit sollten in Zusammenarbeit mit Forschungsstationen die Erträge gemessen und damit die angewandten Verfahren auch bewertet werden.

5. Erfahrungen mit Fruchtfolgeflächen

- Die im Hinblick auf die Demonstration von Fruchtfolgeeffekten erforderliche langfristige Anlage solcher Demonstrationsgärten wird mitunter durch Rückforderung der benutzten Flächen, schlechte Betreuung und Desinteresse vorgesetzter Berater gefährdet.

E 6

- Wichtig ist der Schutz der Gärten vor Haustieren und Wild. Oft ist auch die Verwendung von Stacheldraht für eine ausreichende Umzäunung erforderlich.

- Wichtig ist immer wieder die Verdeutlichung richtiger und falscher Praktiken. Unterschiede sollten eindeutig und sofort erkennbar sein.

- Wenn Demonstrationsflächen nicht unmittelbar von Straßen und Wegen aus eingesehen werden können, müssen Hinweisschilder aufgestellt werden.

- Es ist darauf zu achten, daß die Fruchtfolgedemonstration auf einem einheitlichen Boden angelegt wird. Auch sollte er den durchschnittlichen örtlichen Bedingungen hinsichtlich Nährstoffversorgung, Wasserhaushalt und Bodentypus entsprechen.

Vergleiche auch die allgemeinen Hinweise in → Arbeitsunterlage C 5.

Bearbeitung

Gerhard PAYR, Rolf SÜLZER

E 7

Demonstration der Anwendung von Rückenspritzen zur Schädlingskontrolle

1. Inhalt und Ziel der Demonstration

- Handhabung und Wartung einer Rückenspritze zur Schädlingskontrolle,
- Erläuterung der Notwendigkeit zur Schädlingskontrolle,
- Herstellung von Spritzmischungen,
- durch die Demonstration sollen die Bauern die Zweckmäßigkeit von Schädlingskontrollen erkennen, erste Erfahrungen mit der Handhabung der Spritzen sammeln und zur Anschaffung von Spritzen für die nächste Anbausaison motiviert werden.

2. Vorbereitende Arbeiten

Zielgruppe

- Bauern, die noch nie mit einer Spritze gearbeitet haben,
- Herkunft aus einem Dorf,
- Gruppe soll 8 - 12 Personen nicht überschreiten.

Ort der Demonstration

- Feld eines guten und kooperativen Bauern der Zielgruppe,
- Demonstrationsfeld sollte leicht erreichbar in Dorfnähe liegen.

Zeitpunkt der Demonstration

- arbeitsärmere Zeit nach Beendigung der Unkrauthacke,
- Wiederholung der Demonstration nach drei Wochen für die gleiche Gruppe,
- Beginn der Demonstration jeweils um 9 Uhr morgens.

Erforderliche Hilfs- und Beratungsmittel

- Funktionsbereite Rückenspritze,
- Werkzeug zum Zerlegen der Spritze,

E 7

- Spritzmittel,

- Merkblätter mit Bedienungsanleitung für Spritze,

- Faustzahlen zur Herstellung von Mischungen,

- Tafel oder Flanelltafel,

- Schaubilder von Schädlingen, evtl. Modelle in Gießharz.

Fachliche Vorbereitung des Beraters

- Durcharbeiten der Anleitung zur Bedienung der Rückenspritze,

- Praktische Übungen zur Demonstration unter Leitung des vorgesetzten Beraters: Zerlegen, Reparieren, Pflegen und Bedienen der Spritze; Wirtschaftlichkeit der Schädlingskontrolle; Bezug, Lagerung und Anwendung der Insektizide, Vorsichtsmaßregeln bei der Arbeit mit Giften.

3. Durchführung der Demonstration

Der Zeitaufwand für die Demonstration beträgt etwa 2 - 3 Stunden. Nach der Begrüßung der Teilnehmer erläutert der Berater kurz den Sinn des Einsatzes von Rückenspritzen zur Bekämpfung von Schädlingen:

- Beschreibung der Schädlinge und der auftretenden Schäden unter Benutzung von Schaubildern und Präparaten.

- Diskussion der Ertragsminderung und Einkommenseinbußen durch Schädlingsbefall an Hand von Schaubildern, Wandtafeln oder Flanelltafeln.

- Begrundung der Notwendigkeit der Schädlingsbekämpfung durch den Einsatz von Pestiziden.

- Kurze Erläuterung der Giftwirkung der Insektizide und Hinweise auf die Gefahren für Menschen und Haustiere.

Bei der Erklärung der Rückenspritze sollte auf detaillierte Darstellung der Einzelteile und Funktionszusammenhänge verzichtet werden. Es ist vielmehr wichtig, die Erklärung auf das „Wesentliche" zu beschränken:

- Zunächst ist die Herstellung richtig konzentrierter Spritzlösungen zu demonstrieren. Dazu werden die empfohlenen Gefäße und Mischeimer benötigt. Bei Demonstrationen können anstelle der Insektizide Ersatzstoffe verwendet werden. Nach der Herstellung der Spritzlösung wird diese in die Rückenspritze geschüttet und durch Pumpen der für die Spritzung erforderliche Druck erzeugt.

- Nach der Einstellung der Spritzdüsen geht der Berater unter stetigem Pumpen im Schrittempo durch das Feld.

- Zum Schutz gegen Giftwirkungen müssen Masken oder Tücher getragen werden.

- Im Anschluß daran sollten alle Teilnehmer Gelegenheit erhalten, die funktionierende Spritze selbst zu erproben.

Danach sollte wieder ein Halbkreis gebildet werden und den Bauern Gelegenheit gegeben werden, Fragen zu stellen:

- In der Phase ist es wichtig, auf die Fragen der Teilnehmer sorgfältig einzugehen, da in diesem Stadium schon eine Vorentscheidung über Annahme oder Ablehnung der Neuerung erfolgt.

- Nach Beantwortung der Fragen sollte der Berater einfache Wartungs- und Bedienungsaufgaben wie das Reinigen von Düsen, das Öffnen und Schließen der Tanks, das Fixieren der Schlauchanschlüsse oder das Schmieren beweglicher Teile demonstrieren. Auch diese Arbeiten müssen von den Teilnehmern selbst geübt werden.

- Der Berater muß die genauen Preise der Spritzen mitteilen. Da viele Bauern eine Spritze nur auf Kredit erwerben können, müssen die Voraussetzungen für die Gewährung von Krediten, wie Anbau einer Mindestfläche, Ausfüllen eines Antrages, Einhalten von Terminen, vorher geklärt werden.

- Sind Prospekte oder Handzettel vorhanden, sollten diese am Ende der Demonstration verteilt werden.

4. Nachfolgearbeiten

Das Ziel dieser Demonstrationen wird während der laufenden Saison durch weitere Aktionen wie z.B. Feldtage, Ausstellungen, Schulung von Kontaktbauern, Plakataktionen oder Filmschauen unterstützt. Ist die Entscheidung über den Erwerb einer Rückenspritze gefallen, so werden weitere Beratungsmaßnahmen erforderlich:

E 7

- Demonstration der Ermittlung des Schädlingsbefalls unter Zuhilfenahme von Zählbrettchen (Hilfe für nicht rechengeübte Bauern. Kleines Brett, mit eingesteckten Holzstäbchen und Farbmarkierungen. Für jeden Schädling wird ein Stäbchen entfernt. Bei Anwendung auf eine vorgegebene Pflanzenzeile, wie z.b. 50 Schritten, zeigt die erreichte Farbmarkierung, ob und wie zu spritzen ist).

- Vermeidung von Schadwirkungen bei Mensch, Tier und Pflanze durch richtige Lagerung und Verschluß.

- Berechnung des Insektizidbedarfs aufgrund der Flächen oder des Schädlingsbefalls.

- Durchführung kleinerer Reparaturen und Wartungsarbeiten.

- Erstellung eines Spritzplanes und die Protokollierung von Schädlingsbefall und ausgebrachten Mengen.

Eine beispielhafte Kalkulation des Zeitaufwandes für eine solche Demonstration einer Rückenspritze findet sich in → G 6.

Bearbeitung

Gerhard PAYR, Rolf SÜLZER

E 8

Programmierung von Feldtagen

Die Programmierung von Feldtagen erfordert eine systematische Vorbereitung. Das Programm muß sich an den im Verlauf einer Anbausaison wechselnden Inhalten orientieren. Ein Programm wird etwa 2 bis 4 Wochen gleich bleiben, wobei einzelne Punkte wie die Anlage von Erosionsschutzstreifen, Stallungen oder die Feldverteilung in einer Fruchtfolge für eine ganze Saison auf dem Programm stehen können. Andererseits müssen Berater aktuelle Ereignisse wie einen unerwarteten Schädlingsbefall, Düngerwirkungen, den Einsatz einer neu verfügbaren Maschine etc. sofort in das Programm eines Feldtages einbeziehen.

1. Prüfliste für die Vorbereitung eines Feldtages

Inhalte

- Welche Inhalte sollen vermittelt werden?
- Sind die Inhalte für die Zielgruppen aktuell?
- Haben Zielgruppen bei der Entscheidung über Inhalte mitgewirkt?
- Sollen Inhalte kurz-, mittel- oder langfristig wirksam werden?
- Entsprechen ausgewählte Inhalte dem Förderungsziel?

Teilnehmer

- Muß die Gruppe homogen sein? (Homogenitätskriterien)
- Sind die Teilnehmer über den Termin des Feldtages informiert?
- Stehen Ort und Zeit des Treffpunktes fest?
- Wie können Teilnehmer bei Verschiebung oder Ausfall des Feldtages informiert werden?

Programm

- Sind die Personen in den Betrieben, Versuchsstationen etc. verständigt und vorbereitet worden?
- Ist das Programm zeitlich realistisch geplant?

E 8

- Ist für zu erwartende Fragen entsprechendes Informationsmaterial vorbereitet worden?

- Sind Geräte, Modelle, Schautafeln usw. vorbereitet?

Transport

- Ist die Bereitstellung von Transportmitteln erforderlich?

- Sind zum beabsichtigten Termin Transportmittel verfügbar und fest gebucht?

- Sind die geplanten Besuchspunkte mit den Transportmitteln erreichbar?

- Wieviele Personen sind transportierbar?

- Kann den Teilnehmern ein Unkostenbeitrag zugemutet werden?

2. Programmplanung

Das Programm eines Feldtages könnte so, wie in → Übersicht 1 dargestellt, aussehen. Dieses Beispiel präsentiert bewußt ein Sammelsurium von Programmpunkten. Dies ist auch in der Praxis meistens so, da das Erfordernis besteht, in kurzer Zeit geographisch dicht beisammen liegendes zu zeigen, das aktuell und interessant für die Teilnehmer ist. Zwangsläufig kann solche Vielfalt nur Interesse wecken, aber noch keine ausreichende Einsicht oder Verhaltensänderung herbeiführen. Dies bleibt nachfolgender Beratungsarbeit vorbehalten.

4. Auswertung von Feldtagen

Feldtage bieten ein gute Möglichkeit, Reaktionen und Probleme der Bauern zu beobachten. Voraussetzung hierfür ist, daß die Berater die geäußerten Probleme und Fragen notieren. Der Berater muß dabei auch beobachten, ob die angeschnittenen Fragen die Mehrheit der Bauern betreffen oder nur Einzelprobleme darstellen. Im einzelnen dient die Auswertung von Feldtagen den folgenden Zwecken:

- Ermittlung von Problemen bei den Zielgruppen,

- Überprüfung der Beratungsinhalte und -verfahren,

- Bestimmung von Ausbildungsschwerpunkten in der Beraterfortbildung,

- Abschätzung zu erwartender Adoptionsraten für die nächste Saison,

- Verbesserung der Feldtage und Abstimmung mit anderen Beratungsverfahren,

- Verbesserte Vorbereitung der Berater auf weitere Feldtage. Berater müssen im Rahmen von Besprechungen und Fortbildungsseminaren gemeinsam mit Vorgesetzten und Spezialisten die angesprochenen Fragen der Zielgruppen diskutieren und sich geeignete Lösungen und Antworten überlegen.

Übersicht 1:

Ein Beispiel für das Programm eines Feldtags			
Zeit	Ort	Aktivität	Anmerkungen
7.00	Binga, Beraterhaus	- Versammeln der Teilnehmer - Berater erläutert das Programm - Abfahrt mit Lkw	Zeitplan einhalten Voraussichtliche Rückkehr zwischen 12.30 und 13.30
7.15 8.40	Binga, Versuchsstation	- Besichtigung der Fruchtfolgeversuche - Besichtigung des Modellbetriebs der Station - Demonstration der Kompostierung - Demonstration eines Maisschälers - Abfahrt von der Station	Max. 35 Teilnehmer Diskussion bei jedem Programmpunkt Schaubilder in der Station bereithalten
9.00 10.30	Chisangu Peter Mwale	- Besuch eines Betriebes mit integrierter Viehhaltung - Betriebsleiter und Berater stellen den Betrieb vor - Demonstration Mulchung - Demonstration Zwischenfrüchte - Demonstration einer neuen Hacke - Demonstration Hühnerhaltung - Weiterfahrt	Betriebsdaten vorbereiten Fragen der Bauern notieren Diskussion so leiten, daß möglichst vom Betriebsleiter beantwortet wird Mais und Erdnüsse, Pflanzgut und Hacke bereithalten Eiervermarktung und Fütterung diskutieren
11.00	1 km vor Bangu	- Besichtigung eines stark erodierten Maisfeldes	Diskusion über Ursachen der Erosion und Schutzmaßnahmen
11.15 12.00	Bangu	- Besichtigung einer gemeinschaftlichen Cashewnuß-Anlage - Demonstration des Zwischenfruchtanbaus - Diskussion mit Dorfkomitee - Teepause - Heimfahrt nach Binga	Dorfkomitee informieren Cashew-Daten vorbereiten 50 g Tee an Komitee Verteilung einer Broschüre
 13.00	Mwona Binga	- unterwegs kurzer Halt am Reisfeld des Bauern Timothy bei Mwona - Rückkehr und Verabschiedung	Hinweis auf vorbildlichen Schutzdamm

E 8

Abschließend werden eine Reihe von Fragen genannt, die Bauern den Beratern bei Feldtagen stellen:

- Warum bekommen kleine Bauern keine Kredite?
- Warum erhöht sich der Preis für Düngemittel fast jährlich?
- Warum erhält der Bauer für 1 kg Baumwolle weniger als für 1 kg Erdnüsse?
- Wie sollen Bauern den Kredit zurückbezahlen, wenn wegen Trockenheit die Ernte ausfällt?
- Wieviel Mehrertrag kann mit verbessertem Saatgut erzielt werden?
- Warum führt die seit zwei Jahren empfohlene Fruchtfolge zu keinen sichtbaren Mehrerträgen?
- Wie lauten die korrekten Pflanzabstände für Hirse und Cassava?
- Wie kann ich mich für einen Fortbildungskurs qualifizieren?

Da auch auf solche Fragen klare Antworten erwartet werden, erscheint es nötig, daß sich Berater schon vor dem Feldtag Antworten auf solche und ähnliche Fragen überlegen und untereinander absprechen.

Bearbeitung

Gerhard PAYR, Rolf SÜLZER

E 9

Beispiel für die Beratung an Aufkaufmärkten

Während der Aufkaufsaison sollten sich ständig landwirtschaftliche Berater an den Märkten aufhalten.

Allgemeine Aufgaben

(1) Prüfung der von den Bauern angelieferten Produkte auf richtige Sortierung entsprechend den vorgegebenen Qualitätsmerkmalen.

(2) Hilfestellung für die Bauern bei Streitigkeiten und Auseinandersetzungen mit Marktpersonal oder Kreditassistenten.

(3) Berichterstattung über ernsthafte Vermarktungsschwierigkeiten wie verspätete Marktöffnung, schlecht funktionierende Waagen, Unregelmäßigkeiten bei der Geldauszahlung, Fehlen von Säcken zum Verpacken der angelieferten Produkte usw..

Spezielles Beratungsprogramm

1. Demonstration einer neuen Rückenspritze

    – Erläuterung der Arbeitsweise

    – Zerlegen und Reinigen der Spritze

    – Praktisches Erproben durch die Bauern selbst (→ E 7, → G 7).

2. Information über die Möglichkeiten, eine neue Spritze zu erwerben

    – subventionierter Preis bei Barzahlung: 150.- Shs

    – subventionierter Preis bei Kreditkauf: 200.- Shs.

Bei Kreditkauf ist eine Anzahlung von 50.- Shs beim Kreditassistenten zu leisten. Die Restsumme von 150.- Shs ist in zwei Raten von a 75.- Shs im darauffolgenden Jahr zu bezahlen. Die Vorteilhaftigkeit von Barkäufen sollte verdeutlicht werden. Anträge für Bar- oder Kreditkäufe sind vom Berater vorzubereiten, zu prüfen und an den Kreditassistenten weiterzuleiten.

E 9

3. Demonstration von Pflücksäcken für Baumwolle

   – Mit dem Pflücksack kann die Pflückleistung um 50 % gesteigert werden,

   – die Klassifizierung der Baumwolle wird erheblich erleichtert,

   – die Pflücksäcke können zum Preis von 10.- Shs am Markt gekauft werden.

4. Klassifizierung von Erdnüssen

Um die bestmöglichen Preise zu erzielen, müssen die folgenden Punkte beachtet werden:

   – das rote Häutchen der geschälten Nüsse darf nicht beschädigt sein,

   – Farbe und Größe der Nüsse müssen einheitlich sein,

   – zerbrochene, mißgeformte und verdorbene Nüsse führen zu Qualitätsminderung,

   – um Vergiftungen mit Aflatoxinen beim Genuß der Nüsse zu vermeiden, müssen die Nüsse nach der Ernte ausreichend getrocknet werden.

5. Gutschein für Düngemittel

Da die Bauern während der Anbausaison erfahrungsgemäß unzureichende Ersparnisse zum Barkauf von Minaraldünger haben, werden gegen Barzahlung an den Märkten Gutscheine ausgegeben, die ab Dezember zum Bezug von Mineraldünger berechtigen. Die Berater müssen die Bauern über diese Möglichkeit informieren.

6. Kampagnen

Im Rahmen der laufenden Kampagnen wird jeder Aufkaufmarkt einmal wöchentlich vom Lautsprecherwagen und einem Lastwagen mit Geräten, Modellen und Schaubildern besucht. Der zuständige Berater erfährt das genaue Datum aus seinem Wochenprogramm. Für ihn besteht während dieser Kampagnenveranstaltung Anwesenheitspflicht.

Bearbeitung
Gerhard PAYR, Rolf SÜLZER

E 10

Vorbereitung und Durchführung lokaler landwirtschaftlicher Ausstellungen

Bei lokalen Ausstellungen werden die nachfolgenden Verfahrensweisen beratungsunterstützend wirksam:

1. Einrichtung eines Schaustandes des Beratungsdienstes

- Schaubilder und Plakate sollen in möglichst traditioneller Weise gestaltet werden, damit die Aussage für die Zielbevölkerung verständlich ist. Zahlen und Schriften sollten auf ein Minimum beschränkt werden.

- Geeigneter als Schaubilder oder Photos sind konkrete Objekte, wobei die vergleichende Darstellung am zweckmäßigsten ist. So können unterschiedliche Erträge bei traditioneller und bei verbesserter Bewirtschaftung durch den Aufbau von Sackpyramiden leicht erklärt werden. Bei der Einführung einer neuen Frucht könnte man jedem Besucher erlauben, Samenproben mitzunehmen.

- Alle vorgestellten Objekte, also auch Geräte, sollen von den Besuchern angefaßt und ausprobiert werden dürfen.

- Eine andere Möglichkeit bestünde darin, maßstabsgetreue Betriebs-Sandkastenmodelle herzustellen. Dazu ist eine vorherige Reaktions- und Verständnisprüfung bei den Zielgruppen durchzuführen.

- Unbedingt erforderlich ist für jeden Schaustand die Anwesenheit von Beratern, die die Fragen der Besucher beantworten und mit Hilfe von Flanelltafeln, Tafeln etc. die ausgestellten Objekte erläutern. Es empfiehlt sich, für diesen Zweck auch Handlautsprecher einzusetzen. Bei der Auswahl der Berater sollten nur fachlich versierte und schlagfertige Personen ausgewählt werden.

- Eine Registrierung der Namen und Heimatorte von Besuchern kann für die Nacharbeit der Berater sinnvoll sein.

- Je attraktiver ein Schaustand ist, desto mehr werden sich die Besucher dafür interessieren. Man sollte deshalb nicht auf bewährte Lockmittel verzichten. Zu denken wäre an frei verteilte Anstecknadeln, an Luftballons oder Zündholzschachteln, die mit einem Werbeaufdruck versehen werden. Man könnte auch ein hier unbekanntes Tier ausstellen oder ein Rätselspiel mit Gewinnmöglichkeiten veranstalten (Schätzen der Reiskörnerzahl in einem ausgestellten Glas oder des genauen Gewichtes eines Sackes voller Erdnüsse) (→ C2, → C3).

E 10

2. Medienraum (Zelt, Schule, Versammlungshaus etc.)

Die Einrichtung eines abdunkelbaren Raumes oder Zeltes wäre für eine Reihe von Programmen geeignet:

- **Filmvorführungen**; es empfiehlt sich, Unterhaltungs- und Lehrfilme zu mischen

- **Tonbildschauen**; es gilt dasselbe wie für Filme

- **Tanzdarbietungen**; wenn möglich, sollten auch neue Tänze mit landwirtschaftlichem Symbolgehalt kreiert werden.

- **Gesang und Musik**; noch mehr als bei Tänzen besteht hier die Möglichkeit, Traditionen folgend lehrhafte Aussagen einzubauen oder neu zu komponieren.

- **Theater**; entsprechend den lokalen Traditionen gibt es hierbei eine Reihe von Möglichkeiten, landwirtschaftliche Probleme und Aspekte darzustellen.

- **Ein Medienzelt** kann auch gemeinsam mit Firmen benutzt werden. Man sollte das detaillierte Programm aber schon vorher abstimmen.

3. Vorführungen

Ein wichtiger und unumgänglicher Bestandteil jeder landwirtschaftlichen Ausstellung sind praktische Demonstrationen. Abhängig von der Art der Vorführung sollten diese am Ausstellungsgelände selbst oder nahe daran stattfinden. Alle zur Zeit aktuellen und machbaren Demonstrationen sollten durchgeführt werden, wobei nach Möglichkeit den Besuchern Gelegenheit gegeben werden muß, eine Rückenspritze zu bedienen, ein Sägerät zu ziehen, eine Wasserpumpe anzuwerfen, ein Ochsengespann zu führen etc..

4. Wettbewerbe

Populär und attraktiv sind Wettbewerbe. Für viele Besucher stellt die Möglichkeit, einen Preis zu gewinnen, ein wichtiges Motiv dar, eine Ausstellung zu besuchen. Bei den Wettbewerben sind zwei Arten zu unterscheiden:

- die Ausstellung und Prämierung von landwirtschaftlichen Erzeugnissen;

- echte Wettbewerbe, wie Wettpflügen, Wetthacken, Erdnüsse ausgraben usw.

E 10

Die Ausstellung von Früchten, Tieren, hauswirtschaftlichen und handwerklichen Erzeugnissen ist oft zentraler Mittelpunkt landwirtschaftlicher Ausstellungen. Bei der Gestaltung solcher Leistungsschauen sollte man folgendes beachten:

- Bereits einige Zeit vor der Ausstellung sollten die Berater die Bauern darüber informieren, welche Produkte in welcher Form und Menge ausgestellt werden dürfen.

- Bei der Ausstellung sollen nur Bauern und ländliche Handwerker des Beratungsgebietes zur Schaustellung beim Wettbewerb zugelassen sein.

- Berater, Beamte und deren Angehörige sollen in der Regel nicht an der Wettbewerbsschau teilnehmen, wohl aber ausstellen dürfen.

- Die für jede Produktgruppe verfügbaren Preise sollten bereits vorher bekanntgegeben werden. Die Preise selbst sollten weder zu anspruchsvoll noch zu klein sein. Eine größere Zahl von Preisen ist meist einigen wenigen wertvollen Preisen vorzuziehen.

- Problematisch ist oft die Zusammensetzung der Jury. Die Auswahl der Jurymitglieder sollte dem Organisationskomitee überlassen werden. Aufgabe der Berater ist es dann, die Jury mit den landwirtschaftlichen Qualitätsstandards und Beurteilungskriterien vertraut zu machen.

- Weiterhin muß die Art der Registrierung und Kennzeichnung der Ausstellungsstücke (pflanzliche, tierische und handwerkliche Produkte) geregelt werden.

Ähnliche Grundsätze sollten für die Beurteilung von Leistungswettkämpfen wie Wettpflügen, Ochsenkarrenrennen etc. gelten. Man sollte versuchen, diesen Wettkämpfen eine spielerische und heitere Note zu geben. Allgemeine Geschicklichkeitstests können die landwirtschaftlichen Wettbewerbe auflockern.

Genügend Raum sollte der abschließenden Preisverteilung gegeben werden, die am besten von einem Würdenträger vorgenommen werden sollte, der bei den Bauern hohes Ansehen genießt. Wenn möglich, sollte bei der Preisverteilung auch der jeweils zuständige Berater vorgestellt werden.

Gelegentlich lassen sich Elemente der Landwirtschaftsschau, des Feldtages und der Demonstration miteinander verbinden (→ E6, → E7, → E8).

Bearbeitung

Rolf SÜLZER, Gerhard PAYR

E 11

Einrichtung eines Schulgartens

Schulgärten kommt bei einer umweltbezogenen Unterrichtsgestaltung in ländlichen Gebieten eine sehr wichtige Aufgabe bei Beobachtungen, Experimenten und Demonstrationen zu. Bei der Einrichtung und Nutzung von Schulgärten sollten die folgenden Gesichtspunkte beachtet werden:

1. Lage

Der Schulgarten sollte möglichst nahe an der Schule gelegen sein. Der Boden soll sich für den Anbau unterschiedlicher Kulturen eignen. Er sollte zumindest für einige Jahre durch die Schule genutzt werden dürfen.

2. Größe

Bei der Entscheidung über die Größe ist die Frage des erforderlichen Arbeitsaufwandes zur Bewirtschaftung zu berücksichtigen. Man braucht etwa 20 - 30 m^2 pro Schüler.

3. Typ

Es empfiehlt sich nicht, im Schulgarten eine kleine Fläche aus Demonstrationsgründen „falsch" zu bearbeiten und zu bewirtschaften, um die Wirkung richtiger und falscher Behandlung sichtbar werden zu lassen. Die Gefahr der Verwechslung und Verwirrung ist dabei zu groß, wie Erfahrungen zeigen. Sinnvoll ist es jedoch, einen Teil strikt nach traditionellen Methoden zu bearbeiten. Dies dient dem Lehrer und Berater dazu, die traditionellen Methoden zu kennen, zu handhaben und richtig zu beurteilen. Auch die Eltern der Schüler schätzen es, wenn die Kinder das „Richtige" lernen und nicht nur „moderne Sachen".

4. Angebaute Früchte

Es sollten nur Früchte angebaut werden, die bereits jetzt oder in unmittelbarer Zukunft auch von allen Bauern angebaut werden können. Der Schulgarten kann allerdings auch eine deutlich abgegrenzte Experimentierecke ausweisen, die dazu genutzt werden kann, exotische Pflanzen anzubauen, Überdüngung zu demonstrieren, die Wirkung von Wassermangel aufzuzeigen, etc..

5. Anbauplan

Der jährliche Anbauplan sollte immer eine Fruchtfolge beinhalten und wird am besten von Beratern und Lehrern gemeinsam entworfen.

E 11

6. Beschaffung von Produktionsmitteln

Soweit dies nicht über die Schulbehörden ermöglicht wird, besteht häufig für Projekte die Möglichkeit, Düngemittel, Sprühgeräte etc. als Geschenk oder über einen Kredit verfügbar zu machen. Wichtig ist die rechtzeitige Bedarfsermittlung, Bestellung und Verteilung.

7. Zeit- und Operationsplan, Protokoll

Termine wie Aussaat, Düngung, Unkrauthacke, Ernte etc. sind in den Klassen auszuhängen und in Übersichten festzuhalten. Die ausgeführten Arbeiten müssen, ebenso wie Beobachtungen und besondere Vorkommnisse, protokolliert werden. Diese Informationen sind bei einem Lehrerwechsel wichtig und sind wichtige Unterlagen für die Unterrichtsgestaltung.

8. Berateraufgaben

Berater müssen die Gärten regelmäßig beobachten und die Lehrer notfalls von sich aus auf notwendige Arbeiten aufmerksam machen. Bei der Durchführung spezieller Maßnahmen wie Schädlingsbekämpfung und Beregnung ergibt sich für den Berater die Möglichkeit, Lehrern und Schülern die praktische Durchführung zu demonstrieren. Tauchen im Schulgarten Probleme auf, die die Lehrer nicht lösen können, sollte der Berater erster Ansprechpartner sein.

9. Nutzung

Neben der zentralen Aufgabe der Schulgärten, den Unterricht praxisnäher zu gestalten und die Schüler mit verbesserten Techniken vertraut zu machen, können Schulgärten eine Reihe weiterer Funktionen übernehmen. So ist an die Abhaltung von Schulfeldtagen zu denken, aber auch an die Demonstrationswirkung für die Erwachsenen der Umgebung.

Die Produkte von Schulgärten können verkauft und der Erlös zur Finanzierung von Schuleinrichtung, Büchern oder Exkursionen verwendet werden. Zur praxisnahen Unterrichtung von hauswirtschaftlichen Fächern bietet sich die Einrichtung von Modellküchen an, in der die in den Gärten produzierten Produkte verarbeitet werden können.

10. Fehlnutzung

Gelegentlich wird versucht, über Schulgärten die für den Schulbetrieb erforderlichen Mittel zu erwirtschaften. Damit wird die Leistungsfähigkeit von Schulkindern zumeist überbeansprucht. Abzulehnen ist ebenso die Praxis, Schüler in den privaten Gärten und Feldern von Lehrern arbeiten zu lassen.

Bearbeitung

Gerhard PAYR, Rolf SÜLZER

E 12

Hinweise zur Evaluierung von Ausbildungsveranstaltungen

Ausbildungsveranstaltungen sollten an die besonderen Bedingungen des Milieus angepaßt sein, in dem sie stattfinden. Insofern sind die Anforderungen, die an eine solche Ausbildungsveranstaltung zu stellen sind, mit den Evaluierungskriterien gleichzusetzen, und müssen sich notgedrungen auf die besonderen Situations- und Milieubedingungen beziehen.

Evaluierung und Selbstkritik sind sehr wichtige Hilfsmittel des Animateurs bei der Abschätzung der Wirksamkeit seiner Arbeit. Ein schlechter Animateur beurteilt seine Arbeit nur nach Teilnehmerstunden ohne den Versuch herauszufinden, ob und welche Spuren seine Ausbildung bei den Teilnehmern hinterlassen hat.

Er mißt den Erfolg seiner Ausbildung nur quantitativ, so wie ein Landwirt die Süßkartoffelernte in Kilogramm pro Hektar bestimmt. Aber wahre Ausbildung ist kein Vorgang, der die „Menge des Bewußtseins" erhöht, sie verändert vielmehr die Qualität, den Charakter, die Strukturen dieses Bewußtseins. Das zwingt uns dazu, Kriterien zu erarbeiten, die diesen „qualitativen Wandel" des Bewußtseins einer Gruppe oder eines Individuums erfassen können.

Weil der Erfolg der Ausbildungsarbeit nicht (oder nur langfristig) quantifizierbar ist, müssen wir diese Arbeit regelmäßig und mit viel Sorgfalt evaluieren. Die Evaluierung einer Ausbildungsveranstaltung setzt sich zusammen aus der Evaluierung der eingesetzten didaktischen Hilfsmittel, der Evaluierung der Rolle des Animateurs im Ausbildungsvorgang und der Evaluierung der Reaktionen der Teilnehmer während und nach der Ausbildung.

I. Evaluierung des didaktischen Materials

Hier müssen wir drei verschiedene Arten von Kriterien unterscheiden:

1. Soziokulturelle, pädagogische und psychologische Kriterien

- An welche Sinnesorgane richtet sich das didaktische Material? Material, das sich gleichzeitig an mehrere Sinnesorgane wendet, erleichtert die Aufnahme und die Speicherung im Gedächtnis. Die Wahrnehmung erfolgt differenzierter, und vielfältigere Assoziationen im Zusammenspiel mit dem Gedächtnis erleichtern die Angliederung an andere Themen, Probleme, Beobachtungen, Erfahrungen usw.

- Spricht das didaktische Material auch Gefühle an? Wenn eine Information auch affektive Elemente enthält und Gefühle anspricht, dringt sie tiefer in das Bewußtsein der Teilnehmer ein.

E 12

- Enthält das didaktische Material Elemente, mit denen sich die Teilnehmer identifizieren können? Eine Identifikation zwischen den Teilnehmern und Elementen des didaktischen Materials erleichtert die Entdeckung von Parallelen zwischen dem Ausbildungsinhalt und der eigenen Situation der Teilnehmer.

- Erlaubt das didaktische Material den Teilnehmern, die Probleme selbst zu entdecken? Erleichtert es den Dialog, die Gruppendiskussion, oder degradiert es die Teilnehmer zu bloßen Konsumenten, die nichts als zuhören und zuschauen dürfen?

- Regt das didaktische Material die Teilnehmer zu Projektionen an, und belebt es deren Phantasie und Problemsicht? Je häufiger didaktisches Material Projektionen eröffnet, um so weniger riskiert es, direktiv und kreativitätsbegrenzend zu wirken. Ein gutes Material sollte schöpferisch wirken, indem es dazu verhilft, Gedanken zu erfinden, zu entwickeln und auszuweiten und benachbarte Problembereiche zu berühren.

- Inwieweit integriert sich das didaktische Material in die Kultur des Landes? Je mehr das didaktische Instrumentarium sich an die vorhandene Kultur anschließt (Gesänge, Gedichte, Theater etc.), um so besser verstehen die Teilnehmer den Inhalt. Das didaktische Material sollte nicht aufgesetzt wirken, sondern vielmehr ein integriertes und integrierendes Element darstellen.

- Sind die Informationen, die das didaktische Material vermitteln will, für die Teilnehmer erkennbar und verständlich? (Bilder, Fotos, Dias, Film usw., vergleiche → E 13).

- Inwieweit fordert das didaktische Material die Teilnehmer heraus, zwingt es sie, Position zu beziehen, ihr Problem zu formulieren? Inwieweit motiviert es sie, ihr Problem zu lösen?

- Spricht das Instrumentarium ein reales Problem der Bevölkerung an? Ist der Problemhinweis ausreichend klar für die Teilnehmer, so daß sie ihre Probleme wiedererkennen können?

2. Zielkriterien

- Will das Material Bewußtsein fördern, sensibilisieren, oder ist es Material, das bei der Lösungssuche zu einem genau bestimmten Problem hilft, das von den Teilnehmern schon formuliert wurde?

- Richtet sich das Instrument an eine spezielle Gruppe (Männer, Frauen, Landwirte, Alte, Kinder etc.)?

E 12

- Nehmen die Teilnehmer regelmäßig, gelegentlich oder nur selten an Ausbildungsveranstaltungen teil?

- Richtet sich das didaktische Material an ein bestimmtes Ausbildungsniveau (Analphabeten, Grundschule, Hauptschule, weiterführende Schulen etc.)?

- Findet die Ausbildung auf den Hügeln statt oder in einem besonders eingerichteten Zentrum?

- Wie viele Personen nehmen pro Ausbildungsveranstaltung teil?

3. Logistische Kriterien

- Anschaffungs- und Unterhaltungskosten des didaktischen Materials;

- Mobilität (Transport im Gelände);

- Kombinationsmöglichkeiten mit weiteren didaktischen Materialien;

- Zeit für die Ausarbeitung und Herstellung des Materials;

- Vorbereitungszeit für eine Ausbildungsveranstaltung;

- Verfügbarkeit des Materials in Feldberaterhand;

- Erforderliche technische Ausstattung;

- Erforderliches Ausbildungsniveau des Animateurs;

- Inwieweit gibt das Material dem Animateur einen inhaltlichen roten Faden und einen methodischen Arbeitsstil vor?

- Wie leicht läßt sich das Material reproduzieren und multiplizieren?

II. Evaluierung der Rolle des Animateurs im Ausbildungsvorgang

Es liegt beim Animateur, inwieweit er die Möglichkeiten eines didaktischen Materials ausschöpft. Wenn ein Animateur das Instrument, das er benutzt, und die Möglichkeiten, die es ihm bietet, nicht gut kennt, so zieht er nur geringen Nutzen daraus, und die Wirkung seiner Arbeit bleibt bescheiden. Der Animateur gibt einer Ausbildungsveranstaltung, einem didaktischen Material den Wert, oder er zerstört ihn. Deshalb muß die Rolle, die der Animateur im Ausbildungsvorgang spielt, ebenfalls evaluiert werden.

E 12

1. Der Gebrauch des didaktischen Materials

    – Beherrscht der Animateur das behandelte Thema, ist er sich der Komplexität des Problems bewußt?

    – Kann der Animateur alle Möglichkeiten des didaktischen Materials ausschöpfen? Handhabt er das Instrument korrekt?

    – Spricht der Animateur laut genug, so daß ihn die ganze Gruppe hören und verstehen kann?

    – Ist die Sprache, die der Animateur spricht, für die gesamte Gruppe verständlich?

    – Unterstreicht der Animateur seine Ausführungen mit Gesten und Mimik?

    – Regt der Animateur zur Diskussion an? Versteht er sie zu leiten, kann er auf wichtige Punkte im Diskussionsverlauf hinweisen und diese zusammenfassen?

    – Kann der Animateur mit negativen Reaktionen der Gruppe konstruktiv umgehen?

    – Erleichtert der Animateur die Identifikation der Teilnehmer mit dem didaktischen Material, z.B. mit den Personen eines Theaterstücks?

    – Erleichtert er den Teilnehmern die Projektion auf das didaktische Material?

    – Wie erleichtert er den Teilnehmern die Entdeckung von Parallelen zwischen dem Inhalt des didaktischen Materials und ihren eigenen Problemen?

    – Benutzt der Animateur genügend konkrete Beispiele, um den Teilnehmern das Auffinden von Parallelen zwischen Diskussion und Realität zu erleichtern?

    – Stellt der Animateur im richtigen Moment die richtigen Fragen?
        – Fragen, um den Stand der Gruppenentwicklung zu erfassen
        – Fragen, um die Teilnehmer zum Mitdenken und zum Mitsprechen zu ermutigen
        – Fragen, die zum Nachdenken anregen
        – Fragen, die überprüfen, ob die Teilnehmer der Diskussion folgen
        – Fragen, die zur Formulierung von Problemen zwingen
        – Fragen, die die Diskussion beleben

E 12

2. Die Beziehung zwischen dem Animateur und der Gruppe

- Wie führt sich der Animateur gegenüber der Gruppe ein? Unterstreicht er seine Position als staatliche Autorität, pocht er auf seine formale Ernennung. Reiht er die Teilnehmer so vor sich auf, daß sie seinem Monolog alle gut zuhören können? Oder führt er sich eher so ein, daß ein Gruppengespräch entsteht, eine Gesprächsrunde, an der er selbst als natürliche Autorität teilnimmt, die er seiner Intelligenz, seiner Erfahrung und dem guten Beispiel verdankt, das er seiner Umgebung gibt?

- Bleibt der Animateur reserviert und hält eine „künstliche" Distanz zwischen sich und der Gruppe aufrecht? Gibt es Anzeichen dafür, daß er die Gruppe fürchtet und daß ihn die Gruppe verunsichert?

- Integriert sich der Animateur in die Gruppe und wird er als Mitglied anerkannt?

- Werden die Worte des Animateurs in der Gruppe deshalb gehört, weil er eine hierarchische Position und eine Machtstellung hat, so daß die Gruppe vor den Konsequenzen Angst hat, wenn sie die Worte des Animateurs nicht genügend beachtet?

- Werden die Worte des Animateurs wohl geachtet, weil das, was er sagt, Wahrheit, Intelligenz und Authentizität ausstrahlt?

- Basiert die Beziehung zwischen dem Animateur und der Gruppe auf gegenseitigem Mißtrauen oder auf gegenseitigem Vertrauen, und wie zeigt sich dieses Vertrauen?

- Verunsichert der Animateur die Gruppe durch seine Anwesenheit?

- Fühlen sich die Gruppenmitglieder in Gegenwart des Animateurs wohl, und wie zeigt sich das?

- Verunsichert der Animateur die Teilnehmer auf destruktive Weise, so daß sie sich nicht mehr getrauen, sich frei zu äußern, oder daß sie stets nur das wiederholen, was der Animateur hören möchte?

- Verunsichert der Animateur seine Teilnehmer auf konstruktive Weise, die sie dazu herausfordert, ihre eigenen Gedanken auszusprechen?

- Kann der Animateur seiner Gruppe genügend Zeit widmen?

- Ist der Animateur offen und flexibel genug, um in einer Diskussion auf die Ideen und Überlegungen der anderen einzugehen?

E 12

- Kennt der Animateur das Milieu, in dem er arbeitet, gut genug?

3. **Das Selbst-Evaluierungs-Vermögen des Animateurs (die Fähigkeit, sich selbst in Frage zu stellen)**

   - Ist der Animateur fähig, Kritik zu akzeptieren und sie als konstruktives Element zu benutzen?

   - Ist der Animateur ausreichend sensibel, um die Reaktionen der Gruppe oder einzelner richtig zu deuten? Zieht er die notwendigen Schlüsse daraus?

   - Ist der Animateur zur Selbstkritik fähig?

   - Ist der Animateur in der Lage, die Reaktionen der Gruppe für eine Korrektur seines eigenen Verhaltens zu nutzen?

4. **Fähigkeit zu initiativen Problemlösungen**

   - Hat der Animateur genügend Vorstellungskraft, bei Lösungsvorschlägen die verfügbaren Mittel und die Integration in die bestehenden Strukturen zu berücksichtigen (beratbare Lösungen)?

   - Wie geht der Animateur mit Lösungsvorschlägen seitens der Gruppe um?

   - Hat der Animateur den guten Willen, mit anderen Funktionären zusammenzuarbeiten, um die angestrebten Lösungen voranzubringen?

   - Kann der Animateur einen Lösungsvorschlag auch in größere Zusammenhänge einordnen (national, weltweit) und Vorteile, Nachteile und Konsequenzen der angestrebten Lösung abschätzen? Vermag er die Gruppe in diesen Fragen zu sensibilisieren?

   - Hat der Animateur auch praktische Fähigkeiten, kann er z.B. eine praktische Vorführung von Lösungsvorschlägen ebenso handhaben wie ein Ausbildungsthema oder einen Sensibilisierungskurs?

   - Hat der Animateur Organisationstalent und Planungsgeschick?

III. Die Evaluierung der Reaktionen der Teilnehmer während und nach der Ausbildungsveranstaltung

Dieser Teil der Evaluierung ist der wichtigste, der die wahren Ergebnisse der Ausbildung zu erfassen versucht. Es handelt sich darum, die Elemente zu entdecken,

E 12

die Ergebnisse der Ausbildung verdeutlichen, und diese korrekt zu interpretieren. Welche Elemente gilt es zu interpretieren?

- Apathisches Schweigen nach einer Frage oder einem Vorschlag.
- Die mechanische Wiederholung der Worte des Animateurs.
- Seitengespräche von Teilnehmern zu anderen Themen.
- Fragen, die nichts mit dem behandelten Thema zu tun haben.
- Fragen, die lediglich auf die Sympathie des Animateurs abzielen.
- Bemerkungen, die nichts mit dem Thema zu tun haben.
- Bemerkungen, die die Aufmerksamkeit des Animateurs erhaschen wollen.
- Provokative Fragen (um den Animateur zu verunsichern oder lächerlich zu machen).
- Destruktiv wirkende Provokationen.
- Unterwürfiges Schweigen.
- Demonstratives und provozierend wirkendes Schweigen.
- Aggression gegenüber dem Animateur und anderen Teilnehmern.
- In-Frage-Stellungen.
- Kritische Fragen.
- Provokative, konstruktiv wirkende Bemerkungen.
- Fragen, die nach besserem Verständnis suchen.
- Gespanntsein bei den Teilnehmern.
- Fragen, die nach einer Lösung fordern.
- Fragen, die nach Vertiefung suchen.
- Bemerkungen, die das Thema voranbringen.

E 12

- Bemerkungen, die Vorschläge machen.

- Die Teilnehmer benutzen in ihren Gedanken Elemente, die in vorausgehenden Diskussionen erarbeitet wurden.

- Die Teilnehmer beginnen, Anforderungen an ihre Umwelt zu stellen.

- Die Teilnehmer werden kreativ, sie entdecken ihre Möglichkeiten.

- Die Teilnehmer beginnen, die von ihnen entdeckten Möglichkeiten einzusetzen

- Die Teilnehmer geben Begründungen dafür, warum es sich hierum oder darum handelt.

- Sie sehen, daß ein Problem mit weiteren Problemen im Bereich ihrer Umgebung verknüpft ist.

- Sie entwickeln Initiativen, die sich aus ihren eigenen Bedürfnissen ergeben.

- Sie sichern das Fortbestehen einer Einrichtung, die geschaffen wurde, um ein Problem zu lösen.

- Emanzipation ist ihnen ein Bedürfnis geworden.

- Sie beginnen, ihre Bedürfnisse und Lösungen, ihre Existenz in einem größeren Rahmen zu sehen (national, kontinental, weltweit).

Diese verschiedenen Elemente sind entlang des Verlaufs einer möglichen Gruppenentwicklung angeordnet.

Diese Liste von Elementen, die es zu interpretieren gilt, kann nicht vollständig sein, denn jede Gruppe entwickelt ihre eigenen Formen, sich auszudrücken, zu handeln und zu reagieren. So bleibt es die Aufgabe des Animateurs, diese Liste zu vervollständigen.

Die Interpretation dieser Elemente sollte stets die besondere Situation, in der die Ausbildung stattfindet, berücksichtigen. Die Teilnehmer reagieren nicht allein auf die Ausbildung, sondern es kann eine Reihe anderer Umstände geben, die die Gruppe zur Reaktion veranlassen. So liegt es beim Animateur, die Ursachen einer Reaktion zu ergründen. Wenn eine Reaktion als Ergebnis der Ausbildungsveranstaltung entsteht, so ist sie für die Evaluation dieser Ausbildung wichtig. Wenn sie andere Ursachen hat, interessiert sie uns, um diese Gründe als neue Elemente in unserer Ausbildung zu berücksichtigen.

E 12

Um ein Element zu interpretieren, stellen wir jedesmal die Frage, „warum", „wie" und „wann" hat dieses Element „welchen" Effekt gehabt? Dann versuchen wir, diese Auswirkungen in Beziehung zu den besonderen Umständen der Ausbildungsveranstaltung zu setzen (Rolle des Animateurs, didaktisches Material etc.). Daraus erhalten wir wichtige Hinweise auf Möglichkeiten, diese Ausbildung zu verbessern und zu vervollständigen.

Quelle

E. GABATHULER: Evaluation d'une session de formation. Projet Agricole de Kibuye, Service Animation et Formation. Rwanda. 4, 1979.

Bearbeitung

Volker HOFFMANN

E 13

Vortesten von Bildmaterial

Die Selbstverständlichkeiten des einen sind die Überraschungen des anderen, ein kostenaufwendiges Verfahren, wenn man es beim Medieneinsatz darauf ankommen lassen würde. Das **Vortesten** von Bildmaterial ist insofern **unbedingt erforderlich**. Meistens ist es eine in einigen wenigen Schritten relativ leicht durchführbare Angelegenheit.

Oft genügt schon ein „freier Test" bei einigen wenigen Personen. Diesen wird das gesamte Bild einzeln gezeigt, und gefragt: „Was siehst Du?". Aus der Reihenfolge und den Auslassungen sowie der Beobachtung des Blickweges und der Mimik erhält man schon viele wichtige Hinweise. Kommen keine Äußerungen mehr, kann man nachfragen: „Siehst Du noch anderes?". Schließlich fragt man: „Was will das ganze Bild aussagen?".

Gelegentlich, gerade, wenn größere Auflagen oder teure Produktionen geplant werden, lohnt es sich, über diese unbedingt erforderliche Alltagsroutine hinauszugehen und noch systematischer vorzugehen. Dazu nun noch detailliertere Hinweise.

Vor der **Erstellung** von Bildentwürfen und Probefotos sind einige Grundfragen zu stellen, die spätestens im Verlauf der Vortests abschließend beantwortet sein müssen:

- Wer soll mit der Botschaft erreicht werden (Zielgruppen)?

- Welche Botschaft soll übermittelt werden (Inhalte)?

- Was soll die Botschaft bewirken (Ziele), soll sie informieren, ausbilden, Problembewußtsein wecken, auf Lösungen hinweisen, zur Verhaltensänderung bewegen?

- Sind Bildmedien dafür geeignet, welche Bildmedien sind zu wählen? (→ F 12)

- Sind die Zielgruppen mit dem Medium vertraut? Welche Konventionen der bildlichen Darstellung bestehen, welche Präferenzen für Farben, etc.? Gibt es lokale Künstler, wie arbeiten sie, wie sehen Kinderzeichnungen aus etc. ?

- Wie kommt die Botschaft bei den Zielgruppen an? Ist die Situation für sie zutreffend dargestellt, stimmen sie mit den Bewertungen überein, werden die Vorschläge für sinnvoll erachtet?

E 13

Diskussionen mit Kollegen, Fachleuten und Zielgruppenvertretern können dazu schon sehr viel aufklären. Der Zeichner oder Fotograf sollte hieran möglichst schon beteiligt werden.

Danach ist ein **Leitfaden** zu erstellen, der die **didaktische Struktur** des Bildeinsatzes beschreibt: Ziele, Inhalte, Methode, Medium, Abfolge, Kombination von Bild und Text bzw. Bild und Wort etc..

Entsprechend dem Leitfaden (wie nach einem Drehbuch) werden erste **Probebilder** erstellt, die nun **getestet** werden müssen. Enthält das Bild viele Details, kann es nützlich sein, in **zwei Testabschnitten** vorzugehen:

1. Werden die **einzelnen Elemente** erkannt bzw. in ihrer Bedeutung verstanden? Dazu ist der Rest des Bildes abzudecken, und für jedes Element einzeln zu fragen: „Was ist das bzw. was bedeutet das?" Erklärungen oder Korrekturen zu den Aussagen der Testperson sind zu unterlassen, weil sonst der zweite Testabschnitt nicht mehr funktioniert.

2. Wird der **Gesamtzusammenhang des Bildes** verstanden? Jetzt können die Testpersonen evtl. aus ihrer Interpretation des ganzen Bildes auch vorher falsch interpretierte Elemente richtig erklären. Möglicherweise wurden aber auch alle Elemente einzeln richtig erkannt, und trotzdem bleibt die Aussage des Gesamtbildes unverstanden.

Besteht eine Folge von mehreren Bildern oder Bildelementen, ist auch zu überprüfen, ob diese richtig gedeutet wird. Fragte man beim einzelnen Bild also z.B. „Was geschieht hier, oder was sagt uns dieses Bild?", so ist jetzt zu fragen: „Was geschieht insgesamt im Verlauf der Bilder, was sagt uns die Serie?"

Für einen ersten Test ist eine kleine Gruppe, möglichst gemischt, vorteilhaft. Dabei können sich die Testpersonen dann wechselseitig helfen, die Bilder richtig zu deuten. Das nächst strengere Kriterium ist dann die Vorlage bei einzelnen Personen, entsprechend den Kategorien der Zielgruppe (z.B. junge Frauen, alte Männer, Analphabeten, Bauern, Handwerker, etc.). Leichter ist der Test bei Personen, die schon öfter mit Bildern konfrontiert waren, schwerer dort, wo solche Bilder noch unbekannt sind.

Repräsentative Stichproben und quantitative Ergebnisse sind Zeit- und Geldverschwendung. Soweit möglich sollte man Quellen für Mißverständnisse in den Bildern ausmerzen. Dafür ist es wenig erheblich, wieviel Prozent der Testpersonen nun genau mißverstanden haben. Lieber schneller und häufiger ändern und erneut testen.

E 13

Wer sollte testen?

Wenig empfehlenswert scheint es, diese wichtige Arbeit in fremde Hände zu geben. Der Einsatz von Interviewern ist eher zu vermeiden. Auf jeden Fall sollten der Zeichner oder Fotograf und der Verantwortliche für den technischen Inhalt beim Testen dabei sein. Sie sollen aus eigenen Fehlern unmittelbar lernen können und haben so eine zusätzliche Möglichkeit zu unmittelbarem Kontakt zu ihren Zielgruppen. Sind sie am Test beteiligt, ist zu erwarten, daß sie auch die Notwendigkeit von Änderungen leichter akzeptieren.

Wenn möglich, sollten auch nach der Multiplikation der Serie noch Korrekturen vorgenommen werden können. Geschieht der Einsatz des Bildmaterials partizipativ, so kommen daraus weitere vielfältige Rückinformationen, die die Verbesserung der Serie möglich machen.

Wer anfangs noch unsicher ist, wie er seine Testfragen stellen soll, kann sich einen Gesprächsleitfaden dafür erstellen. Besonders in Gruppendiskussionen kann ein solcher Leitfaden hilfreich sein, um den roten Faden nicht zu verlieren. Nachfolgend ein Beispiel für einen vergleichsweise sehr ausführlichen Leitfaden.

Beispiel für einen Gesprächsleitfaden zum Bildertest

Das oder die Bilder sind möglichst senkrecht und eines nach dem anderen getrennt aufzuhängen. Bei jedem Bild ist zuerst nur ein Element aufzudecken und dazu ist zu fragen:

1. Was ist hier zu sehen / was soll dies bedeuten?

Dies ist nacheinander für alle Einzelelemente des Bildes vorzunehmen. Hinweise auf die beabsichtigte Darstellung sind zu unterlassen.

Nach der schrittweisen Abfrage aller Details, wenn das Gesamtbild sichtbar ist, ist zu fragen:

2. Was ist hier zu sehen /was bedeutet dieses Bild, was hat es uns zu sagen?

3. Fordert dieses Bild dazu auf, irgend etwas Besonderes zu tun? Wenn ja, was?

4. Wie ließe sich die Botschaft dieses Bildes in eigenen Worten ausdrücken?

5. Gibt es auf diesem Bild Leute, die an Freunde erinnern oder die ganz anders als Freunde aussehen? Wenn anders, was sind die wesentlichen Unterschiede?

E 13

6. Sieht dieses Ding (Bildelement) so aus wie das entsprechende eigene Ding oder ist es anders? Wenn anders, was sind die Unterschiede?

7. Gibt es irgend etwas auf dem Bild, das stört, verärgert oder das Freunde oder Nachbarn brüskieren könnte? Wenn ja, was und warum?

8. Gibt es irgend etwas auf diesem Bild, das besonders gefällt? Wenn ja, was und warum?

9. Gibt es irgend etwas auf diesem Bild, was nicht klar ist? Wenn ja,was?

10. Haben wir irgend etwas Wichtiges auf diesem Bild vergessen? Wenn ja, was und warum?

11. Gibt es auf diesem Bild irgendeine Aussage, die nicht glaubwürdig erscheint? Wenn ja, was stimmt nicht?

12. Gibt es auf diesem Bild irgendwelche Farben, die besonders gefallen? Wenn ja, welche?

13. Gibt es auf diesem Bild irgendwelche Farben, die besonders unschön sind? Wenn ja, welche?

14. Was könnte man an diesem Bild vielleicht besser machen?

Bei Gruppengesprächen ist am Ende des Tests zu vermerken, wie viele und welche Kategorien von Personen teilgenommen haben, bei Einzelvorlage der Bilder wäre beispielsweise festzuhalten: Alter, Geschlecht, Religion, Umgangssprache und Lesefähigkeit der Testperson.

Solche Merkmale werden im allgemeinen entsprechend der Abgrenzung der Zielgruppen festzulegen sein.

Natürlich konnten wir hier nur ein sehr allgemein gehaltenes Beispiel für einen Gesprächsleitfaden vorstellen. Je nach Ziel, Inhalt, Zielgruppe und Situation ist dieser zu kürzen, abzuwandeln und zu ergänzen.

E 13

Literatur

J. T. BERTRAND: Communications pretesting. Chicago: University of Chicago, Community and Family Study Center 1978. (Media Monograph. 6.)

I. BINNEWERG: Landwirtschaftliche Beratung, Strategie, Inhalt, Methode, Mittel. Zentralregion Togo, Sokodé, 1986

R. GÖRGEN, C. KAYIBANDA: Conception du matériel didactique à l'écoute des Paysans. PAK, Kibuye, Service Animation et Formation, Kibuye, Rwanda, o.J.

Bearbeitung

Volker HOFFMANN

E 14

Rundbriefe für Berater

Beraterrundbriefe haben die folgende Zielsetzung:

- Organisatorische, technische und methodische Erläuterungen zum laufenden Arbeitsprogramm (**aktuelle Informationsaufgabe**)

- fachliche Weiterbildung durch Vermittlung von Inhalten, die nicht unmittelbar Bezug zu laufenden Programmen haben (**Fortbildungsaufgabe**)

- Mitteilung persönlicher Informationen wie Geburten, Fußball, Fotoklub etc. (**soziale Funktion**).

Rundbriefe unterstützen die Kommunikation zwischen Feldberatern und vorgesetzten Ebenen. Zumeist werden solche Rundbriefe monatlich herausgegeben und bei den Programmierungsbesprechungen verteilt und erläutert. Bei Herstellung, Verteilung und Benutzung von Rundbriefen zeigen sich erfahrungsgemäß eine Reihe von Schwachpunkten:

- Berater auf der untersten Ebene haben oft nur unzulängliche Schul- und Fachausbildung genossen. Sie haben deshalb oft Schwierigkeiten, fachliche Texte zu lesen, insbesonders dann, wenn Rundbriefe in einer europäischen Verkehrssprache verfaßt sind und das Verständnisniveau der Empfänger nicht beachten.

- Herstellung und Verteilung erfolgen oft verspätet und unregelmäßig.

- Die inhaltliche Gestaltung erfolgt oft weitgehend auf den vorgesetzten Ebenen, ohne Feldberater oder auch Bauernvertreter direkt zu beteiligen. Fachliche Mitteilungen haben dann nicht selten den Charakter von Anweisungen und werden von den Beratern auch nicht als „Hilfe" empfunden.

- Werden die Feldberater bei Gestaltung und Herstellung nicht mitbeteiligt, entsprechen die Rundbriefe zumeist auch nicht den fachlichen Notwendigkeiten der laufenden Programme.

Ausgehend von den angeführten Schwachstellen werden die folgenden Vorschläge zur Vorbereitung, Gestaltung, Verteilung und Verwendung von Rundbriefen gemacht:

(1) Rundbriefe sollten grundsätzlich unter Beteiligung der Zielgruppen sowie der Feldberater erstellt werden. Ist dies direkt nicht möglich, so muß zumindest indirekt (Diskussion der Inhalte bei Beraterbesprechungen, Rubriken für Beraterbeiträge) eine Beteiligung erfolgen.

E 14

(2) Rundbriefe sollten im Regelfall auf Projekt- oder Distriktebene erscheinen, um den Charakter konkreter Arbeitsanleitungen für Berater in regional und organisatorisch homogenen Gebieten zu gewährleisten.

(3) Bei der Gestaltung der Rundbriefe muß auf Verständlichkeit und Klarheit der Aussagen geachtet werden. Sie muß sich an der untersten Beraterebene orientieren.

(4) Rundbriefe sollten nach Möglichkeit einmal monatlich erscheinen und alle laufenden Beratungsaktivitäten sowie komplementäre Maßnahmen wie Kredit und Vermarktung abdecken.

(5) Layout und Druck der Rundbriefe können auch mit einfachen Mitteln graphisch ansprechend gestaltet werden. Kleine Zeichnungen, Hervorhebungen, Leserbriefe, Familiennachrichten und Anekdoten tragen zur Auflockerung bei.

(6) Gegebenenfalls sollten die Rundbriefe in der lokalen Sprache geschrieben werden; vor allem dann, wenn auch Zielgruppenvertreter angesprochen werden.

(7) Rundbriefe müssen bei den wöchentlichen Beraterschulungen erläutert werden, um ein einheitliches Verständnis bei der Durchführung der Programme sicherzustellen.

(8) Vorgesetzte Berater müssen bei Feldbesuchen die richtige Benutzung der Rundbriefe überprüfen. Die Methode, über Testbogen den Wissensstand der Berater zu prüfen, kann nur empfohlen werden, wenn dies freiwillig geschieht und nicht in die Leistungsbeurteilung eingeht.

(9) Um im Ablauf eines Jahres alle Rundbriefe zusammenzustellen, empfiehlt sich die Ausgabe von Sammelmappen.

(10) Auf der Basis von Rundbriefen können regionale Handbücher erarbeitet werden, auf die sich zukünftige Rundbriefe beziehen können.

Ein Beispiel eines Beraterrundbriefes enthält → G 5.

Bearbeitung

Gerhard PAYR, Rolf SÜLZER

E 15

Hinweise für Gestaltung und Vortrag einer Rede im Rahmen massenwirksamer Beratungsverfahren

Bei Dorfversammlungen im Rahmen von Kampagnen müssen Berater allein oder gemeinsam mit Politikern und traditionellen Führern eine große Ansammlung von Menschen ansprechen. Die folgenden Hinweise sollen dazu beitragen, Reden bei Massenversammlungen wirksamer zu gestalten:

(1) Der Inhalt der Rede muß für die Zuhörer aktuell und von Interesse sein. Man muß deshalb schon bei der Vorbereitung die Zusammensetzung des Zuhörerkreises berücksichtigen.

(2) Die Zuhörer müssen eingangs der Rede eine Übersicht über die Programmpunkte des Vortrags erhalten.

(3) Das Aufnahmevermögen wenig geschulter Personen ist begrenzt. Inhaltlich sollten deshalb Reden auf ein wesentliches Thema begrenzt werden und hinsichtlich Dauer und Sprache die lokalen Kommunikationsweisen berücksichtigen.

(4) Reden sollten nicht mit Entschuldigungen für Fehler oder Mißverständnisse begonnen werden.

(5) Der Redner muß immer das direkte Gespräch suchen und zu den Anwesenden und nicht über sie hinwegsprechen.

(6) Der Redner muß das Gesagte auch selbst vertreten können. Nur dann wird er glaubwürdig sein und Selbstsicherheit ausstrahlen. Voraussetzung dafür ist eine sorgfältige Vorbereitung.

(7) Der Redner sollte laut und deutlich sprechen. Er sollte allzu heftige Gesten vermeiden, aber auch nicht zu lässig auftreten. Wenn eine Lautsprecheranlage vorhanden ist, ist eine vorherige Überprüfung der Einstellung vorzunehmen.

(8) Reden können mit Beispielen und Anekdoten aufgelockert werden. Man sollte aber nicht übertreiben und sich selbst nicht zu stark in den Mittelpunkt stellen.

(9) Reden sollten nicht auswendig gelernt werden. Dies wäre nur wenig besser, als die Reden abzulesen. Man sollte vielmehr versuchen, möglichst frei unter Benutzung von Stichworten zu sprechen.

E 15

(10) Berater sollten nicht übertrieben feierlich oder angeberisch gekleidet sein. Im Rahmen einer Erntekampagne würde ein Feldberater mit Schlips und dunklem Anzug nur unnötige Distanzen schaffen.

(11) Direkte persönliche Angriffe auf Anwesende oder Abwesende müssen unbedingt vermieden werden. Dies muß auch bei einer anschließenden Diskussion beachtet werden. Berater dürfen sich auch durch ärgerliche Fragen nicht provozieren lassen.

(12) Schon zu Beginn der Rede sollte entschieden werden, ob Fragen während der Rede oder nachher gestellt werden sollten. Bei jeder Rede sollte genügend Zeit für Diskussionen eingeräumt werden. Diskussionen sind sinnvoll zu begrenzen, dürfen aber nicht abgeschnitten werden, wenn wichtige Problembereiche angesprochen werden.

(13) Am Ende der Rede sollte eine kurze Zusammenfassung der wichtigsten Punkte erfolgen.

(14) Sind Manuskripte, Broschüren oder Flugblätter vorbereitet worden, so sollten diese erst nach Beendigung der Diskussionen verteilt werden, um Störungen zu vermeiden.

Literatur

„Extension Training Bulletin" des Ministry of Agriculture and Natural Resources, Nigeria, o.J., o.O.

Bearbeitung

Gerhard PAYR, Rolf SÜLZER

E 16

Die Gestaltung von Arbeitsbesprechungen zur Ermittlung von Problemen

Ziel von Arbeitsbesprechungen muß es sein, das bei den Teilnehmern vorhandene Wissen so zu **strukturieren** und **sichtbar zu machen** (visualisieren), daß eine zutreffende Erfassung und Gewichtung der Probleme möglich wird und schließlich Lösungsansätze gefunden werden können. Praktisch kann wie folgt vorgegangen werden:

1. Probleme sammeln

Zweckmäßigerweise wird mit dem Sammeln aller bekannten Probleme zu einer Fragestellung begonnen. Die Fragestellung wird schriftlich eingeführt und bei Bedarf zuerst besprochen. Dann wird zuerst eine Denkpause eingelegt, in der Schweigen herrscht. Jeder Teilnehmer hat dadurch die Chance, die ihm bekannten Probleme zu finden und für sich zu benennen. Er sollte diese stichwortartig und gut lesbar auf Kärtchen schreiben, die an einer Stecktafel gesammelt werden. Es empfiehlt sich, diese Sammlung im Plenum durchzuführen. Die Dominanz besonders wortreicher Teilnehmer wird so verhindert und Informationen können auch nicht mehr verloren gehen.

2. Sortieren

Im nächsten Schritt muß versucht werden, die benannten Probleme zu strukturieren. Dabei geht es nicht um eine Bewertung, sondern um eine Zuordnung nach Problemkreisen. Eine erste Gewichtung ergibt sich aus der Häufigkeit der Nennungen.

3. Ergänzen

Der Überblick über die geordneten Problembereiche macht es möglich, festzustellen, ob die gemeinsame erste Sammlung schon ausreichend komplett ist und eröffnet die Möglichkeit, fehlende Kategorien oder Elemente noch zu ergänzen.

4. Diskussion

Nunmehr müssen die ermittelten Probleme der verschiedenen Teilbereiche hinsichtlich ihrer Bedeutung besprochen werden. Es empfiehlt sich, für diesen Schritt kleine Arbeitsgruppen von vier bis sechs Personen zu bilden. Aufgabe dieser Arbeitsgruppen ist es, die benannten Probleme intensiv zu besprechen, weitere Aspekte aufzuzeigen, eine Rangordnung vorzunehmen und zu begründen. Dieser Prozeß sollte auf Steckwand-Plakaten oder Demonstrationsblocks (Flipcharts) festgehalten werden.

E 16

5. Präsentation

Nach der Bearbeitung der Einzelprobleme von Teilbereichen durch kleine Arbeitsgruppen werden die Arbeitsergebnisse im Plenum vorgestellt. Das Plenum hat dabei die Möglichkeit, die präsentierten Ergebnisse zu kommentieren, bevor diese als Ausgangspunkt für die Formulierung von Lösungen weiterbearbeitet werden. Weitere Einzelheiten zu Moderation und Visualisierung liefert → E 17.

Literatur

B. PÄTZOLDT: Didaktisches Seminarkonzept und methodischer Ablauf. In: MUNZINGER P.: Beratung als Instrument der ländlichen Entwicklung in Westafrika. Bericht über das 1. Regionalseminar der GTZ/DSE in Kamerun 1978. Eschborn: GTZ, 1979, S. 3-5

METAPLAN: Metaplan - Gesprächstechnik. Kommunikationswerkzeug für die Gruppenarbeit. Quickborn, 1975. Überarbeitete Neuauflage 1982, (Metaplan-Reihe, Heft 2).

E. SCHNELLE: Metaplanung - Zielsuche...Lernprozeß der Beteiligten und Betroffenen. Quickborn: Metaplan GmbH, 1973 (Metaplan-Reihe, Heft 1).

T. SCHNELLE-CÖLLN: Visualisierung, die optische Sprache für problemlösende und lernende Gruppen. Quickborn: Metaplan GmbH, 1975 (Metaplan-Reihe, Heft 6).

R. SÜLZER: „Seminarorganisation, Arbeitsverfahren und Arbeitsablauf". In: DSE/ GTZ (Hrsg.): Beratung als Instrument der ländlichen Entwicklung in Südostasien. Bericht über das 2. Regionalseminar 1979 in Chiang-Mai, Thailand, Eschborn und Feldafing 1980, S. 7-14.

Bearbeitung

Volker HOFFMANN, Rolf SÜLZER

E 17

Verbesserte Kommunikation in Gruppen durch Visualisierung

Die Kommunikation in Gruppen, gewöhnlich vom gesprochenen Wort getragen, leidet meistens an folgenden Erschwernissen:

- Ungleiche Verteilung der Beiträge und der Chancen, zum Thema beizutragen.

- Das Gedächtnis wird überstrapaziert, man kann nicht mehr alles behalten, es häufen sich Wiederholungen, Mißverständnisse, Leerlauf und Informationsverluste.

- Je mehr der sachliche Kommunikationsfortschritt behindert wird, um so mehr treten persönliche Beziehungsprobleme zwischen den Gesprächsteilnehmern in den Vordergrund. Vermeintlich sachliche Themen dienen eigentlich dem persönlichen Angriff und der Verteidigung.

- Dem Diskussionsleiter wird es so zunehmend erschwert, die Diskussion am „roten Faden" entlang zu halten.

Durch Visualisierung und darauf abgestimmte Moderationstechniken wird die Teilnahme aller erleichtert, die Diskussionsleitung vereinfacht, und es werden in kürzerer Zeit bessere Ergebnisse erreicht, sofern die Elemente und Instrumente der Visualisierung sachgemäß eingesetzt werden.

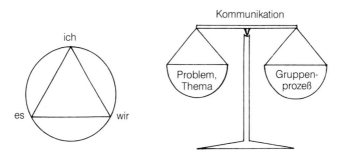

Visualisierte Kommunikation soll eine bessere Balance zwischen den verschiedenen Aspekten der Gruppenkommunikation herbeiführen. In der „themenzentrierten Interaktion" spricht man von der Spannung zwischen Ich, Wir und Es, wobei Es den sachlichen Aspekt, das Thema, bezeichnet. In ähnlicher Darstellung könnte man auch sagen, daß es um eine Balance zwischen dem Problem bzw. Thema und dem Prozeß in der Gruppe geht, die über geeignete Verfahren der Kommunikation hergestellt werden muß.

E 17

Durch die Elemente und Spielregeln der Visualisierung werden automatisch die „vier Verständlichmacher" in der Kommunikation in Kraft gesetzt. Dies sind:

- Einfachheit, Verständlichkeit
- Kürze und Prägnanz
- Gliederung und Ordnung
- Zusätzliche Stimulanz

Einfachheit und Verständlichkeit ergeben sich durch das Gebot, sich in wenigen Stichworten auf einer kleinen Karte auszudrücken. Dies sorgt automatisch auch für den zweiten Verständlichmacher, nämlich die Kürze und Prägnanz. Zur weiteren Verständlichmachung wird der Text der Karte später noch vorgelesen und kann bei Bedarf noch erklärt und zusätzlich kommentiert werden.

Gliederung und Ordnung ergeben sich durch die Anordnung der Karten auf der Steckwand bzw. dem Wandplakat sowie durch die Wahl der entsprechenden Farben und Formen für die Karten.

Zusätzliche Stimulanz ergibt sich einerseits durch die Wahl der Elemente und insbesondere durch die Art ihrer Komposition. Dies wird ergänzt durch die persönliche Präsentation, an der alle Gruppenmitglieder mitwirken. So entstehen Abwechslung, Szenenwechsel und die visuelle Verknüpfung der dargebotenen Sachinformation mit den dahinterstehenden Personen. Anstelle eines Störfaktors wirkt die Gruppendynamik nun fördernd, stimulierend, sozusagen als das Salz in der Visualisierungs-Suppe.

Einen Überblick über Ziele, Inhalte und Methoden der visualisierten Kommunikation in der Gruppe gibt → Übersicht 1.

Weitere Aspekte des möglichen Vorgehens und der dabei zu beachtenden Spielregeln enthalten die → Bilder 1 — 5, die im Versuch der „Selbstanwendung" gestaltet sind, d.h. die dargestellten Visualisierungsregeln sollen gleichzeitig auch in der Art ihrer Visualisierung schon angewendet werden.

Der technische und materielle Aufwand, für eine solche Visualisierung wird wiederkehrend überschätzt. Selbst wenn man von dem Serviceangebot Gebrauch macht, und das gesamte Material vorgefertigt kauft, so stehen die Kosten dafür in keinem Verhältnis zu den sonstigen Kosten (Arbeitszeit der Teilnehmer, evtl. Verpflegung und Übernachtung) und werden durch die erzielte Zeitersparnis und die weit größere Effektivität der Arbeitsergebnisse um ein Vielfaches übertroffen. Wer die Ausgaben für den Kauf des Materials scheut oder teure Importe und damit verbundene Devisenaufwendungen vermeiden will, der kann sich sehr

E 17

Übersicht 1:

Problemlösung in der Gruppe über visualisierte Kommunikation		
was	wie	wozu
Problemerfassung Problemanalyse ↓ ↑ Ausarbeiten von Lösungsalternativen ↓ ↑ Bewerten und Entscheiden ↓ ↑ Umsetzen Planen	jeweils: — sammeln — erklären — begründen — bewerten — ordnen Wechsel zwischen: — einzeln — Kleingruppe — Gesamtgruppe visualisieren mit Kartenelementen verschiedener Form und Farbe auf Steckwänden	mehr Beteiligung mehr Interaktionsdichte mehr Übersicht schrittweise gegliedert geordnet nachvollziehbar externer Gedächnis- speicher kontrollierbar korrigierbar neuordnen ergänzen wegnehmen ändern dokumentierbar

leicht mit lokal verfügbarem Material selbst behelfen. Packpapier, Abfallpapier, Wachsmalstifte bzw. Filzschreiber, Stecknadeln und mit Wellpappe bezogene Tafeln als Steckwände erfüllen ihren Zweck genauso. Auch ohne Steckwand geht es, wenn man kleine Streifen Klebeband benutzt, mit denen man Karten an der Wandtafel ankleben, wieder abnehmen und neu befestigen kann.

Eine entscheidende Erleichterung bringt Visualisierung auch für das Gesprächsprotokoll. Wird gutes Material eingesetzt und technisch sauber gearbeitet, so genügt als Protokoll die Vervielfältigung der abphotografierten Plakate auf einem Fotokopiergerät. Ansonsten lassen sich die Plakate einfach in ein geschriebenes Protokoll übersetzen.

Dieser Beitrag soll, ebenso wie die Arbeitsunterlage → E 16, lediglich Interesse für die Visualisierungs- und Moderationsmethode wecken. Für den, der sich entschließt, damit zu experimentieren und zu arbeiten, gibt es detaillierte weiterführende Literatur und auch entsprechende Fortbildungsangebote.

E 17

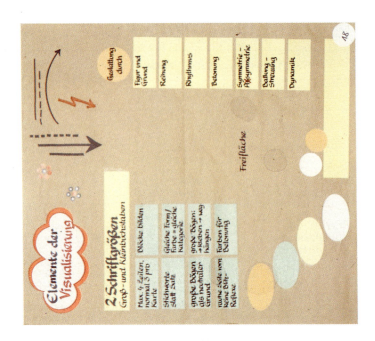

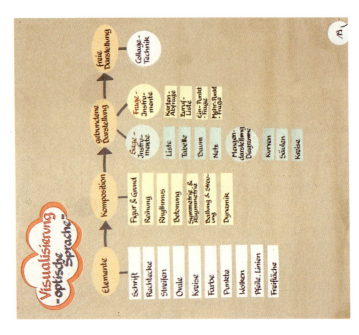

Bilder 1 und 2:

E 17

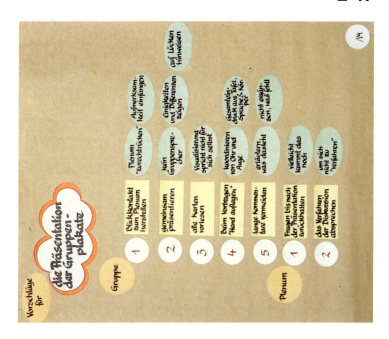

Bilder 3 und 4:

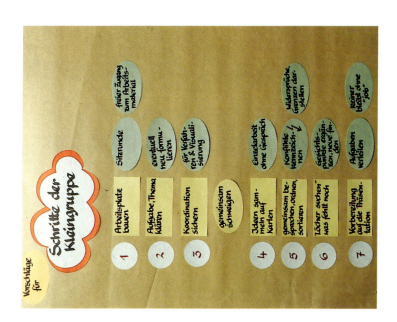

Bild 5:

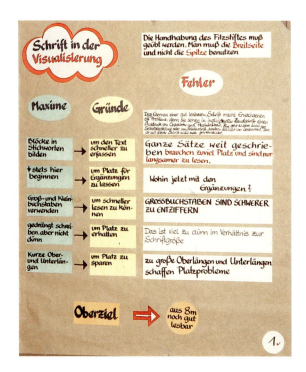

Quellen

METAPLAN: Metaplan-Gesprächstechnik. Kommunikationswerkzeug für die Gruppenarbeit. Quickborn 1975. Überarbeitete Neuauflage 1982 (Metaplan-Reihe, Heft 2)

E. SCHNELLE: Metaplanung — Zielsuche ... Lernprozeß der Beteiligten und Betroffenen. Quickborn: Metaplan GmbH 1973 (Metaplan-Reihe, Heft 1)

T. SCHNELLE-CÖLLN: Visualisierung, die optische Sprache problemlösender und lernender Gruppen. Quickborn: Metaplan GmbH, 1975 (Metaplan-Reihe, Heft 6)

K. KLEBERT, E. SCHRADER, W. STRAUB: Moderationsmethode. Gestaltung der Meinungs- und Willensbildung in Gruppen, die miteinander lernen und leben, arbeiten und spielen. Zweite überarbeitete und erweiterte Auflage 1984, Preisinger Verlag, Rimsting am Chiemsee

G. ULLRICH, U. KRAPPITZ: Participatory approaches for cooperative group events - introduction and examples of application, DSE, Feldafing, 1985

Bearbeitung

Volker HOFFMANN

E 18

Vorschläge für die Gestaltung partizipativer externer Evaluierungs-Missionen

In regelmäßigen Abständen, meistens vor Ablauf wichtiger Projektphasen, brechen externe Evaluierungs-Missionen wie Naturkatastrophen über die Projekte herein. Entsandt werden sie von der projektdurchführenden Organisation oder vom Geldgeber. Daher können sich die Projekte auch kaum dagegen wehren. Bleibt nur die Hoffnung, daß alles gut vorüber geht; daß die Gutachter wohlwollend sind, wichtige Schwachstellen übersehen, Mängel nachsichtig beschreiben oder nur in Form allgemeiner Verbesserungsvorschläge behandeln. Diese Hoffnungen können sich natürlich nicht immer erfüllen, und so steckt in externen Evaluierungen meist gehöriger Zündstoff, entsteht ein überdurchschnittlich streßbeladener Arbeitsmonat für alle Projektmitarbeiter (meist auch für die Evaluierer) und wird ein Großteil der Chancen, die eine solche Gelegenheit bieten könnte, durch ungeschickte Verfahrensweisen verbaut.

Dafür, daß es auch anders geht, liegen inzwischen einzelne Erfahrungen vor. Daraus möchten wir die Anwendung folgender Grundsätze und Verfahrensvorschläge empfehlen:

— Die Evaluierungs-Mission arbeitet auf der Grundlage von „ZOPP", Moderation und Visualisierung, in Teamarbeit.

— die „terms of reference" für die Gutachter-Mission sind zwischen entsendender Stelle und Projekt abgesprochen.

— Die Evaluierungs-Mission arbeitet vorrangig problemorientiert und nicht empfehlungsorientiert. Sie legt den Schwerpunkt ihrer Arbeit auf wahrgenommene Probleme und deren vermutliche Ursachen und hütet sich vor vorschnellen Lösungsvorschlägen und Handlungsempfehlungen.

— Die Evaluierungs-Mission ist gemischt zusammengesetzt aus Mitgliedern, die die Entsendeorganisation benennt, und aus Mitgliedern, die die nationale Trägerorganisation des Projekts benennt.

— Alle wesentlichen, zu begutachtenden Fachgebiete sollten von den Mitgliedern der Evaluierungs-Mission abgedeckt sein (oder Aktivitätsbereiche aus der Evaluierung ausklammern).

— Zumindest der Leiter der Evaluierungs-Mission muß mit ZOPP, Moderation und Visualisierung vertraut sein und die übrigen Missions-Mitglieder zu Beginn der Evaluierung in die Gundzüge dieser Verfahrensweisen einführen. Danach gibt er nach Bedarf praktische Hilfen.

E 18

- Nach der Einweisung in die grundlegenden Arbeitstechniken beginnen die Mitglieder der Evaluierungs-Mission mit individuellem Studium von Dokumenten und Projektunterlagen.

- Nun können erste Fachgruppen gebildet werden, in denen Mitglieder der Evaluierungs-Mission mit ausgewählten Projekt-Mitarbeitern an speziellen fachlichen Fragen arbeiten. Die Zuammensetzung dieser Gruppen kann im Verlauf der Evaluierungs-Mission wechseln und bestimmt sich nach der fachlichen Erfahrung, den fachlichen Verantwortungsbereichen und dem verfügbaren Informationshintergrund der zu beteiligenden Personen.

- Die weitere Arbeit an der Evaluierung geschieht im Wechsel zwischen Einzelarbeit, Fachgruppen, Plenum der Evaluierungs-Mission und besonderen Zusammenkünften von Evaluierungs-Mission und weiteren Projekt-Mitarbeitern.

- Die Fachgruppen entwerfen einen ersten Plan zu ihrer Vorgehensweise und legen erste Arbeits- und Untersuchungsschritte fest. Diese Pläne werden untereinander abgestimmt, auf Wandzeitungen dargestellt und öffentlich zugänglich ausgehängt.

- Die Arbeitsprogramme werden dem zunehmenden Informationsstand entsprechend fortgeschrieben und angepaßt. Der Leiter der Evaluierungs-Mission koordiniert die Verfahrensweisen in enger Abstimmung mit der Projektleitung. Er sorgt für die erforderliche Querinformation und Transparenz.

- Für die Evaluierung erscheint es sowohl aus sachlichen als auch aus psychologischen Gesichtspunkten dringend empfehlenswert, nicht direkt mit der Ermittlung von Problemen zu beginnen, sondern mit den Zielen für die laufende Projektphase und einem Inventar der positiven Voraussetzungen für die weitere Projektarbeit anzufangen. Dazu gehören dann die natürlichen Ressourcen und das sozioökonomische Projektumfeld, die erreichten Leistungen bei den Zielgruppen und die Leistungen des Projekts.

- Nach spätestens drei Wochen sollte die Evaluierungs-Mission so weit sein, eine Hierarchie der Probleme für das Gesamt-Projekt präsentieren zu können.

- Danach empfiehlt es sich, diesen Vorschlag der Problemhierarchie in einem vier- bis sechstägigen „ZOPP-Workshop" zu diskutieren und in eine Projektplanungsübersicht für die nächste Projektphase fortzuentwickeln. Am Workshop sind alle wesentlich betroffenen Projekt-Mitarbeiter zu beteiligen.

E 18

- Diese gemeinsam erstellte und verabschiedete Projektplanungsübersicht ist dann die Grundlage sowohl für den Evaluierungsbericht als auch für das Angebot und die Verhandlungen über die nächste Projektphase.

- Organisatorische, personelle und finanzielle Konsequenzen der aufgrund sachlicher Kriterien entwickelten Projektplanungsübersicht werden nach dem ZOPP-Workshop in kleineren Gesprächskreisen diskutiert. Daran sind dann Evaluierer, Projektleitung, Projektträger, projektdurchführende Organisation und Geldgeber in geeigneter Form zu beteiligen. Sobald daraus verbindliche Entscheidungen resultieren, sind diese schnellstmöglich den Betroffenen bekanntzumachen.

- Im Evaluierungsbericht wird der Verlauf der Evaluierung mit den verschiedenen Arbeitsschritten und den eingesetzten Untersuchungsmethoden beschrieben. Die Darstellung der Ergebnisse folgt den schon in Form von Wandplakaten und Visualisierungsergebnissen vorliegenden Dokumenten, bis hin zur Projektplanungsübersicht für die nächste Phase.

- Dort, wo es nicht gelang, für alle Beteiligten tragbare Kompromisse zu finden, steht es den Betroffenen frei, ihre abweichende Sichtweise im Evaluierungsbericht zu Protokoll zu geben. Davon sollte allerdings nur im schwerwiegenden Fall Gebrauch gemacht werden. In erster Linie steht dieses Recht den Mitgliedern der Evaluierungs-Mission zu, wenn sie es gegenüber ihrem Auftraggeber für erforderlich halten.

Innerhalb der Gruppen-Moderations-Methode mittels Visualisierung ist es schon feste Regel, daß abweichende Meinungen und Konflikte auch im Arbeitsergebnis sichtbar festgehalten werden (→ E 17).

Mit der Anwendung eines solchen Verfahrens für die externe Evaluierung sollte die Chance steigen, daß der daraus entstehende Projektvorschlag für die nächste Phase von allen Beteiligten als wünschenswerter und realisierbarer Schritt in eine bessere Zukunft gesehen wird. Dann werden sie sich auch voll mit dem Planungsvorschlag identifizieren können und ihr möglichstes zu seiner Verwirklichung tun.

Quelle

R. GÖRGEN: Projektevaluierung und ZOPP. Erfahrungen — Probleme — Vorschläge. In: BASLER,A. u.a.: Unveröffentlichter Evaluierungsbericht zum PAP, Nyabisindu, Rwanda. GTZ, Eschborn, 1986, Anhang 4.

Bearbeitung

Volker HOFFMANN

E 19

Hinweise für die Nutzung von Fahrzeugen bei Beratungsorganisationen

Bei ständig steigenden Treibstoff- und Materialkosten ist die pflegliche und sparsame Benutzung von Motorfahrzeugen notwendig. Die nachfolgenden Hinweise sollen Anregungen dazu geben, wie mit diesen Transportmitteln sorgfältig und schonend umgegangen werden kann.

Fahrzeugbenutzung stellt eine Quelle des Prestiges, der besonderen Annehmlichkeit dar, und gerade dort, wo Fahrzeuge im privaten Bereich besonders knapp und teuer sind, stellen die Verfahren des Dienstfahrzeugeinsatzes eine beständige Quelle für Neid, Rivalität und Unzufriedenheit in der Organisation dar.

Um so wichtiger sind klare und als gerecht empfundene Regelungen.

1. Fahrzeuge der Zentrale

- Fahrten müssen wöchentlich und täglich geplant werden. Ein Mitarbeiter der Zentrale sollte hierfür verantwortlich gemacht werden. Eine allen sichtbare Schautafel kann ständig die verfügbaren Fahrzeuge sowie deren Einsatzbereitschaft, Verwendungszweck und Fahrrouten aufzeigen.

- Für Fahrzeuge der Zentrale empfiehlt sich die Einrichtung eines Pools, um eine bessere Ausnützung zu gewährleisten.

- Bei der Planung von Fahrzeugeinsätzen sollten möglichst mehrere Aufgaben verknüpft werden.

- Eintragungen in Fahrtenbücher müssen regelmäßig und unmittelbar vor und nach der Fahrt erfolgen. Stellt der nächste Benutzer Versäumnisse fest, meldet er sie vor seiner eigenen Abfahrt bei der Fahrzeugzentrale.

- Fahrzeuge der Zentrale sollten möglichst überwiegend von Berufsfahrern gelenkt werden, um dadurch die Lebensdauer zu erhöhen und Defekte frühzeitig zu erkennen und reparieren zu lassen.

- Der Einsatz von Fahrzeugen für private Zwecke muß sich nach den sozialen Gepflogenheiten des Landes richten. Er darf die Arbeit nicht behindern und sollte keine einseitigen Privilegien schaffen. Die vorgeschlagene Schautafel schafft die nötige Öffentlichkeit, um soziale Kontrolle wirksam werden zu lassen. Anfallende Kosten sollten landesüblich ersetzt werden, eventuell auch durch Tausch mit Arbeit oder Ähnliches. Mißbrauch sollte auch durch persönliche Haftung der Benutzer verhindert werden.

E 19

- Die regelmäßige Durchführung der Wartungsarbeiten muß sichergestellt werden (Fahrtenbuch, Aufkleber).

- Das Verleihen von Fahrzeugen an andere Institutionen sollte soweit wie möglich eingeschränkt werden.

- Sind Reparaturen und Wartungsarbeiten nur in einem entfernten Ort möglich und dauern diese erfahrungsgemäß lange, so sollte die Einrichtung einer Reparaturabteilung erwogen werden.

- Von der Zentrale ist die Treibstoffversorgung im Feld zu gewährleisten. Dabei ist auf die regelmäßige Belieferung und sachgemäße Lagerung zu achten.

2. Fahrzeuge des Feldbüros

- Fahrräder und Motorräder sollten von den Beratern auf der Basis günstiger Regierungskredite erworben werden können. Der private Besitz erhöht die Chancen für eine sorgfältige Behandlung. Durch die Bezahlung von Pauschalen oder Kilometergeldern wird ein weiterer Anreiz zum Erwerb geschaffen.

- Fahrräder und Motorräder müssen monatlich auf ihre Fahrtüchtigkeit geprüft werden, um Fahrsicherheit und Einsatzbereitschaft zu gewährleisten.

- Besonders Motorradhalter müssen regelmäßig in Fahrzeugwartung geschult und auf die Notwendigkeit zeitgerechter Servicearbeiten hingewiesen werden

- Auf Feldebene empfiehlt sich die Einrichtung eines kleinen Ersatzteillagers mit entsprechenden Werkzeugen, um kleine Reparaturen selbst durchführen zu können.

- Da neueingestellte Berater anfangs oft noch kein eigenes Fahrrad besitzen, sollte jedes Feldbüro eine kleine Anzahl von Fahrrädern zur Überbrückung bereithalten.

Bearbeitung

Gerhard PAYR, Rolf SÜLZER

F 1

Prüfliste zu begrenzenden Faktoren für die Partizipation der Zielgruppen

Den Maßnahmen zur systematischen Beteiligung der Zielgruppen stehen eine Reihe von Widerständen entgegen. Sie lassen sich in der Regel überwinden, müssen jedoch von vornherein in die Beratung miteinbezogen werden, um dann auch entsprechend abgebaut werden zu können. Folgende Einflußbereiche sollten betrachtet werden, wenn die Partizipation der Zielgruppen angestrebt wird.

Einflußbereiche auf die Partizipation	Auswirkungen und Zusammenhänge
Physikalisch-biologische	Klima, Wetter, Bodenbeschaffenheit und Anbauzeiten usw. beeinflussen die Teilnahme an Versammlungen (schlechte Straßenverhältnisse, Schwerarbeit bei schlechten Böden).
Ökonomische	Pachtverhältnisse, Landbesitz sowie Verfügung über weitere Produktionsfaktoren sind bei Kleinbauern eingeschränkt. In dieser Abhängigkeitssituation weckt Partizipation oftmals die Furcht vor Sanktionen aus dem Sozialsystem, dem Verlust von Kreditmöglichkeiten und der Ernteabnahme.
Politische	Rurale Eliten, Parteien und Bürokratien verhindern Partizipation. Anweisungen kommen von den nationalen oder provinzialen Zentren. Gegen zentrale Planausarbeitung können keine entsprechenden Aktionen unternommen werden. Dezentrale Entscheidungsinstanzen werden umgangen.
Soziale	Familien-/Klanstruktur, Gruppenbeziehungen, Erbschaftsregelungen, soziale Schichtung und Klassenstruktur sowie Siedlungsformen erschweren Partizipation. Die Unfähigkeit, allein über bestimmte Produktionsfaktoren zu verfügen, und Kontrolle durch wohlhabendere Gruppen begrenzen den Zugang zur Beteiligung an Entscheidungen.
Kulturelle	Werte und Normen der jeweiligen Gesellschaft, Ziel- oder Teilgruppe, Arbeitsteilung nach Geschlechtern, Zukunftsorientierung, gemeinschaftliche Arbeiten, Rolle der Frau und anderer Teilgruppen

F 1

Historische

im Entscheidungsprozeß berühren die Möglichkeit der Frauen, überhaupt das Haus zu verlassen, die Fähigkeit der Männer, im Nahrungsmittelanbau Entscheidungen zu treffen, den Wettbewerb zwischen Familien an Stelle von gemeinsamer Arbeit usw.

Beziehungen zu nationalen, staatlichen Einrichtungen, Erfahrungen mit der Regierungsgewalt und der Beratungsorganisation, traditionelle Rivalitäten zwischen Stadt und Land, schlechte Erfahrungen mit bestimmten Empfehlungen begründen eine mißtrauische Haltung gegenüber dem Aufruf zur Partizipation.

Literatur

J. M. COHEN, N. T. UPHOFF: Rural development participation. Concepts and measures for project design, implementation and evaluation. Ithaca, N. Y. Cornell Univ. 1977. (Rural Development Monograph 2) u.a. S. 148.

Bearbeitung

Rolf SÜLZER, Gerhard PAYR.

F 2
Prüfliste zu Schwachstellen in der Beratungsarbeit

1975 hat die FAO in einer vergleichenden Untersuchung von acht ostafrikanischen Ländern systematisch nach „Schwachstellen" gefahndet. In Beratungsseminaren der DSE und der GTZ ist ebenfalls mehrfach eine Bestandsaufnahme der Situation mit den Experten gemacht worden.

Die folgende Liste von identifizierten Schwachstellen ist gleichsam ein **Warnkatalog**; sie soll dazu dienen, **an jeder Position** zu fragen:

(1) Ist diese Schwachstelle auch im vorgesehenen Projekt zu befürchten bzw. vorhanden?

(2) Worin liegt die **Ursache**?

(3) Welche **Auswirkungen** sind zu befürchten?

(4) Welche **Lösungsmöglichkeiten** bestehen, und wie lassen sie sich **verwirklichen**.

Diese vier Fragen ergeben bei jeder Schwachstelle einen ersten Hinweis auf Prioritäten für die weitere Arbeit.

Schwachstellen:

- Mangel an ausgebildetem Personal?

- Unzureichende Vermarktungsmöglichkeiten zu angemessenen Preisen für Agrarprodukte?

- Ungenügende Transportmöglichkeiten?

- Kommunikationsschwierigkeiten?

- Fehlende Kreditprogramme für Kleinbauern?

- Unzureichende Input-Versorgung?

- Rascher Wechsel des Beratungspersonals?

- Geringe administrative Unterstützung (Raum, Material)?

- Zu viele Landessprachen — daher Probleme mit schriftlichem Material?

F 2

- Zu starke Abhängigkeiten von ausländischen „Gebern"?
- Keine Einsicht in das Beratungskonzept bzw. fehlendes Beratungskonzept?
- Zu hohes Bauern-Feldberater-Verhältnis?
- Keine Frauen-Beratung?
- Landeigentumsprobleme?
- Unzureichend definierte Beratungsziele?
- Unzureichende Aufgabenbeschreibung des Beratungspersonals?
- Mangel an qualifizierter Personal- und Programmpolitik?
- Kein jährlicher Beratungsplan?
- Keine Anleitungen, Broschüren, Materialien für die Berater?
- Geringe Kenntnis über notwendige Weiterbildung des Beratungspersonals?
- Geringe Erforschung der kleinbäuerlichen Betriebssysteme?
- Unzureichende Kenntnisse der Wirtschaftsplaner von Aufgaben, Bedeutung und Problemen der Beratungsarbeit, insbesondere bei den Feldberatern?
- Kein Monitoring und Evaluierungs-System?
- Unzureichender Informationsaustausch zwischen Forschung und Beratung?
- Keine speziell ausgebildeten Vorgesetzten in helfender Beziehung zum Feldberater (Supervision)?
- Mangel an ergänzenden Dienstleistungseinrichtungen und/oder Koordinationsprobleme mit der Beratung?
- Ungünstige Vorgeschichte, schlechtes Image der Beratung?
- Hierarchische und kontroll-orientierte Beratungsorganisation?

F 2

- Direktives Verhalten der Feldberater?
- Beratungsfremde Aufgaben und Rollenkonflikte bei den Feldberatern?

Bearbeitung

Gerhard PAYR, Rolf SÜLZER, Volker HOFFMANN

F 3
Prüfliste zu Merkmalen erfolgreicher Förderung und Beratung

Diese Arbeitsunterlage kann sowohl in der Durchführbarkeitsstudie, bei der Aufstellung von Operationsplänen und in der begleitenden Evaluierung benutzt werden, um Fragen an die Situation des Projekts zu stellen.

Wichtige Randbedingungen

(1) Die Förderungs- und Beratungsmaßnahmen haben keine wirtschaftliche, soziale und politische Ungleichheit hervorgerufen. Die Lebensbedingungen aller zu fördernden Personen haben sich zumindest nicht verschlechtert.

(2) Die vorgesehenen und durchgeführten Maßnahmen waren für den einzelnen Betrieb und Haushalt, für die Familie wirtschaftlich tragbar. In ihren Auswirkungen waren sie nicht nur rechnerisch, sondern deutlich spürbar, mikroökonomisch vorteilhaft.

(3) Die vorgesehenen Innovationen waren technisch ausgereift und unter den gegebenen Bedingungen — auch bei Fehlern und Abweichungen in ihrer Anwendung durch die Benutzer — brauchbar.

(4) Die Förderungsmaßnahmen waren auch sozial tragbar, d.h. die Hilfsangebote passen so in den örtlich vorhandenen sozialorganisatorischen Rahmen, daß ein sich selbsttragender Verbreitungsprozeß angeregt wurde.

(5) Die Förderungsmaßnahmen konnten auch organisatorisch bewältigt und verwirklicht werden. Es waren die notwendigen personellen Kapazitäten, die notwendigen Sachmittel vorhanden. Darüber hinaus bestanden Verbindungen, horizontale und vertikale Austauschbeziehungen mit vor- und nachgelagerten bzw. gleichgeordneten, ergänzenden Einrichtungen.

(6) Die vorgeschlagenen Neuerungen (zumeist mit den Betroffenen gemeinsam erarbeitet) waren für die Zielgruppen auch begreifbar. Diese verfügten über das notwendige fachliche Wissen und zeigten die entsprechende Aufnahmefähigkeit, den Blick für wesentliche Zusammenhänge.

(7) Die vorgesehenen Verbesserungen bezogen sich häufig auf bereits angelaufene Aktivitäten der Bevölkerung. Die Berater und Experten haben es verstanden, die Menschen in ihren Bemühungen zu unterstützen, sie zu mobilisieren. Sie nahmen Rücksicht auf vorhandene Sozialbeziehungen, Gruppierungen und Interessenlagen.

F 3

Beratungsspezifische Merkmale

(1) Die Berater hatten die Möglichkeit, sich auf ihre Beratungsaufgabe zu konzentrieren, mußten keine beratungsfremden Aufgaben erledigen. Dadurch hatten die Mitglieder der Zielgruppe die Möglichkeit, mit den Beratern in einen Dialog einzutreten, nicht Anweisungen zu empfangen und auszuführen.

(2) Die Berater waren nicht nur fachlich ausgebildet, sondern gleichzeitig auch methodisch geschult.

(3) Die Ausbildung der Berater wurde nicht als einmaliger Akt konzipiert, sondern während der praktischen Arbeit immer fortgesetzt (training on the job und in-service training).

(4) Berater wurden regelmäßig und geplant von Personen innerhalb oder außerhalb der Förderungsorganisation fachlich und methodisch unterstützt (Betreuung, Supervision). Diese Betreuung hatte nicht vorrangig Kontrollfunktion, sondern war eine helfende Beziehung zur Verbesserung der Arbeit.

(5) Die Beratungsziele waren eindeutig definiert und allen Beratern bekannt.

(6) Die Zusammenarbeit zwischen Beratern verschiedener Fachrichtungen und/oder verschiedener Organisationen war zweifelsfrei geklärt (eindeutige Aufgabenbeschreibung) und koordiniert.

(7) Die befriedigende Arbeitssituation hing eng zusammen mit der Stabilität der Personalzusammensetzung; es gab wenig Fluktuation.

(8) In der Beratungsorganisation waren Fachleute vorhanden — oder sie wurden von außen hinzugezogen — die Kommunikationsprozesse steuern konnten, Kampagnen überwachten und soziale und ökonomische Prozesse laufend evaluierten.

(9) Autoritäre Ansätze wurden langsam, aber beständig in partnerschaftliche Führungsprozesse umgewandelt.

(10) Die Beratungsarbeit war häufig auf ein konkretes Ziel hin organisiert, das in überschaubarer Zeit erreichbar war.

(11) Dieses Ziel wurde von den zu Fördernden als direkt notwendig empfunden; als ein unmittelbarer Beitrag zur Verbesserung ihrer Lage.

F 3

(12) Die Berater und die Beratungsorganisation haben es verstanden, ihren Anteil am Zustandekommen der Verbesserung als unbedeutend erscheinen zu lassen neben dem Anteil, den die Personen der Zielgruppe daran hatten. Sie haben die Klienten „Stolz" auf Selbständigkeit und Verantwortlichkeit erleben lassen.

(13) Die Berater haben Kontakt zur Agrar- und Sozialforschung und können nachfragen. Dadurch können sie sich selbst rückversichern, inwieweit Empfehlungen auch anwendungsreif sind.

Bearbeitung

Rolf SÜLZER, Gerhard PAYR

F 4

Prüfliste zur Informationsbeschaffung in der Situationsanalyse

Diese Auflistung ist nur als ein Beispiel zu verstehen. Sie muß problembezogen bewertet und reduziert werden. Wie aus dieser Prüfliste ein Datenplan zur Situationsanalyse gemacht werden kann, zeigt → G 1.

1. Erhebungsbereich: Projektumfeld

(1) Grundlegende physikalische und demographische Daten

- Geoklimatische Bedingungen und ihre Veränderungen über die Zeit

- Bevölkerung, Besiedlung, Wanderungsbewegungen, Entfernung zu Marktorten und administrativen Einheiten

- Landnutzung und Einstellung der Bevölkerung zur landwirtschaftlichen Produktion

- Produktionsverfahren, Produktionsmittel und ihre Herstellung

- Art und Struktur der Beschäftigung

(2) Die Entstehung der Produktion und des Einkommens

- Produktionsfaktoren: Boden, Klima, Wasser, Saatgut, Dünger, Arbeitstiere, Werkzeuge, Brennstoffe, Arbeitskräfte usw.

- ökonomische Faktoren: Transport, Lagerung, Verarbeitung und Vermarktung, Kredit, Preise, Abgaben und Steuern

- sozial-institutionelle Faktoren: Besitz- und Pachtverhältnisse, Betriebsgrößen, Arbeitsverfassung, Organisation der Aktivitäten in Haushalt und Betrieb, überbetriebliche Zusammenarbeit, Arbeitsverpflichtungen und Arbeitsverbote, geschlechts- und altersspezifische Arbeitsteilung

- organisatorische Faktoren: Genossenschaften, Dienstleistungseinrichtungen, allgemeine Verwaltung, Erziehung und Bildungsstand

- außerlandwirtschaftliche Einkommensquellen: Wanderarbeit, saisonale Lohnarbeit, Verkauf von Werkzeug, Geräten, Haushaltswaren, Kleidung usw.

F 4

(3) Die Verwendung der Produktion

- Verwendung der Produkte: Nahrungsmittel, Verkaufsfrüchte, Tierhaltung in bezug auf Subsistenz, Marktverkauf, soziale Verpflichtungen, Vorratshaltung, Saatgut

- Verwendung des Geldeinkommens: Konsum- und Nahrungsgüter, Hausbau, Brautpreise, landwirtschaftliche Investitionen, Anlage-Vermögen, Steuern, Erziehung.

2. Erhebungsbereich: Dynamik des Sozialsystems

(1) Kenntnisstand bei den Zielgruppen

- Technisches Wissen in der pflanzlichen und tierischen Produktion: Boden, Pflanzenzüchtung usw.

- Ökonomisches Wissen: Produktionselastizität, Arbeitseinsatz, Betriebsorganisation, Kredit usw.

- Politisches Wissen: Agrarpolitik, Einfluß der allgemeinen Verwaltung, Einfluß- und Machtstrukturen formeller und informeller Führungspersonen

- Allgemeiner Bildungsstand: Alphabetisierung, formelle und informelle Sozialisation, Lernprozesse.

(2) Sozialstruktur und Entscheidungsverhalten

- Familienstruktur: Rollen, Verpflichtungen, Beteiligung an bestimmten Arbeiten usw.

- Verwandschafts- und Freundschaftsbeziehungen: Gegenseitige Abhängigkeit und Hilfe; Hierarchien, Gemeinschaftsarbeit usw.

- Sozialstrukturen in größeren Einheiten (Dorf): Gruppenbildung, Einflußpersonen, Wert- und Normensysteme usw.

(3) Sozialkulturelle Prägung

- Einflußbereiche der Religion: Produktionsverfahren, Anbausysteme, Bodennutzung usw.

- Traditionelles und modernes Recht: Prozesse der Konfliktlösung

- System der Wertvorstellungen: „anständiges" Verhalten, „richtiger" Umgang mit Dingen usw.

- Vorstellungen von Ursache-Wirkungs-Zusammenhängen (vgl. auch Kenntnisstand)

- Verankerung und Reichweite bestimmter Verhaltensweisen im Sozialsystem: Gültigkeit für Personen der Zielgruppe, Sanktionen, Alternativen, Toleranzbreite usw.

(4) Kommunikationsstrukturen und Neuerungsverbreitung

- Informelle Kommunikationswege: Treffpunkte, Versammlungen, Märkte, Wanderarbeit

- Formelle Kommunikationswege: Zeitungen, Zeitschriften, Broschüren, Radio, Folklore-Gruppen usw.

- Neuerungsverbreitung: bisher übernommene Neuerungen, hemmende und treibende Kräfte, Auswirkungen auf soziale und ökonomische Prozesse usw.

3. Erhebungsbereich: Projektorganisation

(1) Finanzierungsmöglichkeiten: Einzelbetrieblich und volkswirtschaftlich, Kreditierung usw.

(2) Projektkomponenten: Einrichtung eigenständiger Forschungs- und Beratungsabteilungen, Medienabteilungen usw.

(3) Organisationsstruktur: Beziehung zu den Zielgruppen, Personalführung, Entscheidungs-, Kompetenz- und Kommunikationsrichtlinien innerhalb der Organisation, Planungsverfahren usw.

(4) Materielle Ausrüstung: Erforderliches Personal, Sachmittel, Gebäude usw.

(5) Einbindung in vorhandene Organisationen: Änderungen im Organisationsaufbau, Eingriff in vorhandene Kompetenzen usw.

4. Erhebungsbereich: Komplementäre Einrichtungen

(1) Forschung und Ausbildung: Anwendbarkeit der Forschungsergebnisse im lokalen Bereich, Relevanz für kleinbäuerliche Betriebssysteme, Qualifi-

kation der Ausgebildeten, Motivation zur Arbeit im ländlichen Bereich usw.

(2) Zusammenschlüsse von Bauern: Genossenschaften oder Selbsthilfeeinrichtungen bzw. informelle Gruppierungen.

(3) Vermarktungseinrichtungen: Leistungsfähigkeit für kleinbäuerliche Produkte — geringe Partiegrößen, schlechte Infrastruktur usw.

(4) Kreditmöglichkeiten: Traditionelle Spargruppen, rotierende Kreditsysteme, Bankenfinanzierung usw. in ihrer Leistungsfähigkeit für kleinbäuerliche Betriebe.

(5) Administrative/politische Einrichtungen: Beteiligung an Zielsetzungen und Vorgehensweise des Projekts; Leistungsbereitschaft, finanzielle und personelle/materielle Unterstützung, Zusammenarbeit mit den Zielgruppen usw.

5. Erhebungsbereich: Partizipation

(1) Erreichbarkeit und Mobilisierbarkeit der Ziel- bzw. Teilgruppen: Kommunikationswege, Möglichkeiten der Ansprache (Dialekte, Bildungsstand, Arbeitsverhalten der Berater usw.).

(2) Risikosituation der Zielgruppen: Abhängigkeit von physikalischen oder sozialen Einflüssen (Pächtern, Händlern usw.).

(3) Spezifische Nutzungsschranken bei den Zielgruppen: Politisch-soziale Barrieren, ökonomische Barrieren, Motivation und Kenntnisstand.

(4) Soziale und politische Fähigkeit zur Artikulation der eigenen Interessen und Probleme.

(5) Bereitschaft und Fähigkeit der beteiligten Organisationen zur Beteiligung der Zielgruppen: Verfahren der Beteiligung, Zeitpunkte und Orte, Kompetenzen usw.

6. Erhebungsbereich: Handlungsraum der Zielgruppen

(1) Zusammenhang des gesamten Vorgehens (Beratungsinhalte und Maßnahmen) mit den sozialen und individuellen Fähigkeiten der Zielgruppen.

(2) Ökologische Vereinbarkeit: Integrationsmöglichkeit von Neuerungen in traditionelle Anbausysteme, Abgesichertheit von Empfehlungen.

F 4

(3) Soziokulturelle Übereinstimmung: Nutzen für die Zielgruppen, Erhöhung der Handlungsfähigkeit, Herabsetzung von Nutzungsschranken, relative Konfliktfreiheit usw.

(4) Politisch-rechtliche Zulässigkeit: Agrarverfassung, Autonomie der jeweiligen Gruppen usw.

(5) Anbindung an traditionelle Organisationsformen: Verwandtschaftsgruppen, Nachbarschaftshilfen auf Gegenseitigkeit usw.

(6) Berücksichtigung aller Mitglieder der Zielgruppe: Frauen, Männer, Jugendliche usw.

(7) Auswirkungen auf Teilgruppen und andere Zusammenschlüsse im bestehenden Sozialsystem.

Bearbeitung

Rolf SÜLZER, Gerhard PAYR

F 5

Prüfliste zu Annahmen über Ausmaß und Geschwindigkeit der Verbreitung von Neuerungen

Im Rahmen einer Durchführbarkeitsstudie bzw. der begleitenden Planung weiterer Maßnahmen werden Annahmen über die Ausbreitungsgeschwindigkeit von Neuerungen gemacht. Hierzu müssen im Text dieser Studien folgende Bereiche ausdrücklich angegeben und untersucht sein:

(1) Ist die Beratungsorganisation in der Lage, das Neuerungsangebot an die Zielgruppe zu vermitteln?

(2) In welcher Weise waren die Ziel- bzw. Teilgruppen an der Formulierung des Angebots beteiligt? Besteht Zielkonkurrenz?

(3) Welche Beziehungen bestehen derzeit zwischen Beratern und Zielgruppen?

(4) Ist die Neuerung den Zielgruppen bereits im Prinzip vertraut?

(5) Welche Verhaltensänderungen und Lernschritte sind mit der Neuerung verbunden? Auflisten der erforderlichen Änderungen zur Bestimmung der Komplexität.

(6) Welches sachliche bzw. soziale Risiko steckt in der Neuerung bzw. dem Neuerungspaket?

(7) Worin besteht in materieller, sozialer bzw. persönlicher Hinsicht (etwa Arbeitsentlastung) die Vorteilhaftigkeit der Neuerung?

(8) Sind Veränderungen in der geschlechtsspezifischen und sozialen Arbeitsteilung in ihren Auswirkungen mit den Zielgruppen erörtert worden?

(9) Worauf gründen sich die Vorhersagen über die Ausbreitungsgeschwindigkeit (Adoptionsrate) der Neuerung?

Kriterien zur Bewertung von Innovationen gibt → F 6 an.

Bearbeitung

Rolf SÜLZER, Gerhard PAYR

F 6

Prüfliste zur Bewertung von Innovationen

Im Rahmen von Durchführbarkeitsstudien bzw. in der begleitenden Planung werden bevorzugt solche Daten ermittelt, die der ökonomischen Bewertung dienen. Dies ist nur ein Ausschnitt aus der Gesamtsituation. Eine beratungsbezogene Situationsanalyse bzw. ein Operationsplan zur Beratung muß als Einleitung in die Verfahrensempfehlung folgende Fragestellungen möglichst aufgrund empirischer Nachweise beantworten:

(1) Können die Maßnahmen dazu beitragen, vorhandene Ungleichheit abzubauen (zumindest nicht zu verschärfen)?

(2) Sind sie einzelwirtschaftlich vorteilhaft, volkswirtschaftlich sinnvoll und im Projektrahmen finanzierbar?

(3) Sind sie von der Zielgruppe her gesehen technisch machbar, d.h.

— verfügt die Zielgruppe über die erforderlichen Werkzeuge, Geräte

— und über das entsprechende Wissen sowie die praktischen Fähigkeiten im Umgang mit den neuen Maßnahmen

— bzw. können diese Voraussetzungen geschaffen werden?

(4) Wie sieht die derzeitige Problemlösung aus. Welche Verfahren werden eingesetzt und warum? Welche Einsichten, Lernschritte, Umstellungen erfordert der Übergang zur Innovation?

(5) Sind die Maßnahmen sozial tragbar, d.h. passen sie in das vorhandene Normen- und Wertsystem der jeweiligen Kultur?

(6) Wer sind die Betroffenen, wer die Mitbetroffenen von einer Neuerung?

— Welche Reaktionen sind vermutlich zu erwarten, wenn die Neuerung übernommen wird?

— Welche Reaktionen bei einem Mißerfolg?

(7) Ist die Maßnahme auch organisatorisch tragbar?

— Sind die finanziellen, personellen Mittel verfügbar?

— Sind die Institutionen/Organisationen/Firmen, die die erforderlichen Produktionsmittel liefern müssen, sowohl informiert als auch einsatzfähig?

F 6

(8) Wird die Maßnahme unter aktiver Beteiligung der Zielbevölkerung verbreitet werden können?

(9) Werden vorhandene Gruppen und Kommunikationsnetze in der Bevölkerung zur Verbreitung genutzt werden können?

(10) Ist die Vermittlung der Maßnahmen (formal und inhaltlich) an die Aufnahmekapazität der Zielgruppen angepaßt?

(11) Wird die vorgeschlagene Maßnahme von der Bevölkerung als eine Antwort auf ein tatsächlich empfundenes Problem verstanden?

Hinweise zur Überprüfung wichtiger Annahmen über Ausmaß und Geschwindigkeit der Verbreitung von Neuerungen gibt → F 5.

Bearbeitung

Rolf SÜLZER, Gerhard PAYR

F 7

Prüfliste für die Auswahl von Kontaktbauern

Kontaktbauern werden bei der praktischen Erprobung von Neuerungen im Rahmen von Feldversuchen eingesetzt. Darüber hinaus sollen sie Ansprechpartner der Berater sein und Informationen sowie Techniken an andere Bauern gezielt weitergeben. Kontaktbauern bringen als Vertreter der Zielgruppen Wünsche, Vorschläge und Kritik der Bauern bei der Formulierung von Beratungsinhalten und -programmen ein.

Bei der Auswahl sind die folgenden Anforderungen zu stellen:

Zielgruppenbezug

- Ausgewählte Bauern müssen den sozialen und ökonomischen Merkmalen der jeweiligen Zielgruppe entsprechen.

- Für jede Zielgruppe müssen eigene Kontaktbauern identifiziert werden.

- Kontaktbauern müssen in die Zielgruppe über Kasten, Familien, Religion, Stamm etc. integriert sein.

- Innovative, zugewanderte Bauern sind oft wenig integriert und dann als Kontaktbauern ungeeignet.

- Die grundlegenden landwirtschaftlichen Praktiken müssen wie die Ausstattung mit Produktionsfaktoren den Bauern der jeweiligen Zielgruppe entsprechen.

Status

- Kontaktbauern sollten innerhalb der Zielgruppe einen ausreichenden Status haben, der auch bei der Erprobung von leicht normwidrigen Neuerungen den Sanktionen standhalten hilft.

- Ein Status, der den Kontaktbauern von der abwartenden Zielgruppe her die Prüfung einer Neuerung zugesteht, ist besonders günstig.

- „Außenseiter" der dörflichen Gesellschaft sollten auch für die Anlage von Versuchen nur mit großer Vorsicht herangezogen werden.

Kommunikation

- Die Lage des Betriebs sollte geographisch so sein, daß möglichst viele Zielgruppenmitglieder leichten Zugang haben.

F 7

- Kontaktbauern sollten immer sozial integrierte und offene Persönlichkeiten sein.

- Bereitschaft ist erforderlich, Kommunikation mit Bauern und Institutionen herzustellen und zu erhalten.

Kenntnisse und Fähigkeiten

- Eine gute formale Ausbildung ist vorteilhaft, darf aber keine Bedingung sein.

- Wichtiger als die formale Ausbildung ist die Bereitschaft und Fähigkeit, Neues aufzunehmen.

- Erforderlich ist die Fähigkeit, angelegte Versuche und Fragestellungen korrekt durchzuführen (Zeit, Inhalt, Beobachtungen).

- Kontaktbauern müssen imstande sein, andere Bauern sachlich richtig und zum vorgesehenen Termin zu informieren und zu beraten. Sie müssen auch in der Lage sein, Reaktionen der Zielgruppen richtig zu interpretieren.

- Eine wichtige Voraussetzung ist die Bereitschaft, sich weiterzubilden, sei es durch Teilnahme an Kursen, Ausbildung durch Berater oder durch Broschüren und Rundbriefe.

Persönlichkeitsmerkmale

- Die Motivation der Kontaktbauern darf nicht nur darin bestehen, sich Vorteile wie die kostenlose Bereitstellung von Betriebsmitteln oder von Transporten zu verschaffen.

- Die Förderorganisation sollte sich darauf verlassen können, daß Vereinbarungen eingehalten werden.

- Kontaktbauern sollten sich grundsätzlich solidarisch gegenüber den Mitgliedern ihrer Zielgruppe verhalten.

Vorgehensweise bei der Auswahl

(1) Geeignete Personen sind am ehesten den Feldberatern bekannt. Im Verlaufe eines Seminars sind die Feldberater über die Anforderungen zu informieren.

(2) Die Feldberater benennen gemeinsam mit Vertretern der Zielgruppenorganisation geeignete Personen. Bei Bedarf ist eine kurze soziometrische Erhebung vorzunehmen (E 4).

(3) Nach einer Vorauswahl findet eine Schulung statt, die die Teilnehmer auf ihre Rolle als Kontaktbauern vorbereiten soll.

(4) Bei der Auswahl von Personen darf keinerlei Zwang ausgeübt werden. Der zu erwartende Mehraufwand an Arbeit muß den Kontaktbauern eindeutig genannt werden. Erst danach darf eine endgültige Entscheidung über die Teilnahme am Programm erfolgen.

(5) Eindeutige Mehraufwendungen an Zeit und Geld, die dem Kontaktbauern aus seiner Funktion für die Beratungsorganisation entstehen, sind angemessen zu ersetzen. Dabei ist der Eindruck zu vermeiden, daß der Kontaktbauer spezielle Privilegien genießt.

(6) Kontaktbauern bedürfen einer ständigen und sorgfältigen Betreuung durch:

- vorbereitende Kurse,

- regelmäßige Fortbildung,

- Teilnahme an Beraterbesprechungen,

- Besuche durch Berater und Spezialisten,

- Verteilung von Broschüren und Büchern.

Vergleiche auch die Hinweise in den Arbeitsunterlagen → C 6 und → E 4.

Bearbeitung

Rolf SÜLZER, Gerhard PAYR

F 8

Merkpunkte für den Feldberater bei der Bildung von Dorfkomitees

Vorbemerkung

Die in diesem Arbeitsblatt formulierten Stichworte und Hinweise können vom Berater bei der Gründung von Dorfkomitees als Beispiele betrachtet werden. Sie müssen den Zielgruppen gegenüber ausführlich erläutert werden. Es ist wenig sinnvoll, Funktionären die Führung neu eingerichteter Komitees ohne Betreuung und ohne Schulung zu übertragen (→ D 4).

1. Was ist ein Komitee?

Ein Komitee ist eine Gruppe von Leuten, die von den Mitgliedern des Dorfes mit Zustimmung des Dorfoberhauptes gewählt wird. Die Dorfbevölkerung wählt diese Leute aus, weil sie für geeignet gehalten werden, die Interessen aller Dorfbewohner nach außen und innen zu vertreten. Das Komitee versucht, die Lebensbedingungen aller Kinder, Frauen und Männer des Dorfes zu verbessern.

2. Was soll das Komitee konkret tun?

Die Arbeit des Komitees besteht darin, die Situation des Dorfes und seiner Bewohner kritisch zu prüfen und zu überlegen, welche Probleme durch das Dorf selbst gelöst werden könnten.

- Welche Probleme existieren im Dorf?
- Sind die Häuser in Ordnung?
- Wird genug Nahrung produziert?
- Ist genügend gutes Trinkwasser vorhanden?
- Sind die Kinder gut ernährt und gesund?
- Sind Schulen vorhanden?
- Sind die Frauen arbeitsmäßig überlastet?
- Reicht die Gesundheitsvorsorge aus?
- Was würden wir im Dorf gerne ändern?
- Was können wir selbst dazu beitragen?

F 8

3. Wie funktioniert ein Komitee?

– Bei einem aktuellen Anlaß (zumindest einmal monatlich) beruft der Vorsitzende eine Besprechung ein und erstellt mit den Funktionären eine Tagesordnung.

– Wenn erforderlich, lädt das Dorfkomitee weitere Personen zur Teilnahme an der Besprechung ein: den Feldberater, die hauswirtschaftliche Beraterin, den lokalen Parteivorsitzenden, den Gesundheitsinspektor, den Lehrer etc.

– Das Komitee kann zunächst ein Problem diskutieren und dann einen Lösungsvorschlag machen: Wurde beispielsweise eine neue Pflanzenkrankheit beobachtet, so wird der Berater aufgefordert, Vorschläge zur Bekämpfung der Krankheit zu erarbeiten.

– Der Berater wird seinerseits dem Komitee neue Praktiken vorstellen, Termine über Marktöffnungszeiten mitteilen, Plakate ausgeben usw.

4. Aufgaben der Mitglieder des Komitees

Vorsitzender

– Er (oder sie) ist der Sprecher des Komitees,

– er beruft die Besprechung ein,

– läd Gäste zur Besprechung ein und stellt sie vor,

– stellt sicher, daß alle Teilnehmer bei Besprechungen zu Wort kommen,

– entscheidet bei unentschiedenen Meinungen,

– achtet darauf, daß die Verantwortlichkeiten bei beschlossenen Maßnahmen festgelegt werden,

– achtet darauf, daß Entscheidungen protokolliert werden,

– er vertritt das Dorfkomitee im übergeordneten Komitee,

– kommt er seinen Aufgaben nicht nach, so kann er durch eine Dorfversammlung abgewählt werden.

F 8

Sekretär

- Er protokolliert Entscheidungen des Komitees und liest sie bei der nächsten Besprechung vor,

- er sammelt Protokolle, Briefe, Broschüren, etc. in Ordnern und stellt diese auf Wunsch allen Dorfmitgliedern zur Einsichtnahme zur Verfügung,

- er informiert alle Komiteemitglieder über Termine und eingegangene Nachrichten. Falls eine Anschlagtafel vorhanden ist, wird sie von ihm betreut.

Kassenwart

- Er verwaltet die aus- und eingehenden Gelder (Kassenbuch),

- er stellt Belege für erhaltene und ausgegebene Gelder aus,

- alle Auszahlungen müssen durch das Komitee genehmigt sein.

- er eröffnet ein Bankkonto und verwaltet es,

- er muß dem Komitee jederzeit über Kassenstand und Geldbewegungen Auskunft geben können,

- er erstellt die Bilanz am Jahresende.

Aufgaben aller Komiteemitglieder

- Information der Dorfbewohner über Entscheidungen,

- Beratung und Schulung der Dorfbewohner,

- Laufende Diskussion der aktuellen Probleme mit der Dorfbevölkerung,

- Solidarität gegenüber Komitee-Entscheidungen, auch wenn diese gegen ihren Willen zustande gekommen sind,

- Unterstützung der Feldberater und anderen Feldpersonals bei der Durchführung der Förderprogramme.

5. Hinweise für das Verhalten von Beratern gegenüber Dorfkomitees

- Komiteemitglieder sind vom Berater immer höflich und respektvoll zu behandeln;

F 8

- Will der Berater in einer Versammlung des Komitees etwas mitteilen, muß er vorher den Vorsitzenden um Erlaubnis fragen;

- Wenn der Berater bei Sitzungen ein neues Beratungsprogramm vorträgt, muß er sich darauf sorgfältig vorbereiten und ggf. Broschüren an die Teilnehmer ausgeben;

- Bei Besprechungen darf er niemals Druck ausüben, wenn er auf Widerstände stößt. Er muß Einwände ernst nehmen, ihre Begründung zu verstehen suchen und sachlich darauf eingehen;

- Bei Maßnahmen im Dorf muß er das Komitee stets vorher über Inhalte, Orte und Zeit informieren;

- Nur wenn es dem Berater gelingt, ein vertrauensvolles und freundschaftliches Verhältnis zu den Komiteemitgliedern aufzubauen, kann er Unterstützung bei der Beratungsarbeit erwarten.

Bearbeitung

Gerhard PAYR, Rolf SÜLZER

F 9

Merkpunkte zur Vorbereitung und Durchführung von Gesprächen in der Einzelberatung

Grundsätzliche Regeln und Hinweise:

(1) Angesichts des erforderlichen hohen zeitlichen Aufwandes muß Einzelberatung besonders sorgfältig geplant werden. Nach Möglichkeit sollte der Bauer oder die Bäuerin schon vorab über den Beraterbesuch informiert werden. Für den Fall, daß ein Beratungsgespräch aus Gründen wie Krankheit, Todesfall, Feiern oder Familienangelegenheiten nicht stattfinden kann, sollte ein Ersatzbesuch oder eine Ersatzaktivität vorgeplant werden.

(2) Sehr negative Folgen für das Berater/Bauernverhältnis können sich ergeben, wenn ein angekündigter Besuch von seiten des Beraters nicht eingehalten wird. Tritt ein solcher unvorhergesehener Fall ein, so sollte versucht werden, den Bauern möglichst frühzeitig über den Ausfall zu informieren. Eine nachträgliche Entschuldigung ist noch immer besser als ein kommentarloses Nichterscheinen.

(3) Der Berater muß sich für jeden Einzelbesuch sorgfältig vorbereiten und dabei die folgenden Punkte beachten:

- Rekapitulation der vorangegangenen Besuche: Welche Fragen und Probleme wurden angesprochen? Welche Lösungen wurden erzielt?

- Welche Fragen sind vom Bauern zu erwarten? Welche Lösungsvorschläge kann der Berater einbringen?

- Welche Unterlagen und Beratungshilfsmittel müssen mitgebracht werden?

- Welche praktischen Demonstrationen können erforderlich sein?

(4) Bei der Durchführung des Beratungsbesuchs müssen die traditionellen Gepflogenheiten beachtet werden. Dies betrifft Begrüßungsformeln, Höflichkeitsgesten, Gebete, Essen, Trinken. Große Vorsicht ist bei der Annahme von Geschenken geboten. Sowohl Geschenkannahme als auch Verweigerung können problematisch sein. Angeboten, an Trinkgelagen teilzunehmen, sollten sich die Berater möglichst entziehen.

F 9

(5) Vorsicht ist geboten bei der weiteren Verwendung von Informationen, die sich aus dem Beratungsgespräch ergeben. Der Berater muß sich davor hüten, als Übermittler von Gerüchten und Klatsch angesehen zu werden.

(6) Über den Verlauf des Gespräches sollten kurze Notizen angefertigt werden, um Merkpunkte für erforderliche Maßnahmen und weitere Besuche zu erhalten.

(7) Sehr negativ wirkt sich aus, wenn der Berater den Bauern Zusagen macht, wie die Zusendung von Beratungsmaterialien oder die Vermittlung eines Krediets, und diese Versprechen nicht einhält. Die Folge wäre ein gestörtes Vertrauensverhältnis, das sich besonders negativ auswirkt, wenn es sich um Kontaktbauern oder Vertreter von Zielgruppenorganisationen handelt.

Technik der Gesprächsführung

(1) Das Gesprächsklima muß von Anfang an so gestaltet werden, daß der Bauer sich nicht als Bittsteller oder Befehlsempfänger fühlt.

(2) Der Berater darf weder unterwürfig noch anmaßend auftreten.

(3) Auf Sachfragen beschränkte Gespräche widersprechen oft den normativen Regeln traditioneller Gesellschaften. Andererseits ist Zeit für den Berater ein knapper Faktor. Der Berater muß deshalb versuchen, einen Mittelweg zu finden.

(4) Wichtiger als zu „dozieren" ist es für den Berater, aufmerksam zuzuhören, den Bauern nicht ständig zu unterbrechen und sich nicht als überlegener Besserwisser zu zeigen.

(5) Gespräche sollten nie mit Kritik beginnen, und wenn Widerstände erkennbar werden, darf der Berater diese nicht mit fertigen Lösungen zu überwinden versuchen. Vielmehr muß er durch gezieltes Hinterfragen die Ursache von Problemen ermitteln und gemeinsam mit dem Bauern Wege zur Problemlösung erarbeiten.

(6) Die Intimsphäre und tabuisierte Bereiche dürfen niemals verletzt werden. Andernfalls werden zukünftige Beratungsgespräche entwertet oder gänzlich unmöglich gemacht.

(7) Der Ratsuchende sollte während des Gespräches immer das Gefühl haben, daß der Berater an seinen Problemen echten Anteil nimmt und an einer Problemlösung interessiert ist. Der Berater muß sich aber davor hüten, einseitig die Partei des Bauern zu ergreifen, besonders wenn es

sich um Fragen außerhalb seines Kompetenz- und Entscheidungsbereiches handelt. Probleme, für die er keine Lösung aufzeigen kann, wird er an die zuständige Ebene weiterleiten.

(8) Es empfiehlt sich, Lösungsvorschläge nicht sofort festzuschreiben, sondern dem Klienten Entscheidungsspielräume zu geben, die es ihm ermöglichen, Lösungen innerhalb der Familie, der Gruppe oder auf Dorfebene zu diskutieren und abzuwägen.

(9) Jedes Beratungsgespräch sollte positiv beendet werden. Auch wenn das Gespräch noch nicht zu einer Lösung geführt hat, ist es wichtig, die nächsten Schritte zur Problemlösung festzulegen.

Weitere Hinweise zum Beratungsgespräch enthalten → E 5 und → F 10.

Literatur

E. HRUSCHKA: Methodische Aspekte des Beratungsgesprächs. In: Der Förderungsdienst, Sonderheft 2 (1974), S. 44-48.

R. KRISHAN: Agricultural Demonstration and Communication. London: Asia Publishing House 1965.

Bearbeitung

Gerhard PAYR, Rolf SÜLZER

F 10

Leitfaden für den Beratungsvorgang

Kontaktaufnahme und erste Situationserfassung

Der Kontakt ergibt sich entweder durch Nachfrage von Betroffenen oder durch aktive Kontaktaufnahme von seiten des Beraters.

Bei der ersten Kontaktaufnahme bemüht sich der Berater um eine gute Beziehung. Er verschafft sich durch Gespräch („aktives Zuhören"), Beobachtung und Besichtigung einen ersten Eindruck von der Situation und den Problemen.

Beratung ist aus der Sicht des Beraters ein Vorgang, bei dem vier Hauptphasen zu durchlaufen sind (Situationsanalyse, Planung, Durchführung und Ergebnisbewertung). In einem Beratungsprozeß müssen Phasen oder Teile manchmal wiederkehrend durchlaufen werden.

Situationsanalyse

(1) Sind die wesentlichen Daten für die vorliegende Situation erfaßt (Haushalt, Familie/Personen, Betrieb, soziales Umfeld)?

(2) Wie sieht der Berater die Situation und die künftige Entwicklung, welche Grundprobleme sind für die Situation bestimmend, und welche Ursachen stehen dahinter?

(3) Wie sehen die Betroffenen ihre Situation und die künftige Entwicklung, in welchem Maß haben sie Einsicht in Grundprobleme und Ursachen, und welche Ziele, Handlungsmöglichkeiten und Schwierigkeiten (Barrieren) haben bzw. sehen sie?

Probleme

(4) Welche Lösungs- und Handlungsmöglichkeiten sind grundsätzlich verfügbar und welche erscheinen realisierbar?

(5) Welche Vor- und Nachteile, welche Folgen ergeben sich aus den einzelnen Alternativen für die Betroffenen und welche Verhaltensänderungen erscheinen notwendig?

(6) Wie können die Betroffenen aktiv in den Beratungsprozeß einbezogen werden; sind Kollegen beizuziehen und wie geht man bei der Beratung vor (Beratungskonzept)?

F 10

Durchführung (und Entscheidung der Betroffenen)

(7) Werden alle Betroffenen in den Beratungsprozeß einbezogen und wird ihnen, ihrer Situation angepaßt, d.h. oft schrittweise und allmählich, Einsicht vermittelt in Ursachen und Probleme der Ist-Situation, in die wahrscheinlichen Entwicklungen, in die Handlungsmöglichkeiten und die Folgen?

(8) Wird deutlich, daß die Entscheidung Sache der Betroffenen ist und sie die Konsequenzen tragen?

(9) Wird die Vorgehensweise nach der Wahl einer Alternative (Entscheidung) gemeinsam so genau erarbeitet, daß der Weg begehbar wird, und wird die Durchführung vom Berater begleitet?

Ergebnisbewertung (zweckmäßig sind auch Zwischenbewertungen nach einer Ablaufphase)

(10) Werden Abweichungen zwischen dem geplanten und dem ablaufenden Beratungsprozeß vom Berater erkannt (und — soweit wichtig — festgehalten), und werden aus der Ergebniskontrolle für den vorliegenden Fall und evtl. auch für künftige Beratungsaufgaben Folgerungen gezogen?

Quelle

P. DENZINGER: Organisationsfragen der landwirtschaftlichen Offizialberatung. In: Bericht über Landwirtschaft 59, 1981, S. 93-104.

Bearbeitung

Volker HOFFMANN

F 11

Prüfliste für die Vorbereitung und Durchführung einer Versammlung im Rahmen einer Kampagne

1. Planung

- Welche Inhalte sollen vermittelt werden?
- Ist eine Versammlung ein geeignetes Verfahren?
- Welche Verfahren wären alternativ denkbar?
- Was spricht für und was gegen eine Massenversammlung?
- Sind die Inhalte für die Zielgruppen
    - unmittelbar attraktiv?
    - indifferent?
    - erst langfristig sinnvoll?
- Werden die Zielgruppen bei der Formulierung der Inhalte und Programmgestaltung beteiligt?
- Ist der Zeitpunkt der Versammlung richtig gewählt?
- Wie wird die Teilnahme der Zielgruppen erreicht?
    - Rechtzeitige Einladung,
    - Information der Einflußpersonen,
    - Ankündigung über vorhandene Medien,
    - Einladung beliebter Redner
    - attraktive Nebenprogramme (Musik, Theater, Verlosung von Preisen).
- Reichen die finanziellen Mittel für die Veranstaltung?
- Ist die Teilnahme lokaler Entscheidungsträger gesichert?
- Sind die Inhalte der Reden aufeinander abgestimmt?
- Sind die Transportprobleme geklärt?

F 11

2. Aufgabenverteilung für die Beteiligten

Beratungsdienst

- Information des Rundfunks,

- Information der Vorsitzenden aller Dorfkomitees, der Dorfoberhäupter und Parteifunktionäre über die Versammlung,

- Vorbereitung von Geräten und Schaubildern für eine Demonstration,

- Bereitstellung von Handzetteln und Lautsprechern,

- Koordinierung von Handzetteln und Lautsprechern,

- Vorbereitung einer Rede des vorgesetzten Beraters,

- Ordnerdienst durch die Feldberater,

- Verteilung von Handzetteln.

Bauernvertreter

- Einladung der Bevölkerung zur Teilnahme,

- Vorbereitung des Versammlungsplatzes (Aufstellen von Bänken und Sesseln, Bereitstellung von Trinkwasser, sanitäre Anlagen etc.),

- Ordnerdienst,

- Vorbereitung einer Rede des ausgewählten Bauernvertreters,

- Einladung lokaler Tänzer und Musiker.

Traditionelle und moderne Funktionsträger

- Information und Einladung der Bevölkerung, über bestehende Organisationsnetze (Parteien, Verwaltung, Vereine),

- Vorbereitung von Reden,

- Transport- und Finanzierungshilfe.

F 11

Komplementäre Institutionen (Kredit, Vermarktung etc.)

- Bereitstellung von Informationsmaterial,
- Transporthilfe,
- Finanzierungshilfe,
- Vorbereitung von Reden.

3. **Durchführung** (Beispiel für einen denkbaren Ablauf)

9.00 Abmarsch der Teilnehmer

9.30 Lokale Tänze verschiedener Gruppen

9.45 Gebet

9.50 Eröffnungsrede durch den Chef der lokalen Verwaltung

10.00 Hauptredner (Minister, Abgeordneter etc.)

10.30 Rede und Demonstration des Beratungsdienstes

11.00 Ehrung von verdienten Bauernvertretern

11.15 Lokale Tänze und Musik

11.30 Rede des Bauernvertreters

11.45 Verlosung von Preisen

12.00 Ende der Veranstaltung.

Bei der Durchführung ist zu beachten:

- Einhaltung des Zeitplanes,
- Verständlichkeit der Reden,
- Begrenzung und Abstimmung der Programmpunkte,
- Fragemöglichkeit nach jeder Rede,

F 11

- Beobachtung der Reaktionen der Teilnehmer,
- Einsatz vorhandener Hilfsmittel.

4. Nachfolgemaßnahmen

- Analyse der Ergebnisse der Versammlung durch

    - wöchentliche Beraterbesprechung
    - Zielgruppenorganisation
    - Evaluierungsabteilung

- Ermittlung von Ansatzpunkten für ergänzende Maßnahmen wie Feldtage, Gruppendemonstrationen, Fortbildungsprogramme für Zielgruppenfunktionäre, Medieneinsatz.

- Erforderliche Veränderungen bei Versammlungen in der laufenden Kampagne.

Bearbeitung

Gerhard PAYR, Rolf SÜLZER

F 12

Prüfliste für den Medieneinsatz

Der Medieneinsatz muß den Situationsbedingungen angepaßt werden. Die Entscheidung darüber sollte für jedes einzelne Medium und für jede Botschaft neu getroffen werden.

In der Prüfliste sind Fragengruppen und Einzelfragen zusammengestellt, die im Projekt durchgearbeitet werden sollten. Sie sollen es erleichtern, die Situationsbedingungen zu „entdecken". Zweckmäßigerweise nimmt man sich mehrere Blätter Papier dazu, trägt oben das zu prüfende Medium ein — etwa Dia-Einsatz — und geht jetzt die Liste durch und notiert jeweils die Antworten bzw. Probleme. Die fünf Fragengruppen richten sich auf „Zielsetzung", „Rahmenbedingungen", „Rationalisierungseffekte", „Angepaßtheit an Benutzer" und „Situationen".

Gruppe 1: Zielsetzungen

- Ist der zu vermittelnde Inhalt klar beschrieben, und wie verhält er sich zu den Zielsetzungen des Gesamtprojekts?
- Sollen Personen der Zielgruppe auf bestimmte Sachverhalte aufmerksam gemacht werden?
- Soll über den Medieneinsatz mobilisiert und motiviert werden?
- Ist die Zielsetzung des Medieneinsatzes die konkrete Handlungsaufforderung?
- Sollen Prozesse und Abläufe verdeutlicht werden?
- Ist beabsichtigt, konkrete Hilfen zur Problemlösung zu geben?
- Ist für bestimmte Innovationen eine fachliche bzw. soziale Unterstützung erforderlich?
- Wie sehen konkret (operational und überprüfbar) die Zielsetzungen des geplanten Medieneinsatzes aus?

Gruppe 2: Rahmenbedingungen des Einsatzes

- Sind die organisatorischen, zeitlichen, finanziellen und personellen Bedingungen für den Medieneinsatz in ausreichendem Maße gegeben?
- Sind ausreichend Übermittler, Geräte und Material vorhanden, um auch tatsächlich die Mitglieder der vorgesehenen Zielgruppe zu erreichen?

F 12

- Sind bei allen anzusprechenden Personen in der Zielgruppe die Empfangsmöglichkeiten oder die Teilnahmemöglichkeiten vorhanden?
- Sind besondere, vorbereitende Bauarbeiten notwendig, um ein Medium einzusetzen (Räume, Bestuhlung usw.)?
- Ist der Transport der vorgesehenen Medien an andere Orte leicht möglich?
- Sind die technischen Einrichtungen an den jeweiligen Orten und für die vorgesehenen Anwender verfügbar?
- Von welcher Qualität sind die Reparatur- und Servicemöglichkeiten?
- Welche Anforderungen bestehen hinsichtlich der Lagerungsbedingungen (Staub, Hitze, Feuchtigkeit usw.)?
- Welche Anforderungen werden an die Produktion der medientechnischen Hilfsmittel gestellt (Experten und ausländische Teams erforderlich oder mit lokalen Mitteln herstellbar)?
- Ist Elektrizität erforderlich?
- Kompliziertheitsgrad der Handhabung. Experten erforderlich?
- Werden verfügbare medientechnische Einrichtungen bereits voll ausgelastet und genutzt?
- Wer entscheidet über den Medieneinsatz (wer kontrolliert den Zugang zu den Medien)?
- Anzahl und Art der Vor-Tests, die dem Medien-Einsatz vorausgehen? (→ E 13)
- Organisatorische und personelle Verbindung des Mediendienstes mit der Zielgruppe?
- Einflußmöglichkeiten der Zielgruppe auf den Einsatz und Inhalt eines bestimmten Mediums?
- Ausbildung/Qualifikation der „Vorführer" beim Medieneinsatz?

Gruppe 3: Rationalisierungseffekte durch Medien

- Ist die Reproduktion möglich (wie oft)?

F 12

- Wie lange und sicher kann das Material gelagert werden (unter welchen Bedingungen)?

- Sind die Materialien jederzeit verfügbar (für welche Personen unter welchen Bedingungen)?

- Sind Wiederholungen möglich (für die gleiche Zielgruppe am gleichen Ort)?

- Welche Kosten müssen für die Geräte und das Material aufgewendet werden (insgesamt und je Mitglied der Zielgruppe)?

- Welche Kosten sind für die Produktion von Filmen, Dias, Sendungen usw. erforderlich (insgesamt und je Mitglied der Zielgruppe)?

- Welche Kosten fallen bei der Verbreitung an (Personal, Transport usw.)?

- Welche Größe hat die Zielgruppe?

- Haben die Mitglieder der Zielgruppe tatsächlich Gemeinsamkeiten, so daß sie mit einem Kommunikationsmittel erreicht werden können?

- Stehen die Mitglieder der Zielgruppe bereits untereinander in Verbindung (über Genossenschaften, Selbsthilfe-Gruppen, Dorfgemeinschaften usw.)?

- Gibt es bereits ansprechbare Multiplikatoren, die die Mitglieder der Zielgruppe erreichen?

- Werden vorhandene Multiplikatoren (Einzelpersonen oder Institutionen wie z.B. Genossenschaftszweigstellen, Krankenhäuser usw.) mit ergänzenden Informationen versorgt?

- Beweisen Tests die Brauchbarkeit des vorgesehenen Medieneinsatzes? Sind die Formen und Inhalte zur Kommunikation geeignet, d.h. wird in der Zielgruppe darüber geredet?

- Zusammenfassend: Ist der Medieneinsatz tatsächlich kostengünstiger und lernwirksamer als der Einsatz von Personen?

Gruppe 4: Angepaßtheit an Benutzer und Problem

- Welche Kriterien bestimmen die Auswahl der Inhalte?

F 12

- Welche Testverfahren sind in der Zielgruppe angewandt worden (mit welchen Ergebnissen)?
- Wie wird die Arbeit mit den Medien (formal und inhaltlich) evaluiert (Kriterien für Erfolg und Mißerfolg)?
- Sind bestimmte Vermittlungsformen hinsichtlich Benutzer und Problem richtig gewählt (Begründung)?
- Ist Bewegung erforderlich?
- Ist der Einsatz von Farbe notwendig?
- Im Blick auf die Wirklichkeit: welche Wiedergabetreue wird erreicht?
- Können die Benutzer zu den Aussagen Stellung nehmen?
- Werden die Stellungnahmen der Benutzer aufgezeichnet und für weitere Medieneinsätze verwendet?
- Ist das Material eigens für den Benutzerkreis und die örtlichen Bedingungen entwickelt oder entsprechend angepaßt worden?
- Hat die Ausbildung der Kommunikatoren Beziehung zu den Problemen und zur Einsatzsituation der Medien?
- Werden ganz konkrete Verfahren oder eher abstrakte Inhalte vermittelt?
- Entsprechen die vorgestellten Handlungsmöglichkeiten den tatsächlichen Möglichkeiten der Zielgruppe mit ihren materiellen, psychologischen, sozialen und politischen Nutzungsschranken?
- Wie und wo ist das Wissen über die Kenntnisse, die praktischen Fähigkeiten und die Motivation der Zielgruppen gespeichert (für wen verfügbar)? (→ C 2)
- Wie arbeiten Kommunikatoren und Mitglieder der Zielgruppe zusammen (Ort, Personen, Themen)?
- Wie sieht konkret der Produktionsablauf für eine Informationseinheit aus?

Gruppe 5: Angepaßtheit an verschiedene Situationen

- Ist der Medieneinsatz (technisch oder inhaltlich) saisonabhängig?

F 12

- Lassen sich die Medieninhalte flexibel an neue Situationen anpassen?
- Ist der Medieneinsatz an Instruktoren gebunden?
- Wie werden sprachliche Verständigungsbarrieren überwunden (bei kleinräumig vertretenen Dialekten)?
- Ist die nachträgliche Korrektur und Neuanpassung (nach den ersten Feldeinsätzen) möglich?
- Welche Transportbedingungen werden gestellt?
- Können die Produktionen auf lokaler Ebene (in lokalen Studios, mit vorhandenem Personal usw.) hergestellt werden?

Literatur

R. SÜLZER: Medienstrategien und Entwicklungpolitik. Anwendungsbezogene Forderungen für Medienprojekte im ländlichen Raum. In:Rundfunk und Fernsehen, 28, 1980, S. 56-69.

R. SÜLZER: Information Systems für Propagating Rural Innovations in African Countries. Audiovision Workshop 1979. Ed.: H:G. HUBRICH. Berlin: Internationales Institut für Medien und Entwicklung 1979, S. 55-79 und Anhang I — XII.

Bearbeitung

Rolf SÜLZER

G 1

Datenplan zur Situationsanalyse Teilbereich Beratung

Diskussion der Verfahren	Zweck und Verwendung der Daten	Verfahren der Datenerhebung[3]	Genauigkeit[4]	Erheber	Zeitpunkte
Erhebungsbereiche[1]					
⌊ ... ⌋					
B 1 Kenntnisstand bei den Zielgruppen					
1.1 Technisches Wissen in der pflanzlichen und tierischen Produktion	Anknüpfungspunkt für die Beratungsinhalte, den Aufbau von Demonstrationsprogrammen und den Mediendiensatz.	Gruppendiskussion, Befragungen und Beobachtung. Tests mit Bildvorlagen, Auswertung von Sekundärmaterial.	Wenn keine neuen Früchte und Ähnliches eingeführt werden, müssen die traditionellen Verfahren genau bekannt sein, um Verbesserungen zu entwickeln.	Geschulte Fachleute für Gruppendiskussion und Beobachtung. Geschulte Interviewer für Befragungen in größeren Anbaugebieten.	Erforderlich vor der Ableitung der Beratungsinhalte.
⌊ ... ⌋				⌊ ... ⌋	⌊ ... ⌋
1.4 Allgemeiner Bildungsstand, formelle und informelle Sozialisation, Lernprozesse[2]	Grundlage für die Gestaltung von Beratungshilfsmitteln und die Bestimmung der Beratungsverfahren, insbesondere der Gruppenarbeit.	Tests mit Bild- und Textvorlagen, Beobachtung des Gruppenverhaltens, intensive Einzelgespräche und Lebensgeschichten, Sekundärmaterial.	Zu Beginn des Projekts reicht eine allgemeine Einschätzung aus. Aufgrund von erprobenden Aktionen muß sie konkretisiert werden.	Geschulte Fachleute. Während der Durchführung übernehmen Berater diese Aufgabe anhand vorformulierter Kriterien für die Beobachtung.	Erforderlich vor der Ableitung von Beratungsverfahren, insbesondere beim Einsatz von Kontaktbauern; laufend.
⌊ ... ⌋				⌊ ... ⌋	⌊ ... ⌋

[1] Die Erhebungsbereiche sind ein Ausschnitt aus Arbeitsunterlage F 4.
[2] In der Sozialisation wird die Art des Umgangs mit Menschen, Tieren und Dingen geprägt, es bilden sich Verhaltensmuster.
[3] Im einzelnen bestimmen sich die Verfahren der Datenerhebung auch aufgrund der Ergiebigkeit des Sekundärmaterials.
[4] Die Genauigkeit bestimmt wesentlich den Zeit-, Personal- und Finanzbedarf. Ist das Finanzvolumen begrenzt, so wirkt das direkt auf die konkrete Untersuchungsanlage.

Bearbeitung

Rolf SÜLZER, Gerhard PAYR

G 2

Gliederungvorschlag für Durchführbarkeitsstudien zur Beratung

Die Bedingungen für erfolgversprechende Beratungsarbeit und problemlösendes Handeln der Zielgruppen sind erst gegeben, wenn bereits in der Durchführbarkeitsstudie folgende Fragen beantwortet werden:

1. Detaillierte Identifikation der Probleme

- Personenkreis (-gruppen), für die das jeweilige Problem besteht und denen es auch bewußt ist (Politiker, Experten, Förderungsorganisation, Kleinbauern und ihre Familien, Großbauern);

- Beschreibung des unerwünschten Ausgangszustandes, d.h. konkrete, möglichst quantifizierbare Angaben zum derzeitigen Handlungsraum und zur bestehenden Ressourcennutzung der Zielbevölkerung;

- operationale Bestimmung des Zielzustandes, d.h. Analyse der Entwicklungen in den Lebensverhältnissen und Ableitung von objektiven (Ressourcenpotential) und subjektiven (aus der Sicht der Zielbevölkerung angestrebten) Zielsetzungen; Diskussion „falscher" Erwartungen und Zielsetzungen;

- Definition der Barrieren (physikalische und/oder ökonomische, kulturelle soziale, politische Nutzungsschranken), die die Zielerreichung im einzelnen behindern.

2. Diskussion der Randbedingungen

- Angaben zum Verfahren der Problemermittlung: beteiligte Personen, Untersuchungsverfahren, Diskussionen mit Politikern, lokalen Trägerinstitutionen, Zielgruppen;

- Definition des Personenkreises, der vom Problem **direkt** oder **indirekt** (z.B. Händler, Großbauern, Institutionen) **betroffen** ist;

- Beurteilung der Dringlichkeit des Problems und Angabe von Beurteilungskriterien für die Prioritätensetzung;

- Analyse der bisher bereits versuchten Lösungswege (Mittel, beteiligte Personen, Erfolg).

G 2

3. Formulierung grundsätzlicher Lösungswege

- Nachweis der Möglichkeiten einer systematischen Beeinflußbarkeit der identifizierten Barrieren;

- Beschreibung, in welcher Art und Weise welche Personengruppen von den vorgeschlagenen Lösungswegen profitieren können;

- Erörterung von möglichen Reaktionen anderer Personengruppen bzw. von Veränderungen im ökologischen System: Diskussion zu erwartender neuer Probleme.

4. Bestimmung der Beratungsverfahren

- Ebenen der Diskussion mit den Zielgruppen

- Kommunikationsverfahren in der Beratung

- Beteiligung der Zielgruppen an Entscheidungen

- Abstimmung der Vorgehensweise mit allen Betroffenen (Politikern, Behörden, Förderungsorganisationen), um Zustimmung und aktive Unterstützung zu erreichen.

- Festlegung der Verfahren zur Ablaufkontrolle und Ablaufsteuerung.

5. Entwurf der Beratungskonzeption

- Begründung der Leistungsfähigkeit des Beratungsansatzes hinsichtlich einer weitgehend selbständigen (autonomen) und möglichst raschen Neuerungsausbreitung: Verhaltensänderung in der definierten Zielgruppe.

- Ausnutzung und systematische Beeinflussung vorhandener Handlungsspielräume bei der Bevölkerung.

- Verfahren der aktiven Beteiligung der Zielbevölkerung an der Planung und vor allem der konkreten Ausgestaltung von Programmen.

Bearbeitung

Gerhard PAYR, Rolf SÜLZER

G 3

Ausschnitt aus einer Begriffskartei

Die Art der sprachlichen Bezeichnung und der Differenzierung der Begriffe verrät sehr viel über die Kultur, über Wahrnehmen, Denken und Handeln. Daher empfiehlt es sich für jeden Fremden, auch wenn er die Landessprache nicht lernen will oder kann, für wichtige Sachbereiche, in denen er zu arbeiten hat, die zentralen Begriffe der Lokalsprache zu ermitteln und in einer Begriffskartei zu sammeln. Hier ein Beispiel für einen Ausschnitt aus einer Begriffskartei, in dem soziale Organisation im Jemen behandelt wird.

ain, pl. ayyan	bayt
ist der Chef einer Produktionseinheit; im Plural aber verschiebt sich die Bedeutung zu: Dorfälteste, Führer der Großfamilie	bezeichnet ebenfalls eine solche Großfamilie, bezieht sich aber stärker auf den Wohnort selbst, wird häufig wie ein Name gebraucht und ist eine Art Ehrenbezeichnung für eine Großfamilie. (badanah)
àquil, pl. òqual	qebar
ist der Vorsitzende eines Dorfes; er wird von der Versammlung der ayyan gewählt, die den Großfamilien vorstehen und diese nach außen vertreten.	ist die Bezeichnung für die Großen in der Siedlung; es ist keine verwandschaftliche Beziehung.
badanah	shaykh, pl. mashaykh
bezeichnet Stammesmitglieder, die an einem Ort zusammenleben (Großfamilie). Es ist ein Verband von Kernfamilien (osrat).	bezeichnet den Anführer eines Stammes, Stammesbezirks oder Unterstammes; zugleich ist es aber auch die gebräuchlichste Bezeichnung für „Anführer" allgemein. (z.B. shaykh al qaryah = Anführer des Dorfes; shaykh as-suq = verantwortlich für den ordnungsgemäßen Marktablauf).

Bearbeitung

Rolf SÜLZER

G 4

Beispiel für ein Routine-Berichtsblatt einer Zielgruppenorganisation

Zielgruppenorganisation: .... Beratungsgebiet: ....
Ort: .... Feldberater: ....

1. Kommentare zum laufenden Beratungsprogramm:
   1.1. Die Mehrheit der Bauern ist mit der laufenden Beratungsarbeit:
      ○ zufrieden
      ○ nur teilweise zufrieden
      ○ überhaupt nicht zufrieden

   1.2. Begründung der Unzufriedenheit mit der Beratung:
   ....
   ....
   ....
   ....

   1.3. Vorschläge für Verbesserungen:
   ....
   ....
   ....
   ....

2. Sonstige Vorschläge, Wünsche, Beschwerden, Probleme der Zielgruppenorganisation:

Datum: ....
                                              Unterschrift des Zielgruppenvertreters

Anmerkung: Dieser Bericht sollte einmal monatlich an den vorgesetzten Feldberater übermittelt werden. Eine Kopie verbleibt bei der Zielgruppenorganisation.

Bearbeitung

Gerhard PAYR, Rolf SÜLZER

G 5

Beispiel eines Beratungsrundbriefs zur Einführung einer verbesserten Unkrauthacke

Hinweis zur Ausgangslage

In einem Projekt wurde in enger Zusammenarbeit mit Feldberatern, Zielgruppen und Forschungsstationen eine verbesserte Unkrauthacke entwickelt und im Feld erprobt. Die neue Hacke zeigte sich dabei in jeder Hinsicht den traditionellen Hacken überlegen, so daß ihre Einführung in großer Stückzahl ins Beratungsprogramm aufgenommen wurde. Die Feldberater wurden im Rahmen eines zweitägigen Spezialkurses auf die Beratungskampagne zur Einführung der neuen Unkrauthacke vorbereitet. Die vorliegende Broschüre soll den Beratern als Merkblatt bei der Durchführung von Beratungsgesprächen und Demonstrationen dienen.

Nr. 21	Beratungsrundbrief	März 1980

Einführung einer neuen Unkrauthacke

(1) Begründung

Die Überwindung der größten Arbeitsspitze — das Freihalten der Felder von Unkraut — ist eines der zentralen Probleme unserer Bauern. Viele Bauern geraten bei diesem Arbeitsgang in Verzug, und verunkrautete Felder, schlechter und verzögerter Aufwuchs der Kulturpflanzen sowie geringe Düngerwirkung sind die Folgen. Die niedrigen Erträge führen zur unzureichenden Produktion von Grundnahrungsmitteln und zu Unwirtschaftlichkeit beim Anbau von Verkaufsfrüchten.
Es müssen deshalb Verfahren gefunden werden, durch die die Bauern die Pflegearbeiten termingerechter durchführen können. Ein Weg dazu ist die neue Unkrauthacke, die nach erfolgreicher Felderprobung bei ausgewählten Bauern nunmehr allgemein eingeführt werden soll.

(2) Welche Vorteile bietet die neue Unkrauthacke?

– Mit der neuen Unkrauthacke kann gegenüber der traditionellen Hacke bis zu 40 % Zeit gespart werden:

– die Arbeit ist weniger anstrengend, weil die neue Hacke nur die Hälfte der üblichen Hacken wiegt;

G 5

- besonders für Frauen und Kinder wird dadurch die Arbeit erheblich erleichtert;

- die Lebensdauer der Hacke beträgt 2 — 3 Jahre, weil besonders widerstandsfähiges Material verwendet wurde, das aber von den lokalen Schmieden noch bearbeitet werden kann;

- die Hacke kostet trotz des verwendeten besseren Materials nicht mehr als die traditionelle Hacke.

(3) Was ist bei der Unkrautbekämpfung ganz allgemein zu beachten?

- Die Hackarbeit soll beginnen, wenn die Unkräuter 2 cm hoch sind; so lange die Unkräuter noch klein sind, ist die Arbeit leicht und erfordert wenig Zeit;

- bei der Unkrauthacke können auch Schulkinder mithelfen;

- die Unkrauthacke muß wiederholt werden, bis die Kulturpflanzen die Unkräuter unterdrücken können;

- das Unkraut soll zur Bodendeckung verwendet werden.

(4) Wie ist bei der Einführung vorzugehen?

- Ab sofort müssen alle Feldberater die ausgegebene Demonstrationshacke ständig mit sich führen (Festbinden am Fahrrad mit dem Hackenteil nach hinten);

- Zunächst sind alle Kontaktbauern im Rahmen einer Demonstration zu schulen, sofern sie die neue Hacke noch nicht kennen;

- nach Beendigung der Schulung erhalten die Kontaktbauern vom Berater je eine neue Unkrauthacke zur Durchführung weiterer Demonstrationen kostenlos. Weitere können sie zum regulären Preis von 20 Escudos kaufen;

- die Kontaktbauern müssen angehalten werden, bei Pflegearbeiten nur mehr die neue Unkrauthacke zu verwenden;

- die Feldberater müssen die Kontaktbauern bei den Demonstrationen anfangs unterstützen und die Reaktionen der Bauern beobachten;

- die Berater müssen die Hacke im Rahmen des laufenden Demonstrations- und Feldtageprogramms den Bauern vorstellen;

G 5

- die Unkrauthacken werden auch über den Kinowagen, den Rundfunk und Plakate empfohlen;

- für die lokalen Schmiede wurde bereits eine Schulung zur Reparatur der neuen Hacken an der Dorfhandwerkerschule durchgeführt.

(5) **Wie können die Bauern die Unkrauthacke erhalten?**

- Die Hacken sind bei allen Ausgabestellen der Genossenschaft verfügbar;

- der Barpreis für eine Hacke beträgt 20 Escudos, das kann ein Bauer normalerweise bezahlen;

- auf Kredit sind Hacken deshalb nur bei Gruppenbestellungen von Dorfkomitees erhältlich. Dabei müssen mindestens 10 Unkrauthacken bestellt werden. Die Kreditanträge werden vom Feldberater bestätigt und an den Kreditinspektor weitergeleitet. Dieser stellt einen Kreditbrief aus, der vom Berater dem Dorfkomitee zugestellt wird und zum Bezug der Hacken bei der Genossenschaft berechtigt. Der Kreditpreis einer Hacke beträgt dann 24 Escudos.

(6) **Mögliche Schwierigkeiten**

Obwohl die Hacke mehr als ein Jahr lang im Feld geprüft wurde, können unvorhergesehene Probleme auftauchen. Alle Feldberater müssen deshalb die Reaktionen der Benutzer neuer Hacken aufmerksam verfolgen und Beobachtungen positiver und negativer Art bei den wöchentlichen Besprechungen berichten oder ihren unmittelbaren Vorgesetzten sofort darüber informieren.

Bearbeitung

Gerhard PAYR, Rolf SÜLZER

G 6

Beispiel für die Kalkulation des Zeitaufwandes für die Demonstration einer Rückenspritze

Bei Zeitaufwandsschätzungen werden oft Fehler gemacht. Meist wird der erforderliche Zeitaufwand für Maßnahmen zu gering veranschlagt. Unrealistische Programme und nicht erreichte Ziele sind die Folge. Einbeziehung der Feldberater und ihrer Erfahrungen in die Planung ist eine Konsequenz daraus.

Das folgende Beispiel, das sich an das in Arbeitsunterlage → E 7 beschriebene Verfahren anlehnt und die dortige Beschreibung ergänzt, soll daneben einen weiteren anschaulichen Hinweis auf Zeitaufwandsprobleme geben.

Aktivität	Zeitaufwand (Minuten)
1. **Einladung** einer Gruppe von 10 - 15 Bauern über einen Kontaktbauern:	
– Anfahrt ins Dorf per Fahrrad	30
– Information des Kontaktbauern über Zweck der Demonstration und Vereinbarung über Zeit, Ort und Teilnehmer	30
– Rückfahrt	30
Zwischensumme	90
2. **Durchführung** einer Demonstration	
– Anfahrt	30
– Vorbereitung des Gerätes	15
– Erläutern der Gerätefunktion	30
– Herstellen einer Insektizidlösung	15
– Sprühdemonstration	15
– Bedienen des Gerätes durch Teilnehmer	45
– Diskussion und Information	30
– Rückfahrt	30
Zwischensumme	210
Gesamtaufwand 1 und 2	300

Sind keine Kontaktbauern vorhanden, muß der Berater jeden einzelnen Bauern informieren. Dies würde erheblich mehr Zeit beanspruchen. Nur wenn Beratung schon gut eingeführt ist und die Alphabetisierung hoch ist, können Anschlagtafeln eingesetzt werden.

G 6

Die Aufstellung macht den hohen Zeitaufwand für alle Teilschritte deutlich. Sollen 300 Bauern pro Berater die Rückenspritze übernehmen, so wird das zeitliche Dilemma ersichtlich.

Ein Rationalisierungseffekt ist möglich durch:

- Vergrößerung der an der Demonstration teilnehmenden Gruppe;

- Beschränkung auf die erste Demonstration durch die Berater. Weitere Demonstrationen und Erläuterungen werden von Kontaktbauern durchgeführt;

- Verknüpfung der Demonstration mit Beratungsbesprechungen oder anderen Veranstaltungen;

- Verteilung von einfach und eindeutig illustrierten Handzetteln.

Ein Engpaß ergibt sich oft aus dem Umstand, daß viele Demonstrationen einen jahreszeitlichen Bezug haben und deshalb innerhalb eines begrenzten Zeitrahmens durchgeführt werden müssen.

Bearbeitung

Gerhard PAYR, Rolf SÜLZER

G 7

Beispiel für den Personalbedarf einer regionalen Agrarverwaltung in Malawi

	Qualifikationen		
	Leitend. Personal Zahl	Techn. Personal Zahl	Feld- u. Hilfspers. Zahl
1. Leiter der Regionalverwaltung	1		
2. Leiter der Abteilung Beratungsdienste	1		
– Betriebswirtschaft	1		
– Pflanzenschutz		1	
– Wildkontrolle		1	
– Tierhaltung	1	1	2
– Spezialkulturen	2	2	
– Hauswirtschaft	1		
– Vorratswirtschaft	1		
– Beratungshilfsmittel		1	5
– Aus- und Fortbildung	1	2	
– Forstwesen	1	1	
– Marktwesen	1	1	
– Kredit	1		
3. Leiter der Abt. Ländl. Dienste	1		
– Ländliche Institutionen	1	1	
– Evaluierung	1	3	52
– Landentwicklung	2	4	
– Versuchswesen	1		
4. Leiter der Abt. Finanzwesen	1		
– Buchhaltung	1	2	7
– Kreditbuchhaltung	1	1	4
5. Leiter der Abt. Verwaltung	1		
– Personal		1	1
– Transport (einschl. Chauffeure)		1	27
– Magazine		1	1
– Registratur		1	3
– Verwaltungspersonal der Abteilung			17
– Hilfskräfte der Abteilungen			11
Gesamtbedarf	22	25	130

G 7

Die Angaben sind der „Management Unit Liwonde", Malawi 1979, entnommen. Ihre Aufgabe ist die Planung, Durchführung und Evaluierung von 8 ländlichen Regionalentwicklungsvorhaben mit einer Gesamtbevölkerung von etwa 1,1 Millionen Menschen.

Bearbeitung

Gerhard PAYR, Rolf SÜLZER

G 8

Drei Beispiele für die Gestaltung von Arbeitsprogrammen für Feldberater

Beispiel eines Wochenprogramms für Feldberater

Woche:........
Monat:........
Projekt:........................ Beratungsgebiet:............................. Feldberater:.......................... Jahr:........

Tag	Arbeitsort (Dorf)	Aufgaben	Anmerkungen	Kommentare zur Durchführung: (Nach Abschluß der Arbeit ausfüllen)
Mo 1.11.	Dorf 1 Dorf 2	1. Abhalten einer Dorfversammlung: - Erläuterung des neuen Maissaatguts - Termine für Saatgutausgabe festlegen - Einsammeln der Kreditanträge - Ankündigung des Kinowagens zur Anbaudemonstration für Mais und Erdnuß	Termin mit Dorfkomitee vereinbaren	- keine Versammlung im Dorf 1 wegen Begräbnis, Versammlung auf Samstag Vormittag verschoben - Kreditbüro hat falsche Anträge ausgegeben - alle Komiteefunktionäre über Kinovorführung informiert
Di 2.11.	Dorf 3	wie oben	ethnische Probleme in Dorf 3	- Moslems aus Dorf 3 kamen nicht zur Versammlung. Mit religiösem Führer gesprochen und diesen über das Programm informiert
Mi 3.11.	Dorf 5 Dorf 6	1. Dorfversammlung: - Reparatur der Schutzdämme - Umtauschtermine für Saatgut - Sammelbestellung für Dünger - Ankündigung des Kinowagens 2. Auswahl von 2 Demo.-Flächen	Dorf 5 und 6 kultivieren vorwiegend Regenreis	- Saatgutbedarf Dorf 5: 2.400 kg Dorf 6: 3.850 kg - Lage der Demonstrationsflächen: siehe Skizze in der Anlage - Termine für Kino bekanntgegeben
Do 4.11.	Dorf 7	1. Gruppengespräch mit lokalen Führern: - Erläuterung des aktuellen Beratungsprogramms - Vereinbarung einer Dorfversammlung für folgende Woche - Ankündigung des Kinowagens zur Anbaudemonstration für Mais und Erdnuß	keine Komitees in Dorf 7 und 8, traditionelle Führer sind gegen Komitees	- lokale Führer stimmen Komiteegründung zu - Dorfversammlung am 9.11. vereinbart - Termin für Kino bekannt gemacht - ein lokaler Händler verkauft minderwertiges Maissaatgut
Fr 5.11.	Feldbüro	1. Programmierung 2. Ausbildung für das Programm		- Anträge für interne Prüfung ausgefüllt - Keine Notizbücher verfügbar
Sa 6.11.	Dorf 1 Beraterhaus	1. Dorfversammlung, wie für Mo geplant 2. Schulung der Komiteefunktionäre 3. Verwaltungsarbeiten	für Dorf 1 - 6	- Saatgutbedarf: 3.050 kg - alle Komitees waren vertreten

G 8

Beispiel eines Monatsprogramms für Feldberater

Monat:........
Jahr:........

Projekt:.................... Beratungsgebiet:.................... Feldberater:....................

Maßnahmen	in Zusammen-arbeit mit	Planziel (Indikator)	Anmer-kung	Woche 1 2 3 4	Komplementär-maßnahmen
1. Programmierung und Fortbildungsseminar	Pflanzenbauspe-zialisten		jeden Freitag		
2. Einführung einer neuen Maissorte		200 Bauern sollen übernehmen			
- Seminar für Komi-teefunktionäre	vorgesetztem Berater	1 x			
- Dorfversammlung	Funktionären und Dorfvorstehern	1 x	in Woche nach Funktio-närsschu-lung		
- Kinowageneinsatz	audiovisuellen Spezialisten	2 Vorfüh-rungen	Film und Dias aus-wählen		Über Rundfunk und An-schlagtafeln Termin be-kanntmachen
- Saatgutverteilung	Kredit/Vermark-tungs-Personal	4000 kg 200 Klein-kredite	Ausgabe am Lager-haus		Saatgut am 15. auslie-fern Kreditkarten vorbereiten
- Gruppenberatung Anbau	Pflanzenbauspe-zialisten		Beratung über Ko-mitees		

G 8

Beispiel eines Jahresprogramms für Feldberater

Projekt:................... Beratungsgebiet:................... Feldberater:................... Jahr:......

Maßnahmen	in Zusammenarbeit mit	Planziel (Indikator)	J	A	S	O	N	D	J	F	M	A	M	J	Anmerkungen
1. Einführung einer neuen Maissorte		Übernahme durch 40 % der Zielbevölkerung													Neuerung wurde im Vorjahr demonstriert
- Seminar für Komiteefunktionäre	vorgesetzten Beratern														ca. 20 Personen, 1 x monatlich
- Dorfversammlungen	Komiteefunktion.														jeden 2. Monat
- Kinowageneinsatz	audiovis. Spez.														1 x monatlich
- Bereitstellung von Saatgut	Kredit/Vermarktungsorganis.	5000 kg Saatgut													Verfügbarkeit prüfen
- Gruppenberatung zum Anbau	Spezialisten														
- Anlage von Demonstrationsflächen	Spezialisten	1 pro Dorf													inkl. Kontrolle
- Feldtag	Dorfkomitees	3 pro Woche													kombinieren mit anderen Inhalten
- Gruppenberatung Ernte	Spezialisten speicher pro Dorf	1 Muster-													
2. Förderung von Cassava-Erdnuß-Mischkulturen	Forschungsstation	3 Demonstr.-flächen pro Dorf													Vorteilhaftigkeit durch Feldversuche belegt
3.															
4.															
5.															
. Für alle Beratungsinhalte, wie bei 1. dargestellt, Maßnahmen benennen!															
8. Fortbildung															
- 1-wöchiger Kurs	region. Ausbildungszentrum														mit Prüfung
- 1 Tag pro Woche	vorgesetzten Beratern														nach Programmierung
9. Urlaub															

Bearbeiter

Gerhard PAYR, Rolf SÜLZER

G 9

Didaktisches Material zur Bewußtseinsbildung und Ausbildung in der Zentralregion Togos

Man arbeitet nach der Flanellbildmethode mit beweglichen Bildern und Bildelementen. Um Störungen durch Wind auszuschalten, wird statt des Flanelltuchs eine ausklappbare Metalltafel verwendet, auf der man die Bilder mit Magneten fixiert.

1. Serienbeispiel: Bewußtseinsbildung Kabyé

Diese Bildserie steht am Anfang des Jahresprogrammes. Sie ist eine Problemanalyse in Bildform. Sie gibt keine Lösungshinweise, sondern soll zum Nachdenken anregen! Grundlagenwissen wird in den dann folgenden Serien „Nährstoffkreislauf" und „Bodenfruchtbarkeit" vermittelt. Erst dann kommen Lösungsvorschläge!

1.1 Serienbeschreibung

Ziele der Serie

Nach der Teilnahme an der Ausbildung soll sich jeder Teilnehmer bewußt sein, daß:

— Ackerland für jede Familie, jedes Dorf nur begrenzt verfügbar ist;

— die Umwelt sich durch den Einfluß des Menschen verändert;

— der Mensch diese Veränderung steuern kann;

— die Umwelt das Leben des Menschen bestimmt.

Bild 1:

Die Kabyé-Familie an ihrem Geburtsort

— schlechte Ernte von Mais und Sorgho

— die Männer kommen mit leeren Händen von der Jagd zurück

— Fehlernährung und Krankheiten

— geringe Vegetation

G 9

Bilder 1 — 4:

G 9

- Wassermangel
- unkontrollierte Buschfeuer
- das Leben ist sehr schwer geworden

Bild 2:

Die Kabyé-Familie verläßt ihren Geburtsort

- nur noch geringe Vegetation
- alle Bäume sind abgeschlagen
- weiterhin unkontrolliertes Buschfeuer
- Mißernte
- die Familie muß das Dorf verlassen

Bild 3:

Die Kabyé-Familie hat sich in der Zentralregion angesiedelt

- dichte Vegetation
- Felder in unmittelbarer Nähe der Häuser
- gute Ernten
- genügend Wasser
- genügend Holz

Bild 4:

Das gleiche Kabyé-Dorf Jahre später

- verbesserte Infrastruktur
- Erhöhung der Bevölkerung
- Felder in großer Entfernung vom Haus
- neben den Häusern kann nur noch mit Mineraldünger kultiviert werden

G 9

- Wassermangel

- Abwanderung der Jugend in die Stadt

Wie wird es weitergehen?
Wird die Familie nochmals weiterziehen?

2. Serienbeispiel: Aufbau eines Agro-Forst-Systems

Die Bilder sind eine Anleitung zum Anlegen eines Agro-Forst-Systems. Dies ist eine technische Serie und damit ein Lösungsvorschlag für einen Teil der Probleme in der Zentralregion.

2.1 Serienbeschreibung

Für diese Serie wird nachstehend die Übersetzung des Begleittextes für die Feldberater wiedergegeben.

Die Serie besteht aus den Bildern:

1. Ausstecken der Höhenlinien
2. Pflanzlochvorbereitung
3. Artenverteilung in der Reihe
4. Pflanzung und Saat
5. Schutz der Bäume
6. Schrittweiser Aufbau von Baumbändern
7. Das fertige Agro-Forst-System

Die Bilder 1, 4, 6 und 7 werden hier abgebildet.

Ziele der Serie

Nach der Ausbildung soll jeder Teilnehmer wissen:

- was eine Höhenlinie ist und wie sie ausgesteckt wird;
- daß es notwendig ist, auf den Höhenlinien zu kultivieren:
- warum und wie ein großes Pflanzloch gemacht wird;
- wie ein Baum richtig gepflanzt wird;
- daß man Bäume auch säen kann;
- daß die Straucherbse in die Baumlinien gesät werden soll;
- wie die Bäume gegen Feuer und Tierverbiß geschützt werden;
- wie man schrittweise ein Baumband aufbaut;
- welche Vorteile ein fertiges Agro-Forst-System hat.

G 9

Bilder 1, 4, 6 und 7:

G 9

Zu erklärende Punkte   Fragen an die Bauern

Bild 1: Ausstecken der Höhenlinien

- Was ist eine Höhenlinie?

- Beim Ausstecken mit der Höhenlinie an der unteren Seite des Feldes beginnen
- Die anderen Linien parallel zur untersten Höhenlinie ausstecken

- Der Abstand zwischen den Linien

    ist maximal 38 m (abhängig von der Hangneigung)

- Der Abstand zwischen den Bäumen in der Linie ist 2 oder 4 m

- An jeder vorgesehenen Pflanzstelle wird ein Stock eingeschlagen.

                                    Warum auf den Höhenlinien kultivieren?
                                    Antworten:

                                    - um die Erosion zu verhindern

                                    - um das Versickern des Wassers zu begünstigen.

Nach der Erklärung zeigt der Berater mit Hilfe des A-Nivelliergerätes, wie eine Höhenlinie ausgesteckt wird.

Bild 2: Pflanzlochvorbereitung

- Für die Baumpflanzung haben wir drei Möglichkeiten:

    1. Die Pflanzung von Bäumen, die in Baumschulen angezogen wurden sind, z.B.

        - Cassia siamea
        - Neem
        - Kapok
        - Akacia auriciliformis

G 9

Zu erklärende Punkte   Fragen an die Bauern

- Tamarinde
- Akacia albida
- Leucaena

2. Direktsaat, z.B.

- Parkia
- Butyrospermum
- Straucherbse
- Leucaena
- Blighia

3. Direktpflanzen (umpflanzen) z.b.

- Teak

- Die Vorbereitung des Pflanzloches ist immer gleich, unabhängig, ob gepflanzt oder gesät wird.

- Das Pflanzloch wird 40 cm x 40 cm einen Monat vor Pflanzung oder Saat angelegt.

- Es wird sofort wieder mit guter Erde gefüllt und noch ein 10 cm hoher Hügel darauf gehäuft. Auf den Hügel wird ein Stock gesteckt.   Warum muß das Pflanzloch auf diese Weise gemacht werden?

Antworten:

- um das schnelle Wurzelwachstum in der weichen Erde zu erleichtern

- um das Einsickern des Wassers zu erleichtern

- durch das Setzen der Erde im Laufe des Monats verschwindet der Hügel, ohne eine Vertiefung zu bilden

G 9

Zu erklärende Punkte

Fragen an die Bauern

- die Vertiefung muß vermieden werden, um eine Überstauung der jungen Pflanze während der großen Regen zu vermeiden

- das Absetzen der Erde während eines Monats ist unvermeidlich, um eine Verletzung der jungen Wurzeln zu vermeiden.

Bild 3: Artenverteilung in der Reihe

- Mindestens drei verschiedene Baumarten sollen pro Linie gepflanzt werden
- Die Verteilung geschieht gleichmäßig über die Linie
- Es muß vermieden werden, Bäume mit gleichen Eigenschaften Seite an Seite zu pflanzen. (z.B. Bäume mit großer Krone oder langsamwachsende Bäume usw.)

- Warum sollen die Bäume beim Auspflanzen gemischt werden?

Antworten:

- um große Lücken beim Holzschlag zu vermeiden
- um zu starken Schatten zu vermeiden
- um die Ausbreitung von Pflanzenkrankheiten zu vermeiden.

Bild 4a: Pflanzung

- Zum Pflanzen den Stock entfernen und entsprechend dem Wurzelbal-

G 9

Zu erklärende Punkte

Fragen an die Bauern

- len ein kleines Loch machen
- Vorsichtig den Plastiksack mit Hilfe einer Rasierklinge oder eines Messers entfernen, indem man ihn in Längsrichtung aufschneidet
- Den Ballen nicht verletzen!
- Beim Pflanzen muß sich der Wurzelhals zu ebener Erde befinden
- Andrücken der Erde um den Ballen, um ein Nachrutschen zu verhindern
- Mit ausgerissenen Unkräutern eine Mulchschicht um den Baum legen
- Anschließend wird der Stock 20 cm von der Pflanze entfernt wieder eingeschlagen.

Warum ist es wichtig, den Baum in der richtigen Höhe zu pflanzen?

Antworten:
- zu hoch würde bedeuten, daß sich ein Teil der Wurzeln außerhalb der Erde befindet. Die Pflanze kann schnell vertrocknen
- zu tief würde bedeuten, daß sich der Stamm in der Erde befindet und schnell verfault.

Warum ist das Mulchen wichtig?

Antworten:
- um die Feuchtigkeit zu erhalten
- um Unkräuter zu unterdrücken.

Bild 4b: Direktsaat

- Der Bauer sammelt selber die Samen für die Bäumen
- Der Bauer muß zur Samenernte einen gesunden, kräftigen Baum von normalem Maß auswählen
- Butyrospermum wird unmittelbar nach der Ernte gesät, da die Keimfähigkeit später schnell abnimmt

G 9

Zu erklärende Punkte   Fragen an die Bauern

- Um das Pflanzloch herum werden alle Unkräuter herausgerissen
- Gesät wird mit 2 - 3 Samen pro Pflanzloch, nahe dem Stock
- Die Samen werden 3 cm tief im Boden abgelegt
- Die verschiedenen Arten werden abwechselnd eingesät

Bild 4c: Direktsaat der Straucherbse

- Die Straucherbse wird mit 2 - 3 Körnern pro Saatloch gesät
- In den Baumreihen mit 4 m Baumabstand in der Reihe wird die Straucherbse alle 80 cm gesät. Dies ergibt vier Saatstellen zwischen zwei Bäumen.
- In den Baumreihen mit 2 m Baumabstand in der Reihe wird ein einzelnes Saatloch zwischen 2 Bäumen angelegt.
- Wenn die Aussaat in einer Brache geschieht, wird ein Band von 60 cm gejätet.

Warum soll die Straucherbse gesät werden?

Antworten:

- um die Baumlinien zu markieren
- zur Nahrungsmittel- und Futtererzeugung

Bild 5: Schutz der Bäume

- Die Unkrauthacke für die Baumlinien geschieht zur selben Zeit wie für die Kulturen
- Die gesamte Linie muß durch einen Feuerschutzstreifen gesichert werden

G 9

| Zu erklärende Punkte | Fragen an die Bauern |

– Jeder Baum muß gegen Tierverbiß durch eine Umzäunung (z.B. Sorgho-Stengel, Äste, Palmenzweige) oder durch Bestreichen mit Dung geschützt werden.

Gibt es noch andere Methoden zum Schutz der Bäume?

Bild 6: Schrittweiser Aufbau von Baumbändern

– Der Bauer kann pflanzen:
  – eine Linie
  – zwei Linien mit 2 m oder 4 m Abstand
  – drei Linien mit 2 m oder 4 m Abstand zwischen den Reihen
  – vier Linien mit 2 m Abstand
  – fünf Linien mit 2 m Abstand

– Jedes Jahr kann er eine oder mehrere Linien hinzufügen, um ein Band aufzubauen
– Bei mehreren Linien werden die Bäume auf Lücke gepflanzt
– Ausstecken, Pflanzlochvorbereitung und Schutz werden immer auf dieselbe Weise gemacht.

Wieviel Bäume kann man auf einer Linie von 50 m bei einem Abstand von 2 m (4 m) in der Reihe pflanzen?

Bild 7: Das fertige Agro-Forst-System

– Das Baumband hat eine Breite von 8 m
– Der Abstand zwischen den Baumbändern ist 30 m
– Mindestens drei verschiedene Baumarten bilden das Baumband
– Die Bäume können gestutzt oder ausgedünnt werden, wenn sie die angrenzenden Kulturen stören

G 9

Zu erklärende Punkte

- Die oberflächlichen Wurzeln können abgehackt werden, wenn sie die angrenzenden Kulturen stören
- Ein dichtes Baumband (2 m in, 2 m zwischen den Linien) produziert ab dem vierten Jahr Feuerholz, Stangen und Viehfutter
- Durch Ausdünnung und Verluste der Bäume wird letztlich mit einem Baumabstand von 4 x 4 m gerechnet.

Fragen an die Bauern

Welches sind die Vorteile des Baumbandes?
Antworten:
a) wirtschaftlich
  - Feuerholz
  - Früchte
  - Bauholz
  - Holz für Gebrauchsgeräte
  - Viehfutter

b) ökologisch
  - Steigerung der Bodenfruchtbarkeit durch die Zuführung von Mineralsalzen und organischer Masse

Quelle

I. BINNEWERG: Landwirtschaftliche Beratung, Strategie, Inhalt, Methode, Mittel. Zentralregion Togo, Sokodé, 1986.

Fotos

Ingo BINNEWERG

Bearbeitung

Ingo BINNEWERG

G 10

Didaktisches Material zur Bewußtseinsbildung und Ausbildung aus dem landwirtschaftlichen Beratungsvorhaben Nyabisindu, Rwanda

Seit das CFSME-System (→ A 8) in Rwanda zum nationalen Beratungssystem erklärt wurde, hat auch das GTZ-Projekt „Landwirtschaftliches Beratungsvorhaben Nyabisindu" die Grundzüge dieses Beratungsansatzes übernommen. Auch die Flanellbildmethode als zentrales Beratungs- und Ausbildungshilfsmittel wurde in Nyabisindu eingeführt. Im Vergleich zu den hier unter → D 6 gezeigten Serienbeispielen aus Kibuye fallen einige Veränderungen bei den Produktionen aus Nyabisindu auf:

- Die Zeichnungen sind plakativer und damit aus etwas größerer Entfernung noch erkennbar.

- Die Reihenfolge der Bildelemente ist fest vorgegeben, und durch Nummern auf den Bildern wird die korrekte Handhabung zusätzlich erleichtert.

- Der Begleittext für den Animateur ist stärker vorstrukturiert. Insbesondere werden ihm nun viele Fragen explizit vorgegeben (Fragen statt sagen!).

- Im letzten Abschnitt der Begleitbroschüre werden konkrete Vorschläge für die praktische Ausbildung gemacht, die nach der Einweisung mit den Bildern erfolgen soll.

- Am Ende der Sitzung erhalten die Teilnehmer ein Faltblatt mit der einfarbigen und verkleinerten Reproduktion aller Bilder und einigen Stichworten in Landessprache zur Erinnerung mit auf den Heimweg.

Stellvertretend für die weiteren Produktionen wollen wir hier die Serie mit dem Titel: „Die Erosion und die Einrichtung von Erosionsschutzlinien" vorstellen.

1. Das Begleitheft für die Berater/Ausbilder.

Gliederung

A. Einführung in das Thema

B. Was ist Erosion?

C. Erosionsschutzlinien als Grundelement

D. Die schrittweise Bildung von Terrassen

G 10

E. Kurszusammenfassung

F. Elemente der praktischen Ausbildung

A Einführung in das Thema

Grußwort:
Dank für das Erscheinen und Freude darüber, daß die Teilnehmer durch ihr Erscheinen ein sichtbares Interesse am Thema zeigen.

> **?** Was beobachten wir im Zusammenhang mit der Erosion und ihren Auswirkungen auf unseren Hügeln?

> **?** Was machen wir schon, um ihrer Herr zu werden?

▶ DIE GRUPPE ANTWORTET ...

> **?** Für wen alles stellt die Erosionsbekämpfung eine wichtige Aufgabe dar?

▶ DIE GRUPPE ANTWORTET ...

Die Regierung und das Projekt setzen enorme Anstrengungen in das Erosionsschutzprogramm. Sie stellen den Gemeinden Arbeitskräfte für die Ausmessung und Auspflockung und ansehnliche technische Ausstattung für das Umuganda (wöchentlich ein Halbtag „freiwillige" Gemeinschaftsarbeit für jedermann) zur Verfügung . Das kostet viel Geld, zahlt sich jedoch aus, wenn die Bevölkerung wirksam an den verschiedenen Erosionsschutzmaßnahmen teilnimmt.

Voraussetzung für eine solche aktive Mitwirkung der Bevölkerung ist es jedoch, daß sie von der Notwendigkeit und Wirksamkeit der Maßnahmen überzeugt ist. Dies ist Ziel unseres heutigen Kurses.

Mit der heutigen Ausbildung wollen wir euch also zeigen, daß es möglich ist, die Erosion und ihre schädlichen Auswirkungen auf dem ganzen Hügel und auch auf eurem Betrieb vollständig anzuhalten.

G 10

? Wäre es nicht wünschenswert, niemals wieder Erosionsprobleme zu haben?

 1

Degradierter und vollständig aufgegebener Hügel. KATASTROPHE.

? Bedroht diese Katastrophe auch eure Böden?

 2

– Vollständig erosions-geschützter Hügel. Es versteht sich, daß ein einziger Graben auf dem Hügel das Erosionsproblem nicht lösen kann. Deshalb erfordert es eine Vielzahl von Maßnahmen im Rahmen des Erosionsschutzprogramms. Diese Maßnahmen sind alle von den Bauern selbst durchführbar.

Einige Überlegungen über die Natur der Erosion ...

B   Was ist Erosion?

– Was wurde eingangs schon von einigen von euch zur Erosion festgestellt? Wir werden diese Vorschläge und Überlegungen noch um einige Punkte vertiefen:

– Was verursacht Erosion?
– Welche verschiedenen Arten von Erosion gibt es?
– Mit welchen Maßnahmen läßt sich die Erosion bekämpfen?

– Zeit zum Nachdenken ...

URSACHEN DER EROSION

 Was passiert bei Erosion in einem Feld?

439

G 10

 DIE GRUPPE ANTWORTET ...

3

Der Boden auf eurem Gelände wird durch das Wasser weggetragen. Er nimmt von Jahr zu Jahr ab. Durch das Wasser wird Boden und werden Nährstoffe für die Pflanzen hügelabwärts transportiert. Unten angekommen, werden sie von Wasserläufen aufgenommen und fließen davon. Sie sind verloren. Die Pflanzenbestände leiden und produzieren zunehmend weniger. Schließlich bleiben nur stark degradierte Felder und felsiges Gelände zurück.

 Wie erklärt ihr euch, daß das Wasser der Flüsse eine braune Farbe hat?

 ...

 Welche Wirkung hat der Regen auf den Boden?

▶ ...

Vorrangig ist es die oberste Bodenschicht, die dem Regen ausgesetzt ist. In gutem Zustand hält sie das Wasser zurück und enthält viele Pflanzennährstoffe. Ein schlechter Boden ist nicht geschützt und stärker gefährdet.

4

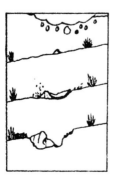

Die Erosion beginnt mit den Regentropfen. Ein guter Boden (gedüngt, gut bearbeitet und von Pflanzen bedeckt) absorbiert eine große Menge von Wasser. Auf einem schlechten, nackten Boden bewirken die starken Regentropfen eine Bewegung der Erdkrümel. Auf ebenem Terrain ist das nicht weiter schlimm, aber am Hang werden die Krumen nach unten bewegt und hinterlassen kleine Löcher im Boden.

G 10

> **?** Wie wachsen denn eurer Meinung nach die Felsen?

▶ ...

5

– Um alle diese schlechten Auswirkungen der Erosion zu vermeiden, sollte man den Boden durch Bäume, durch Pflanzenwuchs und durch Mulch schützen. Die Blätter der Pflanzen und das Mulchgut bremsen die Kraft der Regentropfen und zersprühen sie. Ohne Erosionsschutzmaßnahmen sammelt sich das Oberflächenwasser auf dem Hügel, erreicht einen beachtlichen Wasserstand und fließt mit zunehmender Geschwindigkeit hangabwärts, wobei es zuerst nur feine Partikel mitnimmt, schließlich jedoch große Schäden anrichtet.

> **?** Welche Maßnahmen gibt es, um den Boden zu bedecken und zu schützen?

▶ ...

Schauen wir uns noch einmal das Bild Nr. 5 an
Man kann im Rahmen des Möglichen die Wasserrückhaltekapazität des Bodens durch eine starke und dauerhafte Bodenbedeckung erhöhen.

Die Pflanzen erlauben dank ihrer Wurzeln ein besseres Eindringen des Wassers als dort, wo der Boden nackt oder nicht entsprechend kultiviert ist.

Nicht gehaltenes Wasser zerstört den Boden!

ARTEN DER EROSION

> **?** Welche Arten von Erosion kennt ihr?

441

G 10

 ...

6	
	– die Tröpfchenerosion es handelt sich dabei um eine zu Beginn leicht, aber breitflächig einsetzende Erosion, die feine Bodenpartikel abträgt.
7	– die Grabenerosion das Wasser, das frei hügelabwärts rinnt, sammelt sich und erreicht hohe Fließgeschwindigkeit. Jetzt nimmt es viel Boden mit, auch große Schollen. Schon kleine Rinnen können große Geländeverluste hervorrufen und werden schnell zu tiefen Gräben.

Schauen wir uns noch einmal Bild Nr. 3 an:

Die kleinen Gräben werden tiefer und tiefer und bilden schließlich ganze Schluchten. Sie erreichen einen immer besorgniserregenderen Zustand, v.a. auf ausgedehnten Hügeln. Daraus ergibt sich dann ein sehr großer Verlust von Boden und Gelände. Fortschreitende Grabenerosion kann zu Rutschungen und Erdstürzen führen.

C   Basisstruktur: Erosionsschutzlinien

 Welche Methoden entlang von Linien kennt ihr?

 ...

– Die Höhenlinien
    Sie einzurichten, stellt gar kein Problem dar, denn das Vermessen und die Auspflockung wird von Mannschaften durchgeführt, die dieses Metier kennen. Es ist wichtig, daß sie dabei nicht gestört werden, v.a. auch dort, wo es sich um Vermessung auf Feldern handelt. Es wird

G 10

empfohlen, unmittelbar nach dem Auspflocken auch die Grabarbeiten vorzunehmen, und noch besser ist es, auch sofort die Erosionsschutzhecken zu pflanzen.

 ...

– Die unterbrochenen Gräben

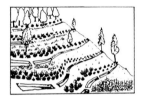

– Obwohl sie meistens im Rahmen des Umuganda angelegt werden, sollte jeder Bauer wissen, wie man sie anlegt.

? Sind die Maße bekannt?

Die ausgehobene Erde wird hügelaufwärts des Grabens angeschichtet und unmittelbar mit tiefwurzelnden Gräsern, mit Hecken oder Bäumen bepflanzt.

– BEPFLANZTE LINIEN UND HECKEN

 Was sind die vorrangigen Ziele?

 ...

– Die bepflanzten Linien und Hecken widerstehen dem herabsickernden Wasser wirksam.
– Sie halten die feinen Bodenpartikel auf, die das Wasser mitführt.
– Sie befestigen die Böschung und die Gräben.
– Neben ihrer erosionsschützenden Wirkung erlauben sie auch noch eine gewisse Produktion von Futter, von Gebrauchs- und Feuerholz, von Mulchmaterial etc. .

 Welche Pflanzen werden benutzt?

 ...

443

G 10

Die benutzten Pflanzen sind:

VETIVERI
URUBINGO
SETARIYA
IGIKARANKA
LESENA

? Was sind die charakteristischen Merkmale dieser Pflanzen?

▶ ...

Es ist wichtig darauf hinzuweisen, daß Setariya, in doppelten Linien gepflanzt, sich als sehr nützlich gegen die Tröpfcherosion erweist weil sie jedoch ziemlich schnell altert, muß sie regelmäßig erneuert werden. Pennisetum, das auf sehr stark abschüssigem Gelände sehr wirksam ist, sollte sehr genau kontrolliert und beschnitten werden, weil es die Tendenz hat, den Boden auf Kosten der in der Nachbarschaft angebauten Kulturen zu erschöpfen. Leucaena, in Hecken auf den Höhenlinien angepflanzt, stellt nicht nur eine sehr wirksame Erosionsschutzbarriere dar, sondern liefert auch ein sehr gutes Zusatzfutter für das Vieh. Vetiva und Themeda schließlich liefern ständig Mulchmaterial für den Betrieb.

? Wie richtet man grasbepflanzte Schutzlinien ein?

▶ ...

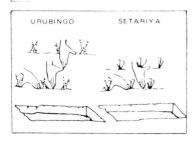

Wenn es sich nur um Schutzlinien handelt oder auch um Linien in Kombination mit Gräben, werden die tiefwurzelnden Gräser im Abstand von 20 cm von der Böschungskante wie folgt gepflanzt:

Pennisetum:
40 cm zwischen den Linien und 20 cm Abstand innerhalb der Linie

Setaria:
20 cm zwischen den Linien und 20 cm Abstand innerhalb der Linie

G 10

Es versteht sich, daß eine erste Unkrauthacke und weitere Unkrautkontrolle unbedingt erforderlich sind.

Die Einrichtung von Hecken

Die Hecke und ihre Pflege sind Gegenstand eines Ausbildungsthemas, das wir demnächst anbieten werden. Wir wollen hier nur zwei Vorschläge formulieren:

 Erinnert ihr euch an Pflanzen, die in Hecken benutzt werden? Welche sind das?

 ...

| 11 |

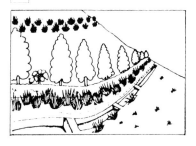

Hier eine komplette Hecke! Sie erfüllt ihre Rolle im Kampf gegen die Erosion vorbildlich.
Jedoch gibt es dabei verschiedene Alternativen:
a) doppelte Linie von Setaria mit Gräben
b) Gräben, die von Setarialinien und Bäumen geschützt werden
c) doppelte Setarialinie mit Bäumen
d) Leucaenahecken und Bäume

 Welchen zusätzlichen Nutzen können die Bauern daraus ziehen?

 ...

Beispiel:

| 12 |

Erinnern wir uns an das, was wir früher schon besprochen haben ...
Es ist offensichtlich, daß die Hecke viel Platz besetzt, aber sie ist auch sehr produktiv!

G 10

- Futter
- Bauholz
- Mulchmaterial
- Früchte
- Brennholz
- etc...

Um die Erosionsschutzeinrichtungen zu verstärken, müssen zweifellos auch Bäume zusätzlich zu den tiefwurzelnden Gräsern gepflanzt werden.

 Habt ihr schon Bäume gepflanzt? Welche? Wofür?

 ...

In Anbetracht der besonderen Bedeutung von Bäumen im Rahmen des Erosionsschutzes möchten wir euch die weiteren Themen „Wahl der Orte und der Sorten für die Aufforstung" einerseits und „Integrierte Aufforstung" andererseits empfehlen. In anderem Zusammenhang sprechen wir auch von der Unterhaltung der Erosionsschutzlinien oder, anders ausgedrückt, von der Unterhaltung der gesamten Erosionsschutzanlagen. Anstelle von Schlußfolgerungen wollen wir eure Aufmerksamkeit auf künftige Ereignisse lenken: Anläßlich der Kampagne zur Erosionsbekämpfung durch das Umuganda werden sehr viele Grabearbeiten durchgeführt, v.a. auf den großen Weideflächen und auf dem Brachland. Andererseits bleiben die abgesteckten Arbeiten im Bereich der Felder oft unvollendet oder werden sogar die Auspflockungen von einigen uneinsichtigen Bauern wieder zerstört, die Gruben werden nur selten ausgehoben und die Anpflanzung von Befestigungsgräsern, von Hecken und von Bäumen ist dort sozusagen gleich null. Wir hoffen jedoch, daß dieser Kurs euch überzeugen kann und dazu hinführt, eure eigenen Initiativen zu ergreifen, damit dieses zentrale Problem der Erosion endgültig gelöst werden kann.

D Die schrittweise Bildung von Terrassen

 Warum brauchen wir Terrassen? Erinnert euch an alles, was wir bisher schon diskutiert haben.

▶ ...

G 10

 Kann uns jemand erklären, wie sich eine Terrasse bildet?

▶ ...

13

Der Abhang wird durch Gräben und/oder bepflanzte Linien von Befestigungsgräsern, von Hecken oder von geeigneten Bäumen unterbrochen. Der Wasserabfluß wird so gebremst. Das Wenige an Boden, was vom Wasser die Parzelle hinuntergeschwemmt wird, wird von den Hecken und Gräben aufgehalten. Allmählich hebt sich der untere Teil der Parzelle an und erhöht somit die Böschung.

Bodenbearbeitung parallel zum Hang wird empfohlen. Die Gräben müssen ordentlich gereinigt werden, v.a. in der Anfangsphase.

So sieht dann das Ergebnis nach einigen Jahren aus:

- Es gibt keine Erosion mehr.
- Kein abhängiges Gelände mehr, der bearbeitete Boden ist eingeebnet.
- Die Feldarbeit wird wesentlich durch die waagerechten Terrassen erleichtert.

Vergeßt nicht, die Grabenränder zu schützen und die Böschungen zu befestigen, die manchmal sehr hoch werden, nicht alleine durch tiefwurzelnde Gräser, sondern auch durch geeignete Bäume.

 Wer dieses Stadium erreicht hat, hat er nicht eine gute Arbeit geleistet? Verdient er nicht ein großes Lob?

G 10

E Schnelle Wiederholung (5 — 10 Minuten)

a) Der Ausbilder zeigt nochmals alle Bilder, eines nach dem anderen. Er gibt jetzt selbst keinerlei Kommentar mehr; die Gruppe allein greift das auf, was sie noch vertiefen möchte. Der Ausbilder korrigiert nur noch dann, wenn Beiträge nicht korrekt sind.

b) Es gibt eine Vielzahl von Elementen, die man im Zusammenhang mit der Erosionsbekämpfung nennen könnte.
Auf alle Fälle wollen wir innerhalb weiterer Ausbildungsthemen auch noch andere Möglichkeiten der Erosionsbekämpfung ansprechen, um euch bei euren künftigen Anstrengungen weiterhin zu helfen.
Für den Augenblick empfehlen wir euch, mit allen Fragen zur Durchführung der verschiedenen Maßnahmen zu eurem Moniteur Agricole oder zu eurem Gemeindeagronomen zu gehen.

F Praktische Ausbildung

- Nach jeder theoretischen Ausbildungssitzung sollen alle Teilnehmer mit ihrem Ausbilder zum Betrieb eines Bauern in der Zelle gehen, um dort weiterzudiskutieren oder auch gewisse Aspekte, die Gegenstand der Ausbildung waren, nun praktisch vorzuführen und anzuwenden.
- Ausgewählte und empfohlene Aspekte für diese praktische Ausbildung sind:

    - Der Vorgang der Erosion, Diskussion über die Wirkung des Mulchens und der mehrstöckigen Bodenbedeckung als Maßnahmen des Bodenschutzes.

    - Die Bestimmung der verschiedenen Erosionsarten

    - Das Ausheben der Gräben und Gruben

    - Das Bestimmen der zu verwendenden Pflanzenarten

    - Die Pflanzung von Befestigungsgräsern und Bäumen

    - Die Pflanzung einer Leucaenahecke mit Bäumen

2. Die im Kurs verwendeten Bilder

Die Bilder haben das Format 26 x 38 cm bzw. halbe Größe. Sie sind in schwarz-weiß vorgezeichnet, werden auf dem Fotokopiergerät vervielfältigt, durch Zusammenkleben zweier Blätter verstärkt, auf der Rückseite mit Sägemehl beklebt, damit sie auf dem Flanelltuch haften und werden dann einzeln in Handarbeit mit Wasserfarben koloriert und mit einer dünnen Schutzschicht aus farbloser Latexfarbe übermalt. Der vollständige Bildersatz ist nachfolgend farbig wiedergegeben.

3. Das Flugblatt für die Teilnehmer

Nach Abschluß der Ausbildungsveranstaltung erhalten alle Teilnehmer ein Flugblatt, das durch einmaliges Falten insgesamt vier Seiten zeigt, einfarbig in grün, braun oder schwarz bedruckt ist und verkleinerte Reproduktionen der wichtigsten Bilder enthält, denen einige ganz wenige Stichworte des Textes in Landessprache beigegeben sind. Dieses Faltblatt ist auf den letzten beiden Seiten dieses Beitrages abgebildet. Es soll das spätere Erinnern erleichtern, und auch eine erneute Diskussion des Themas im Kreise der Familie oder mit Nachbarn soll dadurch gefördert werden.

Quelle

Projet Agro-Pastoral de Nyabisindu, Division Vulgarisation-Formation: L'érosion et l'installation des lignes anti-érosives (Traduction du texte de formation en Kinyarwanda), Nyabisindu, Feb. 1984

Fotos

Volker HOFFMANN

Bearbeitung

Volker HOFFMANN

G 10

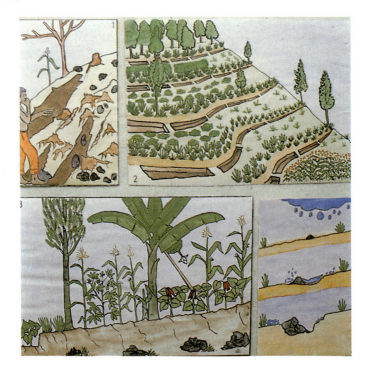

VETIVERI
URUBINGO
SETARIYA

G 10

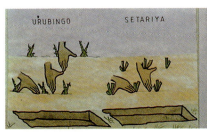

IGIKARANKA LESENA TIRIBUSAKUMU DE SIMODIYUMU

G 10

ISULI NO GUTUNGANYA IMILINGOTI

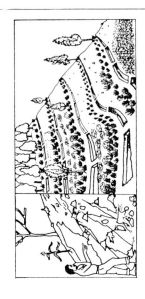

Igice cyo kwigisha no kwamamaza ubuhinzi

Gashyantare 1984

- KURWANYA ISULI MU BISAMBU BYAMEZ' IBYATSI BYINSHI LIMWE NA LIMWE NI UGUTA IGIHE KUKO IBYO BYATSI NABYO BIBA BIFASHE UBUTAKA.

  TWIHATE KURUSHAHO IMILIMA IHINGWA KUKO ALIYO ITWARWA N'ISULI CYANE.

- NIDUKORA RERO NEZA UMULIMO WO KURWANYA ISULI TUZAGERA KU MILIMA MWIZA IRAMBITSE.

«AMATERASI»

□ Ahagalika isuli
□ Yongera umusaruro
□ Yoroshya akazi k'umuhinzi

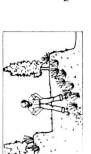

Mugire umwete !

452

G 10

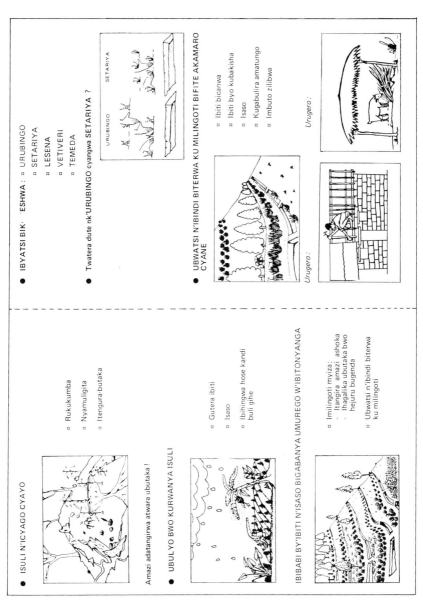

- ISULI N'ICYAGO CYAYO

  ▫ Rukukumba
  ▫ Nyamuligita
  ▫ Itengura-butaka

  Amazi adatangirwa atwara ubutaka !

- UBULYO BWO KURWANYA ISULI

  ▫ Gutera ibiti
  ▫ Isaso
  ▫ Ibihingwa hose kandi buli gihe

  IBIBABI BY'IBITI N'ISASO BIGABANYA UMUREGO W'IBITONYANGA

  ▫ Imilingoti myiza:
    - Itangira amazi ashoka
    - Ihagalika ubutaka bwo hejuru bugenda
  ▫ Ubwatsi n'ibindi biterwa ku milingoti

- IBYATSI BIK 'ESHWA:
  ▫ URUBINGO
  ▫ SETARIYA
  ▫ LESENA
  ▫ VETIVERI
  ▫ TEMEDA

- Twatera dute nk'URUBINGO cyangwa SETARIYA ?

- UBWATSI N'IBINDI BITERWA KU MILINGOTI BIFITE AKAMARO CYANE

  ▫ Ibiti bicanwa
  ▫ Ibiti byo kubakisha
  ▫ Isaso
  ▫ Kugabulira amatungo
  ▫ Imbuto zilibwa

  Urugero:

  Urugero:

G 11

Didaktisches Material zur Bewußtseinsbildung und Ausbildung von GRAAP, Burkina Faso

Nachdem in → D 7 schon kurz dargestellt wurde, wer diese Gruppe ist, die sich GRAAP nennt, und welches pädagogische Konzept sie unter der Bezeichnung Majeutik vorschlägt, soll hier nun ein Beispiel für ihre Ausbildungsserien mit Flanellbildern vorgestellt werden.

Im Auftrag des Ministeriums für Umwelt und Tourismus in Ouagadougou, Burkina Faso, wurde eine mehrteilige Ausbildungsserie mit dem Titel: „In grüner Umwelt leben" von GRAAP entwickelt. Daraus geben wir nun den Begleittext für Animateure zur ersten Untersuchung wider sowie Abbildungen der entsprechenden Bilder und des Erinnerungsplakats.

In grüner Umwelt leben

Erste Untersuchung: Die Veränderungen in unserer Umwelt.

Die Ausbildungs-Serie mit dem Titel: „In grüner Umwelt leben" umfaßt drei große Untersuchungen:

1. Die Änderungen in unserer Umwelt
2. Wir brauchen Bäume, um zu leben
3. Herr sein über unsere Dorfgemarkung

Jede dieser Untersuchungen ist Gegenstand mehrerer Versammlungen. Will man die pädagogische Methode wirklich anwenden, ist es erforderlich, daß die größtmögliche Anzahl von Teilnehmern selbst das Wort ergreift und dies aus allen Kategorien von Personen: Männer, Frauen, Junge, Alte, Zugezogene, Fremde, etc...

So können zwei, drei oder vier Versammlungen für jede Untersuchung erforderlich werden. Dies hängt ab von den angesprochenen Problemen und vom Verlauf der Diskussion in den Gruppen.

Auf die Untersuchungen zwei und drei folgen Themen, die eine Grundausbildung iniBiologie und Geographie enthalten. (Nr. 1: Das Leben des Baumes, Nr. 3: Der Wasserkreislauf, Nr. 4: Das Bodenleben.)

Diese Themen sollen es dem Animateur erlauben, von den konkreten und praktischen Kenntnissen der Teilnehmer ausgehend, diese zu präzisieren, zu vervollständigen, wenn nötig zu berichtigen und neue Kenntnisse daran anzuknüpfen.

Für jedes dieser Themen sind wiederum mehrere Versammlungen notwendig, wenn man will, daß sich die Teilnehmer ausreichend äußern können über das,

G 11

was sie wissen, und daß sie die neuen an sie herangetragenen Kenntnisse aufnehmen und verarbeiten.

Dank dieser Grundausbildung werden die Dorfbewohner die Erscheinungen, die sie umgeben, besser verstehen und dadurch auch besser befähigt sein, ihr Leben zu meistern. Die erste Untersuchung, die in diesem Begleittext behandelt wird, ist hauptsächlich eine Untersuchung zur Bewußtseinsbildung. Sie umfaßt drei wichtige Schritte, entsprechend der pädagogischen Methode von GRAAP:

1. Die Situation sehen:

   a) Bewußtseinsweckende Fragen an homogene Gruppen und die Bekanntgabe und Diskussion der Antworten im Plenum

   b) Vergleich zwischen der Umwelt von früher und der von heute

2. Über diese Situation nachdenken:

   a) Die Konsequenzen für die Personen, die Tiere und die Umwelt heute und morgen

   b) Die Ursachen: Von woher kommt diese Situation? Was liegt in unserer eigenen Verantwortlichkeit, in der Hand von uns als Dorfbewohnern?

3. Handeln, um diese Situation zu ändern

   a) Was können wir jetzt gleich selbst tun?

   – Jeder für sich alleine?

   – Alle gemeinsam?

   b) Was können wir später tun (schon jetzt vorsehen)?

   – Jeder für sich alleine?

   – Alle gemeinsam?

Diese erste Untersuchung kann Gegenstand von zwei oder drei Versammlungen sein, die in wenigen Tagen aufeinanderfolgen (möglichst innerhalb einer Woche). Zum Beispiel eine Versammlung für die Fragen zur Bewußtseinsweckung und den Antwortenvergleich, eine Versammlung für das Nachdenken und das Handeln.

G 11

Fragen zur Weckung von Problembewußtsein

Diesem ersten Schritt kommt nach unserer pädagogischen Methode der Animation besondere Bedeutung zu.

- Die Teilnehmer sind in kleine, homogene Gruppen von maximal zehn Personen mit einem Verantwortlichen pro Gruppe aufzuteilen.

- Die Gruppen sind in ausreichendem Abstand voneinander zu plazieren, so daß sie sich in den Diskussionen nicht wechselseitig stören.

- Von jeder Gruppe wird verlangt, daß sie ein Mitglied bestimmen soll, das später in der Plenarsitzung Bericht erstattet.

- Die Gruppe erhält eine halbe bis dreiviertel Stunde Zeit zum Nachdenken und Diskutieren (falls erforderlich auch mehr), danach werden alle im Plenum versammelt.

Beim ersten Mal werden die Dorfbewohner eine solche Art zu arbeiten sicherlich nicht gewöhnt sein. Der Animateur kann Schwierigkeiten haben, bis die Idee akzeptiert wird, daß man sich in mehrere Gruppen unterteilt, um dort dann trotzdem das gleiche Thema zu besprechen. Also sollte der Animateur die Begründung für diese Methode sehr klar erläutern. Er sollte auch nicht gleich entmutigt sein, wenn es bei den ersten Malen in den Gruppen ein wenig „drunter und drüber" geht, oder wenn die Antworten der Gruppen nicht zufriedenstellend vom Berichterstatter wiedergegeben werden usw... Wie alle neuen Dinge muß diese Arbeitsform erst erlernt werden, und erst danach kann man ihre Vorteile und ihren Reichtum entdecken.

Tatsächlich gibt man auf diesem Weg sofort das Wort an die Dorfbewohner, bringt sie unmittelbar in eine Untersuchung über ihr Leben. Man gibt das Wort an eine möglichst große Zahl von Personen, denn in jeder Gruppe ist jedes Mitglied aufgefordert, seine Ansicht zu äußern und persönlich auf die gestellten Fragen zu antworten. So vermeidet man die Monopolisierung des Wortes durch eine oder zwei einflußreiche Personen, wie z.B. den Dorfchef oder den Vorsitzenden der Genossenschaft etc... Durch die Bildung von Untergruppen nach Personenkategorien erlaubt man diesen (Frauen, Männern, Jungen, Fremden...) zu sagen, was sie sehen, was sie denken, ihre Ansicht zu äußern, ohne deshalb gleich Repressalien befürchten zu müssen. Schließlich spricht der Berichterstatter oder sprechen die Berichterstatter in der Gruppe nicht im persönlichen Namen, sondern im Namen der Gruppe.

Die Sichtweisen der Situationen werden so wahrhaftiger, globaler, und die Diskussionen, die dann im Plenum folgen werden, sind sehr viel reicher an Ideen, an Überlegungen, an Austausch ...

G 11

Sehr oft, wenn sonst in einer Gruppe eine einflußreiche Person gesprochen hat, wagt niemand mehr, seine abweichende Meinung zu äußern, selbst wenn er nicht einverstanden mit dem Gesagten ist und alle wiederholen: „Das, was er gesagt hat, genau das wollte ich auch sagen."

Wenn sich die Dorfbewohner daran gewöhnt haben, die Eingangsfragen in Untergruppen zu bearbeiten, entsteht das entgegengesetzte Phänomen. Es bildet sich eine Art von Wettbewerb zwischen den Gruppen, jede möchte in der Plenumsdiskussion die besten, die zahlreichsten und die interessantesten Antworten beitragen...

Die Leute werden in den Zustand des Untersuchens, des Forschens versetzt. So entsteht eine Gruppendynamik, die sie aufweckt, sie aktiv teilnehmen läßt, aufmerksam, offen macht...

Personen, die niemals öffentlich sprechen würden, werden es tun, unterschiedliche Ansichten werden aufgedeckt, Erklärungen nachgefragt... Eine Selbstentwicklung der Gruppe wird in Gang gesetzt, die es ihr erlauben wird, ihre Probleme und Schwierigkeiten selbsttätig in die Hand zu nehmen.

Erste Untersuchung: Die Änderungen in unserer Umwelt
Fragen zur Bewußtseinsweckung:

1. Welche Veränderungen haben seit der Zeit unserer Großeltern bis auf den heutigen Tag stattgefunden, in bezug auf den Boden, die Vegetation und die Tiere?
2. Sind diese Veränderungen gut oder schlecht für uns? Wenn sie gut sind, wieso? Wenn sie schlecht sind, wieso?

Berichte im Plenum:
Entsprechend den berichteten Antworten aus den Untergruppen kann man beginnen, die zugehörigen Bilder auf die Flanellwand zu heften.

Diskussion und Verwendung der Bilder

- Sollten zu wenige Veränderungen genannt werden, so sind die Teilnehmer mittels präziser Fragen zu weiterem Nachforschen aufzufordern:

    - Welche Veränderungen gibt es noch mit dem Boden?

    - Welche Veränderung gibt es noch mit den Bäumen?

    - Welche Veränderung gibt es noch mit den Feldern?

    - Welche Veränderung gibt es noch mit den Tieren?

G 11

- Welche Veränderung gibt es noch mit dem Dorf?
- Welche Veränderung gibt es noch mit den Dorfbewohnern?
- Welche Veränderungen gibt es noch mit dem Klima?
- Welche Umweltveränderungen gibt es noch im Leben der Dorfbewohner?
- Wie geschieht das? Was wollen die Leute mit diesen Handlungen?
- Gab es in unserer Gemeinde bestimmte Bräuche, Riten, Verbote, die den Boden, die Pflanzen, die Tiere betrafen?
- Was waren diese Verbote?
- Wie wurden diese Bräuche am Leben erhalten?

Es sind zwei Tafeln zu benutzen, auf der ersten Tafel (Umschlag 1a)

- Auf eine Linie oben die Bilder für früher setzen
- Auf eine Linie unten die Bilder für heute setzen

Dichter Wald
Intakter Affenbrotbaum
Feuchte Senke mit Reis
Ein schönes Hirsefeld
Wilde Tiere
Herde mit fetten Tieren
Kleines Dorf
Abgeholzte Savanne
Frau, die einen Baum nah bei ihrem Haus entastet
Große Wolke über dem Wald

Abgeholzte Savanne
Halb abgestorbener Affenbrotbaum
Trockenes ebenes Gelände
Ein ärmliches Hirsefeld

Herde mit mageren Tieren
Großes Dorf mit zwei Vierteln

Frau mit einem kleinen Holzbündel auf dem Kopf
Kleine Wolke über der Savanne
Holzhaufen am Straßenrand

Fahrrad mit Holz beladen
Eselskarren mit Holz
Lastwagen mit Holz

Der Bodenpriester (chef de terre) macht ein Opfer. Dieses Bild ist unter das Bild vom Wald zu setzen.

G 11

Nachdenken:

1. **Die Konsequenzen**

Was folgt aus diesen Änderungen für die Dorfbewohner:

- Für die Männer
- Für die Frauen
- Für die jungen Mädchen
- Für die jungen Burschen
- Für die Kinder
- Für die Alten

Was bewirken diese Veränderungen für die Tiere des Dorfes?

Was bewirken diese Veränderungen für die Böden und die Kulturen?

Was bewirken diese Veränderungen für das Wasser des Baches? Für das Wasser der Brunnen?

Sind wir mit dieser derzeitigen Situation zufrieden? Warum?

Wenn die Veränderungen in der gleichen Richtung weitergehen, was wird passieren? Wie wird unser Dorf morgen aussehen?

Wir sind stolz auf das, was uns unsere Eltern übergeben haben. Werden unsere Kinder auch stolz sein können auf das, was wir ihnen hinterlassen?

Die in den schon aufgehängten Bildern erkennbaren Zusammenhänge sind dem Diskussionsverlauf folgend zu zeigen.

2. **Die Ursachen**

Woher kommen all diese Veränderungen?

Wir, die Dorfbewohner, sind wir für irgendwelche Veränderungen verantwortlich? Wie?

Wenn der Mensch die Vegetation zerstört, was macht das Wasser? Was macht der Wind?

Und die Tiere, sind sie für etwas verantwortlich? Wie?

Wer noch ist verantwortlich für alle diese Veränderungen, insbesondere für die Veränderung der Gewohnheiten und der Bräuche?

G 11

Jetzt wollen wir die gefundenen Ursachen in mehrere Gruppen entsprechend ihrer Herkunft aufteilen.

Was ist unser Teil von Verantwortlichkeit, in unserer Hand als Dorfbewohner, für jede dieser großen Gruppen?

Wer ist von diesen Veränderungen im Dorf am meisten betroffen? Warum?

Wer kann etwas tun hier im Dorf, damit diese Veränderungen sich zum Guten wenden?

Es ist die zweite Tafel zu benutzen (Umschlag 1b)

— Bild der kleinen Wolke

— Mann, der einen Wurzelstock anzündet — Buschfeuer — Mann, der einen Baum fällt — Hirsebier-Zubereitung — Ochsenanspannung — Mann, der am Fuß eines großen Baumes Feuer legt — Frau, die Essen kocht — Holzkohlesack mit Kohleofen — Gruppe von Kindern —

— Hirsefeld, das von der Erosion zerfurcht ist — ein Baum, dessen Wurzeln freigelegt sind — der Wind, der Staub verbläst —

— Ziegen, die die Blätter eines jungen Baumes abfressen — Tiere, die abgehackte Baumzweige abfressen — Herde bei einem Brunnen —

— Abholzung mit der Planierraupe — Schulbesuch — verschiedene Religionen — Geld — Reisen — Verwaltungen —

Was entsteht aus den direkten Handlungen der Dorfbewohner?
Welche Konsequenzen entstehen aus diesen Handlungen?
Was hängt mit den Tieren zusammen?
Was kommt von außerhalb des Dorfes?

Handeln:
Welche Ursachen können wir selbst abstellen? Indem wir was tun?

Wir wollen alle Kategorien von Ursachen und darin jedes Bild genauer betrachten, um herauszufinden, was in jedem einzelnen Fall getan werden kann. Zuerst wollen wir bei den Ursachenkategorien anfangen, die direkt die Dorfbewohner betreffen und fragen: Welche Handlungen können wir sofort ausführen?

— Jeder selbst? Wie?

— Alle zusammen? Wie?

G 11

Welche Handlungen können wir später ausführen?

- Jeder selbst? Wie?

- Alle zusammen? Wie?

Falls die Genossenschaft oder die Dorfgemeinschaft als mögliche Lösung entscheidet, eine Aufforstung anzulegen, sind folgende Fragen zu stellen:

Wem gehören die Böden des Dorfes? Wem wird die Aufforstung gehören:

- Der Boden?

- Die Bäume?

Was tun, um später keine Eigentumsprobleme zu haben?
Wer wird die Bäume in der Aufforstung jedes Jahr pflegen? Wie?
Wer wird später das Holz der Aufforstung nutzen? Wie?

Im Zusammenhang mit der Lösungssuche sind die einzelnen Ursachenbilder nacheinander gesondert zu stellen und erst nach Abschluß der Teildiskussion an ihren Platz zurückzusetzen.

Worum handelt es sich? Besser zu sehen oder zu entdecken?

A) Ziel der Fragen zur Bewußtseinsweckung ist es, die Dorfbewohner alle Veränderungen benennen zu lassen, die sie in ihrer Umwelt bemerkt haben.

Früher war der Busch stark bewaldet, und es gab große Bäume. In diesem Busch lebten auch wilde Tiere: Löwen, Hyänen, Panther usw... Jetzt sind die großen Bäume verschwunden und die wilden Tiere ebenso. Früher waren die Affenbrot-, Néré- und Karité-Bäume zahlreich, jetzt gibt es davon immer weniger.

Früher regnete es mehr als jetzt, die Felder waren ertragreicher, der Boden war fruchtbarer. „Früher hatten wir eine feuchte Senke und bauten Reis an, heute ist diese Senke eine trockene Ebene geworden".

Wir haben auch viel mehr Nutztiere als früher.

Im Dorf sind wir viel mehr Einwohner als früher, wir bearbeiten mehr Felder als früher. Auch in der Stadt nimmt die Zahl der Einwohner zu, und der Bedarf an Feuerholz wird immer größer. Um diese Bedürfnisse zu befriedigen, kommen die Kaufleute und kaufen Holz in unserem Dorf.

Die geheiligten Wälder und Gebüsche sind verschwunden, und selbst gewisse geschützte Bäume wie die Karité-, Néré-, Tamarinden-Bäume sind gefällt. Die Bodenpriester (chef de terre) und die Dorfchefs haben nicht mehr die gleiche Autorität wie früher. Die Sozialorganisation, die die Einheit im Dorf garantierte, existiert nicht mehr.

Früher wurden die Buschfeuer kontrolliert, aber seit einigen Jahren kann es sich jedermann erlauben, nur um eine Ratte zu jagen, den Busch in Brand zu setzen.

B) Der Abschnitt des Nachdenkens in unserer Untersuchung soll die Dorfbewohner dazu hinführen, die Folgen aus diesen Veränderungen für die Personen und für die Umwelt zu benennen und danach die Ursachen dafür zu erforschen.

Auch wenn einige dieser Veränderungen für gut erachtet werden, wie das Verschwinden der wilden Tiere, Löwen, Hyänen ..., so bringt doch eine große Anzahl dieser Veränderungen viele Erschwernisse und Mühen für die Dorfbewohner.

1. **Die Konsequenzen:**

Die Frauen finden das nötige Feuerholz, um zu kochen, nicht mehr wie früher in unmittelbarer Dorfnähe. Sie sind gezwungen, kilometerweit durch den Busch zu laufen, um ein kleines Holzbündel zu sammeln, das ihnen nicht länger als zwei oder drei Tage reichen wird.

Sie finden nicht mehr so leicht wie früher die Blumen, Früchte, Körner, Blätter, die sie für die Zubereitung der Soßen brauchen. Die wenigen Affenbrotbäume, die man noch im Busch vorfindet, sind völlig und ständig ihrer Blätter beraubt etc...

Die Männer haben viele Schwierigkeiten, um die notwendigen Holzstangen für die Konstruktion von Dächern, Speichern, Schuppen usw. zu finden. Die Böden, auf denen es immer weniger Bäume gibt, verarmen und trocknen aus, und die Hirsefelder bringen nicht mehr den Ertrag wie früher.

Die Regenfälle sind weniger ergiebig und sehr viel unregelmäßiger. Das führt jedes Jahr in einigen Regionen zu Katastrophen, wo die Dorfbewoh-

G 11

ner nicht mehr genug ernten, um ihre Familien auch nur 1 oder 2 Monate lang zu ernähren.

Nutztiere sind für die Dorfbewohner eine Versicherung gegen schlechte Jahre. Aber die Überweidung steigert die Erosionsanfälligkeit der Böden, und das Schneiden von Blattwerk zur Tierfütterung in der Trockenzeit beschleunigt die Abholzung.

Die Buschfeuer nehmen dem Boden alles an Gras und Kräutern, das ihn gegen die Erosion schützt und ihn anreichert. Sie zerstören auch immer eine gewisse Anzahl Bäume, besonders Jungpflanzen, und so kann der Wald sich nicht erneuern.

Der Anstieg der Bevölkerung in den Dörfern führt trotz einer gewissen Landflucht dazu, daß von Jahr zu Jahr immer mehr Felder bebaut werden. Die Erde hat keine Zeit mehr, sich wie früher zu erholen. Sie erschöpft sich und verarmt.

Der verbotene Holzeinschlag und der Holzhandel nehmen täglich zu. Auch die Dorfbewohner selbst schlagen mehr und mehr Holz zum Verkauf, um ihren Geldbedarf zu decken: Steuern, Medikamente etc.

Die überlieferte dörfliche Organisation besteht nicht mehr, und nichts ersetzt sie. Ein jeder macht, was er will. Man achtet nicht mehr auf das Gemeinwohl. Jeder versucht, sich alleine durchzuschlagen, ohne Rücksicht auf die anderen. Die Einheit, wie früher, gibt es nicht mehr.

2. Die Ursachen

Die Untersuchung der Ursachen soll die Dorfbewohner dazu hinführen, daß sie sich darüber klar werden, daß sie in vielen Fällen selbst Hauptverursacher sind. Eine Reihe von Veränderungen sind direkt von ihnen hervorgerufen:

    der Holzeinschlag, die Buschfeuer, der Anstieg der Nutztiere etc...

Andere Veränderungen sind durch Tatsachen und durch Druck hervorgerufen, die von außen in das Dorf hereinkommen. Dies sind:

    die Schule, die Religionen, die Administration und das Geld etc. ...

Sie alle wirken als Agenten der Auflösung dörflicher Strukturen.

Mit der Schule, den Reisen, den neuen Religionen akzeptiert es die Jugend nicht mehr, dem überlieferten Brauchtum zu folgen. Und dieses Brauchtum, das früher

G 11

das Zusammenleben in der Gemeinde regelte, konnte nicht durch andere Verfahrensweisen ersetzt werden. So entsteht ein Vakuum in der Organisation der Gemeinde und jeder macht, was er will, ohne an das Gemeinwohl zu denken.

Alle diese vom Menschen verursachten Entwicklungen haben schlimme Konsequenzen für die Umwelt. Aufgrund der Abholzung, der Buschfeuer etc. gibt es nichts mehr, was den Regen und den Wind aufhalten könnte. So wirken diese zusätzlich zu den menschlichen Aktionen und verursachen eine zunehmende Zerstörung und Verarmung des Bodens.

Weil der Mensch mit seinen Aktionen das natürliche Gleichgewicht gestört hat, das es der Natur erlaubte, sich zu erhalten und zu bewahren, zerstört sie sich jetzt selbst.

C) Die Dorfbewohner sollen entdecken, daß sie selbst die Hauptverantwortlichen dieses Wandels sind. Um die Situation zu verbessern, können sie nicht darauf warten, daß andere kommen, um die Dinge an ihrer Stelle zu tun. Es ist ihre eigene Aufgabe, die Handlungen aufzufinden, mit denen sie jede einzelne dieser Ursachen, die zur Zerstörung ihrer Umwelt beitragen, ausschalten können.

Der Animateur soll sie dazu bewegen, selbst die zahlreichen Lösungen für die Gesamtheit der Ursachen dieser Degradation zu suchen und nicht bei einem Aufforstungsgelände haltzumachen.

Diese Aktionen könnten u.a. sein:

— Stop dem Buschfeuer! (sich konkret organisieren, um das zu erreichen).

— Überweidung und übermäßigen Holzeinschlag vermeiden.

— Bei der Rodung eines neuen Feldes nicht mehr systematisch alles Wurzelwerk zerstören.

— Erosionsschutzgräben anlegen.

— Den natürlichen Baum- und Strauch-Aufwuchs zu schützen (Bewachen der Tiere, besonders der Ziegen, ...).

— Windschutz anpflanzen, Bäume am Straßenrand, an den Feldrändern, um die Häuser, um das Dorf herum, etc...

— Heuwerbung zur Tierfütterung in der Trockenzeit.

— Verbesserte (holzsparende) Öfen bauen.

G 11

- Sich organisieren, neue dörfliche Gesetze schaffen, die das Leben im Dorf regeln.

- Sich vertragen und trotz der verschiedenen Religionen verständigen, Versammlungen abhalten, um gemeinsam die Aktionen festzulegen, die das Leben im Dorf verbessern. Z.B.: Zwischen den Frauen eine Reihenfolge beim Hirse-Bier-Brauen verabreden.

- etc. ...

Anhand der Liste möglicher Lösungen müssen die Dorfbewohner entscheiden, welche Aktionen sie sofort durchführen, jeder für sich alleine, mit seiner Familie, oder alle zusammen (als Genossenschaft oder als gesamtes Dorf).

Sie müssen die Aktionen vorsehen, die sie auf längere Sicht hin durchführen können, sei es individuell, sei es in Gruppen (als Genossenschaft oder als gesamtes Dorf), und dafür die notwendige Ausbildung, die materielle oder finanzielle Unterstützung vorhersehen und zu beschaffen versuchen, die sie dazu benötigen werden.

Zum Thema der Durchführung einer Aufforstung ist es wichtig, daß alle Probleme, die später zu Konflikten führen können, wie z.B. Besitz des Bodens, der Bäume, die Unterhaltung und die Nutzung usw. sehr konkret und im Detail geprüft und abgesprochen werden.

Bevor die ersten Pflanzarbeiten beginnen, müssen diese Probleme mit allen Betroffenen ausführlich diskutiert und sehr genau gelöst werden. Dies wirkt sich sicher günstig auf das weitere Engagement der Dorfbewohner bei allen Arbeiten zur Erstellung der Aufforstung aus. Sie wissen dann wirklich, daß dieser Wald für sie und später für ihre Kinder da sein wird.

Die Abbildungen zeigen die von GRAAP vorgeschlagenen und in zwei Umschlägen bereitgestellten Bildelemente sowie das Erinnerungsplakat, das der Animateur am Ende der durchgeführten Ausbildungsveranstaltungen im Dorf hinterläßt.

Quelle

GRAAP: Vivre dans un environnement vert. 1ére recherche: Les changements dans notre environnement. Bobo-Dioulasso, Burkina-Faso, 2. Auflage, 1979

Fotos

Volker HOFFMANN

Bearbeitung

Volker HOFFMANN

G 11

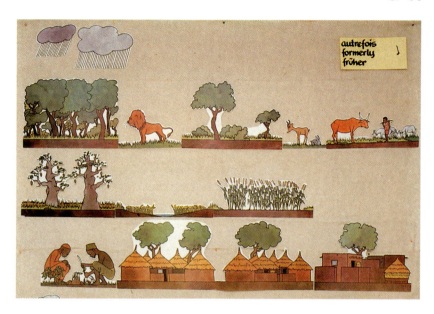

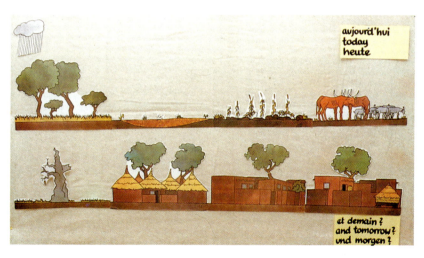

G 11

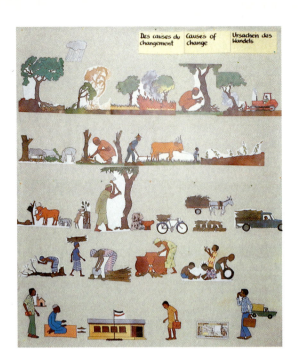

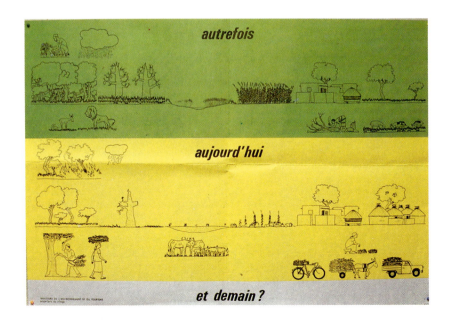